Knaur

Dieses Buch wurde auf chlor- und säurefreiem Papier gedruckt.

Originalausgabe Oktober 1993

Umschlaggestaltung: Adolf Bachmann, Reischach
Satz: Compusatz GmbH, München
Druck und Bindung: Elsnerdruck, Berlin
Printed in Germany
ISBN 3-426-77088-1

2 4 5 3 1

Holger Wolandt (Hrsg.)

# Jesus – Ein kritisches Lesebuch



Knaur

*Für meine*
*nicht getaufte Freundin*

# *Inhalt*

# Jesaja, 12. Kapitel

## Der Messias
## und sein Friedensreich

Und es wird ein Reis hervorgehen aus dem Stamm Isais und ein
Zweig aus seiner Wurzel Frucht bringen.
2 Auf ihm wird ruhen der Geist des HERRN, der Geist der Weisheit
und des Verstandes, der Geist des Rates und der Stärke, der Geist
der Erkenntnis und der Furcht des HERRN.
3 Und Wohlgefallen wird er haben an der Furcht des HERRN. Er
wird nicht richten nach dem, was seine Augen sehen, noch Urteil
sprechen nach dem, was seine Ohren hören,
4 sondern wird mit Gerechtigkeit richten die Armen und rechtes
Urteil sprechen den Elenden im Lande, und er wird mit dem
Stabe seines Mundes den Gewalttätigen schlagen und [a]mit dem
Odem seiner Lippen den Gottlosen töten. *a* 2. Thess 2,8
5 Gerechtigkeit wird der Gurt seiner Lenden sein und die Treue
der Gurt seiner Hüften.
6 Da werden [a]die Wölfe bei den Lämmern wohnen und die Pan-
ther bei den Böcken lagern. Ein kleiner Knabe wird Kälber und
junge Löwen und Mastvieh miteinander treiben. *a* Kap 65,25
7 Kühe und Bären werden zusammen weiden, daß ihre Jungen
beieinander liegen, und Löwen werden Stroh fressen wie die
Rinder.
8 Und ein Säugling wird spielen am Loch der Otter, und ein
entwöhntes Kind wird seine Hand stecken in die Höhle der
Natter.

9 Man wird nirgends Sünde tun noch freveln auf meinem ganzen
heiligen Berge; denn das Land wird voll Erkenntnis des HERRN
sein, wie Wasser das Meer bedeckt.
10 Und es wird geschehen zu der Zeit, daß [a]das Reis aus der Wurzel
Isais dasteht als Zeichen für die Völker. Nach ihm werden die
Heiden fragen, und die Stätte, da er wohnt, wird herrlich sein.

*a* Röm 15,12

11 [a]Und der Herr wird zu der Zeit zum zweitenmal seine Hand
ausstrecken, daß er den Rest seines Volks loskaufe, der übrigge-
blieben ist in Assur, Ägypten, Patros, Kusch, Elam, Schinar,
Hamat und auf den Inseln des Meeres. *a* (11–13) Hes 37,21.22
12 Und er wird ein Zeichen aufrichten unter den Völkern und
zusammenbringen die Verjagten Israels und die Zerstreuten Judas
sammeln von den vier Enden der Erde.
13 Und der Neid Ephraims wird aufhören und die Feindschaft
Judas ausgerottet werden, daß Ephraim nicht mehr neidisch ist
auf Juda und Juda nicht mehr Ephraim feind ist.
14 Sie werden sich stürzen auf das Land der Philister im Westen
und miteinander berauben alle, dic im Osten wohnen. Nach
Edom und Moab werden sie ihre Hände ausstrecken, die Ammo-
niter werden ihnen gehorsam sein.
15 Und der HERR wird austrocknen die Zunge des Meeres von
Ägypten und wird seine Hand gehen lassen über den Euphrat mit
seinem starken Wind und ihn in sieben Bäche zerschlagen, so
daß man mit Schuhen hindurchgehen kann.
16 Und [a]es wird eine Straße dasein für den Rest seines Volks, das
übriggeblieben ist in Assur, wie sie für Israel da war zur Zeit, als
sie aus Ägyptenland zogen. *a* 2. Mose 14,29

# Der Brief des Abgar an Jesus und Jesu Antwort

Dies ist die Abschrift des Briefes, der von Abgar, dem König von Edessa, geschrieben und durch den Eilboten Ananias nach Jerusalem gebracht wurde.
Abgar Ukkama, der Herr über Edessa, grüßt Jesus, den guten Heiland, der zu Jerusalem erschienen ist! Vieles habe ich vernommen über dich und die Heilungen, die du ohne Arzneien und Kräuter vorgenommen hast. Die Blinden, so heißt es, machst du sehen und die Lahmen gehen, die Aussätzigen werden rein, unreine Geister und Dämonen treibst du aus. Selbst solche, die seit langem von Krankheiten geplagt sind, heilst du und Tote erweckst du. Das alles habe ich vernommen, und nun frage ich, wer du wohl bist, o HErr? Und in meinem Sinn gab ich mir die Antwort, daß wohl nur eines von beiden in Betracht komme: Entweder bist du Gott selbst und bist herabgestiegen vom Himmel, daß du deine Wunder wirkst, oder du bist Gottes Sohn, der seine Wunder tut. Darum schreibe ich dir, daß ich dich bitte, du mögest geruhen, nach Edessa zu kommen, daß du heilest die Krankheit, an der ich leide. Zudem ist vor mich gekommen, daß die Juden wider dich murren und wollen dir Böses antun.
Meine Stadt ist nicht groß, doch geachtet. Sie reicht für uns beide.

Dies ist die Abschrift der Antwort, die Jesus an Abgar, den Fürsten, durch Eilboten sandte.
Selig bist du, der an mich geglaubt hat, ohne mich zu sehen. Denn es steht geschrieben von mir, daß die mich gesehen haben, nicht

an mich glauben, und die mich nicht gesehen haben, glauben und werden leben. Was du mir aber geschrieben hast, und daß ich zu dir kommen möge in deine Stadt und Reich Edessa, so muß notwendig alles erfüllt werde, wozu ich gesandt worden bin, hier zu Jerusalem, und muß, wenn es erfüllt ist, emporgehoben werden zu dem, der mich gesandt hat. Wenn ich aber bin emporgehoben, will ich dir einen meiner Jünger senden, auf daß er dein Leiden heile und dir und den deinen das Leben gebe.

# Der Brief des Jakobus
# an den Sohn Kerinthos

Jakobus schreibt an den Sohn des Kerinthos:
Geliebter Bruder! Aus dem Frieden komme der Friede zu dir und aus der Liebe die Liebe und aus der Gnade die Gnade und aus dem Glauben der Glaube und aus dem heiligen Leben das Leben.
Du hast mich gebeten, dir jene geheimen Lehren zu verkünden, die mir und Petrus von Jesus Christus, unserem HErrn, geoffenbart wurde. Doch gibt es Dinge, über die zu sprechen sich nicht schickt.
Da ich aber deine Bitte nicht abschlagen wollte, sende ich dir die Lehre in hebräischer Schrift. Ich sende sie dir, weil du ein treuer Diener an der Erlösung der Heiligen bist; doch sende ich sie dir und keinem Anderen!
Darum sei sorgsam und hüte dich, diese geheime Lehre einem Unwürdigen mitzuteilen! Denn diese Lehre wollte der Erlöser nicht einmal allen von uns, seinen zwölf Jüngern, mitteilen. Sei denen Heil, die erlöst werden durch den Glauben an diese Lehre.
Vor zehn Monaten habe ich dir eine andere rätselhafte und geheime Lehre gesandt, die mir der Erlöser offenbart hat. Lies und versteh die neue Lehre so, wie sie mir, Jakobus, offenbart worden ist. Hüte dich aber vor Mißverständnissen!
Auch ich habe die neue Lehre noch nicht gänzlich verstanden. Nun, da sie dir und den deinen offenbart wird, sollt ihr in euch gehen und ihren Sinn suchen.
Nur so wirst du die Erlösung erreichen. Und wahrlich, wenn du einst verstanden haben wirst, dann sollst du auch offenbaren!

*Eine neue Auferstehung des HErrn.*

2 Und es waren alle zwölf Jünger versammelt und gedachten, was der Erlöser jedem von ihnen verkündet hatte, sei es im Geheimen oder öffentlich, und ordnete es zu Büchern.

Ich aber schrieb derweilen diese Geheimlehre nieder; und siehe, da erschien der Erlöser. Es waren aber schon fünfhundertundfünfzig Tage vergangen, seit er von uns gegangen war, und wir hatten fünfhundertundfünfzig Tage auf ihn gewartet.

Und wir fragten ihn: HErr, hast du dich für immer von uns entfernt? Und Jesus antwortete uns und sprach: Nein, doch bald werde ich vor den treten, der mich gesandt hat. Und wer von euch mir folgen will, der folge mir!

Da antworteten ihm alle und sagten: Wenn du uns rufst, dann wollen wir dir folgen.

Doch da sprach der HErr: Wahrlich, ich sage euch: Es wird keiner jemals in das Himmelreich eingehen, nur weil ich ihn rufe. Nur der wird ins Himmelreich eingehen, der erfüllt ist. So überlaßt mir denn den Jakobus und den Petrus, damit ich sie erfülle.

Und da er die beiden gerufen hatte, nahm er sie beiseite. Den übrigen aber trug er auf, weiter zu tun, was sie bisher getan hatten; jeder das Seine.

*Der Herr fordert die beiden Apostel auf, erfüllt zu werden.*

3 Der Erlöser aber sprach zu mir, dem Jakobus, und zu Petrus: Der Vater hat euch die Gnade erwiesen, meine Worte zu hören. Doch hütet euch! Denn die übrigen Jünger haben meine Worte in ihre Bücher geschrieben und sie dennoch nicht verstanden, darum hütet euch!

Unverständig haben sie sich bemüht, darum hütet euch! Wie die Toren haben sie gehört und wie die Tauben haben sie nicht verstanden, darum hütet euch!

Wollt ihr denn nicht erfüllt werden? Ist auch euer Verstand trunken? Wollt ihr denn nicht nüchtern werden? Darum schämet euch, schämet euch, wenn ihr schlaft und schämet euch, wenn ihr wach seid!

Ihr habt den Menschensohn gesehen, ihr habt mit ihm gesprochen und ihr habt auf ihn gehört.

Wehe denen, die den Menschensohn gesehen haben! Heil denen, die ihn nicht gesehen haben, die nicht mit ihm zusammen waren, die nicht mit ihm gesprochen haben, die nie etwas von ihm gehört haben! Euer ist das Leben.

Er hat euch geheilt, als ihr krank wart, damit ihr herrscht.

Wehe denen, die von ihrer Krankheit gesundet sind! Denn sie werden wieder in die Krankheit zurückfallen.

Heil denen, die niemals krank waren und die Ruhe erkannt haben, bevor sie krank wurden! Euer ist das Himmelreich.

Darum sage ich euch: Werdet erfüllt und laßt keinen Raum in euch leer. Wer eindringt, der wird über euch lachen können.

*Die erste rätselhafte Lehre.*

4 Darauf antwortete Petrus und sprach: Siehe, dreimal hast du zu uns gesagt: Werdet erfüllt! Aber wir sind erfüllt.

Da antwortete ihm der Erlöser: Noch einmal sage ich euch, werdet erfüllt, damit ihr nicht an Fülle abnehmet. Denn die da abnehmen, werden nicht erlöst werden. Also ist das Erfülltwerden gut, und das Abnehmen ist schlecht.

Doch ist es auch gut, daß du abnimmst und schlecht, daß du statt dessen erfüllt wirst. Denn in diesem Fall nimmt die Fülle ab und das Mangelhafte nimmt nicht zu; dann kann das Mangelhafte aufgefüllt werden und die Fülle kann bis zum letzten Maß vollendet werden.

Ihr müßt also abnehmen, während ihr euch füllen könnt und füllen, wie ihr abnehmen könnt, damit ihr das Heil erlangt. Erfüllt euch also durch den Geist! Doch nehmt ab im Verstand, denn auch der Verstand gehört zur Seele.

*Der Platz des Satans im Heilsplan.*

5 Da antwortete ich und sprach zu ihm: HErr, wenn du es willst, dann werden wir dir gehorchen. Siehe, wir haben unsere Väter, unsere Mütter und unsere Dörfer verlassen und sind dir nachgefolgt. So schütze uns nun, auf daß wir nicht vom Satan versucht werden.

Und der HErr antwortete und sprach: Träge seid ihr und wollt euch das Heil nicht selbst verdienen! Denn worin liegt euer Verdienst, wenn ihr zwar vorgebt, den Willen des Vaters zu erfüllen, gleichzeitig aber von der Versuchung durch den Satan verschont bleibt? Vgl. Sir. 2,1

Wenn ihr vom Satan bedrängt und verfolgt werdet und ihm endlich seinen Willen erfüllt, dann, so sage ich euch, wird er euch lieben. Er wird an euch fürsorglich denken und wird euch mir gleich machen. Denn auch der Satan liebt euch, wie es vorgesehen ist, in dem Maß, in dem ihr Erwählte seid.

So hört auf, das Fleisch zu lieben und euch vor dem Leiden zu fürchten! Habt ihr vergessen, daß es eure Bestimmung ist, mißhandelt, ungerecht angeklagt, verurteilt und eingesperrt zu werden? Denkt daran, daß ich grundlos gekreuzigt und in Schande begraben ward!

Denkt an die Macht des Bösen!

Was trachtet ihr danach, das Fleisch zu schonen, ihr, die der Geist wie eine Mauer umgibt? Betrachtet die Welt, wie sie ist, wie sie schon vor eurer Zeit war, und wie sie noch lange nach eurer Zeit sein wird! Merkt ihr nicht, daß euer Leben ein einziger Tag und euer Leiden eine einzige Stunde ist?

Fürwahr, die Furchtsamen werden nicht in die andere Welt kommen. Verachtet darum den Tod und sorgt euch um das Leben! Gedenket meines Kreuzes und meines Todes und ihr werdet leben!

*Der Tod führt zum ewigen Leben.*

6 Da antwortete ich ihm also: HErr, verkündige uns nicht das Kreuz und den Tod, denn dein ist das Leben!
Und Jesus entgegnete mir und sprach: Wahrlich, ich sage euch: Keiner wird erlöst werden, der nicht an mein Kreuz glaubt! Das Reich Gottes gehört nur denen, die an mein Kreuz glauben. Trachtet ihr also nach dem Tod, wie die Toten, die nach dem Leben trachten! Denn das, wonach sie suchen, wird sich ihnen offenbaren.
Was kann ihnen Sorge bereiten?
Wendet euch dem Tod zu, dann werdet ihr als Erwählte leben! Wahrlich, ich sage euch: So einer den Tod fürchtet, wird er nicht erlöst werden, denn das Reich Gottes gehört denen, die getötet werden. Macht euch dem Sohn des Heiligen Geistes gleich; werdet besser als ich!

33. Dort rief Zacharias zu seinem Herrn und sprach: »Mein Herr, gib mir von dir her guten Samen; siehe du bist der Gebetserhörer.« Und da riefen ihm die Engel, während er zum Gebete in der Zelle stand, zu:
34. »Allah verheißt dir Johannes, den Bestätiger eines Wortes von Allah, einen Herrn, einen Asketen und Propheten von den Rechtschaffenen.«
35. Er sprach: »Mein Herr, woher soll mir ein Knabe werden, wo mich das Alter überkommen hat und mein Weib unfruchtbar ist?« Er sprach: »Also tut Allah, was er will.«
36. Er sprach: »Mein Herr, gib mir ein Zeichen.« Er sprach: »Dein Zeichen ist, daß du drei Tage lang zu den Leuten nicht sprechen wirst außer durch Winken. Und gedenke deines Herrn häufig und preise ihn am Abend und am Morgen.«
37. Und (gedenke,) da die Engel sprachen: »O Maria, siehe, Allah hat dich auserwählt und hat dich gereinigt und hat dich erwählt vor den Weibern aller Welt.
38. O Maria, sei andachtsvoll zu deinem Herrn und wirf dich nieder und beuge dich mit den sich Beugenden.«
39. Dies ist eine der Verkündigungen des Verborgenen, die wir dir[1] offenbaren. Denn nicht warst du bei ihnen als sie ihre Rohre[2] warfen, wer von ihnen Maria pflegen sollte. Und nicht warst du bei ihnen, als sie miteinander stritten.
40. (Gedenke,) da die Engel sprachen: »O Maria, siehe, Allah

[1] Muhammad.
[2] D. h. Pfeile, wie die Araber beim Meisarspiel.

verkündet dir ein Wort[3] von ihm; sein Name ist der Messias Jesus, der Sohn der Maria, angesehen hinieden und im Jenseits und einer der (Allah) Nahen.

41. Und reden wird er mit den Menschen in der Wiege[4] und in der Vollkraft, und er wird einer der Rechtschaffenen sein.«

42. Sie sprach: »Mein Herr, woher soll mir ein Sohn werden, wo mich kein Mann berührte?« Er sprach: »Also schafft Allah, was er will; wenn er ein Ding beschlossen hat, spricht er nur zu ihm: ›Sei!‹ und es ist.«

43. Und er wird ihn lehren das Buch und die Weisheit und die Tora und das Evangelium und wird ihn entsenden zu den Kindern Israel. (Sprechen wird er:) »Siehe, ich komme zu euch mit einem Zeichen von euerm Herrn. Siehe, ich will euch erschaffen aus Ton die Gestalt eines Vogels und will in sie hauchen, und sie soll werden ein Vogel mit Allahs Erlaubnis[5]; und will heilen den Mutterblinden und Aussätzigen und will die Toten lebendig machen mit Allahs Erlaubnis, und ich will euch verkünden, was ihr essen und was ihr aufspeichern sollt in euern Häusern. Siehe, hierin ist wahrlich ein Zeichen für euch, so ihr gläubig seid.

44. Und als ein Bestätiger (komme ich) von der Tora, die vor mir war, und um euch zu erlauben einen Teil von dem, was euch verwehrt war; und ich komme zu euch mit einem Zeichen von euerm Herrn. So fürchtet Allah und gehorchet mir; siehe, Allah ist mein Herr und euer Herr, drum dienet ihm. Dies ist ein rechter Weg.«

45. Und als Jesus ihren Unglauben wahrnahm, sprach er: »Welches sind meine Helfer zu Allah hin?« Es sprachen die Jünger: »Wir sind Allahs Helfer; wir glauben an Allah, und bezeugen, daß wir Muslime sind.

[3] Das fleischgewordene Wort.
[4] Vgl. hierzu das außerkanonische Evangelium infantiae.
[5] Auch dieses Wunder steht im Evangelium infantiae und im Thomas-Evangelium.

46. Unser Herr, wir glauben an das, was du hinabgesandt hast, und folgen dem Gesandten. Drum schreib uns unter die Bezeugenden.«
47. Und sie schmiedeten Listen, und Allah schmiedete Listen; und Allah ist der beste Listenschmied.
48. (Gedenke,) da Allah sprach: »O Jesus, siehe, ich will dich verscheiden lassen und will dich erhöhen zu mir und will dich von den Ungläubigen säubern und will deine Nachfolger über die Ungläubigen setzen bis zum Tag der Auferstehung. Alsdann ist zu mir eure Wiederkehr, und ich will richten zwischen euch über das, worin ihr uneins seid.
49. Was aber die Ungläubigen anlangt, so werde ich sie peinigen mit schwerer Pein hinieden und im Jenseits; und nicht werden sie Helfer finden.«
50. Was aber die Gläubigen und das Rechte Tuenden anlangt, so wird er ihnen ihren Lohn heimzahlen. Und Allah liebt nicht die Ungerechten.
51. Solches verlesen wir dir von den Zeichen und der weisen Ermahnung.
52. Siehe, Jesus ist vor Allah gleich Adam[6]; er erschuf ihn aus Erde, alsdann sprach er zu ihm: »Sei!«, und er ward.
53. Die Wahrheit von deinem Herrn! Drum sei keiner der Zweifler.
54. Und wer sich über sie mit dir streitet, nachdem das Wissen zu dir kam, so sprich: »Kommt herzu, laßt uns rufen unsre Söhne und eure Söhne, unsre Weiber und eure Weiber und unsre Seelen und eure Seelen. Alsdann wollen wir zu Allah flehen und mit Allahs Fluch die Lügner belegen.«
55. Siehe, dies ist eine wahre Geschichte, und es gibt keinen Gott außer Allah, und siehe Allah, wahrlich er ist der Mächtige, der Weise.

[6] Keiner der beiden hatte einen menschlichen Vater.

56. Und so ihr den Rücken kehrt, siehe, so kennt Allah die Missetäter.
57. Sprich: »O Volk der Schrift, kommt herbei zu einem gleichen Wort[7] zwischen uns, daß wir nämlich Allah allein dienen und nichts neben ihn stellen und daß nicht die einen von uns die andern zu Herren annehmen neben Allah.« Und so sie den Rücken kehren, so sprechet: »Bezeuget, daß wir Muslime sind.«
58. O Volk der Schrift, warum streitet ihr über Abraham, wo die Tora und das Evangelium erst nach ihm herabgesandt ward? Habt ihr denn nicht Verstand?
59. Streitet doch über das, wovon ihr Wissen habt; weshalb aber streitet ihr über das, wovon ihr kein Wissen habt? Allah weiß, ihr aber wisset nicht.

[7] Zu einem Vergleich.

*Heinrich Heine*

## Sie haben dir übel mitgespielt

### Caput XIII

Die Sonne ging auf bei Paderborn
Mit sehr verdroßner Gebärde.
Sie treibt in der Tat ein verdrießlich Geschäft
Beleuchten die dumme Erde!

Hat sie die eine Seite erhellt,
Und bringt sie mit strahlender Eile
Der andern ihr Licht, so verdunkelt schon
Sich jene mittlerweile.

Der Stein entrollt dem Sisyphus,
Der Danaiden Tonne
Wird nie gefüllt, und den Erdenball
Beleuchtet vergeblich die Sonne! –

Und als der Morgennebel zerrann,
Da sah ich am Wege ragen,
Im Frührotschein, das Bild des Manns,
Der an das Kreuz geschlagen.

Mit Wehmut erfüllt mich jedesmal
Dein Anblick, mein armer Vetter,
Der du die Welt erlösen gewollt,
Du Narr, du Menschheitsretter!

Sie haben dir übel mitgespielt,
Die Herren vom hohen Rate.
Wer hieß dich auch reden so rücksichtslos
Von der Kirche und vom Staate!

Zu deinem Malheur war die Buchdruckerei
Noch nicht in jenen Tagen
Erfunden; du hättest geschrieben ein Buch
Über die Himmelsfragen.

Der Zensor hätte gestrichen darin,
Was etwa anzüglich auf Erden,
Und liebend bewahrte dich die Zensur
Vor dem Gekreuzigtwerden.

Ach! hättest du nur einen andern Text
Zu deiner Bergpredigt genommen,
Besaßest ja Geist und Talent genug,
Und konntest schonen die Frommen!

Geldwechsler, Bankiers, hast du sogar
Mit der Peitsche gejagt aus dem Tempel –
Unglücklicher Schwärmer, jetzt hängst du am Kreuz
Als warnendes Exempel!

*David Friedrich Strauß*

# Letzte Mahlzeit, Gefangennehmung und Hinrichtung Jesu

Die Schilderung des letzten Abends, den Jesus mit seinen Jüngern zubrachte, ist bei sämtlichen Evangelisten von der Voraussetzung aus angelegt, daß er das, was ihm demnächst bevorstand, genau nach allen Umständen vorher gewußt habe (vgl. Joh. 13,1. 18,4). Diese Voraussetzung, die sich ihnen aus ihrer Vorstellung von Jesu als gottgezeugtem Messias oder eingekörpertem Schöpferworte ohne Beschränkung von selbst ergab, erleidet auf unserm Standpunkte die Einschränkung auf das Menschenmögliche und geschichtlich Wahrscheinliche. Jesus mochte vorhersehen, daß es mit ihm zu Ende gehe, er mochte wohl auch gegen die Treue des einen, die Standhaftigkeit des andern von seinen Jüngern seine Zweifel hegen und nicht verbergen; daß er aber so bestimmt gewußt und erklärt haben sollte, gerade diese Nacht noch werde sich sein Schicksal erfüllen, daß er so ausdrücklich den Judas als Verräter bezeichnet, dem Petrus eine dreimalige Verleugnung vor dem nächsten Hahnenschrei vorhergesagt haben sollte, davon ließe sich Ersteres nur etwa durch Winke von seiten geheimer Anhänger im hohen Rat erklären, wovon doch jede Spur in den Berichten fehlt; alles aber ist historisch ebenso schwer zu denken, als, wie wir später finden werden, psychologisch leicht zu erklären ist, wie seine Anhänger in der Folge dazu kamen, sich die Sache so vorzustellen.

Die Einsetzung des Abendmahls (Matth. 26,26–29. Mark. 14, 22–25. Luk. 22,19 fg.) mit seinen Todesbildern wird schon aus den Ahnungen begreiflich, die sich Jesu bei richtiger Erkenntnis seiner Lage in jenen Tagen natürlicherweise aufdrängen mußten. Er sah sich einerseits von mächtigen schwergereizten Feinden umgeben, deren Fanatismus des Äußersten fähig war; während er sich andererseits selbst von seinen vertrautesten Freunden nur höchst unvollkommen verstanden sah, geschweige daß er mit der Masse des Volks schon so weit wäre gekommen gewesen, daß er sie als entschieden für sich gewonnen, als einen verläßlichen Rückhalt gegen die Anschläge seiner Feinde hätte betrachten können. So mochte sich ihm, indem er als Hausvater den Brotkuchen zerbrach, um ihn an die Seinigen auszuteilen, unwillkürlich das Bild seines Leibes, dem von seinen grimmigen Feinden vielleicht ein ähnliches Schicksal zugedacht war, beim Einschenken des roten Weins das Bild seines Blutes, das vielleicht in kurzem so dahinfließen würde, vor die Seele stellen, er mochte seine Jünger ahnungsvoll versichern, so wie er das hier mit Brot und Wein tue, werde es bald mit ihm geschehen, und dann mögen sie, so oft sie wieder gemeinsam Brot und Wein genießen, an ihn und was er ihnen jetzt gesagt habe denken. So in den Gedanken seines nahen Todes vertieft, mochte er diesen zugleich aus dem Gesichtspunkt eines Opfertodes, sein Blut als die Weihe eines neuen Bundes zwischen Gott und der Menschheit betrachten, und um der Gesellschaft, die er begründen wollte, einen lebendigen Mittelpunkt zu geben, mochte er diese Brot- und Weinverteilung als eine zu wiederholende Feier anordnen. Das alles war natürlicherweise möglich; ob aber alles auch wirklich so wie es die Evangelisten uns berichten, vor sich gegangen, ist eine andere Frage. Zwar das Stillschweigen des vierten ist auf unserm Standpunkte kein Gegenbeweis; andererseits jedoch auch das Zeugnis des Apostels Paulus (1 Kor. 11,23–25) kein so entschiedener dafür, als gewöhnlich angenommen wird. Paulus gibt die Überlieferung über die Einsetzung des Abendmahls, wie er sie in der Gemeinde bei seinem Eintritt in dieselbe vorgefunden hatte; wie viel aber an dieser Überlieferung aus dem ursprünglichen Vorgang und wie viel aus der seitdem aufgekommenen christlichen Sitte stammte, ist nicht so leicht zu bestimmen. Hatte Jesus an jenem Abende dem jüdischen Festgebrauche gemäß Brot und Wein ausgeteilt, und daran nur etwa eine Hindeutung auf den ihm drohenden gewaltsamen Tod geknüpft, und war hernach in der Gemeinde die Sitte aufgekommen, diese Austeilung zum Andenken an seinen Tod zu wiederholen, so ergab es sich von selbst, die Anordnung dieser Wiederholung (»das tut, so oft ihr's trinket« u. s. f.). Jesu selbst in den Mund zu legen. Hatte man sich in der Gemeinde gewöhnt, in dem Brot und Wein bei jenem Gedächtnismahle den Leib und das Blut Christi, und in dem letztern das Blut eines neuen Bundes zu sehen, so mußte er selbst schon jene Stoffe dafür erklärt haben, und so konnte sich der Hergang in späterer Zeit vom Standpunkte der christlichen Sitte sogar einem solchen darstellen, der, wie die Apostel, Zeuge jenes letzten Abends gewesen war. Die Wiederholung des Mahles aber war den ersten Christen, auch ohne eine Anordnung von seiten Jesu, teils durch das jährlich sich wiederholende Passahmahl, teils noch mehr durch die heiligen Mahle der Essener nahe gelegt, die sich wöchentlich, und besonders feierlich alle sieben Wochen, wiederholten; nur daß die Christen an die Stelle des bei den essenischen Mahlen neben dem Brote gebräuchlichen Wassers im Anschluß an den Passahritus den Wein setzten.

Von der Szene am Ölberge, welche die Evangelisten unmittelbar auf das letzte Mahl folgen lassen (Matth. 26,30 fg. Mark. 14,21 fg. Luk. 22,39 fg. Joh. 18,1 fg.), ist so viel ohne Zweifel historisch, daß Jesus durch Schergen des jüdischen Synedriums unter Anführung eines ungetreuen Jüngers ohne ernstlichen Versuch einer Gegenwehr gefangen genommen worden ist. Dagegen ist das, was der Gefangennehmung in den synoptischen Berichten vorangeht, der sogenannte Seelenkampf mit seinen drei Gängen bei Matthäus und Markus, dem Engel und Blutschweiß bei Lukas, jedenfalls stark mythisch ausgeschmückt. Aber auch das Allgemeine, daß Jesus an jenem Abend vor seinem Leiden und Tode Bangigkeit empfunden, und dieser Stimmung nur nach gewaltigem innern Kampfe Meister geworden, ist von der Voraussetzung aus erzählt, daß er das, was ihm in den nächsten Stunden bevorstand, sicher und genau vorhergewußt habe. Diese Voraussetzung macht Schwierigkeit; denn die Evangelisten denken sich das Vorherwissen als ein übernatürliches, wie wir es nicht denken können; als natürliches aber war es schwerlich so bestimmt, um eine solche Gemütsbewegung gerade in der Stunde vor dem Eintreffen des Geahnten herbeizuführen. Nur so viel mögen wir etwa als geschichtlich annehmen, daß, als in jener letzten Zeit der Gedanke eines gewaltsamen Ausgangs immer näher an Jesum herantrat, die Schrecken dieser Vorstellung düstre Schatten in sein Gemüt geworfen, und er des Aufgebots aller sittlichen Kraft, der erneuerten Versenkung in das Gefühl der Vaterliebe Gottes und das Bewußtsein seines Berufes bedurft habe, um seine ruhige gottergebene Fassung auch diesem Äußersten gegenüber zu behaupten.

In der folgenden Erzählung von dem Verhör und der Verurteilung Jesu (Matth. 26,57–27,31. Mark. 14,53–15,20. Luk. 22, 54–23,25. Joh. 18,12–19,16) haben sämtliche Evangelisten die Grundzüge gemein, daß Jesus erst vor der jüdischen Obrigkeit verhört und schuldig befunden, dann vor den römischen Prokurator geführt wird, der das Todesurteil bestätigen und vollziehen lassen soll, sich aber von der Schuld des Angeklagten nicht sofort überzeugen kann, und nach wiederholten Versuchen, ihn zu retten, nur dem ungestümen Andringen der Juden nachgebend, den Befehl zu seiner Hinrichtung erteilt. Als die Schuld Jesu vor dem jüdischen Tribunal erscheint bei den beiden ersten Evangelisten unter dem Schleier eines angeblich falschen Zeugnisses seine Äußerung, den Tempel Gottes abbrechen und in drei Tagen wieder aufbauen zu wollen, d. h. er wurde nach dem früher Auseinandergesetzten eines Anschlags gegen das bestehende

jüdische Religionswesen beschuldigt; was allerdings im Sinne gewaltsamer Mittel, deren Anwendung er beabsichtigt hätte, eine falsche Beschuldigung, in Betreff seiner letzten Absicht aber nicht ohne Grund war. Hierauf wird er befragt, ob er wirklich der Messias zu sein behaupte? und daß er dies mit Hindeutung auf Ps. 110 und Dan. 7 bejaht, wird als Gotteslästerung und todeswürdiges Verbrechen betrachtet. Dem römischen Prokurator gegenüber benützen nach der übereinstimmenden Darstellung der Evangelisten die jüdischen Obern die politische Seite, welche die Auffassung des Messias als Königs der Juden darbot, um ihm den Angeklagten als Aufwiegler des Volks gegen die römische Herrschaft darzustellen; womit sie nicht ohne Schwierigkeit, da Pilatus die Merkmale eines politisch gefährlichen Menschen an Jesu nicht finden konnte, endlich durchdrangen. In allem diesem ist nichts geschichtlich Unwahrscheinliches; wenn auch nicht zu verkennen ist, daß besonders der Widerstand des Pilatus von den Evangelisten, um die Unschuld Jesu auf der einen, die verstockte Bosheit der Juden auf der andern Seite ins Licht zu setzen, mit besonderer Geflissenheit ausgeführt ist; worauf wir daher, wie auf die ganze nähere Ausführung dieser Szenen in den Evangelien, in einer späteren Untersuchung zurückkommen werden.
So gehen auch in der Beschreibung, welche die Evangelisten von der Kreuzigung Jesu geben (Matth. 27,31 fg. Mark. 15,20 fg. Luk. 23,25 fg. Joh. 18,16 fg.), alle diejenigen Züge uns hier nichts an, welche nur darauf berechnet sind, der Natur wie der Menschenwelt, dem Tempelvorhang wie der heiligen Schrift Zeugnisse für die Schuldlosigkeit des Gekreuzigten und gegen seine Mörder abzugewinnen; wir halten uns lediglich daran, daß er ans Kreuz geschlagen und von demselben nach allgemeinem Dafürhalten als tot wieder abgenommen worden ist. Für die Prüfung der Realität seines Todes kommt besonders die Frage in Betracht, wie lange Jesus sowohl vor als nach dem anscheinenden Eintritt desselben am Kreuze gehangen hat. Denn die Kreuzigung war, bei

dem spärlichen Blutverlust, den die Nägelwunden verursachten, keine schnell tötende Strafe, und sollte dies auch nicht, sondern eben in ihrer Langsamkeit desto schmerzlicher sein. Je länger also Jesus fürs erste lebendig am Kreuze hing, desto wahrscheinlicher ist es, daß, als zuletzt die Lebenszeichen aufhörten, dies ein wirkliches Aufhören des Lebens war; und je länger er fürs andere nachher noch daran hängen blieb, desto gewisser mußte, was bisher doch vielleicht nur Scheintod gewesen war, zum wirklichen Tode werden: wogegen, wenn er nach wenigen Stunden schon gestorben schien und sofort vom Kreuze abgenommen wurde, dies möglicherweise eine bloße Betäubung gewesen sein konnte, von der er sich wieder erholen mochte. Aus Matthäus (27,45 fg.) und Lukas (23,44 fg.) nun wissen wir nur, daß Jesus etwas über drei Stunden lebend am Kreuze gehangen haben muß; denn nachdem sie schon allerlei erzählt haben, das, während er dahinging, vorgegangen, lassen sie um die sechste Stunde (d. h. mittags 12 Uhr) eine Finsternis entstehen und diese bis um die neunte (nachmittags 3 Uhr) andauern, worauf sie dann Jesu Tod erfolgen lassen. Nach Markus (15,25) wäre Jesus um die dritte Stunde (d. h. vormittags 9 Uhr) gekreuzigt worden, hätte also sechs Stunden lebend am Kreuz gehangen. Dagegen läßt Johannes (18,28) ungefähr um die sechste Stunde, d. h. mittags, wo den Synoptikern zufolge über dem bereits am Kreuze Hängenden die Sonne sich verfinsterte, den Pilatus erst das Urteil sprechen; und wenn nun mit der Hinausführung und Kreuzigung doch auch noch einige Zeit hinging, während andererseits vor dem Anbruch des folgenden Tags, d. h. nach jüdischer Rechnung vor abends 6 Uhr, Joseph von Arimathäa den Prokurator um den Leichnam Jesu gebeten und nach erhaltener Erlaubnis denselben abgenommen haben soll: so kämen höchstens zwei bis drei Stunden heraus, die Jesus vor, und wahrscheinlich noch weniger, die er nach dem Aufhören der Lebenszeichen am Kreuze gehangen haben könnte.

Nach Markus (15,44) hätte Pilatus selbst sich über den so früh eingetretenen Tod Jesu gewundert, doch daß er wirklich erfolgt war, von dem wachhabenden Hauptmann erfahren; nach Johannes (19,31 fg.) hätte er auf die Bitte der Juden Soldaten abgeschickt, um durch Zerschlagung der Beine den Tod der drei miteinander Gekreuzigten gewiß und deren Abnahme noch vor Anbruch des folgenden Fest- und Sabbattages tunlich zu machen; statt dessen dann einer der Soldaten, da sie Jesum schon gestorben fanden, ihm nur noch mit der Lanze einen Stich in die Seite gegeben, dieser aber das Ausfließen von Blut und Wasser zur Folge gehabt hätte. An diesem Lanzenstich hat man den sichersten Beweis für die Wirklichkeit des Todes Jesu zu haben geglaubt; allein nicht nur ist, was er zur Folge gehabt haben soll, etwas Unmögliches, sondern er erscheint auch im vierten Evangelium, dem er eigentümlich ist, in einen so wunderlichen prophetisch-mystischen Pragmatismus verflochten, daß er als geschichtliches Moment gar nicht zählt, sondern erst später mit der übrigen unhistorischen Ausstattung dieses Teils der evangelischen Geschichte in Erwägung kommen kann. Der Beweis für die Realität des Todes Jesu, welcher allerdings von seiten seiner Hinrichtung nicht ausreichend zu führen ist, liegt in dem Mangel jedes genügenden Beweises für seine Wiederbelebung; wenn derjenige als wirklich gestorben zu betrachten ist, von dessen weiterem Fortleben jede geschichtliche Kunde fehlt, so ist der Tod Jesu am Kreuz als ein wirklicher Tod zu betrachten.

Nicht unmittelbar die Realität seines Todes betrifft die vielfach verhandelte Frage, ob den Gekreuzigten nur die Hände, oder auch die Füße angenagelt worden seien. Denn die Möglichkeit eines Scheintodes wäre auch im letzteren Falle nicht schlechterdings ausgeschlossen, da auch die Annagelung der Füße noch keine Verblutung mit sich brachte; aber die Wanderungen, die Jesus den evangelischen Berichten zufolge schon am Tage seiner Wiederbelebung gemacht haben soll, vom Grab in die Stadt, dann aufs Land nach dem drei Stunden entfernten Emmaus, dann abends wieder in die Stadt, und bald gar nach Galiläa, die hätte er natürlicherweise nicht machen können, wenn er auch in den Füßen schwärende und schmerzhafte Wunden gehabt hätte. Insofern ist diejenige Theologie, welche sich die Auferstehung Jesu als natürliches Erwachen aus einem Scheintode denkt, d. h. heutzutage nicht nur die wenigen offenen, sondern auch die vielen verschämten oder verschleierten Rationalisten, stark bei dieser Frage, und zwar für ihre Entscheidung zu Gunsten des bloßen Händeannagelns, interessiert, während wir auf unserm Standpunkte keine Ursache haben, die eine oder andere Seite zu begünstigen. Was die Evangelisten betrifft, so geben die zwei ersten in dieser Frage keinen Anhaltspunkt; wenn bei Lukas (24,39) der Auferstandene den Jüngern zum Beweise, daß er der wirkliche ihnen bekante Jesus und kein körperloses Gespenst sei, seine Hände und Füße zeigt und sie zum Betasten derselben auffordert, so denkt man von selbst an die Wunden, die in beiden Gliedmaßen noch sichtbar gewesen; während man bei Johannes, wo neben der Seitenwunde nur von Nägelmalen in den Händen die Rede ist, veranlaßt wird, eben nur diese angenagelt zu denken. Von zeitgenössischen Schriftstellern gibt uns Josephus, so manchmal er auch in seiner Geschichte des jüdischen Krieges von Kreuzigungen zu sprechen hat, über den fraglichen Punkt doch keinen Aufschluß; Kirchenväter, die gleichfalls noch Gelegenheit hatten, Gekreuzigte zu sehen, wie Justin, Tertullian, lassen wohl auch die Füße Jesu angenagelt sein, aber wir wissen nicht, ob deswegen, weil sie dies als Sitte bei der Kreuzigung kannten, oder um die Stelle Ps. 22,17: »Sie durchgraben mir Hände und Füße«, als an Jesu erfüllt anführen zu können. In der bekannten Stelle des Plautus endlich, wo von zweimaligem Annageln der Hände wie der Füße die Rede ist, wollen manche die angedrohte Verschärfung der Strafe nicht darin finden, daß beiderlei Gliedmaßen mit je zwei Nägeln, statt mit einem, sondern daß außer den beiden Händen, was das Gewöhnliche gewesen, ausnahmsweise auch noch die beiden Füße angenagelt werden sollten. Alles gegeneinander abgewogen, möchte wohl die Annagelung auch der Füße das Wahrscheinlichere sein; doch muß bei dem Mangel eines sicheren Beweises die Sache auf sich beruhen.

Daß Jesus nach der Abnahme vom Kreuze begraben worden, war schon zu des Apostels Paulus Zeit christliche Überlieferung (1 Kor. 15,4) und hat an und für sich geschichtlich nichts wider sich; denn wenn auch nach römischem Brauche die Gekreuzigten hängen zu bleiben pflegten, bis sie durch Witterung, Vögel und Verwesung verzehrt waren, nach jüdischer Sitte aber die Gehängten vor Abend abgenommen und auf einem unehrlichen Begräbnisplatze verscharrt wurden, so sprach doch ein römisches Gesetz die Leichen der Hingerichteten deren Verwandten und Freunden, wenn sie sich dieselben ausbaten, zu. Daß dies in bezug auf den Leichnam Jesu seine eigentlichen Jünger getan hätten, davon weiß keiner der Evangelisten; alle lassen hier vielmehr einen zu Jesu nur in entfernterer Beziehung stehenden Mann, den reichen Ratsherrn Joseph von Arimathäa, eintreten, mit Abweichungen übrigens in betreff der Art, wie das Begräbnis verrichtet worden, die hier doch einen Zweifel begründen und diesen Punkt einer späteren Untersuchung aufbehalten, welcher ohnehin die vereinzelte Notiz des Matthäus von der Wache am Grabe anheimfällt.

*Charles Baudelaire*

## Die Verleugnung des heiligen Petrus

Was macht Gott mit der Flut der vielen Lästersprüche,
Die zu den Seraphim mit jedem Tage schwillt?
Er schläft wie ein Tyrann, mit Fleisch und Wein gestillt,
Im angenehmen Lärm der schauerlichen Flüche.

Geseufz der Folterqual, Geschrei der Marterstadt
Sind eine Symphonie von trunkenen Akkorden,
Denn trotz des vielen Bluts, das ihrer Lust geworden,
Ist die verruchte Gier der Himmel noch nicht satt!

– O Jesus! wie war dir am Ölberg es ergangen!
In Einfalt knieend hobst du betend deine Hand
Zu ihm, der sich voll Hohn und lachend abgewandt,
Als in dein lebend Fleisch der Henker Nägel drangen,

Und als es soweit war, daß deine Gottheit man
Bespie beim rohen Volk der Küchen und der Wachen,
Und als die Dornen dir das edle Haupt zerstachen,
Das für die Menschheit nur, die ungeheure, sann;

Als dein zerbrochener Leib mit schrecklichem Gewichte
Das ausgespannte Paar der Arme zerrte – Schweiß
Und Blut rann über der gebleichten Stirne Weiß –
Als vor dem Volk du hingst, ein Ziel in grellem Lichte!

Hast jene Tage da am Kreuz du nicht bereut,
Da du erschienen warst, die Sendung zu erfüllen,
Da du geritten kamst auf einem zahmen Füllen
Die Wege mit Gezweig und Blüten reich bestreut,

Da sich das Herz dir vor Erwartung hob und Hoffen,
Da du die Krämer schlugst ins feile Angesicht?
Da du der Meister warst! Hat dich am Kreuz nicht
Die Reue tiefer wie die Lanze noch getroffen?

– Ich scheide gern von hier aus dieser Welten Wahn,
Wo die Gedanken sich zu keinen Taten ballen;
Ich wünschte mir das Schwert, um durch das Schwert zu fallen!
Daß Petrus seinen Herrn verriet ... war recht getan!

*Fjodor Dostojewskij*

# Der Großinquisitor

Nun entscheide selbst, wer recht hatte: Du oder jener, der Dich damals fragte. Erinnere Dich an die erste Frage; wenn sie auch nicht buchstäblich so lautete, so war doch ihr Sinn folgender: Du willst in die Welt gehen und gehst mit leeren Händen, mit einem Versprechen von Freiheit, das sie in ihrer Einfältigkeit und angeborenen Schlechtigkeit nicht einmal begreifen können, das ihnen Furcht und Schrecken einflößt – denn nichts ist jemals für den Menschen und für die menschliche Gesellschaft unerträglicher gewesen als die Freiheit! Aber siehst Du die Steine hier in dieser nackten, glühenden Wüste? Verwandle sie in Brot, und die Menschheit wird Dir wie eine Herde nachlaufen, dankbar und gehorsam, wenn auch in stetem Zittern, Du könntest Deine Hand abziehen, und es hätte dann mit Deinen Broten für sie ein Ende. Du aber wolltest den Menschen nicht der Freiheit berauben und verschmähtest den Vorschlag; denn was ist das für eine Freiheit, so urteiltest Du, wenn der Gehorsam durch Brot erkauft wird? Du erwidertest, der Mensch lebe nicht vom Brote allein; aber weißt Du wohl, daß im Namen eben dieses irdischen Brotes der Erdgeist sich gegen Dich erheben und mit Dir kämpfen und Dich besiegen wird und alle ihm nachfolgen werden unter dem Rufe: »Wer tut es diesem Tiere gleich? Es gab uns das Feuer vom Himmel!« Weißt Du wohl, daß nach Verlauf von Jahrhunderten die Menschheit durch den Mund ihrer Weisen und Gelehrten verkünden wird, es gebe gar kein Verbrechen und folglich auch keine Sünde, sondern es gebe nur Hungrige? Mache sie satt, und dann erst verlange von ihnen Tugend! Das werden sie auf das Panier schreiben, das sie gegen Dich erheben werden und durch das Dein Tempel gestürzt werden wird. An Stelle Deines Tempels wird ein neuer Bau aufgeführt werden; es wird sich von neuem ein furchtbarer babylonischer Turm erheben, und obgleich auch dieser ebensowenig wie der frühere zu Ende gebaut werden wird, so hättest Du doch diesen neuen Turmbau vermeiden und die Leiden der Menschen um tausend Jahre abkürzen können; denn zu uns, zu uns werden sie ja kommen, wenn sie sich tausend Jahre lang mit ihrem Turme abgequält haben werden! Sie werden uns dann wieder unter der Erde suchen, in den Katakomben, in denen wir uns verborgen halten (denn wir werden wieder verfolgt und gemartert sein); sie werden uns finden und uns zuschreien: »Macht uns satt; denn diejenigen, die uns das Feuer vom Himmel versprachen, haben es uns nicht gegeben.« Und dann werden wir auch ihren Turm zu Ende bauen; denn zu Ende bauen wird ihn der, der sie satt macht; satt machen aber werden nur wir sie, in Deinem Namen. Oh, niemals, niemals werden sie ohne uns satt werden! Keine Wissenschaft wird ihnen Brot geben, solange sie frei bleiben werden; aber es wird damit enden, daß sie uns ihre Freiheit zu Füßen legen und zu uns sagen: »Knechtet uns lieber, aber macht uns satt!« Sie werden schließlich selbst begreifen, daß Freiheit und reichliches irdisches Brot für einen jeden zusammen undenkbar sind; denn niemals, niemals werden sie verstehen, untereinander zu teilen! Sie werden auch zu der Überzeugung gelangen, daß sie niemals frei sein können, weil sie kraftlos, lasterhaft, nichtig und rebellisch sind. Du versprachst ihnen himmlisches Brot; aber ich wiederhole noch einmal: kann sich dieses in den Augen des schwachen, ewig lasterhaften und ewig undankbaren Menschengeschlechts mit dem irdischen Brote vergleichen? Und wenn Dir um des himmlischen Brotes willen Tausende und aber Tausende nachfolgen werden, was wird aus den Millionen und aber Millionen jener Wesen werden, die nicht die Kraft haben werden, das irdische Brot um des himmlischen willen geringzuschätzen? Oder sind Dir nur die Tausende der Großen und Starken teuer, und die übrigen Millionen, die zahlreich sind, wie der Sand am Meer, die Schwachen, die Dich aber doch lieben, die sollen nur als Material für die Großen und Starken dienen? Nein, uns sind auch die Schwachen teuer. Sie sind lasterhaft und rebellisch; aber schließlich werden auch sie gehorsam werden. Sie werden uns anstaunen und uns für Götter halten, weil wir, die wir uns an ihre Spitze stellen, uns bereit erklärt haben, die Freiheit zu ertragen, vor der sie Angst haben, und über sie zu herrschen – eine so schreckliche Empfindung wird es schließlich für sie werden, frei zu sein. Aber wir werden sagen, wir seien Dir gehorsam und herrschten in Deinem Namen. Wir werden sie wieder täuschen; denn Dich werden wir nicht mehr zu uns lassen. In dieser Täuschung wird aber auch unser Leiden liegen; denn wir werden genötigt sein zu lügen. Das also ist es, was diese erste Frage in der Wüste bedeutete und was Du verschmäht hast um der Freiheit willen, die Du höher als alles andere stelltest. Und doch lag in dieser Frage das große Geheimnis dieser Welt beschlossen. Hättest Du das Brot angenommen, so hättest Du damit einem allgemeinen und ewigen menschlichen Sehnen entsprochen, einem Sehnen des einzelnen Menschenwesens wie der ganzen Menschheit zusammengenommen, jenem Sehnen, das sich in der Frage ausspricht: wen soll ich anbeten? Es gibt für den Menschen, wenn er frei geblieben ist, keine dauernde, quälendere Sorge, als möglichst rasch jemanden zu finden, den er anbeten kann. Aber der Mensch möchte nur etwas anbeten, was bereits unbestritten ist, so unbestritten, daß alle Menschen zugleich sich zu seiner gemeinsamen Anbetung bereit erklären. Denn die Sorge dieser kläglichen Geschöpfe besteht nicht nur darin, etwas zu finden, was ich oder ein anderer anbeten kann, sondern etwas von der Art zu finden, daß alle daran glauben und es anbeten, unbedingt alle zusammen. Und dieses Bedürfnis der gemeinsamen Anbetung, gerade das ist die größte Qual sowohl eines Individuums als auch der ganzen Menschheit von der Urzeit an. Um der gemeinsamen Anbetung willen vernichten sie einander mit dem Schwerte. Sie schufen sich Götter und riefen einander zu: »Verlaßt eure Götter und kommt her, die unsrigen anzubeten; oder der Tod euch und euren Göttern!« Und so wird es sein bis ans Ende der Welt, selbst dann, wenn die Götter aus der Welt verschwinden: das macht den Menschen nichts aus, dann werden sie eben vor Götzen niederfallen. Du kanntest dieses wichtigste Geheimnis der menschlichen Natur; es konnte Dir nicht unbekannt sein; aber Du wiesest das einzige wirksame Panier zurück, das Dir angeboten wurde, um alle zu zwingen, widerspruchslos Dich anzubeten, das Panier des irdischen Brotes; Du wiesest es zurück um der Freiheit und des himmlischen Brotes ihn herumliegen. Das ist nun einmal so; aber was begab sich nun? willen. Und nun sieh, was Du weiter getan hast! Und alles wieder um der Freiheit willen! Ich sage Dir, der Mensch kennt keine quälendere Sorge als jemand zu finden, dem er so schnell wie möglich jenes Geschenk der Freiheit übergeben kann, mit dem dieses unglückliche Geschöpf geboren wird. Aber nur derjenige bekommt die Freiheit der Menschen in seine Gewalt, der ihr Gewissen beruhigt. Mit dem Brote wurde Dir ein unbestrittenes Panier angeboten: wenn Du ihm Brot gibst, so betet Dich der Mensch an; denn nichts ist unbestrittener als das Brot; aber wenn jemand gleichzeitig ohne Dein Wissen das Gewissen des Menschen in seine Gewalt bekommt – oh, dann läßt er sogar Dein Brot im Stich und folgt demjenigen nach, der sein Gewissen verführt. In diesem Punkte hattest Du recht. Denn das Geheimnis des menschlichen Daseins liegt nicht darin, lediglich zu leben, sondern darin, für irgendeinen Zweck zu leben. Hat der Mensch keine feste Vorstellung von dem Zwecke, für den er lebt, so mag er nicht weiterleben und zieht die Selbstvernichtung dem Verbleiben auf der Erde vor, mögen auch noch so viele Brote um ihn herumliegen. Das ist nun einmal so; aber was begab sich nun? Statt die Freiheit der Menschen in Deine Gewalt zu bringen, vergrößertest Du sie ihnen noch! Oder hattest Du vergessen, daß Ruhe und sogar der Tod dem Menschen lieber ist als die freie Wahl in der Erkenntnis von Gut und Böse? Nichts ist verführerischer für den Menschen als die Freiheit seines Gewissens; aber nichts ist auch für ihn qualvoller. Statt nun dem Menschen ein für allemal feste Grundlagen zur Beruhigung seines Gewissens zu geben, wiesest Du ihm alles zu, was es Ungewöhnliches, Rätselhaftes und Unbestimmtes gibt, alles, was über die Kraft der Menschen hinausging, und handeltest somit, als ob Du sie überhaupt nicht liebtest, Du, der Du doch gekommen warst, um das eigene Leben für sie hinzugeben! Statt die Freiheit der Menschen in Deine Gewalt zu bringen, hast Du sie noch vermehrt und das Seelenleben des Menschen für allezeit mit ihren Qualen belastet. Du wünschtest freie Liebe von seiten des Menschen; frei sollte er Dir nachfolgen, entzückt und bezaubert von Dir. Statt des festen alten Gesetzes sollte der Mensch künftig selbst mit freiem Herzen entscheiden, was gut und böse sei, und dabei nur Dein Vorbild als Führer vor sich haben. Aber hast Du wirklich nicht bedacht, daß er schließlich sogar Dein Vorbild und Deine Wahrheit verwerfen und als unverbindlich ablehnen wird, wenn sie ihm eine so furchtbare Last aufbürden, wie es die Freiheit der Wahl ist? Die Menschen werden schließlich rufen, Du seiest nicht die Wahrheit; denn es war unmöglich, sie in noch größerer Verwirrung und Qual zurückzulassen, als Du es tatest, indem Du ihnen so viele Sorgen und unlösbare Aufgaben hinterließest. Auf diese Weise hast Du selbst den Grund zur Zerstörung Deines eigenen Reiches gelegt und darfst niemand weiter beschuldigen. Und es wurde Dir doch etwas ganz anderes vorgeschlagen! Es gibt drei Mächte, nur drei Mächte auf der Erde, die imstande sind, das Gewissen dieser schwächlichen Rebellen für allezeit zu ihrem Glücke zu besiegen und zu fesseln; diese drei Mächte sind: das

Wunder, das Geheimnis und die Autorität. Du hast das Erste und das Zweite und das Dritte verschmäht und durch Dein eigenes Verhalten ein Beispiel dafür gegeben. Als der furchtbare, kluge Geist Dich auf die Zinne des Tempels stellte und zu Dir sagte: »Wenn Du wissen willst, ob Du Gottes Sohn bist, so wirf Dich hinab; denn von jenem steht geschrieben, daß die Engel ihn auffangen und ihn tragen werden und er nicht fallen oder sich stoßen wird. Und dann wirst Du erkennen, ob Du Gottes Sohn bist, und wirst dann beweisen, wie groß Dein Glaube an Deinen Vater ist.« Aber Du wiesest, als Du das hörtest, den Vorschlag zurück und willigtest nicht ein und warfst Dich nicht hinab. Oh, natürlich handeltest Du stolz und großartig wie ein Gott; aber die Menschen, dieses schwache, rebellische Geschlecht, sind die etwa Götter? Oh, Du sahst damals ein, daß, wenn Du auch nur einen Schritt tätest, nur eine Bewegung machtest, um Dich hinabzuwerfen, Du somit sogleich Gott versuchen und allen Glauben an ihn verlieren und auf der Erde zerschmettern würdest, die Du zu retten gekommen warst; und daß sich der kluge Geist freuen würde, der Dich versuchte. Aber ich sage noch einmal: Gibt es viele solche wie Du? Und hast Du wirklich auch nur einen Augenblick lang annehmen können, daß auch die Kraft der Menschen dazu ausreichen werde, eine derartige Versuchung zu bestehen? Ist denn die Natur des Menschen so beschaffen, daß er das Wunder ablehnen und in solchen furchtbaren Augenblicken des Lebens, Augenblicken der furchtbarsten und qualvollsten fundamentalen Seelenfragen, nur mit der freien Entscheidung des Herzens aufkommen kann? Oh, Du wußtest, daß Deine Tat in der Schrift werde aufbewahrt werden, daß sie bis an das Ende aller Zeiten und bis an die letzten Grenzen der Erde gelangen werde, und Du hofftest, auch der Mensch werde, Dir nachfolgend, in der Gemeinschaft mit Gott bleiben, ohne des Wunders zu bedürfen. Aber Du wußtest nicht, daß der Mensch, sobald er das Wunder ablehnt, zugleich auch Gott ablehnt; denn der Mensch sucht nicht so sehr

Gott als das Wunder. Und da der Mensch nicht imstande ist, ohne Wunder auszukommen, so wird er sich neue Wunder schaffen, eigene Wunder, und wird sich vor den Wundern der Zauberer und Hexen beugen, mag er auch hundertmal ein Rebell, ein Ketzer und ein Atheist sein. Du bist nicht vom Kreuze herabgestiegen, als Dir spottend und höhnend zugerufen wurde: »Steig herab vom Kreuze, und wir werden glauben, daß Du der Sohn Gottes bist«, Du bist nicht herabgestiegen, weil Du wiederum den Menschen nicht durch ein Wunder knechten wolltest und einen freien Glauben wünschtest, keinen Wunderglauben. Du wünschtest eine freie Liebe und nicht das sklavische Entzücken des Unfreien über eine Macht, die ihm ein für allemal Schrecken einflößt. Aber auch hier hast Du von den Menschen zu hoch gedacht; denn allerdings sind sie Unfreie, wenn sie auch als Rebellen geschaffen sind. Schau um Dich und urteile selbst: es sind jetzt fünfzehn Jahrhunderte verflossen; wohlan, mustere die Menschen: wen hast Du zu Dir emporgehoben? Ich schwöre Dir: der Mensch ist schwächer und niedriger, als Du von ihm geglaubt hast! Kann er denn, frage ich, kann er denn das überhaupt ausführen, was Du ausgeführt hast? Indem Du ihn so hoch einschätztest, hast Du gehandelt, als ob Du kein Mitleid mehr mit ihm empfändest; denn Du hast gar zu viel von ihm verlangt, Du, der Du ihn doch mehr liebtest als Dich selbst! Hättest Du ihn minder hoch eingeschätzt, so würdest Du auch weniger von ihm verlangt haben, und das wäre liebreicher gewesen; denn seine Bürde wäre dann leichter gewesen. Er ist schwach und gemein. Was will das besagen, daß er jetzt allerorten gegen unsere Macht rebelliert und auf diese Rebellion stolz ist? Das ist der Stolz eines Kindes und Schulknaben. Das sind kleine Kinder, die in der Klasse revoltieren und den Lehrer hinaustreiben. Aber auch der Jubel dieser kleinen Kinder wird ein Ende finden; er wird ihnen teuer zu stehen kommen. Sie werden den Tempel niederreißen und die Erde mit Blut überschwemmen. Aber zuletzt werden die dummen Kinder merken, daß sie, mögen sie auch Rebellen sein, doch nur schwächliche Rebellen sind, die ihre eigene Rebellion nicht aushalten. In dumme Tränen ausbrechend, werden sie schließlich bekennen, daß derjenige, der sie zu Rebellen erschaffen hat, sich ohne Zweifel über sie hat lustig machen wollen. Sie werden das voller Verzweiflung sagen, und das, was sie sagen, wird eine Gotteslästerung sein, die sie noch unglücklicher machen wird; denn die menschliche Natur erträgt keine Gotteslästerung und bestraft sich immer selbst dafür. Und so ist denn jetzt Unruhe, Verwirrung und Unglück das Los der Menschen, nachdem Du so viel für ihre Freiheit gelitten hast! Dein großer Prophet sagt in einer allegorischen Vision, er habe alle Teilnehmer der ersten Auferstehung gesehen, und es seien ihrer aus jedem Stamme zwölftausend gewesen. Aber wenn ihrer so viele waren, so waren auch sie gewissermaßen nicht Menschen, sondern Götter. Sie haben Dein Kreuz getragen, sie haben es ertragen, jahrzehntelang in der öden, kahlen Wüste zu leben und sich von Heuschrecken und Wurzeln zu nähren – und Du kannst allerdings mit Stolz auf diese Kinder der Freiheit hinweisen, die Dich frei geliebt und um Deines Namens willen freiwillig ein so großartiges Opfer gebracht haben. Aber vergiß nicht, daß ihrer im ganzen nur wenige Tausende waren, und das Götter; aber die übrigen? Was können die übrigen, die schwachen Menschen dafür, daß sie nicht dasselbe ertragen konnten wie die Starken? Was kann eine schwache Seele dafür, daß sie nicht imstande ist, so furchtbare Gaben in sich aufzunehmen? Bist Du denn wirklich nur zu den Auserwählten und für die Auserwählten gekommen? Aber wenn es so ist, dann ist hier ein Geheimnis, und wir können es nicht verstehen. Wenn es aber ein Geheimnis ist, so waren auch wir berechtigt, dies zu verkünden und die Menschen zu lehren, daß nicht der freie Entschluß ihrer Herzen und nicht die Liebe das Entscheidende ist, sondern jenes Geheimnis, dem sie sich blind unterordnen müssen, selbst gegen ihr Gewissen. Das haben wir denn auch getan. Wir haben Deine Tat verbessert und sie auf das Wunder, auf das Geheimnis und auf die Autorität gegründet. Und die Menschen freuten sich, daß sie wieder wie eine Herde geleitet wurden und daß endlich das so furchtbare Geschenk, das ihnen so viel Qual bereitet hatte, von ihrem Herzen weggenommen war. Sprich, waren wir berechtigt, so zu lehren und so zu handeln? Haben wir etwa nicht die Menschheit geliebt, als wir so freundlich ihre Schwäche anerkannten, ihre Bürde liebevoll erleichterten und ihrer schwächlichen Natur sogar die Sünde gestatteten, wenn sie mit unserer Erlaubnis geschah? Warum bist Du denn jetzt gekommen, uns zu stören? Und warum siehst Du mich schweigend und durchdringend an mit Deinen sanften Augen? Werde doch zornig! Ich will Deine Liebe nicht, weil auch ich selbst Dich nicht liebe. Und was könnte ich Dir verbergen? Als ob ich nicht wüßte, mit wem ich rede! Was ich Dir zu sagen habe, ist Dir schon alles bekannt; das lese ich in Deinen Augen. Und ich sollte unser Geheimnis vor Dir verbergen? Vielleicht willst Du es gerade aus meinem Munde vernehmen. So höre denn: wir sind nicht mit Dir im Bunde, sondern mit *ihm*, das ist unser Geheimnis! Wir sind schon seit langer Zeit nicht mehr mit Dir im Bunde, sondern mit *ihm*, schon acht Jahrhunderte lang. Acht Jahrhunderte ist es her, daß wir von ihm das annahmen, was Du unwillig zurückwiesest, jene letzte Gabe, die er Dir anbot, indem er Dir alle Reiche der Erde zeigte: Wir haben von ihm Rom empfangen und das Schwert des Kaisers und haben uns selbst als die Herren der Erde, als ihre einzigen Herren erklärt, obwohl wir unser Werk bis heute noch nicht zum vollen Abschluß zu bringen vermochten. Aber wessen Schuld ist das? Oh, dieses Werk befindet sich jetzt erst im Anfangsstadium; aber begonnen ist es. Lange noch werden wir auf seine Vollendung warten müssen, und viel noch wird die Erde leiden; aber wir werden zum Ziele gelangen und werden die Kaiser der Welt sein, und dann werden wir auch auf das Glück aller Menschen bedacht sein. Du aber hättest auch damals schon das Schwert des Kaisers ergreifen können. Warum hast Du diese letzte Gabe zurückgewiesen? Hättest Du diesen dritten Rat des mächtigen Geistes angenommen, so würdest Du alle Wünsche erfüllt haben, die der Mensch hier auf Erden hegt: er hätte jemand gehabt, den er anbeten und dem er sein Gewissen anvertrauen konnte, und hätte eine Möglichkeit gesehen, daß sie sich endlich alle zu einem gemeinsamen, feindlosen, einmütigen Ameisenhaufen vereinigten; denn das Bedürfnis einer die ganze Welt umfassenden Vereinigung ist die dritte und letzte Qual der Menschen. Immer hat die Menschheit in ihrer Gesamtheit danach gestrebt, sich unter allen Umständen universell zu gestalten. Es hat viele große Völker mit einer großen Geschichte gegeben; aber je höher diese Völker standen, um so unglücklicher waren sie; denn stärker als die andern empfanden sie das Bedürfnis nach einer universellen Vereinigung der Menschen. Große Eroberer wie Timur und Dschinghis-Khan fuhren wie ein Wirbelsturm über die Erde hin, bestrebt, die Welt zu erobern; aber auch sie brachten, wenn auch unbewußt, dasselbe große Bedürfnis der Menschheit nach einer allgemeinen, alles umfassenden Vereinigung zum Ausdruck. Hättest Du das Schwert und den Purpur des Kaisers angenommen, so würdest Du eine Weltherrschaft begründet und der ganzen Welt Ruhe gebracht haben. Denn wem anders steht es zu, über die Menschen zu herrschen, als denen, die das Gewissen der Menschen in ihrer Gewalt haben und in deren Händen das Brot der Menschen ist? Wir unsrerseits haben das Schwert des Kaisers ergriffen; aber indem wir es ergriffen, haben wir uns freilich von Dir abgewandt und sind *ihm* gefolgt. Oh, noch jahrhundertelang wird der Unfug des freien Geistes, ihrer Wissenschaft und Menschenfresserei dauern; denn sie, die ihren Babylonischen Turm ohne uns durchzuführen begannen, werden mit Menschenfresserei endigen. Aber dann, dann wird das Tier zu uns herangekrochen kommen und unsere Füße lecken und sie mit den blutigen Tränen seiner Augen benetzen. Und wir werden uns auf das Tier setzen und den Kelch erheben, und auf diesem wird geschrieben stehen: Geheimnis! Erst dann, erst dann wird für die Menschen das Reich der Ruhe und des Glücks beginnen. Du bist stolz auf Deine Auserwählten; aber Du hast nur Auserwählte, während wir allen Ruhe bringen. Und noch eins: wie viele von diesen Auserwählten und von den Starken, die da hätten Auserwählte werden können, sind es schließlich müde geworden, auf Dich zu warten, und haben die Kräfte ihres Geistes und die Glut ihres Herzens auf ein anderes Feld übertragen und tun das auch jetzt noch und werden damit endigen, daß sie ihr freies Panier selbst gegen Dich erheben. Aber Du hast ja selbst dieses Panier erhoben. Bei uns aber werden alle glücklich sein und weder mehr rebellieren noch einander vernichten, wie es unter Deiner Freiheit allerorten geschah. Oh, wir werden sie davon überzeugen, daß sie erst dann wahrhaftig frei sein werden, wenn sie zu unseren Gunsten ihrer Freiheit entsagen und uns gehorchen. Wie ist's? Werden wir damit recht haben, oder wird es gelogen sein? Sie werden selbst einsehen, daß wir damit recht haben; denn sie werden sich erinnern, zu welcher schrecklichen Sklaverei und Verwirrung sie Deine Freiheit gebracht hatte. Die Freiheit, die freie Vernunft und die Wissenschaft werden sie in solche Schluchten führen und sie vor solche Wunder und vor solche unlöslichen Geheimnisse stellen, daß manche von ihnen, die Unbotmäßigen und Trotzigen, sich selbst vernichten werden, andere, die Unbotmäßigen, aber Schwächlichen, sich gegenseitig vernichten werden und eine dritte noch übrige Kategorie, die ganz Schwächlichen und Unglücklichen, zu unseren Füßen herankriechen und uns zuheulen wird: »Ja, ihr hattet recht; ihr allein wart im Besitze seines Geheimnisses, und wir kehren zu euch zurück; rettet uns vor uns selbst!« Wenn sie von uns Brot erhalten, so werden sie allerdings deutlich erkennen, daß wir ihnen das eigene Brot, das sie mit ihren eigenen Händen erworben haben, wegnehmen, um es dann wieder unter sie zu verteilen, ohne jedes Wunder; sie werden sehen, daß wir nicht Steine in Brot verwandelt haben; aber in Wahrheit werden sie sich, mehr als über das Brot selbst, darüber freuen, daß sie es aus unseren Händen empfangen! Denn sie werden sich recht wohl daran erinnern, daß früher, ohne uns, das durch ihre Arbeit erworbene Brot selbst sich in ihren Händen in Stein verwandelte, daß aber, nach ihrer Rückkehr zu uns, selbst die Steine in ihren Händen zu Brot wurden. Völlig, völlig werden sie es zu schätzen wissen, was es bedeutet, sich ein für allemal zu unterwerfen! Und solange die Menschen das nicht begreifen, werden sie unglücklich sein. Und nun sage: wer hat am allermeisten zu diesem Mangel an Verständnis beigetragen? Wer hat die Herde zerstückt und auf unbekannte Wege versprengt? Aber die Herde wird sich von neuem sammeln und sich von neuem unterwerfen, und zwar dann ein für allemal. Dann werden wir den Menschen ein stilles, friedliches Glück gewähren, das Glück schwacher Wesen, als die sie nun einmal geschaffen sind. Oh, wir werden sie schließlich überreden, ihren Stolz abzulegen; denn Du hast sie emporgehoben und sie dadurch gelehrt, stolz zu sein; wir werden ihnen beweisen, daß sie schwach, daß sie nur armselige Kinder sind, daß aber das Glück von Kindern süßer ist als jedes andere. Sie werden schüchtern werden und zu uns aufblicken und sich ängstlich an uns drücken wie die Küchlein an die Henne. Sie werden uns anstaunen und fürchten und stolz darauf sein, daß unsere Macht und Klugheit uns befähigt hat, eine so störrische Herde von tausend Millionen zu zähmen. Sie werden kraftlos zittern vor unserm Zorne, ihr Geist wird zagen, ihre Augen werden zum Weinen geneigt sein wie die der Kinder und Frauen; aber ebenso leicht werden sie auch auf unsern Wink zu Fröhlichkeit und Gelächter und heller Freude und glückseligen Kinderliedchen übergehen. Ja, wir werden sie zwingen zu arbeiten; aber in den arbeitsfreien Stunden werden wir ihnen das Leben zu einer Art kindlichen Spieles gestalten, mit Kinderliedern, Chorgesängen und unschuldigen Tänzen. Oh, wir werden ihnen auch die Sünde erlauben; sie sind schwach und kraftlos und werden uns wie Kinder dafür lieben, daß wir ihnen gestatten zu sündigen. Wir werden ihnen sagen, jede Sünde könne wiedergutgemacht werden, sofern sie mit unserer Erlaubnis begangen sei; wenn ihnen aber von uns gestattet werde zu sündigen, so habe das seinen Grund in unserer Liebe zu ihnen; die Strafe aber für diese Sünden seien wir bereit, auf uns zu nehmen. Und wir werden sie auch auf uns nehmen; sie aber werden uns als ihre Wohltäter vergöttern, weil wir vor Gott ihre Sünden auf uns nehmen. Und sie werden keinerlei Geheimnisse vor uns haben. Wir werden ihnen erlauben oder verbieten, mit ihren Frauen und Geliebten zu leben, Kinder zu haben oder keine Kinder zu haben, alles nach dem Grade ihres Gehorsams, und sie werden sich uns mit Lust und Freude unterwerfen. Auch die qualvollsten Geheimnisse ihres Gewissens, alles, alles werden sie zu uns bringen, und wir werden alles entscheiden, und sie werden unserer Entscheidung mit Freuden glauben, weil diese sie von der großen Sorge und der jetzigen furchtbaren Qual der freien persönlichen Entscheidung befreien wird. Und alle werden glücklich sein, alle die Millionen von Wesen, mit Ausnahme der hunderttausend, die über sie herrschen. Denn nur wir, wir, die Hüter des Geheimnisses, nur wir werden unglücklich sein. Es wird Tausende von Millionen glücklicher Kinder geben und hunderttausend Dulder, die den Fluch der Erkenntnis von Gut und Böse auf sich genommen haben. Still werden sie sterben, still erlöschen in Deinem Namen und jenseits des Grabes nur den Tod finden. Aber das werden wir geheimhalten und werden die Menschen zu ihrem eigenen Glück durch die Verheißung einer ewigen, himmlischen Belohnung locken. Denn selbst wenn es etwas im Jenseits gäbe, so würde es doch sicherlich nicht für solche wie sie sein. Es wird gesagt und prophezeit, Du werdest wiederkommen und einen neuen Sieg erringen; Du werdest wiederkommen mit Deinen Auserwählten, mit Deinen Stolzen und Starken; aber wir werden sagen, daß diese nur sich selbst erlöst haben, wir aber alle Menschen. Es wird gesagt, die Buhlerin, die auf dem Tiere sitzt und das »Geheimnis« in den Händen hält, werde beschimpft werden, und die Schwachen würden sich von neuem empören und das Buhlergewand der Buhlerin zerreißen und ihren garstigen Leib entblößen. Aber dann werde ich aufstehen und Dich hinweisen auf die Tausende von Millionen glücklicher Kinder, die die Sünde nicht gekannt haben. Und wir, die wir um ihres Glückes willen ihre Sünde auf uns genommen haben, wir werden vor Dich hintreten und zu Dir sagen: »Verurteile uns, wenn Du das kannst und wagst!« Wisse, daß ich Dich nicht fürchte. Wisse, daß auch ich in der Wüste war, daß auch ich mich von Heuschrecken und Wurzeln nährte, daß auch ich die Freiheit segnete, mit der Du die Menschen gesegnet hattest, und auch ich mich vorbereitete, in der Zahl Deiner Auserwählten, der Starken und Mächtigen, einzutreten, in dem heißen Wunsche, ihre Zahl vollzumachen. Aber ich kam zur Besinnung und trug nun kein Verlangen, dem Wahnsinn zu dienen. Ich kehrte zurück und schloß mich der Schar derjenigen an, die Deine Tat verbesserten. Ich ging fort von den Stolzen und kehrte zu den Demütigen zurück, um diese glücklich zu machen. Was ich Dir sage, wird in Erfüllung gehen, und unser Reich wird errichtet werden. Ich wiederhole Dir: Schon am morgenden Tage wirst Du sehen, wie diese gehorsame Herde auf meinen ersten Wink hinzustürzen wird, um glühende Kohlen an Deinen Scheiterhaufen heranzuscharren, auf dem ich Dich verbrennen werde dafür, daß Du gekommen bist, uns zu stören. Denn wenn je jemand im höchsten Grade unseren Scheiterhaufen verdient hat, so bist Du es. Morgen werde ich Dich verbrennen. Dixi.«

*Ernest Renan*

## Jesus im Grabe

Es war ungefähr drei Uhr nachmittags nach unserer Uhr, als Jesus verschied. Ein jüdisches Gesetz verbot, den Leichnam über den Hinrichtungsabend hinaus am Galgen hängen zu lassen. Wahrscheinlich wurde diese Vorschrift bei den von den Römern vollzogenen Hinrichtungen nicht befolgt. Aber da der andere Tag der Sabbat war, und zwar ein Sabbat von besonderer Feierlichkeit, so sprachen die Juden der römischen Behörde gegenüber den Wunsch aus, diesen heiligen Tag nicht durch ein solches Schauspiel zu beflecken. Man bewilligte ihre Bitte; es wurden nun Befehle gegeben, den Tod der drei Verurteilten zu beschleunigen und sie vom Kreuze abzunehmen. Die Kriegsknechte führten diesen Befehl aus, indem sie den zwei Missetätern noch eine zweite, viel schneller wirkende Marter als die der Kreuzigung zufügten, das *crurifagium*, Zerbrechen der Beine, eine gewöhnliche Strafe bei Sklaven und Kriegsgefangenen. Jesus fanden sie schon tot und hielten es nicht für nötig, ihm die Beine zu zerbrechen. Nur einer von ihnen durchstach ihn, um jede Unsicherheit über den wirklichen Tod des dritten Gekreuzigten zu heben und ihn vollends zu töten, wenn noch ein Hauch in ihm wäre, die Seite mit einer Lanze. Man glaubte Wasser und Blut fließen zu sehen, was für ein Zeichen des Lebensendes galt.
Johannes, der es behauptet gesehen zu haben, besteht sehr auf dieser Einzelheit. Es ist in der Tat ersichtlich, daß sich viele Zweifel über die Wirklichkeit des Todes Jesu erhoben. Einige Stunden am Kreuz zu hängen schien Leuten, die an Kreuzigung

gewöhnt waren, vollkommen ungenügend, um einen solchen Ausgang herbeizuführen. Man führte viele Fälle von Gekreuzigten an, welche, früh genug abgenommen, durch energische Mittel ins Leben zurückgerufen worden waren. Origenes glaubte später ein Wunder anrufen zu müssen, um ein so schnelles Ende zu erklären. Dieselbe Verwunderung finden wir in der Erzählung des Markus wieder. Wirklich ist die beste Sicherheit, welche der Geschichtsforscher über einen Punkt solcher Art besitzt, der argwöhnische Haß der Feinde Jesu. Es ist zweifelhaft, ob die Juden schon damals von der Furcht erfüllt waren, daß Jesus für einen Auferstandenen gelten könne; aber jedenfalls mußten sie darüber wachen, daß er auch wirklich tot sei. Wie groß auch zu manchen Zeiten die Nachlässigkeit der Alten in allem, was gesetzmäßigen Beweis und pünktliche Geschäftsführung betraf, sein mochte, so kann man doch nicht glauben, daß die hierbei Beteiligten nicht einige Vorsichtsmaßnahmen getroffen hätten.

Nach römischer Sitte hätte der Leichnam Jesu noch hängen bleiben müssen, um die Beute der Vögel zu werden. Nach rein jüdischem Gesetz würde er abends abgenommen und an dem ehrlosen Ort begraben worden sein, der zu den Begräbnissen der Hingerichteten bestimmt war. Hätte Jesus nur seine armen ängstlichen und einflußlosen Galiläer zu Schülern gehabt, so würde die Sache in jener zweiten Weise verlaufen sein. Aber wir haben gesehen, daß trotz seines geringen Erfolges in Jerusalem Jesus die Neigung einiger angesehener Leute gewonnen hatte, welche das Reich Gottes erwarteten und die, ohne sich als seine Jünger zu bekennen, eine tiefe Anhänglichkeit für ihn hatten. Einer von ihnen, Joseph aus der kleinen Stadt Arimathia *(Haramathaim)*, erbat sich am Abend vom Landpfleger den Leichnam. Joseph war ein reicher und geehrter Mann, Mitglied des Sanhedrin. Das römische Gesetz befahl übrigens in jener Zeit, den Leichnam des Hingerichteten jedem auszuliefern, der ihn forderte. Pilatus, der von dem *crurifragium* nichts erfahren hatte, wunderte sich, daß

Jesus so schnell gestorben sei und ließ den Hauptmann, der die Hinrichtung geleitet hatte, zu sich kommen, um zu hören, was daran sei. Nachdem er die Versicherungen des Hauptmanns empfangen, erfüllte Pilatus Josephs Bitte. Wahrscheinlich war der Körper schon vom Kreuz genommen. Man übergab ihn Joseph, um damit nach seinem Gutdünken zu handeln.
Ein anderer geheimer Freund, Nikodemus, den wir schon mehr als einmal seinen Einfluß zugunsten Jesu gebrauchen sahen, fand sich auch in diesem Augenblick wieder ein. Er brachte einen reichlichen Vorrat von Spezereien zum Einbalsamieren mit. Joseph und Nikodemus begruben Jesus nach jüdischer Sitte, indem sie ihn in ein Leintuch mit Myrrhen und Aloe hüllten. Die galiläischen Frauen waren zugegen und begleiteten die Szene gewiß mit durchdringendem Geschrei und Tränen.
Es war spät, und alles geschah in Eile. Man hatte den Ort, wo der Leichnam schließlich beigesetzt werden sollte, noch nicht ausgewählt. Der Transport hätte sich auch bis zu später Stunde hinziehen und den Sabbat entheiligen können; die Jünger aber beachteten das jüdische Gesetz noch mit Gewissenhaftigkeit. Man entschloß sich daher zu einem vorläufigen Begräbnis. Nahebei in einem Garten war ein frisch in den Felsen gehauenes Grab, das noch nie benutzt worden war. Es gehörte wahrscheinlich einem der Ihrigen. Die Grabhöhlen, wenn sie für nur einen Leichnam bestimmt waren, bestanden aus einer kleinen Kammer, in deren Hintergrund der Platz der Leiche durch eine in die Wand gehauene und mit einem kleinen Bogen überwölbte Krippe oder Bank bezeichnet war; die Tür war durch einen schwer beweglichen Stein geschlossen. Man legte Jesus in dem Gewölbe nieder; man rollte den Stein vor die Tür und verabredete, wiederzukommen, um ihm ein vollständigeres Begräbnis zu bereiten. Da aber der andere Tag feierlicher Sabbat war , wurde die Arbeit auf den nächstfolgenden Tag verschoben.
Nachdem die Frauen sich genau gemerkt hatten, wie der Körper

lag, zogen sie sich zurück. Sie verwandten die übrigen Abendstunden zu neuen Vorbereitungen für die Einbalsamierung. Am Samstag ruhte jedermann aus.
Sonntag morgen kamen die Frauen, zuerst Maria von Magdala, frühzeitig zu dem Grab. Der Stein war von der Öffnung gewälzt und der Körper nicht mehr an dem Ort, wohin man ihn gelegt. Zu gleicher Zeit verbreiteten sich die seltsamsten Gerüchte in der christlichen Gemeinde. Der Ruf »Er ist auferstanden« durchlief die Reihen der Jünger wie ein Blitz. Die Liebe ließ ihn überall leicht Glauben finden. Was war vorgegangen? Bei der Behandlung der Apostelgeschichte werden wir diesen Punkt zu untersuchen und dem Ursprung der auf die Auferstehung bezüglichen Legenden nachzugehen haben. Das Leben Jesu endet für den Geschichtsschreiber mit seinem letzten Seufzer. Aber in den Herzen seiner Jünger und einiger ergebener Freunde hatte er solche Spuren zurückgelassen, daß er noch wochenlang für sie lebend und tröstend war. War sein Leib weggeholt worden, oder war der immer leichtgläubigen Begeisterung nachträglich jener Komplex von Erzählungen entsprossen, durch welche man den Glauben an die Auferstehung zu etablieren suchte? Das werden wir aus Mangel an kontradiktorischen Aktenstücken nie erfahren. Wir können jedoch sagen, daß die starke Einbildungskraft Marias von Magdala bei dieser Gelegenheit eine Hauptrolle spielte. Göttliche Gewalt der Liebe! Heilige Augenblicke, in denen die Leidenschaft einer Visionärin der Welt einen auferstandenen Gott gibt!

## Das Los der Feinde Jesu

Nach der Berechnung, die wir annehmen, fiel der Tod Jesu in das Jahr 33 unserer Zeitrechnung. Er konnte jedenfalls nicht vor dem Jahre 29 stattfinden, da die Predigten von Johannes und Jesus im Jahre 28 begannen; ebensowenig später als das Jahr 35, weil im Jahr 36 und, wie es scheint, vor Ostern, Pilatus und Kaiphas beide ihre Ämter verloren. Übrigens scheinen diese Absetzungen in keinem Zusammenhang mit dem Tod Jesu zu stehen. Pilatus dachte schwerlich in seiner Zurückgezogenheit noch jemals an die vergessene Episode, welche seinen traurigen Ruf der fernsten Nachwelt überliefern sollte. Was Kaiphas betraf, so fand er in Jonathan, seinem Schwager und Sohn desselben Hanan, der im Prozeß Jesu die Hauptrolle spielte, einen Nachfolger. Die sadduzäische Familie Hanan behielt noch lange das Hohepriestertum, und mächtiger als jemals hörte sie nicht auf, gegen die Jünger und die Familie Jesu den erbitterten Krieg fortzusetzen, den sie gegen den Stifter begonnen hatten; das Christentum, das ihm den seine Gründung entscheidenden Akt schuldete, dankte ihm auch seine ersten Märtyrer. Hanan galt als einer der glücklichsten Männer seines Jahrhunderts. Der am Tod Jesu wahrhaft Schuldige beschloß sein Leben auf dem Gipfel der Ehren und des Ansehens, ohne nur einen Augenblick daran gezweifelt zu haben, daß er der Nation einen großen Dienst erwiesen. Seine Söhne fuhren fort, in der Umgebung des Tempels zu herrschen, von den Landpflegern mühsam im Zaum gehalten, deren Zustimmung sie oft umgingen, um ihre heftigen und hochmütigen Neigungen zu befriedigen.

Auch Antipas und Herodias verschwanden bald von der politischen Bühne. Als Herodes Agrippa von Caligula zur Würde eines Königs erhoben war, schwor die eifersüchtige Herodias, auch ihrerseits Königin zu werden. Unaufhörlich von dieser ehrgeizigen Frau gedrängt, die ihn einen Feigling schalt, weil er in seiner Familie einen Höherstehenden duldete, überwand Antipas seine natürliche Schlaffheit und begab sich nach Rom, um den Titel, den sein Neffe eben (im Jahre 39 unserer Zeitrechnung) erhalten hatte, für sich zu erbitten. Aber die Sache schlug so übel wie möglich aus. Von Herodes Agrippa beim Kaiser verleumdet, wurde Antipas abgesetzt und schleppte sich in seinen letzten Jahren von Exil zu Exil, nach Lyon, nach Spanien. Herodias folgte ihm in sein Unglück. Wenigstens hundert Jahre sollten noch verfließen, ehe der Name ihres unbekannten Untertanen, zum Gott erhoben, wieder in diese entfernten Gegenden drang und auf ihren Gräbern die Erinnerung an den Mord Johannes' des Täufers wachrief.

Was den unglücklichen Judas von Kerioth betrifft, so verbreiteten sich schreckliche Legenden über seinen Tod. Man behauptete, daß er mit dem Preis seines Verrats in der Umgegend von Jerusalem ein Feld gekauft habe. Grade im Süden des Berges Sion lag ein Ort namens Hakeldama (Blutfeld). Man hielt es für das von dem Verräter angekaufte Eigentum. Nach einer Überlieferung tötete er sich selbst. Nach einer andern stürzte er auf seinem Feld so schwer, daß ihm die Eingeweide heraustraten. Nach andern starb er an einer Art Wassersucht, welche von widerwärtigen Umständen begleitet war, die man für eine Strafe des Himmels ansah. Der Wunsch, Judas die Erfüllung der Drohungen zu zeigen, welche der Psalmist gegen den verräterischen Freund ausspricht, konnte diese Legenden hervorrufen. Vielleicht führte Judas auf seinem Feld Hakeldama ein ruhiges und verborgenes Leben, während seine ehemaligen Freunde die Welt eroberten und den Ruf seiner Niederträchtigkeit ausstreuten. Vielleicht auch brach der furchtbare Haß, der sein Haupt belud, in Gewalttätigkeiten aus, in denen man den Zeigefinger des Himmels erblickte.

Die Zeit der großen christlichen Rachetaten war übrigens noch fern. Die neue Sekte war ohne Einfluß auf die Katastrophe, welcher das Judentum bald erlag. Die Synagoge begriff erst viel später, welcher Gefahr die Anwendung der Gesetze der Intoleranz aussetzt. Das Kaiserreich war noch weiter davon entfernt, zu argwöhnen, daß sein künftiger Zerstörer schon geboren sei. Noch fast drei Jahrhunderte wird er seine Bahn verfolgen, ohne zu ahnen, daß neben ihm Grundsätze emporwachsen, welche die Welt einer vollkommenen Umgestaltung unterziehen. Zugleich theokratisch und demokratisch, war die von Jesus in die Welt geworfene Idee mit dem Eindringen der Germanen das wirksamste Mittel der Auflösung für das Reich der Cäsaren. Einerseits verkündigte sie das Recht aller Menschen, am Reich Gottes teilzunehmen, andrerseits war die Religion jetzt grundsätzlich vom Staat getrennt. Die Rechte des Gewissens, dem Staatsrecht entzogen, stiften eine neue Gewalt, »die Macht des Geistes«. Diese Gewalt hat mehr als einmal ihren Ursprung verleugnet; jahrhundertelang sind die Bischöfe Fürsten und der Papst König gewesen. Das angebliche Reich der Seelen hat sich zu wiederholten Malen als eine schreckliche Tyrannei gezeigt, welche Folter und Scheiterhaufen anwandte, um sich zu halten. Aber der Tag wird kommen, wo die Trennung ihre Früchte tragen wird, wo das Gebiet der geistigen Dinge aufhören wird, sich den Namen einer »Gewalt« beizulegen, um den einer »Freiheit« zu tragen. Aus dem Bewußtsein eines Mannes aus dem Volke hervorgegangen, vor den Augen des Volkes aufgeblüht, von dem Volke zuerst bewundert und geliebt, trug das Christentum den Stempel einer eigentümlichen Natur, die sich nie verwischen wird. Es war der erste Triumph der Revolution, der Sieg des volkstümlichen Gefühles, die Thronbesteigung der im Herzen Einfältigen, die Einweihung des Schönen, wie es das Volk begreift. So eröffnete Jesus

in den aristokratischen Gesellschaften des Altertums die Bresche, durch welche alles hindurchschreitet.
Obgleich in Wirklichkeit die Staatsgewalt am Tode Jesu unschuldig war (sie unterschrieb nur, und zwar mit Widerstreben, das Urteil), so sollte sie doch die Verantwortlichkeit schwer zu tragen haben. Indem der Staat das Schauspiel auf dem Kalvarienberge leitete, brachte er sich selbst den schwersten Schlag bei. Eine Legende, voll mannigfacher Unehrerbietigkeiten, behielt die Oberhand und durcheilte die Welt, eine Legende, in welcher die eingesetzten Behörden eine verabscheuungswürdige Rolle spielen, wo es der Angeklagte ist, der Recht behält, wo die Richter und die Häscher sich gegen die Wahrheit verbinden. Im höchsten Grade aufrührerisch, wird die in tausend volkstümlichen Bildern verbreitete Leidensgeschichte zeigen, wie die römischen Adler die schändlichste der Hinrichtungen sanktionieren, wie Soldaten sie ausführen, ein Präfekt sie befiehlt. Welcher Schlag für alle bestehenden Gewalten! Niemals haben sie sich völlig davon erholt. Wie kann man den armen Leuten gegenüber den Anschein der Unfehlbarkeit annehmen, wenn das Gewissen mit dem großen Irrtum von Gethsemane belastet ist.

## *Albert Schweitzer*

# Die ersten romanhaften Leben-Jesu

Es ist ein merkwürdiges Phänomen in der Geschichte der Leben-Jesu-Forschung, daß eine gewisse Halbwissenschaft die entscheidenden Probleme erfaßt und zu lösen versucht, ehe die gemessen einherschreitende Zunfttheologie an jenem Punkte angekommen ist. So waren es die romanhaften Leben-Jesu Bahrdts und Venturinis an der Wende des 18. und 19. Jahrhunderts, die zuerst eine konsequent natürliche Darstellung der evangelischen *Wundergeschichte* versuchten. Mehr noch, sie sind die ersten, welche sich nicht mit der einfachen Aufzählung der Perikopen begnügen, sondern den inneren treibenden Zusammenhang der Ereignisse und Erlebnisse Jesu begreifen wollen. Da sie einen solchen bei den Evangelisten nicht finden, tun sie ihn hinzu. Die Annahme der »geheimen Gesellschaft«, deren Werkzeug Jesus ist, ist nur eine Nothypothese. In Wirklichkeit sind diese Leben-Jesu, so romanhaft sie sind, die ersten Leben-Jesu. Die Rationalisten, auch Paulus, stellen die Lehre Jesu dar; Bahrdt und Venturini wagen es, ihn selbst zu malen. Ihre Schilderung ist naiv und phantastisch zugleich, wie die Gestalten, an welchen die Kunst zuerst die lebendige Bewegung darzustellen wagte.
Karl Friedrich Bahrdt wurde 1741 zu Bischofswerda geboren. Mit glänzenden Gaben ausgerüstet, ging er an der schlechten elterlichen Erziehung und an seiner ungezügelten sinnlichen Natur zugrunde. Nachdem er Katechet und nachher außerordentlicher Professor der geistlichen Philologie zu Leipzig gewesen war, erhielt er 1766 das consilium abeundi wegen anstößigen Lebens-

wandels. Nach mannigfachen Abenteuern und nachdem er eine Zeitlang eine Professur in Gießen bekleidet hatte, bekam er unter dem Friedericianischen Minister Zedlitz die venia legendi in Halle. Dort las er vor fast neunhundert Studenten, die durch seine begeisternde Beredsamkeit angelockt waren. Die Regierung hielt ihn, trotz seiner schweren Verfehlungen, um der Fakultät Ärgernis zu geben und die Freiheit der Wissenschaft zu schützen. Nach Friedrichs des Großen Tod mußte Bahrdt seine Stellung aufgeben und fing auf einem Weinberg bei Halle eine Gastwirtschaft an. Nachdem er seine Frau verstoßen hatte, lebte er dort mit einer Magd. Die Verspottung des Wöllnerschen Ediktes, 1788, trug ihm ein Jahr Festung ein. Er starb verachtet 1792.

Bahrdt hatte als orthodoxer Prediger angefangen. In Halle gab er den Offenbarungsglauben auf und versuchte, die Religion aus der Vernunft zu erklären. Aus jener Zeit stammen die »Briefe über die Bibel im Volkston«, die dann durch die neue Folge »Ausführung des Plans und Zwecks Jesu« fortgesetzt werden.

Man hat seine Darstellung zu hart beurteilt. Es fehlt darin nicht an wirklich tiefempfundenen Stellen, besonders in den immer wiederkehrenden Ausführungen über das Verhältnis des Wunderglaubens zum wahren Glauben, in welche die eigentliche Schilderung des Lebens Jesu eingebettet wird. Auch die Bemerkungen zur Lehre Jesu sind nicht immer banal. Aber das Ganze als solches ist formlos und unästhetisch, mit Dialogen von verzweifelter Länge ausgestattet. Geradezu verwirrend wirkt die Einführung einer Reihe erfundener Persönlichkeiten, wie Haram, Schimah, Avel, Limmah.

Den Schlüssel zur Erklärung des Lebens Jesu findet Bahrdt in dem Auftreten des *Nikodemus und des Joseph von Arimathia* (Joh. 7,50–52). Sie sind nicht Jesu Jünger, sondern gehören den vornehmen Kreisen an. Welche Rolle haben sie im Leben Jesu gespielt und wie kamen sie dazu, sich für ihn zu interessieren? Sie waren *Essener* (Joh. 19,38–42). Dieser Orden hatte seine geheimen Mitglieder in allen Gesellschaftskreisen, auch im Hohen Rat. Er hatte es sich zur Aufgabe gesetzt, das Volk von seinen sinnlichen messianischen Hoffnungen loszureißen, und es zu einer höheren geistigen Erkenntnis zu führen. Seine Verbindungen reichten bis nach Babel und Ägypten. Um das Volk aus dem national beschränkten Glauben, der nun Aufruhr und Empörung hervorbrachte, zu befreien, mußte man einen Messias finden, der die falsche messianische Erwartung vernichtete. Darum fahndeten sie nach einem Messiasprätendenten, den sie ihren Zwecken dienstbar machen konnten.

Auf Jesum wurde der Orden gleich bei seiner Geburt aufmerksam. Er war der natürliche Sohn Marias. Das Kind wurde von den Brüdern auf Schritt und Tritt überwacht. Auf den Festen zu Jerusalem machen sich alexandrinische Juden, geheime Essener, an ihn heran, klären ihn über den Priesterbetrug auf, flößen ihm Abscheu vor der Schlächterei im Tempel ein und machen ihn mit Sokrates und Plato bekannt. Das wird in Dialogen von hundert Seiten Länge geschildert. Bei der Erzählung vom Tod des Sokrates bricht der Knabe in Schluchzen aus, das die Freunde nicht zu stillen vermögen ... er ist eifersüchtig auf des großen Atheners Märtyrerkrone.

Ein geheimnisvoller Perser gibt ihm auf dem Markt zu Nazareth zwei Geheimmittel: eines für böse Augen, das andere, um Nervenkranke zu heilen. Sein Vater tut das Beste für ihn. Er belehrt ihn, zugleich mit seinem Vetter Johannes, dem späteren Täufer, über Tugend und Unsterblichkeit. Ein Priester aus dem Essenerorden, der sich als Hirt zu ihnen gesellt und in ihr Zwiegespräch eingreift, führt die Knaben tiefer in die Weisheit ein. Mit zwölf Jahren ist Jesus schon so weit, daß er im Tempel mit den Schriftgelehrten über die Wunder disputiert und die Behauptung ihrer Unmöglichkeit aufstellt.

Als sie sich zum öffentlichen Auftreten reif fühlen, beraten *die beiden Vettern*, wie dem Volk am besten zu helfen wäre. Sie

kommen darin überein, ihm die Augen über Priestertyrannei und Priesterbetrug zu öffnen. Durch Haram, ein hervorragendes Mitglied der essenische Gesellschaft, wird Lukas, der Arzt, bei Jesus eingeführt und stellt ihm sein ganzes Wissen zur Verfügung.
Um etwas auszurichten, müssen sie sich dem Aberglauben des Volkes akkommodieren und ihre Weisheit unter dem Mantel der Torheit an die Leute bringen, ob die Menge, durch den Schein getäuscht, sich der Vernunftoffenbarung öffnen möchte und nach einiger Zeit imstande wäre, sich vom Aberglauben zu emanzipieren. Jesus sieht sich also genötigt, in der Rolle des erwarteten Volksmessias aufzutreten und sich zu entschließen, mit Wundern und Täuschungen zu operieren. Seine Skrupel sind groß. Er muß aber dem Orden gehorchen und wird beruhigt durch den Hinweis auf den hohen Zweck, der mit diesem Verfahren erreicht werden soll. Zuletzt fügt er sich, da ihm nachgewiesen wird, Moses habe es auch nicht anders gemacht. Die hohe Gesellschaft übernimmt die Verpflichtung, die Wunder zu inszenieren und den Vater zu unterstützen.
Bei der Aufnahme Jesu in die Zahl der Brüder des ersten Grades wird ihm eröffnet, daß diese gehalten sind, für die Sache des Ordens in den Tod zu gehen, wobei der Orden aber verspricht, seine Maschinerien und Einflüsse so spielen zu lassen, daß das Äußerste jedesmal abgewandt wird und sie auf geheimnisvolle Weise dem Tode entrissen werden.
So beginnt das raffiniert inszenierte Stück, durch welches das Volk zur Vernunftreligion bekehrt werden soll. Die Anhänger des Ordens gliedern sich in drei Klassen: Getaufte, Jünger und Auserwählte. Die Getauften empfangen nur die gewöhnliche populäre Lehre; die Jünger werden näher in die Weisheit eingeführt, erfahren aber die letzten Geheimnisse nicht; die Auserwählten, in den Evangelien auch »Engel« genannt, sind in alles eingeweiht. Da die Apostel nur den zweiten Grad besaßen, ahnten sie von der geheimen Maschinerie nicht das geringste.

Sie waren die eifrigen Statisten. Die von ihnen verfaßten Evangelien berichten daher unbefangen von Wundern, welche doch die Essener inszeniert haben, und schildern uns die Lehre Jesu nur in ihrer populären Form.

Darum ist es uns nicht mehr möglich, immer zu erkennen, wie die als Wunder von ihnen geschilderten Vorgänge zustande gekommen sind. Ob sie aber so oder so erklärt werden, wobei stehengebliebene Andeutungen des Textes wertvolle Fingerzeige geben: sicher ist, daß es bei allen natürlich zuging. Zur Brotvermehrung bemerkt Bahrdt: »Es ist vernünftig, hier tausend Möglichkeiten zu denken, wie Jesus hinlängliche Brotvorräte haben und durch die Verteilung derselben die Mutlosigkeit seiner Jünger beschämen konnte, als hier an ein Wunder zu glauben.« Am liebsten möchte er annehmen, daß der Orden in einer Höhle eine große Menge Brotes hatte aufstapeln lassen, von welchem dann Jesu, der am geheimen Eingang stand, jedesmal herausgereicht wurde, während die Apostel das vorige unter die Menge verteilten. Das Meerwandeln ist wohl so zu erklären, daß Jesus auf einem mächtigen schwimmenden Balken den Jüngern entgegenging, welche, da sie den Balken nicht sahen, an ein Wunder glauben mußten. Als Petrus dasselbe versuchte, mißlang es ihm kläglich. Die Heilungen sind der Kunst des Lukas zu verdanken. Er hat Jesum auch auf die merkwürdigen Fälle von Scheintod aufmerksam gemacht, in denen er dann eingriff und den Klagenden die Gestorbenen wiedergab. Dabei verfehlte der Herr aber nie, den Jüngern ausdrücklich zu erklären, daß es sich nicht um wirkliche Tote gehandelt habe. Sie ließen sie jedoch den Glauben an das geschaute Wunder dadurch nicht nehmen.

Jesus hatte zwei Arten zu lehren: eine exoterische, einfache, für das Volk; eine esoterische, geheime, für die Eingeweihten. »Jedem aufmerksamen Bibelleser«, führt Bahrdt aus, »muß es in die Augen fallen, daß sich Jesus zweierlei Arten des Vortrags bediente. Zuweilen redete er so plan und in einer so allgemein verständlichen Sprache und trug dabei so leichte und der allgemeinen Menschenvernunft so faßliche Wahrheiten vor, daß auch die Einfältigsten ihn verstehen konnten. Manchmal aber redete er auch so mystisch, so dunkel, so verhüllt, daß Worte und Sachen von gemeinen Leuten gar nicht verstanden werden konnten und selbst von Geübteren ohne ein fortgesetztes scharfes Nachdenken nicht zu begreifen waren, so daß es Joh. 6,60 heißt: ›Viele seiner Jünger, die ihm zuhörten, sagten: das sind unverständliche Reden, wer mag sie verstehen?‹ Und Jesus selbst leugnete auch dies nicht, sondern sagte nur, daß die Ursache, warum sie diese mystischen Vorträge nicht verstünden, in ihren Vorurteilen liege, welche machten, daß sie alles eigentlich und sinnlich deuteten und den moralischen Sinn seiner Bildersprache nicht bemerkten.« »Die meisten dieser mystischen Vorträge findet ihr in Johannes, welcher die geheime Logensprache uns großenteils aufbehalten zu haben scheint.« So liegt der Schlüssel zum Verständnis der esoterischen Lehre im johanneischen Prolog und in den Reden von der Wiedergeburt. Das Neugeborenwerden ist identisch mit dem Grad der Vollkommenheit, den man in der höchsten Klasse der Brüderschaft erwirbt.

Die Mitglieder des Ordens trafen sich an bestimmten Tagen in den Höhlen des Gebirges. So oft im Evangelium vorkommt, daß Jesus auf einen Berg allein ging, um zu beten, will dies heißen, daß er zu einer solchen geheimen Versammlung sich begab; nur daß es die Jünger natürlich nicht wußten. Der Orden hatte allenthalben seine verborgenen Höhlen, in Galiläa sowohl wie in der Umgebung Jerusalems.

»Nur durch Sinnliches wird Sinnliches überwunden.« Der Judenmessias muß sterben und auferstehen, damit die falsche populäre Messiasvorstellung erfüllt und zugleich vernichtet, d. h. vergeistigt wird. Nikodemus, Haram und Lukas haben sich in einer Höhle zusammengefunden, um zu beratschlagen, wie man das Ende Jesu planmäßig herbeiführen könne. Lukas garantiert,

daß der Herr, auf Grund von Arzneien, die er ihm gibt, die äußersten Schmerzen und Leiden aushalten kann und doch dem Tod einen langen Widerstand entgegenzusetzen imstande ist. Nikodemus macht sich anheischig, im Hohen Rate alles so zu führen, daß die Verurteilung und die Hinrichtung Schlag auf Schlag folgen und der Gekreuzigte nur kurze Zeit am Kreuz bleibt. In diesem Augenblick stürzt Jesus in die Höhle. Er hat kaum Zeit gehabt, den Stein, der den Eingang verdeckt, hinter sich zu schließen, so nahe sind ihm gedungene Meuchelmörder auf den Fersen. Er selbst ist entschlossen zu sterben. Nur muß verhütet werden, daß er einfach erdolcht wird, sonst ist alles aus. Die Schwierigkeit besteht darin, daß man den Hohen Rat zwingt, ihn demnächst gefangen zu nehmen und zu verurteilen. Fällt er durch einen Dolch, so ist keine Wiederbelebung möglich.
Zuletzt gelingt es, alles richtig zu inszenieren. Jesus provoziert die Behörden durch den messianischen Einzug. Die geheimen Essener im Hohen Rat betreiben seine Verhaftung und setzen seine Verurteilung durch. Fast hätte Pilatus alles vereitelt und ihn freigegeben. Jesus bekundet durch Aufschreien und alsbaldiges Sinkenlassen des Kopfes einen raschen Tod. Der Hauptmann war bestochen, daß er ihm kein Bein brechen ließ. Dann kommt Joseph von Ramath, so heißt Joseph von Arimathia bei Bahrdt, nimmt den Leichnam und stellt in der Essenerhöhle Wiederbelebungsversuche an. Da Lukas den Körper des Messias »durch stärkende Mittel vorbereitet hatte, um die entsetzlichen Mißhandlungen, Umherschleppungen, Prügel und endlich die Kreuzigung selbst aushalten zu können«, waren die Wiederbelebungsversuche von Erfolg gekrönt. In der Höhle wurde er ausgezeichnet genährt. »Seine Wunden, da seine Säfte vollkommen gesund waren, heilten sehr leicht, und er konnte den dritten Tag schon wieder auftreten, ohngeachtet die Löcher noch offen waren, welche die Nägel ihm gemacht hatten.«
Am Morgen des dritten Tages drängten sie den Stein, der das

Grab schloß, von innen heraus weg. Als er über den Felsen des Berges herabstürzte, erwachte die Wache und ergriff die Flucht. Einer der Essener tritt als Engel zu den Weibern und kündigt ihnen die Auferstehung Jesu an. Kurz darauf erscheint der Herr der Maria. Als sie seine Stimme hört, erkennt sie ihn. »Hierauf sagt ihr Jesus, daß er zu seinem Vater gehe (in den Himmel – im mystischen Sinne des Wortes – nämlich unter die Auserwählten, in die stillen Wohnungen der Wahrheit und Seligkeit – in den Zirkel seiner Vertrauten, wo er ein unsichtbares Leben für seinen Zweck fortlebte), und sie solle seinen Jüngern es sagen, daß er lebe.«

Aus dieser Verborgenheit heraus erschien er den Jüngern mehrmals. Zuletzt beschied er sie auf den Ölberg bei Bethanien, wo er von ihnen Abschied nahm. Nachdem er sie vermahnt und jedem um den Hals gefallen, riß er sich auf einmal los und wandelte den Berg hinan. »Da stunden die armen Leute – betäubt – vor Schmerz außer sich – sahen ihm nach, solange sie konnten. Aber je höher er stieg, desto tiefer kam er in die Wolken hinein, die auf dem Berge lagen. Und endlich war er gar nicht mehr zu sehen. Die Wolke nahm ihn weg vor ihren Augen.«

Vom Berge kehrte er in die Mutterloge zurück. Nur selten griff er noch in die Ereignisse ein, so, als er dem Paulus auf dem Wege nach Damaskus entgegentrat. Aber unsichtbar leitete er die Geschicke der Gemeinde bis zu seinem Ende.

## *Anatole France*

# Der Statthalter von Judäa

L. Aelius Lamia, der aus einem berühmten römischen Geschlecht stammte, hatte noch nicht die Toga praetexta abgelegt, als er bereits nach Athen ging, um Philosophie zu studieren. Nach seiner Rückkehr blieb er in Rom und führte in seinem Haus auf dem Esquilin im Kreis junger Lebemänner ein ausschweifendes Dasein. Doch er wurde angeklagt, zu Lepida, der Frau des Konsulars Sulpicius Quirinus, in sträflichen Beziehungen zu stehen, für schuldig befunden und von Kaiser Tiberius verbannt. Damals war er gerade in sein vierundzwanzigstes Lebensjahr eingetreten. Während seiner achtzehnjährigen Verbannung bereiste er Syrien, Palästina, Kappadokien, Armenien und hielt sich lange in Antiochien, Caesarea und Jerusalem auf. Als Gajus nach dem Tode des Tiberius Kaiser wurde, durfte Lamia nach Rom zurückkehren; man gab ihm sogar einen Teil seines Besitzes wieder. Seine Leiden hatten ihn weise gemacht.

Er mied jeden Umgang mit Frauen freien Standes, bewarb sich nicht um öffentliche Ämter, wich allen Ehrungen aus und lebte zurückgezogen in seinem Haus auf dem Esquilin. Indem er niederschrieb, was er an Bemerkenswertem auf seinen weiten Reisen gesehen hatte, fand er, wie er zu sagen pflegte, in seinen vergangenen Leiden die Zerstreuung der Gegenwart. Bei dieser friedlichen Beschäftigung und dem emsigen Studium der Werke Epikurs wurde ihm plötzlich zu seiner schmerzlichen Überraschung bewußt, daß das Alter herannahte. Er stand im zweiundsechzigsten Lebensjahr, als er sich, von ziemlich unangenehmem Rheuma geplagt, zu einer Badekur nach Baiae begab. Dieses einst von den Eisvögeln bevorzugte Gestade wurde damals oft von reichen, vergnügungssüchtigen Römern aufgesucht. Eine Woche lebte Lamia nun schon allein ohne Freunde in ihrer glänzenden Menge, als er eines Tages nach dem Mittagessen Lust verspürte, auf die Hügel zu steigen, die, wie Bacchantinnen mit Weinreben bekränzt, auf das Meer blicken.

Als er den Gipfel erreicht hatte, setzte er sich am Wegesrand unter eine Terebinthe und ließ den Blick über die schöne Landschaft schweifen. Zur Linken erstreckten sich kahl und grau die Phlegräischen Felder bis zu den Ruinen von Cumae. Zur Rechten tauchte das Kap Misenum wie ein spitzer Stachel in das Tyrrhenische Meer. Zu seinen Füßen, gen Westen, breitete das reiche Baiae, dem anmutigen Bogen der Küste folgend, seine Gärten, seine von Statuen bevölkerten Landsitze, seine Säulenhallen und Marmorterrassen bis ans Ufer des blauen Meeres, in dem Delphine sich tummelten. Vor ihm, auf der anderen Seite des Golfes, an der Küste Kampaniens, die von der bereits tiefstehenden Sonne vergoldet wurde, schimmerten in der Ferne die von den Lorbeerbäumen des Posilipps gekrönten Tempel, und ganz hinten am Horizont lachte der Vesuv.

Lamia zog aus einer Falte seiner Toga eine Pergamentrolle mit der »Abhandlung über die Natur«, streckte sich auf den Boden und begann zu lesen. Da vernahm er plötzlich den Ruf eines Sklaven, der ihn aufforderte, sich zu erheben, um eine Sänfte vorbeizulassen, die den engen Pfad zwischen den Weinstöcken erklomm. Als die offene Sänfte nahte, erblickte Lamia auf den Kissen ausgestreckt einen wohlbeleibten Greis, der, die Stirn in die Hand gestützt, düster und stolz vor sich hin sah. Seine Adlernase bog sich bis über die Lippen hinab, die von dem vorspringenden Kinn und den mächtigen Kinnbacken gleichsam zusammengepreßt wurden.

Auf den ersten Blick war sich Lamia sicher, dieses Gesicht zu kennen; doch der Name fiel ihm nicht sofort ein. Dann stürzte er plötzlich freudig überrascht auf die Sänfte zu. »Pontius Pilatus!« rief er. »Den Göttern sei Dank, daß es mir vergönnt ist, dich wiederzusehen!«

Der Greis machte den Sklaven ein Zeichen, daß sie anhalten sollten, und blickte den Mann, der ihn so begrüßte, aufmerksam an.

»Pontius, mein teurer Gastgeber«, fuhr dieser fort, »haben die zwanzig Jahre mein Haar so gebleicht und meine Wangen derart welken lassen, daß du deinen Aelius Lamia nicht mehr erkennst?«

Bei diesen Worten stieg Pontius Pilatus so geschwind aus der Sänfte, wie es ihm die Last des Alters und sein schwerfälliger Körper erlaubten. Dann umarmte er Aelius Lamia zweimal.

»Wahrlich, ich freue mich, dich wiederzusehen!« beteuerte er. »Ach, du erinnerst mich an alte Zeiten, als ich Statthalter von Judäa in der Provinz Syrien war. Dreißig Jahre ist es her, seit ich dich zum erstenmal sah! Es war in Caesarea. Ich war so glücklich, dir die Leiden der Verbannung ein wenig mildern zu können, und aus Freundschaft, Lamia, folgtest du mir in das traurige Jerusalem, wo die Juden mir das Leben verbitterten und mir nichts als Verdruß bereiteten. Du warst über zehn Jahre mein Gast und Gefährte, und wir sprachen von Rom und trösteten uns gegenseitig, ich dich über dein trauriges Schicksal, du mich über mein hohes Amt.«

Lamia umarmte ihn aufs neue.

»Du sagtest noch nicht alles, Pontius. Du ließest unerwähnt, daß du zu meinen Gunsten deinen Einfluß auf Herodes Antipas aufbotest und mir großzügig deine Börse öffnetest.«

»Lassen wir das!« erwiderte Pontius. »Sobald du wieder in Rom warst, hast du mir ja durch einen deiner Freigelassenen eine Summe geschickt, die alles mit Zinsen zurückerstattete.«

»Pontius, mit Geld läßt sich nicht aufwiegen, was du für mich getan hast. Doch sage mir, haben die Götter deine Wünsche erfüllt? Genießest du alles Glück, das du verdienst? Erzähle mir von deiner Familie, deiner Vermögenslage, deiner Gesundheit!«

»Ich habe mich nach Sizilien zurückgezogen, wo ich auf meinen Gütern Getreide anbaue und es verkaufe. Da meine älteste Tochter, meine geliebte Pontia, Witwe geworden ist, lebt sie bei mir und steht meinem Hauswesen vor. Meine geistigen Kräfte sind, den Göttern sei Dank!, noch ungebrochen; mein Gedächtnis hat nicht nachgelassen. Aber mit dem Alter stellt sich eine lange Reihe von Schmerzen und Leiden ein. Ich werde von der Gicht grausam geplagt. Du siehst mich gerade auf dem Wege zu den Phlegräischen Feldern, wo ich Linderung für meine Beschwerden suche. Von dem glühenden Boden, aus dem nachts Flammen schlagen, steigen beißende Schwefeldämpfe auf, die die Schmerzen stillen und die Gelenke wieder geschmeidig machen sollen. Wenigstens behaupten es die Ärzte.«

»Könntest du, Pontius, es doch an dir selbst erfahren! Aber trotz der Gicht und ihrer heftigen Schmerzen siehst du jünger aus als ich, obwohl du in Wahrheit zehn Jahre älter bist. Du hast mehr Lebenskraft bewahrt, als ich jemals besaß, und ich freue mich, dich so rüstig zu sehen. Warum, teurer Freund, hast du vorzeitig auf öffentliche Ämter verzichtet? Warum hast du nach Ablauf deiner Statthalterschaft in Judäa auf seinen Gütern in Sizilien in freiwilliger Verbannung gelebt? Erzähle mir von deinen Unternehmungen von dem Augenblick an, da ich nicht mehr ihr Zeuge war. Du trafst gerade Vorbereitungen zur Niederwerfung eines Aufstandes der Samaritaner, als ich nach Kappadokien aufbrach, wo ich mit Pferde- und Maultierzucht einigen Gewinn zu erzielen hoffte. Seitdem habe ich dich nicht wiedergesehen. Wie verlief dieser Feldzug? Erzähle, sprich! Alles, was dich betrifft, interessiert mich.«

Pontius Pilatus schüttelte traurig den Kopf.

»Meine angeborene Gewissenhaftigkeit und mein Pflichtgefühl

haben mich veranlaßt, die öffentlichen Ämter nicht nur mit Sorgfalt, sondern auch mit Liebe auszuüben«, erklärte er. »Aber ich wurde unablässig von Haß verfolgt. Intrigen und Verleumdung haben meine Lebenskraft in der Blüte meiner Jahre gebrochen und die Früchte verdorren lassen, ehe sie reifen konnten. Du fragst mich nach dem Aufstand der Samaritaner. Wir wollen uns auf diesem Hügel niederlassen, und ich werde dir in wenigen Worten darüber berichten. Die Ereignisse sind mir so gegenwärtig, als wären sie gestern geschehen.

Ein Mann aus dem niederen Volk, der Rede mächtig, wie es in Syrien häufig vorkommt, veranlaßte die Samaritaner, sich bewaffnet auf dem Berg Garizim zu versammeln, der in jenem Lande als ein heiliger Ort gilt, und versprach, vor ihren Augen die heiligen Gefäße zu enthüllen, die ein namengebender Held oder vielmehr ein Halbgott namens Moses zur Zeit des Euandreos und unseres Stammvaters Äneas dort vergraben hat. Auf diese Verheißung hin erhoben sich die Samaritaner. Ich wurde aber so rechtzeitig gewarnt, daß ich ihnen zuvorkommen konnte; ich ließ den Berg durch Fußsoldaten besetzen und die Zugangswege von Reiterei überwachen.

Diese Vorsichtsmaßnahmen waren dringend erforderlich. Die Aufständischen belagerten den Marktflecken Tyrathaba am Fuß des Garizim. Ich trieb sie mühelos auseinander und erstickte den Aufruhr im Keim. Um mit möglichst wenigen Opfern ein warnendes Beispiel aufzustellen, ließ ich die Anführer der Revolte hinrichten. Doch du weißt, Lamia, wie sehr der Prokonsul Vitellius meine Handlungsfreiheit einschränkte, der Syrien nicht für Rom, sondern gegen Rom regierte und der Ansicht war, die Provinzen des Kaiserreiches seien dazu da, von den Vierfürsten ausgebeutet zu werden. Die Vornehmsten der Samaritaner warfen sich ihm zu Füßen und beklagten sich voller Haß über mich. Ihren Reden nach lag ihnen nichts ferner als Ungehorsam gegen den Cäsar. Ich hätte sie gereizt, und um meinen Gewalttätigkeiten Widerstand zu leisten, hätten sie sich rings um Tyrathaba versammelt. Vitellius hörte ihre Klagen an und übertrug die Verwaltung Judäas seinem Freund Marcellus. Mir befahl er, mich vor dem Kaiser zu rechtfertigen. Ich schiffte mich ein, das Herz von Schmerz und Groll erfüllt. Als ich in Italien an Land ging, erfuhr ich, daß Tiberius, vom Alter und von der Bürde der Herrschaft geschwächt, auf Kap Misenum, dessen Vorsprung dort drüben im Abenddunst immer länger wird, plötzlich gestorben war. Ich forderte Gerechtigkeit von Gajus, dem Nachfolger des Tiberius, der von der Natur mit einem scharfen Verstand begabt war und die Lage in Syrien kannte. Doch staune mit mir, Lamia, über die Ungunst des Schicksals, das mein Verderben beschlossen hatte! Gajus hatte damals bei sich in Rom den Juden Agrippa, den Gefährten und Freund seiner Kindheit, den er mehr als sein Augenlicht liebte. Nun begünstigte Agrippa aber Vitellius, weil Vitellius der Feind des Antipas war, den Agrippa mit Haß verfolgte. Der Kaiser ließ sich von den Gefühlen seines asiatischen Lieblings beeinflussen und weigerte sich, mich auch nur anzuhören. Ich mußte mich in die unverdiente Ungnade fügen. Ich unterdrückte meinen Schmerz und meine Bitterkeit und zog mich auf meine Güter in Sizilien zurück, wo ich vor Gram gestorben wäre, wenn meine geliebte Pontia nicht gekommen wäre und ihren Vater getröstet hätte. Ich baute Getreide an und erntete die fettesten Maiskolben der Provinz. Heute stehe ich am Ende meines Lebens. Die Nachwelt wird über Vitellius und mich richten.«

»Pontius«, erwiderte Lamia, »ich bin überzeugt, daß du gegen die Samaritaner in redlicher Gesinnung und allein im Interesse Roms vorgegangen bist. Aber hast du bei dieser Gelegenheit nicht doch zu sehr dem ungestümen Eifer nachgegeben, von dem du stets besessen warst? Wie du weißt, habe ich, obwohl ich jünger war als du und eigentlich hätte hitziger sein müssen, dir damals in Judäa oft zu Milde und Güte geraten.«

»Güte gegen die Juden!« rief Pontius Pilatus aus. »Obwohl du unter ihnen gelebt hast, kennst du diese Feinde der Menschheit schlecht. Sie sind hoffärtig, von niedriger Gesinnung, vereinen schändliche Feigheit mit unbesiegbarem Starrsinn, und man kann auf die Dauer weder Liebe noch Haß für sie empfinden. Mein Geist hat sich an den Maximen des göttlichen Augustus gebildet, Lamia. Als ich zum Statthalter von Judäa ernannt wurde, herrschte bereits der erhabene römische Friede auf Erden. Die Prokonsuln bereicherten sich nicht mehr an den Provinzen wie zur Zeit der Bürgerkriege. Ich war mir meiner Pflicht bewußt. Ich war darauf bedacht, nur Weisheit und Milde walten zu lassen. Die Götter sind meine Zeugen: in meiner Nachsicht bin ich wirklich unbeirrbar. Was hat mir diese wohlwollende Gesinnung genützt? Du hast mich gesehen, Lamia, als zu Beginn meiner Regierung die ersten Unruhen ausbrachen. Muß ich dich an die Umstände erinnern? Die Garnison von Caesarea hatte in Jerusalem Winterquartier genommen. Die Legionäre trugen auf ihren Feldzeichen Bilder des Kaisers. Dieser Anblick beleidigte die Jerusalemer, die die Göttlichkeit des Kaisers nicht anerkannten, als ob es, wenn man gehorchen muß, nicht rühmlicher wäre, einem Gott als einem Menschen zu gehorchen. Ihre Priester kamen vor meinen Richterstuhl, um mich mit hochmütiger Demut zu bitten, die Feldzeichen aus der Stadt bringen zu lassen. Aus Achtung vor der Göttlichkeit des Kaisers und der Würde des Reiches weigerte ich mich. Da unterstützte das niedere Volk, das sich um das Prätorium herum zusammengerottet hatte, drohend die Bitten der Priester. Ich befahl den Soldaten, vor dem Tor Antonia die Piken zusammenzusetzen und mit Ruten, wie Liktoren bewaffnet, die unverschämte Menge zu zerstreuen. Doch die Juden waren unempfindlich gegen die Schläge und hörten nicht auf, in mich zu dringen. Die Hartnäckigsten legten sich auf die Erde und starben freiwillig unter den Ruten. Du warst damals Zeuge meiner Demütigung, Lamia. Auf Befehl des Vitellius mußte ich die Feldzeichen nach Caesarea zurückschicken. Diese Schmach hatte ich gewiß nicht verdient. Bei den unsterblichen Göttern schwöre ich, daß ich während meiner Regierungszeit nicht ein einziges Mal die Gerechtigkeit und die Gesetze verletzt habe. Doch ich bin alt. Meine Feinde und Denunzianten sind tot. Ich werde ungerächt sterben. Wer wird mich vor der Nachwelt verteidigen?«

Er seufzte und schwieg. »Es ist weise, weder mit Furcht noch mit Hoffnung in die ungewisse Zukunft zu blicken«, antwortete Lamia. »Was bedeutet es schon, was die Menschen von uns denken werden? Unsere Zeugen und Richter sind allein wir selbst. Verlaß dich auf das Zeugnis, das du dir mit deiner Tugend ausstellst, Pontius Pilatus. Gib dich mit deiner Selbstachtung und der Achtung deiner Freunde zufrieden. Im übrigen kann man die Völker nicht allein mit Milde regieren. Die Liebe zum Menschengeschlecht, die von der Philosophie gepredigt wird, hat wenig teil an den Taten der Staatsmänner.«

»Lassen wir das jetzt!« sagte Pontius. »Die Schwefeldämpfe der Phlegräischen Felder haben mehr Heilkraft, wenn die Erde noch von den Sonnenstrahlen erwärmt ist. Ich muß mich eilen. Leb wohl! Doch da ich einen Freund wiedergefunden habe, will ich diesen Glücksfall nutzen. Aelius Lamia, erweise mir die Ehre, morgen abend bei mir zu speisen. Mein Haus liegt am Meeresufer, am äußersten Ende der Stadt, zum Kap Misenum hin. Du kannst es leicht am Portikus erkennen, der mit einem Gemälde geschmückt ist, das Orpheus unter Tigern und Löwen darstellt, die er mit den Klängen seiner Leier bezaubert.

Auf morgen, Lamia!« wiederholte er, als er in seine Sänfte stieg. »Morgen werden wir uns über Judäa unterhalten.«

Am nächsten Tag begab sich Lamia zur Stunde des Abendessens in das Haus des Pontius Pilatus. Nur zwei Speisesofas erwarteten

die Tischgenossen. Die Tafel war ohne besonderen Aufwand, aber mit erlesenen Speisen gedeckt; sie trug Silberschüsseln mit Feigenfressern in Honig, Drosseln, Austern vom Lucriner See und Neunaugen aus Sizilien. Pontius und Lamia sprachen während der Mahlzeiten über ihre Krankheiten, deren Symptome sie einander ausführlich beschrieben, und über die verschiedenen Mittel, die man ihnen empfohlen hatte. Dann gaben sie ihrer Freude Ausdruck, sich in Baiae wiederbegegnet zu sein, und rühmten um die Wette die Schönheit des Gestades und die milde Luft, die man hier atme. Lamia pries die Anmut der Buhlerinnen, die, mit Goldschmuck behängt, in wallenden, bei den Barbaren bestickten Schleiern am Strand lustwandelten. Doch der alte Statthalter beklagte solchen Aufwand, der für unnütze Steine und von Menschenhand gewirkte Spinnengewebe das römische Geld zu fremden Völkern und sogar zu Feinden des Reiches fließen ließ. Sie kamen dann auf die großen Arbeiten zu sprechen, die in der Umgebung ausgeführt wurden: die von Gajus zwischen Puteoli und Baiae errichtete gewaltige Brücke und die auf Befehl des Augustus gezogenen Kanäle, durch die Meerwasser in den Averner und Lucriner See geleitet werden sollte.
»Auch ich wollte nützliche Werke für das Gemeinwohl vollbringen«, erklärte Pontius seufzend. »Als ich zu meinem Unglück mit der Regierung von Judäa betraut wurde, entwarf ich den Plan zu einer Wasserleitung von zweihundert Stadien Länge, die reines Wasser in reichlicher Menge nach Jerusalem bringen sollte. Ich hatte alles berechnet: die Höhe des Wasserstandes, das Fassungsvermögen der Röhren, die Neigung der erzenen Sammelbecken, von denen die Verteilungsrohre abzweigen sollten, und nachdem ich das Gutachten der Baumeister eingeholt hatte, war es beschlossene Sache. Ich verfaßte Vorschriften für die Wasseraufsicht, damit kein Privatmann unerlaubt abzapfen konnte. Architekten und Arbeiter waren bestellt. Ich erteilte den Befehl zum Beginn der Arbeiten. Doch die Jerusalemer sahen keineswegs mit

Freude den Bau der Wasserleitung, die auf mächtigen Bogen Gesundheit in die Stadt bringen sollte, sondern brachen in Klagegeheul aus. Sie rotteten sich zusammen, riefen, das sei Gotteslästerung und Frevel, stürzten sich auf die Arbeiter und rissen die Steine der Fundamente auseinander. Kannst du dir abscheulichere Barbaren denken, Lamia? Dennoch gab Vitellius ihnen recht, und ich erhielt den Befehl, die Arbeit einzustellen.«

»Es ist eine schwierige Frage, ob man den Menschen das Glück aufzwingen soll«, warf Lamia ein.

Ohne auf ihn zu hören, fuhr Pontius Pilatus fort: »Eine Wasserleitung ablehnen, welche Torheit! Aber alles, was von den Römern kommt, ist den Juden verhaßt. Wir sind für sie unrein, und schon unsere Anwesenheit empfinden sie als Schändung. Du weißt, daß sie nicht in das Prätorium einzutreten wagten aus Angst, sich zu beschmutzen, und daß ich die öffentliche Gerichtsbarkeit im Freien ausüben mußte, auf jenem Marmorpflaster, auf das du so oft den Fuß setztest.

Sie fürchten und verachten uns. Aber ist denn Rom nicht die Mutter und Beschützerin aller Völker, die wie Kinder lächelnd an ihrem verehrungswürdigen Busen ruhen? Unsere Adler haben Frieden und Freiheit bis an die Enden der Welt getragen. Wir sehen in den Besiegten nur Freunde und lassen ihnen ihre Sitten und Gesetze. Ist Syrien, das einst in mehrere Königreiche zerrissen war, nicht erst zu Ruhe und Wohlstand gelangt, seit Pompeius es unterworfen hat? Und als Rom seine Wohltaten für Gold verkaufen konnte, hat es da die Schätze geraubt, von denen die Tempel der Barbaren überquollen? Hat es den Tempel der Großen Mutter in Pessinus, den des Jupiter in Morimene und Kilikien, den des Judengottes in Jerusalem geplündert? Antiochien, Palmyra und Apamea, die jetzt trotz ihrer Reichtümer in Ruhe leben und die Araber der Wüste nicht mehr zu fürchten brauchen, errichten den Genien Roms und dem göttlichen Cäsar Tempel. Nur die Juden hassen uns und bieten uns Trotz. Man muß ihnen den Tribut gewaltsam entreißen, und sie verweigern hartnäckig den Heeresdienst.«

»Die Juden hängen fest an ihren alten Bräuchen«, antwortete Lamia. »Sie verdächtigen dich, und zwar grundlos, räume ich ein, ihre Gesetze abschaffen und ihre Sitten ändern zu wollen. Erlaube, Pontius, daß ich dir sage, deine Handlungen waren nicht immer geeignet, ihren verhängnisvollen Irrtum zu beseitigen. Unwillkürlich machte es dir Vergnügen, ihre Besorgnisse zu verstärken, und mehr als einmal habe ich gesehen, wie wenig du vor ihnen die Geringschätzung verhehltest, die ihr Glaube und ihre religiösen Zeremonien dir einflößten. Besonders verärgertest du sie, indem du die Gewänder und den Schmuck des Hohenpriesters im Turm Antonia von Legionären bewachen ließest. Man muß anerkennen, daß die Juden, ohne sich wie wir zur vergeistigten Anschauung göttlicher Dinge aufgeschwungen zu haben, doch uralte, ehrwürdige Mysterien feiern.«

Pontius Pilatus zuckte die Achseln. »Sie haben gar keine tiefere Kenntnis vom Wesen der Götter«, sagte er. »Sie beten zu Jupiter, ohne ihm jedoch Namen und Gestalt zu verleihen. Sie verehren ihn nicht einmal in Form eines Steines, wie es gewisse Völker Asiens tun. Sie wissen nichts von Apollon, Neptun, Mars, Pluto oder irgendeiner Göttin. Doch glaube ich, daß sie in alter Zeit Venus angebetet haben; denn noch heute bringen die Frauen Tauben als Opfergaben dar, und du weißt genausogut wie ich, daß die Händler, die sich unter dem Portikus des Tempels niedergelassen haben, Taubenpärchen für das Opfer feilbieten. Eines Tages berichtete man mir sogar, ein Rasender habe diese Opfergabenverkäufer samt ihren Käfigen umgestoßen. Die Priester beklagten sich darüber, es sei Tempelschändung. Ich nehme an, der Brauch, Turteltauben zu opfern, ist Venus zu Ehren eingeführt worden. Warum lachst du, Lamia?«

»Ich lache über einen spaßigen Einfall, der mir unwillkürlich eben durch den Kopf ging«, sagte Lamia. »Wenn nun eines Tages der Jupiter der Juden nach Rom käme und dich mit seinem Haß verfolgte! Warum nicht? Asien und Afrika haben uns bereits eine große Anzahl Götter geschenkt. In Rom hat man zu Ehren der Isis und des kläffenden Anubis Tempel errichtet. Wir können an den Straßenkreuzungen und sogar in den Steinbrüchen der Guten Göttin Syriens begegnen, die auf einem Esel reitet. Weißt du denn nicht, daß unter der Herrschaft des Tiberius ein junger Ritter sich für den gehörnten Jupiter der Ägypter ausgab und unter dieser Verkleidung die Gunst einer vornehmen Dame errang, die zu tugendhaft war, um den Göttern etwas zu verweigern? Rechne damit, Pontius, daß der unsichtbare Jupiter der Juden eines Tages in Ostia an Land geht!«

Bei dem Gedanken, daß ein Gott aus Judäa kommen könnte, glitt ein flüchtiges Lächeln über das strenge Gesicht des Statthalters. Dann antwortete er ernst: »Wie könnten die Juden ihr heiliges Gesetz den andern Völkern aufzwingen, da sie selbst sich untereinander um der Auslegung dieses Gesetzes willen zerfleischen? Du hast gesehen, Lamia, wie sie, in unzählige einander bekämpfende Sekten gespalten, sich mit ihren Schriftrollen in der Hand gegenseitig beschimpfen und am Bart zerren; du hast gesehen, wie sie auf dem Stylobat des Tempels um irgendeinen vom prophetischen Wahn besessenen elenden Kerl herumstehen und zum Zeichen ihres Jammers ihre schmutzigen Gewänder zerreißen. Sie begreifen nicht, daß man friedlich und mit heiterer Seele über göttliche Dinge sprechen kann, die für uns trotz allem verhüllt und dunkel sind. Denn das Wesen der Unsterblichen bleibt uns verborgen, und wir können es nicht erkennen. Ich halte es jedenfalls für weise, an die Vorsehung der Götter zu glauben. Aber die Juden haben überhaupt keine Philosophie und dulden keine Meinung, die von der ihren abweicht. Im Gegenteil, wer über die Gottheit Ansichten äußert, die ihrem Gesetz widersprechen, verdient ihrer Überzeugung nach den Tod. Seit sie unter römischer Herrschaft stehen, dürfen jedoch die von ihnen verkündeten Todesurteile nur mit Zustimmung des Prokonsuls oder Statthalters vollstreckt werden, und so drängen sie ständig den römischen Beamten, ihr verhängnisvolles Urteil zu unterzeichnen. Sie umlagern das Prätorium mit blutrünstigem Geschrei. Hundertmal habe ich gesehen, wie sie, arm und reich einmütig um ihre Priester geschart, meine Elfenbeinsessel wie Rasende umdrängten, an meiner Toga und den Riemen meiner Sandalen zerrten und den Tod irgendeines Unglücklichen von mir forderten, dessen Verbrechen ich nicht erkennen konnte und den ich für ebenso verrückt wie seine Ankläger hielt. Was sage ich, hundertmal! Täglich und stündlich geschah es! Dennoch mußte ich ihr Gesetz wie das unsrige erfüllen, da Rom mich nicht als Zerstörer, sondern als Beschützer ihrer Bräuche und als ihren obersten Richter eingesetzt hatte. In der ersten Zeit versuchte ich, ihnen Vernunft beizubringen; ich bemühte mich, ihre unglücklichen Opfer dem Tode zu entreißen. Doch diese Milde erzürnte sie noch mehr; sie forderten ihre Beute und umdrängten mich wie hungrige Geier, die aufgeregt mit den Flügeln schlugen und mit den Schnäbeln zustießen. Ihre Priester schrieben an den Cäsar, ich würde ihr Gesetz verletzen, und ihre von Vitellius unterstützten Bittschriften zogen mir einen strengen Tadel zu. Wie oft verspürte ich Lust, Angeklagte und Kläger zum Geier zu schicken, wie die Griechen sagen!

Denke nicht, Lamia, ich würde ohnmächtige Rachsucht und greisenhaften Zorn gegen dieses Volk nähren, das in mir Rom und den Frieden besiegt hat. Aber ich sehe es kommen: früher oder später müssen wir es vernichten, da wir es nicht beherrschen können. Verlaß dich darauf, sie unterwerfen sich nie; der Aufruhr glimmt in ihren hitzigen Gemütern, und eines Tages wird ein Sturm gegen uns losbrechen, gegen den die Wut der Numidier und die Drohungen der Parther nur Kinderlaunen sind. Insgeheim nähren sie die törichtsten Hoffnungen und sinnen leidenschaftlich auf unseren Untergang. Wie könnte es auch anders sein, solange sie auf Grund einer Weissagung erwarten, daß aus ihrem Stamm ein Fürst hervorgehen wird, der die Welt beherrschen soll? Man wird mit diesem Volk nicht fertig. Es muß vom Erdboden verschwinden. Jerusalem muß völlig zerstört werden. Vielleicht wird es mir trotz meines Alters vergönnt sein, den Tag zu erleben, da seine Mauern zusammenstürzen, seine Häuser in Flammen aufgehen, die Einwohner unter dem Schwert fallen, und Salz auf die Stelle gestreut wird, wo der Tempel stand. An diesem Tage werde ich endlich gerechtfertigt sein.«

Lamia bemühte sich, das Gespräch auf freundlichere Dinge zu lenken.

»Pontius«, sagte er, »ich kann deinen alten Groll und deine düsteren Vorahnungen recht gut verstehen. Gewiß, du hast den Charakter der Juden nicht gerade von seiner vorteilhaften Seite kennengelernt. Aber ich, der ich als unbefangener Beobachter in Jerusalem lebte und mich unter das Volk mischte, entdeckte bei diesen Menschen verborgene Tugenden, die dir unbekannt blieben. Ich habe gütige Juden kennengelernt, deren schlichte Sitten und redliches Herz mich an das erinnerten, was unsere Dichter von dem Alten vom Berge Ebal berichtet haben. Du, Pontius, hast mit eigenen Augen unter den Stöcken deiner Legionäre einfache Männer aus dem Volke sterben sehen, die, ohne ihren Namen zu verraten, ihr Leben für eine Sache hingaben, die sie für gerecht hielten. Solche Menschen verdienen unsere Verachtung nicht. Ich sage dies, weil man in allen Dingen Maß und Gerechtigkeit wahren sollte; doch ich gestehe, daß ich für die Juden nie große Sympathie empfunden habe. Die Jüdinnen dagegen gefielen mir sehr. Ich war damals jung, und die Syrerinnen verwirrten meine Sinne. Ihre roten Lippen, die feucht schimmernden Augen, die langen, sprechenden Blicke ließen mich bis ins Mark erschauern. Ihre geschminkten, bemalten Gesichter und die nach Narde und Myrrhe duftenden Körper besitzen seltene, köstliche Anmut.«

Voller Ungeduld hörte Pontius diese Lobeshymnen an.
»Ich war nicht der Mann dazu, um in die Netze der Jüdinnen zu geraten«, erklärte er schließlich, »und ich muß dir sagen, Lamia, dein ausschweifendes Leben habe ich nie gebilligt. Daß du meiner Ansicht nach eine große Schuld auf dich geladen hattest, weil du in Rom die Frau eines Konsulars verführtest, habe ich dich damals nur nicht so fühlen lassen, weil du dein Vergehen schwer büßen mußtest. Die Ehe ist bei den Patriziern heilig; sie ist eine Institution, die zu den Stützen Roms gehört. Was Sklavinnen oder Ausländerinnen betrifft, so sind die Beziehungen, die man zu ihnen anknüpft, ziemlich bedeutungslos, wenn der Körper sich dabei nicht an schimpfliche Weichlichkeit gewöhnt. Erlaube, daß ich dir sage, du hast der Straßenvenus allzuviel geopfert; vor allem aber tadle ich dich, Lamia, daß du dich nicht nach dem Gesetz verheiratet und dem Staat Kinder geschenkt hast, wie es Pflicht jeden guten Bürgers ist.«
Doch der einst von Tiberius Verbannte hörte dem alten Statthalter gar nicht mehr zu. Er hatte seinen Becher Falerner geleert und lächelte einem unsichtbaren Bilde zu.
Nach kurzem Schweigen sagte er mit gedämpfter, doch allmählich sich hebender Stimme: »Sie tanzen mit so schmachtendem Ausdruck, die syrischen Frauen! Ich habe in Jerusalem eine Jüdin gekannt, die in einer Spelunke beim Schein eines qualmenden Lämpchens auf einem armseligen Teppich tanzte und dabei mit erhobenen Armen die Zimbeln schlug. Mit ihrer schlanken Gestalt, dem zurückgeworfenen Kopf, der gleichsam von der Last des üppigen roten Haares niedergezogen wurde, den glühenden, schmachtenden, von Wollust verschleierten Augen, den geschmeidigen Gliedern hätte sie selbst Kleopatra vor Neid erblassen lassen. Ich liebte ihre wilden Tänze, ihren etwas rauhen und dennoch so einschmeichelnden Gesang, ihren Weihrauchduft, den Halbschlummer, in dem sie zu leben schien. Ich folgte ihr überallhin. Ich mischte mich unter die schlechte Gesellschaft

von Soldaten, Gauklern und Zöllnern, von der sie umgeben war. Eines Tages verschwand sie, und ich sah sie nicht wieder. Lange suchte ich sie in den berüchtigten Gassen und Schenken. Es war schwerer, sich ihrer zu entwöhnen als des griechischen Weins. Nach einigen Monaten hörte ich zufällig, sie habe sich einer kleinen Schar von Männern und Frauen angeschlossen, die einem jungen Wundertäter aus Galiläa folgten. Er hieß Jesus der Nazarener[1] und wurde wegen irgendeines Verbrechens ans Kreuz geschlagen. Erinnerst du dich an diesen Mann, Pontius?«

Pontius Pilatus runzelte die Brauen und führte die Hand zur Stirn wie jemand, der in seinem Gedächtnis etwas sucht. »Jesus?« murmelte er nach kurzem Schweigen. »Jesus der Nazarener? Ich erinnere mich nicht.«

[1] Der Nazarener heißt: der Heilige. Die früheren Ausgaben brachten »Jesus von Nazareth«: aber ich glaube nicht, daß man im 1. Jahrhundert der christlichen Ära eine Stadt Nazareth gekannt hat.

*Christian Morgenstern*

## Die Probe

Zu einem seltsamen Versuch
erstand ich mir ein Nadelbuch.

Und zu dem Buch ein altes zwar,
doch äußerst kühnes Dromedar.

Ein Reicher auch daneben stand,
zween Säcke Gold in jeder Hand.

Der Reiche ging alsdann herfür
und klopfte an die Himmelstür.

Drauf Petrus sprach: »Geschrieben steht,
daß ein Kamel weit eher geht

durchs Nadelöhr als du, du Heid,
durch diese Türe groß und breit!«

Ich, glaubend fest an Gottes Wort,
ermunterte das Tier sofort,

ihm zeigend hinterm Nadelöhr
ein Zuckerhörnchen als Douceur.

Und in der Tat! Das Vieh ging durch,
obzwar sich quetschend wie ein Lurch!

Der Reiche aber sah ganz stier
und sagte nichts als: »Wehe mir!«

*Ilse Aichinger*

## Durch und durch

Wir sind alle
nur für kurz hier eingefädelt,
aber das Öhr
hält man uns seither fern,
uns Kamelen.

*Khalil Gibran*

## Jakobus, der Sohn des Zebedäus

An einem Frühlingstag stand Jesus auf dem Marktplatz von Jerusalem und sprach zu der Menge, die sich dort versammelt hatte, vom Himmelreich.

Dabei warf Er den Schriftgelehrten und Pharisäern vor, denen Fallen zu stellen und Hindernisse in den Weg zu legen, die sich nach dem Himmelreich sehnen. Und Er verurteilte ihr Verhalten.

In der Menge befand sich eine Gruppe von Männern, die für die Pharisäer und Schriftgelehrten Partei ergriff, und sie versuchten, Jesus und uns festzunehmen.

Er aber wich ihnen aus und entfernte sich zum Nordtor der Stadt.

Da sagte Er zu uns: »Meine Stunde ist noch nicht gekommen. Ich habe euch noch so vieles zu sagen und so viel zu tun, bevor ich mich der Welt ausliefere.«

Und mit heiterer Stimme fuhr Er fort: »Laßt uns das Land im Norden aufsuchen und dort den Frühling willkommen heißen! Steigen wir auf die Berge des Libanon, denn der Winter ist vergangen; der Schnee fließt in die Täler hinab und stimmt ein in den Singsang der Flüsse und Bäche.

Felder und Weingärten erwachen aus ihrem Winterschlaf und begrüßen die Sonne mit grünen Feigen und süßen Trauben.«

Er ging vor uns her; wir folgten Ihm, und wir waren zwei Tage lang unterwegs.

Am Nachmittag des dritten Tages erreichten wir den Gipfel des Berges Hermon. Da blieb Er stehen und schaute auf die Dörfer

und Siedlungen in den Tälern. Und Sein Gesicht leuchtete wie flüssiges Gold.
Er streckte Seinen Arm aus, zeigte auf die Täler und sagte:
»Betrachtet die Erde in ihrem grünen Gewand und seht, wie die Flüsse den Saum ihres Gewandes versilbern! Wahrlich, die Erde ist schön, und schön ist alles, was sie enthält. Hinter all dem aber, was sich euren Augen zeigt, liegt ein anderes Königreich, in dem ich herrschen werde. Und wenn es euer Wille und Wunsch ist, werdet auch ihr dort sein und mit mir herrschen.
Mein Gesicht und eure Gesichter werden keine Masken tragen, und unsere Hände werden weder Schwert noch Szepter halten; die Bewohner unseres Reiches werden in Frieden leben, und statt uns zu fürchten, werden sie uns lieben.«
Als ich Jesus so sprechen hörte, fühlte ich, daß ich blind geworden war für alle Königreiche der Welt und sämtliche Städte aus Mauern und Türmen; mein Herz hegte nur noch den einen Wunsch, dem Meister in Sein Königreich zu folgen.
In diesem Augenblick trat Judas Iskariot vor Jesus hin und sagte:
»Vergiß nicht, Meister, daß die Reiche der Welt unermeßlich sind und daß die Städte Davids und Salomons den Sieg über die Römer davontragen müssen. Wenn du der König der Juden sein willst, stehen wir dir mit Schwert und Schild zur Seite, und wir werden den Feind bezwingen.«
Als Jesus diese Worte hörte, spiegelte sich Zorn in Seinem Gesicht. Er sah Judas an und entgegnete ihm mit einer Stimme, die dem Donner glich:
»Geh hinweg, Satan! Glaubst du, daß ich aus Ewigkeiten hinabstieg, um einen Tag lang einen Ameisenhaufen zu regieren? Mein Thron steht weit höher, als deine Vorstellungen zu reichen vermögen.
Sucht derjenige, dessen Schwingen die Erde umfangen, Zuflucht in einem verlassenen und vergessenen Nest?

Trachtet der Lebendige nach Ehrerbietung und Lobpreis derer, die in Leichentücher gehüllt sind?
Mein Königreich ist nicht von dieser Welt, und mein Thron steht nicht auf den Schädeln eurer Vorfahren.
Wenn ihr anderes erstrebt als das Königreich des Geistes, dann ist es besser, ihr verlaßt mich sofort und steigt in die Totengrüfte hinab, wo die gekrönten Häupter von einst Hof halten und den Gebeinen eurer Vorväter Ehre erweisen.
Versucht nicht, mich zu einer Krone aus Blech zu überreden! Meine Stirn verlangt nach den Pleiaden oder nach euren Dornen.
Wahrlich, wäre nicht dieser Traum eines verlorenen Geschlechts, ich würde es nicht dulden, daß eure Sonne über meiner Langmut aufgeht und daß euer Mond meinen Schatten auf eure Wege wirft. Hätte es nicht den Wunsch im Herzen einer Mutter gegeben, ich hätte meine Windeln abgelegt und wäre in den Kosmos zurückgekehrt. Und könnte ich nicht den Kummer in euren Blicken lesen, so würde ich meine Tränen nicht zurückhalten.
Wer bist du, und was bist du, Judas Iskariot? Warum suchst du mich zu verführen?
Hast du mich gewogen, und bist du zu dem Schluß gekommen, daß ich mich dazu eigne, Legionen von Zwergen anzuführen und ihre Streitwagen gegen einen Feind zu richten, der bloß in eurem Haß sein Lager aufgeschlagen hat und nur in eurer Angst aufmarschiert?
Zahllos sind die Würmer zu meinen Füßen, aber ich werde nicht gegen sie zu Felde ziehen. Solche Possen öden mich an, ebenso wie ich es leid bin, die Kriecher zu bemitleiden, die mich für einen Feigling halten, da ich mich nicht in ihren bewachten Mauern und Festungen aufhalte.
Wie bedauernswert, daß ich ohne Ende Mitleid empfinden muß!
Könnte ich meine Schritte in eine weitere Welt lenken, wo

großmütigere und hochherzigere Menschen leben! Doch wie sollte ich das tun?
Eure Priester und eure Herrscher verlangen mein Blut. Sie werden Genugtuung erhalten, bevor ich von hier weggehe.
Weder will ich den Lauf des Gesetzes ändern, noch habe ich vor, die Torheit zu regieren.
Soll die Unwissenheit sich fortpflanzen, bis sie ihrer eigenen Produktion überdrüssig ist!
Sollen die Blinden Blinde in den Abgrund führen!
Und sollen die Toten Tote begraben, bis die Erde an ihren bitteren Früchten erstickt!
Mein Reich ist nicht von dieser Welt. Mein Reich ist da, wo sich zwei oder drei von euch in Liebe versammeln, über die Schönheit der Schöpfung staunen, sich freuen und meiner gedenken.«
Und sich an Judas wendend, fuhr Er fort: »Hinweg Mann! Dein Reich wird niemals zu meinem Königreich gehören.«
Als der Abend dämmerte, forderte Er uns auf: »Laßt uns hinabsteigen, denn die Nacht bricht an! Gehen wir im Licht, solange es noch scheint!« Er stieg den Berg hinab; wir begleiteten Ihn, und Judas folgte uns mit großem Abstand.
Nach einer Weile sagte Thomas, der Sohn des Diaphanes: »Meister, es ist vollends Nacht geworden, und wir können den Weg vor uns nicht mehr erkennen. Wenn du willst, führe uns zu den Lichtern jener Ortschaft, damit wir Nahrung und Unterkunft finden.«
Jesus erwiderte ihm: »Ich habe euch hungrig auf den Gipfel geführt, und nun führe ich euch mit noch größerem Hunger ins Tal zurück. Doch diese Nacht kann ich nicht bei euch bleiben, denn ich möchte alleine sein.«
Da trat Simon Petrus vor Ihn hin und sagte: »Meister, laß uns nicht alleine im Dunkeln gehen! Laß uns beisammen bleiben auf diesem einsamen Pfad! Die Schatten der Finsternis werden nicht

mehr lange anhalten; bald wird das Morgenrot erscheinen, wenn du nur bei uns bleibst!«

Jesus antwortete: »In dieser Nacht haben die Füchse ihre Höhlen und die Vögel der Lüfte ihre Nester, nur der Menschensohn hat nichts auf der Erde, wohin Er sein Haupt legen könnte. Laßt mich in dieser Nacht alleine! Wenn ihr mich braucht, findet ihr mich am See, wo wir uns begegnet sind.«

Gegen unseren Willen und schweren Herzens trennten wir uns von Ihm. Oftmals hielten wir an und schauten Ihm nach, und wir sahen Ihn in majestätischer Einsamkeit dem Sonnenuntergang entgegengehen.

Der einzige von uns, der sich nicht nach Ihm umblickte, um Ihn in Seiner würdevollen Einsamkeit zu bewundern, war Judas Iskariot. Von diesem Tag an wurde er finster und verschlossen. Und es schien mir, als lauere eine Gefahr in seinen Augenhöhlen.

*Langston Hughes*

# Unterwegs

Der Schnee kümmerte ihn nicht. Sargeant merkte überhaupt nicht, daß es schneite, als er eines Abends während der Krisenzeit vom Güterwagen sprang. Zwar mußte er bestimmt spüren, wie er ihm den Nacken hinunterlief, wie er kalt und naß seine Schuhe durchweichte. Aber wenn du ihn darnach gefragt hättest, so hätte er nicht gewußt, daß es schneite. Sargeant sah den Schnee nicht, nicht einmal unter den hellen Lichtern der Hauptstraße, wo er sich weiß und flockig gegen die Nacht abhob. Er war zu hungrig, zu schläfrig, zu müde.

Pfarrer Dorset jedoch sah den Schnee, als er seine Taschenlaterne anknipste, die Pfarrhaustüre öffnete und ein großer schwarzer Mann mit Schnee im Gesicht, ein menschlicher Fetzen Nacht mit Schnee im Gesicht, vor ihm stand – offensichtlich ein Arbeitsloser.

Sagte da der Herr Pfarrer, noch ehe sich Sargeant bewußt geworden war, daß er den Mund geöffnet hatte: »Tut mir leid, nein! Geh vier Häuserblocks weiter, dann links sieben hinauf, und du siehst das Heim für Obdachlose. Tut mir leid, nein!« Er schloß die Türe.

Sargeant hatte dem frommen Mann sagen wollen, daß er schon im Obdachlosenheim gewesen war, daß er seit Beginn der Krise in Hunderten von Obdachlosenheimen gewesen war, daß die Betten immer besetzt waren, daß die Mahlzeiten immer vorbei, der Raum immer überfüllt und ohnehin die Farbenschranke errichtet war. Aber der Pfarrer hatte »nein« gesagt und die Türe

zugemacht. Er wollte es eben nicht hören, und er besaß eine Türe zum Zumachen.
Der große Schwarze wandte sich ab. Selbst jetzt, da der Schnee direkt von vorne kam, sah er ihn nicht. Vielleicht fühlte er ihn kalt und naß an seinen Wangen kleben, fühlte er ihn naß auf seinen schwarzen Händen sitzen und durch die Schuhe sickern. Er hielt an und blieb vornübergebeugt auf dem Bürgersteig stehen hungrig, schläfrig, kalt – blickte straßauf und straßab. Dann schaute er richtig um sich, wollte wissen, wo er eigentlich wäre. Er stand vor einer Kirche. Klar! Eine Kirche! Pfarrhaus links, Kirche rechts – gehört doch zusammen.
Sie hatte zwei Türen. Breite, weiße Stufen in weißer, schneeiger Nacht. Zwei Türen unter hohem Bogen mit schlanken Steinsäulen zu beiden Seiten. Blick nach oben: rundes Maßwerkfenster mit Steinkruzifix in der Mitte – Christus auf einem Kreuz aus Stein. All das erhellt vom fahlen Straßenlicht, festgefügt und steinig fahl im Schnee.
Sargeant blinzelte. Blickte er aufwärts, so fiel ihm der Schnee in die Augen. Erstmals in dieser Nacht sah er den Schnee. Er schüttelte den Kopf. Er schüttelte den Schnee von den Rockärmeln, hatte Hunger, hatte sich verirrt, nein, nicht verirrt, er hatte kalt. Er stieg die Stufen hinauf. Er klopfte an die Tür. Keine Antwort. Er drückte die Klinke. Geschlossen! Er preßte seine Schultern gegen die Türe, und sein langer schwarzer Körper bog sich wie ein Ladestock. Er stemmte. Mit lautem, rhythmischem Ächzen, dem Ächzen der Arbeiter beim Kettengesang, stemmte er sich gegen die Türe.
»Ich bin müde – huh! – Hunger – uh! – Schlaf – huh! Ich friere – muß irgendwo schlafen«, faselte Sargeant. »Dies ist 'ne Kirche, was? Na also denn, uh!« Er stemmte sich gegen die Türe.
Plötzlich gab die Türe der wilden Stoßkraft des riesigen Negers unter unschicklichem Krachen und Quietschen nach. Zwei oder drei Weiße waren unterdessen auf der Straße stehengeblieben,

und Sargeant hatte das undeutliche Gefühl, daß ihn jemand der Türe wegen anschrie. Noch drei oder vier kamen schreiend auf ihn zugerannt. »He du!« kreischten sie. »He!«
»Un-huh!« erwiderte der große Neger, »weiß schon, daß dies 'ne Weißen-Manns-Kirche ist, aber muß mal irgendwo pennen.« Er versetzte der Türe einen weiteren Stoß. »Huh!« Und die Türe brach auf.
Gerade als die Tür nachzugeben begann, waren zwei weiße Schupos in einem Wagen vorgefahren. Nun liefen sie knüppelschwingend die Stufen empor und packten Sargeant.
Aber Sargeant hatte für diesmal keine Lust, sich von der Türe wegziehen oder stoßen zu lassen. Er griff nach etwas, nicht etwas Schwachem von der Art der eingedrückten Türe, nein; er griff nach einem der großen Steinpfeiler neben der Türe. Er griff darnach, faßte an und hielt fest. Die Schupos zerrten und Sargeant zerrte. Viele Zuschauer der Straße stellten sich hinter die Schupos und zerrten mit.
»Ein arbeitsloser Negerriese, der sich an unsere Kirche klammert«, dachte das Volk. »Welch ein Gedanke!« Die Schupos begannen Sargeant auf den Kopf zu schlagen, und niemand erhob Einspruch dagegen. Er aber hielt fest.
Und dann stürzte die Kirche ein. Es stürzte die steinerne Vorderfront, es stürzten Seitenwände und Dachsparren, das Kreuz und der Christus. Alles stürzte zusammen und begrub Schupos und Volk unter Ziegelsteinen, Quadern und Trümmerstaub. Die ganze Kirche stürzte in den Schnee.
Sargeant kroch unter der Kirche hervor und setzte, mit dem Steinpfeiler auf der Schulter, seinen Weg der Straße entlang fort. Es schien ihm, als hätte er das Pfarrhaus mitsamt seinem neinsagenden Pfarrherrn begraben, und daher lachte er, warf den Pfeiler sechs Häuserblocks weit von sich und zog weiter.
Sargeant hatte geglaubt, allein zu sein, aber während er dem Knirsche-knirsche-knirsche seiner Fußtritte im Schnee lauschte,

hörte er plötzlich, als wären sie der Widerhall seines eigenen Tretens, die Schritte eines anderen. Er drehte sich um, und da ging Christus neben ihm her, derselbe Christus, der über der Kirchentüre am Kreuz gehangen hatte – immer noch in Stein, mit dem rauhen, in Stein gehauenen Äußeren; genau in der Gestalt ging er an seiner Seite, wie er beim Einsturz der Kirche vom Kreuz heruntergefallen war.

»Ei, potz Wetter«, sagte Sargeant, »ist auch das erste Mal, daß ich dich ohne 's Kreuz seh!«

»Ja«, sagte Christus, und der Schnee knirschte unter seinem Fuß, »du mußtest die Kirche einreißen, um mich vom Kreuz herunter zu bringen.«

»Bist froh, was?« meinte Sargeant.

»Das bin ich«, erwiderte Christus.

Sie lachten beide.

»Bin doch 'n Teufelskerl, nicht?« sagte Sargeant weiter. »Die Kirche 'runterzureißen!«

»Du hast ein gutes Werk getan«, sagte Christus. »Sie haben mich nun an die zweitausend Jahre am Kreuz hängen lassen.«

»Tssssss – da mußt du aber froh sein, davon abzukommen«, meinte Sargeant wieder.

»Das bin ich«, sprach Christus.

Sie gingen weiter durch den Schnee. Sargeant betrachtete den Mann von Stein. »Und warst zweitausend Jahre lang dort droben?«

»Das war ich«, sagte Christus.

»Nu ja, wenn ich 'n bissel Pinke hätt, würd' ich gern mit dir die Runde machen.«

»Ich hab die Runde gemacht«, sprach Christus.

»Tjaa, aber das ist lange her!«

»Dennoch, ich habe die Runde gemacht«, wiederholte Christus.

Sie gingen nebeneinander im Schnee, bis sie zu den Eisenbahnschuppen gelangten. Sargeant war müde; er schwitzte und war

müde. »Wohin gehst?« fragte er und blieb vor den Schienen stehen. Er schaute Christus an und sagte: »Ich bin nur so'n Tagedieb. Was bist du? Wohin gehst denn?«
Sagte Christus: »Gott weiß, wohin, aber ich gehe.«
Die roten und grünen Lichter des Eisenbahnschuppens waren vom Schnee, der aus der Nacht fiel, wie verschleiert. Weiter unten, Richtung Geleise, leuchtete das Feuer eines Landstreichercamps.
»Dort kann ich pennen«, sagte Sargeant.
»Kannst du?«
»Kann ich«, versicherte Sargeant. »Die Beiz hat keine Türen.«
Außerhalb der Stadt, längs der Eisenbahnschienen und unter der Böschung, erstreckte sich das schneeig graue Dunkel kahler Bäume und Sträucher, und mitten unter den Bäumen und Sträuchern standen die aus Kisten, Büchsen, alten Brettern und Packleinwand gezimmerten Buden. Sie waren unsichtbar, in Dunkel gehüllt, aber du hättest sie gekannt, wärest du jemals auf der Straße gewesen, hättest du jemals in einer Krisenzeit mit den Obdachlosen und Hungrigen zusammengelebt.
»Ich geh' ins Gebüsch«, sagte Sargeant. »Ich bin müde.«
»Und ich geh' mal weiter bis Kansas City«, antwortete Christus.
»O. K.«, meinte Sargeant, »bald wieder!« Er stieg in das Landstreichercamp hinunter und suchte sich eine Schlafstelle. Christus sah er nicht wieder.
Um sechs Uhr morgens kam ein Güterzug angefahren. Sargeant trollte sich mit etwa einem Dutzend anderer Landstreicher Hals über Kopf aus dem Lager und rannte, nach der Fuhre langend, dem Geleise entlang. Es war bei Tagesanbruch, beim frühen, kalten, grauen Tagesanbruch.
»Wo Christus jetzt wohl sein mag?« dachte Sargeant. »Muß weiter die Straße 'runter gegangen sein. Schlief nicht in diesem Sumpf.«
Sargeant griff zu und versuchte, sich auf einen fahrenden Koh-

lenwagen hinaufzuziehen, hinauf über die Seitenwand eines rollenden Tenders. Doch eigenartig: der Wagen war voller Schupos. Der vorderste schlug ihm mit seinem Prügel tüchtig über die Knöchel. Autsch! Hämmerte auf seine große schwarze Hand, weil sie den Rand des Wagengestells faßte. Autsch! Aber Sargeant ließ nicht los. Er klammerte sich fest und wollte in den Wagen steigen. »Holla!« schrie er so laut er konnte, »verdammt nochmal, laßt mich in den Wagen!«

»Maul zu!« bellte der Schutzmann. »Verrückter Nigger du!« Er schlug Sargeant auf die Knöchel und versetzte ihm einen Magenstoß. »Bist jetzt nicht im Camp draußen. Hier gibt's nix von Eisenbahn. Im Loch bist du!«

Schrumm! über die schutzlosen schwarzen Finger, die sich an die Gitterstäbe der Zelle klammern. Schrumm! unten zwischen den Stahlstäben hindurch gegen sein Schienbein.

Plötzlich begriff Sargeant, daß er wirklich im Gefängnis saß. Da fuhr nirgends ein Zug. Das Blut auf seinem Gesicht war über Nacht trocken geworden, der Kopf schmerzte schrecklich, und draußen im Gang stand ein Schupo, der ihn über die Knöchel schlug, weil er die Gittertüre festhielt, weil er schrie und am Gitter rüttelte.

»Die müssen mich wohl wegen der Türe von gestern nacht ins Loch gesteckt haben«, dachte Sargeant, »wegen jener Kirchentür.«

Sargeant wandte sich ab und nahm auf der Holzbank Platz, die an der kalten Steinmauer stand. Er war leerer denn je. Die Kleider waren naß, klebrig und naß, die Schuhe vom Schneewasser schlabberig. Der Morgen war kaum angebrochen. Da saß er denn, in einer Zelle hinter Schloß und Riegel und rieb sich seine geschundenen Finger.

Die geschundenen Finger waren sein, nicht aber die Türe. Nicht der Knüttel, sondern die Finger.

»Wartet nur«, murmelte Sargeant – eine schwarze Gestalt vor

der Gefängnismauer, »auch diese Falle werd ich mal noch aufbrechen!«

»Maul zu, oder ich hau dir eine 'runter«, sagte der Schutzmann.

»Ich werde diese Falle brechen!« schrie Sargeant, während er sich in seiner Zelle erhob.

Und hernach muß er zu sich selber gesprochen haben, denn er sagte: »Wo Christus jetzt wohl sein mag? Vielleicht in Kansas City?«

*Erich Kästner*

## Dem Revolutionär Jesus zum Geburtstag

Zweitausend Jahre sind es fast,
seit du die Welt verlassen hast,
du Opferlamm des Lebens!
Du gabst den Armen ihren Gott.
Du littest durch der Reichen Spott.
Du tatest es vergebens!

Du sahst Gewalt und Polizei.
Du wolltest alle Menschen frei
und Frieden auf der Erde.
Du wußtest, wie das Elend tut
und wolltest alle Menschen gut,
damit es schöner werde!

Du warst ein Revolutionär
und machtest dir das Leben schwer
mit Schiebern und Gelehrten.
Du hast die Freiheit stets beschützt
und doch den Menschen nichts genützt.
Du kamst an die Verkehrten!

Du kämpftest tapfer gegen sie
und gegen Staat und Industrie
und die gesamte Meute.
Bis man an dir, weil nichts verfing,
Justizmord, kurzerhand, beging.
Es war genau wie heute.

Die Menschen wurden nicht gescheit.
Am wenigsten die Christenheit,
trotz allem Händefalten.
Du hattest sie vergeblich lieb.
Du starbst umsonst. Und alles blieb
beim alten.

*Tania Blixen*

# Der Wein des Vierfürsten

»Als damals am ersten Mittwoch nach Ostern«, begann der Kardinal, »der Apostel Simon, genannt Petrus, die Straßen Jerusalems hinabwandelte, so tief versunken in dem Gedanken an die Auferstehung des Herrn, daß er nicht wußte, ob er auf dem Pflaster ging oder durch die Luft schwebte, da bemerkte er, an einem Tempel vorbeikommend, einen Mann: der stand an einem Pfeiler und erwartete ihn. Indes sich ihre Blicke trafen, trat der Fremde näher und wandte sich ihm zu. ›Warst du nicht auch mit dem Jesus aus Galiläa?‹ fragte er. ›Wohl, wohl‹, antwortete Petrus eilig.

›Dann möchte ich gern einmal mit dir sprechen‹, sagte der Mann. ›Ich weiß nicht, was ich tun soll. Willst du mit mir in die Schenke dort kommen und eins mit mir trinken?‹

Petrus, der sich noch nicht völlig von seinen Gedanken lösen konnte und deshalb keine Ausrede fand, nahm an, und bald saßen die beiden zusammen in der Schenke.

Der Fremde schien hier gut bekannt. Er erhielt sofort einen Tisch für sich hinten im Raum und außer Hörweite der übrigen Gäste, die häufig gingen und kamen. Er bestellte auch den besten Wein für sich und den Apostel. Petrus betrachtete sich jetzt den Mann genauer und stellte fest, daß er ein eindrucksvolles Gesicht hatte. Er war ein dunkler, kräftig gebauter, stolzer junger Mann, jedoch schlecht gekleidet, er trug einen mehrfach geflickten Ziegenfellmantel, dazu eine schöne karmesinrote Schärpe aus Seide. Um den Hals hing ihm eine goldene Kette, und an seinen Händen hatte er viele schwere Goldringe, darunter einen mit einem großen Smaragd. Es kam Petrus jetzt so vor, als ob er den Mann schon einmal gesehen hätte, und zwar in einem schrecklichen Aufruhr und Durcheinander, jedoch konnte er sich nicht entsinnen, wo.

›Wenn du wirklich einer der Jünger des Nazareners bist‹, sagte er, ›möchte ich zwei Fragen an dich richten. Ich will dir auch nachher den Grund sagen, warum ich frage.‹

›Ich werde mich freuen, wenn ich dir irgendwie helfen kann‹, sagte Petrus, noch immer in Gedanken.

›Gut‹, sagte der Mann, ›also erstens: Ist es wahr, was die Leute sagen von diesem Meister, dem du gedient hast, daß er vom Tode wieder auferstanden ist?‹

›Ja, das ist wahr‹, erwiderte Petrus, er fühlte selbst, wie ihm das Herz bei dieser Versicherung weiter wurde.

›Na ja, ich hörte verschiedene Gerüchte darüber‹, sagte der Mann, ›aber ich wußte nicht, ob sie wahr sind. Und ist es wirklich wahr, hat er dir das selbst gesagt, eh' er gekreuzigt wurde, daß er auferstehen werde?‹

›Ja‹, sagte der Apostel, ›so hat er uns gesagt, wir wußten, daß es geschehen würde.‹

›Glaubst du dann‹, fragte der Fremde, ›daß jedes Wort, das er sprach, sich erfüllen wird?‹

›Kein Ding auf dieser Welt ist sicherer als das‹, antwortete Petrus.

Der Mann blieb eine Weile still.

›Ich werde dir nun sagen, warum ich dich das gefragt habe‹, sagte er plötzlich, ›und zwar deshalb, weil einer meiner Freunde mit ihm am Freitag an der Schädelstätte gekreuzigt wurde. Du hast ihn auch dort gesehen. Ihm hat dein Meister versprochen, daß er mit ihm noch am selben Tage im Paradies sein werde. Glaubst du das, daß er am Freitag ins Paradies gekommen ist?‹

›Ja, er ist sicher ins Paradies gekommen, und er ist jetzt noch dort‹, sagte Petrus.

Der Mann war wieder still. ›Nun, dann bin ich froh‹, sagte er, ›er war mein Freund.‹
Jetzt brachte ein Bursche den bestellten Wein. Der Mann schenkte davon in ihre Becher, betrachtete den seinen und stellte ihn wieder hin. ›Und nun zu der anderen Sache, von der ich mit dir sprechen wollte. In den letzten Tagen habe ich viele Weine versucht, aber sie schmeckten mir alle nicht. Ich weiß nicht, was mit dem Wein von Jerusalem ist. Er hat keine Würze und keinen Gehalt mehr, vielleicht hängt das mit dem Erdbeben zusammen, das wir am Freitag hatten, es hat alles seinen Wohlgeschmack verloren.‹
›Ich finde aber den Wein nicht schlecht‹, sagte Petrus, um den Fremdling ein wenig zu ermuntern, denn er sah unsäglich traurig aus.
›Nicht?‹ sagte der Mann hoffnungsvoll und nahm einen kleinen Schluck. ›Doch, der ist auch schlecht‹, sagte er und stellte seinen Becher wieder hin. ›Da du ihn gut findest, verstehst du vielleicht nicht viel von Wein? Ich aber – und ein guter Wein ist mein größtes Vergnügen. Und nun weiß ich wirklich nicht, was ich machen soll. Jetzt von meinem Freund Phares‹, nahm er die Unterhaltung wieder auf. ›Ich will dir alles darüber erzählen, wie es zu seiner Gefangennahme und Hinrichtung kam. Er lebte als Straßenräuber zwischen Jericho und Jerusalem. Auf dieser Straße kam eine Weinfuhre des römischen Kaisers vorbei, die er dem Vierfürsten Herodes als Geschenk sandte, darunter war auch ein Faß roten Capriweines, ein unbezahlbarer Wein. Eines Abends sprach ich mit Phares hier an dem Ort, wo wir jetzt sind. ›Ich würde mein Herzblut dafür geben, wenn ich diesen roten Wein des Vierfürsten trinken dürfte‹, sagte ich. Darauf erwiderte er: ›Um meiner Liebe willen, die ich für dich hege, und um dir zu zeigen, daß ich kein schlechterer Mensch bin als du, werde ich den Aufseher der Fuhre töten und das Faß mit dem roten Wein unter der und der Zeder im Gebirge vergraben, und du und ich,

wir beide trinken den Wein des Vierfürsten.‹ Er hat das auch wirklich so ausgeführt, aber als er nach Jerusalem kam, um mich aufzusuchen, wurde er von einem der Fuhrleute, der entwischen konnte, wiedererkannt, und er kam ins Gefängnis und wurde zum Kreuzestod verurteilt.

Dies wurde mir erzählt, und die ganze Nacht lief ich in Jerusalem herum und dachte darüber nach, wie ich ihm zur Flucht verhelfen könnte. Am Morgen, als ich an den Stufen eines Tempels vorbei kam, sah ich dort einen alten Bettler, den ich schon oft dort gesehen hatte; er hatte ein krankes Bein, das dick verbunden war; er war auch verrückt. In seiner Verrücktheit schrie er immer laut und stieß Prophezeiungen aus, wobei er sein Los beklagte und dem Vierfürsten und seiner Frau fluchte. Weil er verrückt war, lachten die Leute nur über ihn. Aber an diesem Morgen kam ein Hauptmann mit seiner Schar vorbei: der hörte, was der Bettler über des Vierfürsten Weib sagte, nahm es krumm und verwarnte ihn: falls er das nochmals höre, lasse er ihn ins Jerusalemer Gefängnis werfen und ihm fünfundzwanzig Stockhiebe am Abend und am Morgen verabreichen, damit er ehrerbietig über hohe Leute spreche.

Ich hörte zu und dachte: Das ist eine Gelegenheit für mich. So ließ ich mir im Laufe des Tages den Bart abnehmen und das Haar schneiden, färbte mein Gesicht mit Nußöl und kleidete mich in Lumpen. Dann umwickelte ich mir mein rechtes Bein, aber in meinen Binden versteckte ich eine gute Feile und ein langes Seil. Am Abend, als ich zu der Tempeltreppe kam, war der alte Bettler nicht da. Er hatte es mit der Angst bekommen und war ausgeblieben. So nahm ich seinen Platz ein. Als die Wache vorbeikam, schrie ich so laut ich konnte mit der Stimme des Bettlers. Die übelsten Flüche, die mir gerade einfielen, schleuderte ich auch gegen den Kaiser von Rom, und wie ich mir gedacht hatte, nahm mich die Wache fest und und brachte mich ins Gefängnis. Niemand hatte mich in meinen Lumpen erkannt. Im Gefängnis erhielt ich sofort fünfundzwanzig Stockhiebe, und ich merkte mir das Gesicht meines Peinigers für die Zukunft. Für einen Silberling bestach ich den Schüsselhüter, daß er mich für diese Nacht in die Zelle einschließt, wo Phares war. Diese Zelle in dem Gefängnis, das, wie du ja weißt, auf einem Felsen gebaut ist, lag sehr hoch. Phares fiel nieder und küßte mir die Füße, und er gab mir Wasser aus seinem Krug. Dann fingen wir an, die Eisenstäbe des Fensters durchzufeilen. Es war ziemlich hoch oben, wir mußten einander abwechselnd auf die Schultern steigen. Aber früh am Morgen hatten wir es geschafft und banden das Seil an dem durchlochten Gitter fest. Phares ließ sich zuerst bis zum Ende des Seiles hinunter, dann ließ er sich fallen, weil es nicht ganz reichte. Nach ihm stieg ich hinaus, aber ich war schlapp geworden und brauchte zu lang. So kam denn gerade ein Trupp Soldaten mit einem Gefangenen vorüber. Sie hatten Fackeln, und einer von ihnen sah mich an dem Seil an der Mauer hängen. Phares wäre noch entkommen, aber er wollte mich nicht im Stich lassen; so wurden wir beide ergriffen, und da sahen sie, wer ich war. So ist das alles geschehen‹, sprach der Fremdling, ›aber du sagst mir also, Phares, ist jetzt im Paradies.‹

Petrus hatte nur mit halbem Ohr zugehört. ›All das‹, meinte er, ›ist sehr mutig von dir gewesen, und es war eine gute Tat. Du hast dein Leben für deinen Freund eingesetzt.‹ Hier seufzte er tief.

›Oh, ich habe lange genug in den Wäldern gelebt, mich erschreckt keine Eule mehr‹, sagte der Fremde, ›hat dir je einer erzählt, ich gehöre zu der Sorte von Menschen, die in der Gefahr davonlaufen?‹

›Nein‹, erwiderte Petrus, ›aber du hast mir doch erzählt, daß du auch gefangengenommen wurdest. Da du jetzt aber hier sitzest, mußt du doch irgendwie losgekommen sein?‹

›Ja, ich bin freigelassen worden‹, erklärte der Mann mit einem seltsam eindringlichen Blick auf Petrus. ›Ich hatte die Absicht, Phares' Tod zu rächen. Da er jedoch im Paradies ist, sehe ich nicht ein, warum ich mich grämen soll. Nun weiß ich nicht, was tun. Soll ich das Faß Wein des Vierfürsten ausgraben und austrinken?‹

›Das wird sehr traurig sein ohne deinen Freund‹, sagte Petrus, und seine Augen füllten sich mit Tränen, soweit er nach der vielen Trübsal der letzten Wochen noch Tränen hatte. Er dachte daran, daß er dem Mann eigentlich hätte Vorwürfe machen sollen wegen des Diebstahls an dem Vierfürsten-Wein, aber zu viele Erinnerungen schwollen in diesem Augenblick in seinem Herzen hoch.

›Nein, daran habe ich gar nicht gedacht‹, versetzte der Fremde, ›aber was dann, wenn der Wein auch seinen Wohlgeschmack verloren hat und mir dann keine Freude mehr bereitet? Was soll ich dann tun?‹

Petrus hing einen Augenblick seinen eigenen Gedanken nach. ›Lieber Freund‹, sagte er dann, ›es gibt doch noch genug andere Dinge in deinem Leben, die dir Freude machen, als der Wein des Vierfürsten.‹

›Ja, schon‹, entgegnete der Fremde, ›aber wie, wenn auch hier das gleiche geschieht? Ich habe zwei schöne Frauen zu Hause, die auf mich warten. Und gerade vor dem letzten Mißgeschick habe ich eine Jungfrau von zwölf Jahren erworben. Ich habe sie seitdem nicht gesehen. Ich könnte es mit ihnen probieren, wenn ich Lust dazu hätte. Aber das Erdbeben mag auch ihnen zugesetzt haben, so daß sie weder Würze noch Gehalt haben, und was soll ich dann tun?‹

Jetzt wünschte sich Petrus im stillen weit weg von diesem Mann mit seinen Klagen. ›Warum‹, fragte er, ›kommst du damit zu mir?‹

›Du bringst mich darauf‹, sprach der Fremde, ›ich will es dir sagen. Ich habe gehört, daß dein Meister in der Nacht, ehe er starb, seinen Jüngern ein Mahl gab und dabei ein besonderer Wein herumgereicht wurde, der sehr selten war und einen köstlichen Wohlgeschmack hatte. Hast du jetzt noch etwas von diesem Wein? Würdest du ihn mir verkaufen? Ich zahle dir jeden Preis.‹

Petrus sah den Fremdling groß an. ›Mein Gott, mein Gott‹, rief er und war derartig erregt, daß er seinen Becher umstieß und der Wein auf den Boden lief.

›Du weißt nicht, was du sagst. Von dem Wein, den wir Donnerstagnacht tranken, könnte der Kaiser von Rom nicht einen Tropfen bezahlen.‹ Sein Herz litt solche Pein, daß er auf seinem Platz hin und her schwankte. Da, in all seinem Gram, fielen ihm die Worte des Herrn ein, daß er ein Menschenfischer sein sollte, und er bedachte, daß es seine Pflicht sei, diesem Mann, der in großer Not schien, zu helfen. Er wandte sich ihm wieder zu, aber als er ihn so betrachtete, spürte er, daß von allen Menschen auf der Welt dieser junge Mann der einzige war, dem er nicht helfen konnte. Um sich selbst zu stärken, sprach er in den Worten des Herrn.

›Mein Sohn‹, sagte er mild und ernst, ›hebe dein Kreuz auf und folge ihm nach.‹ Im selben Augenblick, als der Apostel anfing, wollte auch der Fremde sprechen. Er hielt inne und sah Petrus finster an. ›Mein Kreuz‹, rief er, ›wo ist mein Kreuz? Wer hebt mein Kreuz auf?‹

›Niemand als du selbst kann es aufheben‹, erwiderte Petrus, ›doch Er wird dir helfen, es zu tragen. Habe Geduld und Ausdauer. Ich will dir mehr über all das erzählen.‹

›Was kannst du mir mehr darüber sagen‹, warf der Fremde ein, ›mir scheint, daß du nicht viel darüber weißt. Mir helfen? Wer ist es, der diese Art Kreuz tragen helfen will, die die Zimmerleute in Jerusalem heutzutage machen? Ich nicht, des kannst du versichert sein! Dieser krummbeinige Kyrenäer wäre keinesfalls in die Lage gekommen, seine Kräfte an mich auszugeben. Du sprichst von Ausdauer und Geduld‹, fuhr er nach einer Weile fort, noch immer stark erregt, ›ich habe noch nie einen Mann gesehen, der es mit mir hätte aufnehmen können. Schau her‹, sagte er, schlug seinen Mantel zurück und zeigte Petrus seine Brust und seine Schultern, die einige schreckliche tiefe weiße Narben aufwiesen. ›Mein Kreuz! Das Kreuz des Phares stand auf der rechten Seite, das Kreuz des Mannes Achaz, der nie viel wert war, auf der linken. Ich hätte mein Kreuz besser getragen als irgendeiner von ihnen. Glaubst du nicht, daß ich länger als sechs Stunden ausgehalten hätte? Ich mache mir nicht viel daraus, das kann ich dir sagen. Wo ich auch immer war, ich war stets ein Führer der Leute, und sie sahen zu mir auf. Glaube nur nicht, daß ich nicht gewohnt war, anderen zu befehlen, zu tun wie ich wollte, nur weil ich jetzt nicht weiß, was ich tun soll.‹

Bei dem verächtlichen Ton seiner Worte hätte Petrus beinahe die Geduld verloren, aber er hatte sich damals, als er das Ohr des Malchus abhieb, geschworen, seine Raschheit zu zügeln, und so sagte er nichts.

Nach einer Weile blickte ihn der Mann an, wie besonnen durch das Stillschweigen. ›Und du‹, sagte er, ›der du ein Jünger des Propheten bist, was, denkst du nun, wird mit dir geschehen?‹ Das mit Sorgenfalten bedeckte Gesicht des Petrus hellte sich bei diesen Worten auf und wurde sanft. Seine ganze Miene strahlte Hoffnung aus. ›Ich hoffe und baue darauf, daß mein Glaube, wenn er die Feuerprobe bestehen muß, Lob und Ehre finden wird. Ich hoffe auch, es möge mir gewährt werden, für meinen Herrn zu leiden und zu sterben. Manchmal sogar, in den letzten Nächten‹, fuhr er leise fort, ›habe ich das Gefühl, daß mich am Ende meines Weges ein Kreuz erwartet.‹ Nach diesen Worten wagte er nicht, dem anderen in die Augen zu sehen. Schnell fügte er hinzu: ›Und wenn du auch von mir denkst, ich prahle und sei dessen nicht wert.‹

›Nein‹, sagte der Fremdling, ›ich halte es sehr gut für möglich, daß alles mit dir so geschieht, wie du sagst.‹

Dieses Vertrauen auf seine eigenen Hoffnungen traf Petrus, da er einen solchen freundlichen Zug bei dem Fremden nicht erwartet

hatte. Sein Herz füllte sich mit Dankbarkeit. Er errötete wie eine junge Braut. Zum erstenmal spürte er eine echte Teilnahme für seinen Begleiter, und es schien ihm, als ob er etwas für ihn tun müsse, um seine guten Worte wettzumachen. ›Es ist mir so arg‹, sagte er sanft, ›daß ich dir nicht helfen konnte in dem, was deine Seele bedrückt. Aber sieh, ich habe so viel mit mir selbst zu tun nach all dem vielen, was sich in den letzten Tagen ereignet hat.‹
›Oh‹, meinte der Fremde, ›ich habe kaum etwas anderes erwartet.‹
›Im Verlauf unserer Unterhaltung‹, fuhr Petrus fort, ›sagtest du mehrmals, du wüßtest nicht, was du tun solltest. Sage mir, in welchen Dingen du so im Zweifel bist. Auch in der Sache mit dem Weine will ich versuchen, dir einen Rat zu geben.‹
Der Fremde sah ihn an. ›Ich habe nicht von irgend etwas Besonderem gesprochen, ich weiß überhaupt nicht, was ich tun soll. Ich weiß nicht, ob es solchen Wein gibt, der mein Herz wieder froh macht. Aber ich nehme an‹, fuhr er nach kurzer Pause fort, ›daß es besser ist, wenn ich den Wein des Vierfürsten ausgrabe und mit dem Mädchen schlafe, von dem ich dir erzählt habe. Einen Versuch ist es wert.‹
Mit diesen Worten erhob er sich vom Tisch und hing sich den Mantel um.
›Geh noch nicht‹, sagte Petrus, ›mir scheint, wir haben noch viele Dinge miteinander zu besprechen.‹
›Ich muß auf jeden Fall gehen, es ist eine Ölfuhre auf dem Weg von Hebron, die ich treffen muß.‹
›Handelst du denn mit Öl?‹ fragte Petrus. ›Gewissermaßen‹, meinte der Mann.
›Aber sage mir, ehe du gehst‹, bat Petrus, ›wie du heißt. Denn wir könnten doch wieder einmal miteinander sprechen, wenn ich weiß, wo ich dich finden kann.‹ Der Fremde stand bereits unter der Tür. Er drehte sich um und sah Petrus mit Stolz und leichter Geringschätzung an. Er hatte eine wunderbare Gestalt.

›Wußtest du meinen Namen nicht?‹ fragte er ihn. ›Er wurde doch in der ganzen Stadt herumgeschrien.
Keiner von den Bürgern Jerusalems, der ihn nicht mit aller Kraft herausgeschrien hätte. Barabbas, schrien sie. Barabbas! Barabbas! Gib uns Barabbas los! Mein Name ist Barabbas. Ich bin ein großer Häuptling gewesen und, wie du selbst sagtest, ein rechter Mann. Mein Name wird nicht vergessen werden.‹
Mit diesen Worten schritt er hinaus.«

*Peter Huchel*

## Dezember 1942

Wie Wintergewitter ein rollender Hall.
Zerschossen die Lehmwand von Bethlehems Stall.

Es liegt Maria erschlagen vorm Tor,
Ihr blutig Haar an die Steine fror.

Drei Landser ziehen vermummt vorbei.
Nicht brennt ihr Ohr von des Kindes Schrei.

Im Beutel den letzten Sonnblumenkern,
Sie suchen den Weg und sehn keinen Stern.

Aurum, thus, myrrham offerunt ...
Um kahles Gehöft streicht Krähe und Hund.

... quia natus est nobis Dominus.
Auf fahlem Gerippe glänzt Öl und Ruß.

Vor Stalingrad verweht die Chaussee.
Sie führt in die Totenkammer aus Schnee.

*Wolfgang Borchert*

# Die drei dunklen Könige

Er tappte durch die dunkle Vorstadt. Die Häuser standen abgebrochen gegen den Himmel. Der Mond fehlte, und das Pflaster war erschrocken über den späten Schritt. Dann fand er eine alte Planke. Da trat er mit dem Fuß gegen, bis eine Latte morsch aufseufzte und losbrach. Das Holz roch mürbe und süß. Durch die dunkle Vorstadt tappte er zurück. Sterne waren nicht da.
Als er die Tür aufmachte (sie weinte dabei, die Tür), sahen ihm die blaßblauen Augen seiner Frau entgegen. Sie kamen aus einem müden Gesicht. Ihr Atem hing weiß im Zimmer, so kalt war es. Er beugte sein knochiges Knie und brach das Holz. Das Holz seufzte. Dann roch es mürbe und süß ringsum. Er hielt sich ein Stück davon unter die Nase. Riecht beinahe wie Kuchen, lachte er leise. Nicht, sagten die Augen der Frau, nicht lachen. Er schläft.
Der Mann legte das süße mürbe Holz in den kleinen Blechofen. Da glomm es auf und warf eine Handvoll warmes Licht durch das Zimmer. Die fiel hell auf ein winziges rundes Gesicht und blieb einen Augenblick. Das Gesicht war erst eine Stunde alt, aber es hatte schon alles, was dazugehört: Ohren, Nase, Mund und Augen. Die Augen mußten groß sein, das konnte man sehen, obgleich sie zu waren. Aber der Mund war offen, und es pustete leise daraus. Nase und Ohren waren rot. Er lebt, dachte die Mutter. Und das kleine Gesicht schlief.
Da sind noch Haferflocken, sagte der Mann. Ja, antwortete die Frau, das ist gut. Es ist kalt. Der Mann nahm noch von dem süßen weichen Holz. Nun hat sie ihr Kind gekriegt und muß frieren,

dachte er. Aber er hatte keinen, dem er dafür die Fäuste ins Gesicht schlagen konnte. Als er die Ofentür aufmachte, fiel wieder eine Handvoll Licht über das schlafende Gesicht. Die Frau sagte leise: Kuck, wie ein Heiligenschein, siehst du? Heiligenschein! dachte er, und er hatte keinen, dem er die Fäuste ins Gesicht schlagen konnte.

Dann waren welche an der Tür. Wir sahen das Licht, sagten sie, vom Fenster. Wir wollen uns zehn Minuten hinsetzen. Aber wir haben ein Kind, sagte der Mann zu ihnen. Da sagten sie nichts weiter, aber sie kamen doch ins Zimmer, stießen Nebel aus den Nasen und hoben die Füße hoch. Wir sind ganz leise, flüsterten sie und hoben die Füße hoch. Dann fiel das Licht auf sie.

Drei waren es. In drei alten Uniformen. Einer hatte einen Pappkarton, einer einen Sack. Und der dritte hatte keine Hände. Erfroren, sagte er, und hielt die Stümpfe hoch. Dann drehte er dem Mann die Manteltasche hin. Tabak war darin und dünnes Papier. Sie drehten Zigaretten. Aber die Frau sagte: Nicht, das Kind.

Da gingen die vier vor die Tür, und ihre Zigaretten waren vier Punkte in der Nacht. Der eine hatte dicke umwickelte Füße. Er nahm ein Stück Holz aus dem Sack. Ein Esel, sagte er, ich habe sieben Monate daran geschnitzt. Für das Kind. Das sagte er und gab es dem Mann. Was ist mit den Füßen? fragte der Mann. Wasser, sagte der Eselschnitzer, vom Hunger. Und der andere, der dritte? fragte der Mann und befühlte im Dunkeln den Esel. Der dritte zitterte in seiner Uniform: Oh, nichts, wisperte er, das sind nur die Nerven. Man hat eben zuviel Angst gehabt. Dann traten sie die Zigaretten aus und gingen wieder hinein.

Sie hoben die Füße hoch und sahen auf das kleine schlafende Gesicht. Der Zitternde nahm aus seinem Pappkarton zwei gelbe Bonbons und sagte dazu: Für die Frau sind die.

Die Frau machte die blassen blauen Augen weit auf, als sie die drei Dunklen über das Kind gebeugt sah. Sie fürchtete sich. Aber da stemmte das Kind seine Beine gegen ihre Brust und schrie so

kräftig, daß die drei Dunklen die Füße aufhoben und zur Tür schlichen. Hier nickten sie nochmal, dann stiegen sie in die Nacht hinein.
Der Mann sah ihnen nach. Sonderbare Heilige, sagte er zu seiner Frau. Dann machte er die Tür zu. Schöne Heilige sind das, brummte er und sah nach den Haferflocken. Aber er hatte kein Gesicht für seine Fäuste.
Aber das Kind hat geschrien, flüsterte die Frau, ganz stark hat es geschrien. Da sind sie gegangen. Kuck mal, wie lebendig es ist, sagte sie stolz. Das Gesicht machte den Mund auf und schrie.
Weint er? fragte der Mann.
Nein, ich glaube, er lacht, antwortete die Frau.
Beinahe wie Kuchen, sagte der Mann und roch an dem Holz, wie Kuchen. Ganz süß.
Heute ist ja auch Weihnachten, sagte die Frau.
Ja, Weihnachten, brummte er, und vom Ofen her fiel eine Handvoll Licht hell auf das kleine schlafende Gesicht.

*Ernst Jandl*

## ernst jandls weihnachtslied

machet auf den türel
machet auf den türel
dann kann herein das herrel
dann kann herein das herrel
froe weihnacht
froe weihnacht
und ich bin nur ein hund
froe weihnacht
froe weihnacht
und ich bin nur ein hund

*Arno Schmidt*

# Atheist?: Allerdings!

Die Persönlichkeit des Mannes, nach dem sich immerhin 30 Prozent der Menschheit nennen, genügt mir nicht! –
Was würden wir heute sagen, wenn ein junger Mann aus irgendeinem unbedeutenden Zwergstaat käme; einem der immer wieder vorhandenen und nicht nur »wirtschaftlich unterentwickelten« Ostgebiete; keiner der großen Kultursprachen mächtig; völlig unbekannt mit dem, was in Jahrtausenden Wissenschaft, Kunst, Technik, auch frühere Religionen, geleistet haben – und ein solcher stellte sich vor uns hin mit den dicken Worten: »*Ich* bin der Weg; *und* die Wahrheit; *und* das Leben«? Wir müßten's uns durch einen herbeigerufenen Dolmetsch erst noch mühsam aus dem barbarischen Dialekt übersetzen lassen – würden wir nicht halb belustigt, halb verständnislos ihm raten: »Junger Mensch: Lebe erst einmal und lerne: und komme dann in 30 Jahren wieder!« ?
Genau dies aber war der Fall mit Jesus von Nazareth: er verstand weder Griechisch noch Römisch, *die* beiden Sprachen, auf denen seit viel hundert Jahren alle nennenswerte Kultur beruhte (und beruht!). Er war mit Homer und Plato ebenso unbekannt wie mit Phidias und Eratosthenes: was ein solcher Mann behauptet, ist für mich von vornherein *indiskutabel*! Um über etwas aburteilen zu können, muß ich es doch wohl wenigstens vorher untersucht haben! (Er selbst scheint auch im allgemeinen bescheidenere Augenblicke gehabt zu haben, in denen er einschränkend alle Nichtjuden für »Hunde« erklärte, und: »Ich bin nur gesandt zu

den verlorenen Schafen von dem Hause Israel.« Also: »Vorüber, Ihr Schafe, vorüber«.)

Um die Lückenhaftigkeit der von ihm verkündeten, angeblich so übermenschlich hohen Moral zu demonstrieren, stehen Vergleiche zu Gebote, wie etwa dieser: Welch bösartig-charakteristischen Kontrast bietet nicht die »evangelische« Geschichte vom »Fischzug Petri«, den der Heiland durch ein ausdrückliches Wunder dermaßen segnet, daß die Boote mit der Beute fast bis zum Sinken überfüllt werden – mit dem Verfahren des großen Heiden Pythagoras, der den Fischern ihren Zug, während das Netz noch unter Wasser liegt, abkauft: *und allen geängstigten Tieren die Freiheit schenkt!!: Wen von diesen beiden* könnte man mit mehr Recht einen »Sohn Gottes« nennen? (von denen es mir überhaupt viel zu viele gibt: im Altertum kam das in jeder besseren Familie vor!)

Wenn Christus bei solch unvergleichlicher Gelegenheit – wo das Wahnsinnsprinzip einer Welt, deren lebende Wesen dadurch existieren, daß sie einander auffressen, handgreiflich vor Augen lag! – wenigstens bedrückt gemurmelt hätte: »Wenn ein Gott diese Welt geschaffen hat, so möchte ich dieser Gott nicht sein: Ihr Jammer würde mir das Herz zerreißen!« – dann ja! Aber dazu mußte scheinbar erst der »Atheist« Schopenhauer kommen. (Oder, wie Lichtenberg es in ein Geheimbuch notierte: »Zu untersuchen, inwieweit Gott aus der Welt erkannt werden kann: sehr wenig: es *könnte* ein Stümper sein!«)

*Karl Krolow*

## Das kam in die Jahre

Das kam in die Jahre.
Das wurde zitierbar.
Die Hirten bleiben die Hirten,
sind die Hirten auf dem Felde
im Lukas-Evangelium.
Zitierbar der Stern und die Weisen,
die Krippe, der bethlehemitische Stall.
Das wurde zitierbar –
das Wunder, das Kind, der Ort, die Figuren,
geeignet zum Improvisieren,
zum Aufstellen und zum späteren
Abräumen, wenn alles vorüber für diesmal,
der Einzelhandel noch einmal befriedigt,
schnell geht das, das kam in die Jahre
Verfolgung und Flucht, die fromme Geschichte,
mit Esel und Ochs für die tierlieben Kinder.
Das wurde zitierbar, wie Feuereinstellung
zur halben Nacht, während der Dollar
sich wieder erholt und Mao und Marx weiter
im Gespräch sind, dagegen
der bethlehemitische Kindermord
gern übersehen, wie Schrecken, die schlimme
Geschichte wie Nacht und wie Nebel.
Das kam in die Jahre –
geschlachtete Puter dagegen,

und eine Art Rauschgift am Ende
wie dieses Vitamin B 12?
»Aber halt dir das vor den Mund,
wenn du sprichst«, lies das nach
bei Andy Warhol, überhaupt –
geh schon und hol dir ein paar
Truthahn-Sandwiches.
Die Hirten bleiben die Hirten.
Eine schöne Geschichte und ganz
ohne Überdosis und Schub. Das bleibt
der Heiden Heiland.

*Karlheinz Deschner*

# Das Abendmahl

> Es gibt wohl kaum ein Dogma, das dem Denken des katholischen Christen so viel zumutet, nämlich schlicht: den totalen Verzicht zu denken.
>
> *Der Theologe Klaus Ahlheim*

## Heilige Mahlzeiten gehen bis auf die Zeit des Kannibalismus zurück

> Das christliche Abendmahl ist ein besonders deutliches Beispiel für den Zusammenhang des Christentums mit der gesamten Religionsgeschichte, vor allem mit der antiken Religionsmischung.
>
> *Der Theologe Friedrich Heiler*

> Das war eine von unzähligen Mysterien her geläufige Sache.
>
> *Der Theologe Adolf von Harnack*

> ...nur der Nachhall eines sehr viel realistischeren, nämlich wirklich kannibalischen Mahles.
>
> *Gustav Wyneken*

Das Ritual der Verspeisung eines Gottes ist uralt und der Glaube an die Vereinigung mit ihm durch Essen und Trinken in der Religionsgeschichte wohlbekannt. Ja, offenbar geht von der über die ganze Welt verbreiteten Anthropophagie, den Totenmahlzeiten der Australier, über den Genuß rohen Fleisches im Dionysoskult und die heiligen Speisen der hellenistischen Mysterienreligionen, eine kontinuierliche Linie zur Eucharistie in ihren verschiedenen liturgischen Formen.

Schon die Kannibalen, die freilich nicht im Urstadium der Menschheit auftraten, sondern auf einer späteren Stufe ihrer religiösen Entwicklung, fraßen ihre Opfer nicht aus Rachsucht oder Raubtierinstinkt. Vielmehr wähnten sie deren leibliche oder seelische Vorzüge zu erwerben, wie gewisse Wilde die Stärke eines Bären, den sie aßen – oder gewisse Christen die übernatürlichen Kräfte des hl. Sebastian, hl. Erhart zu Regensburg, hl. Theodulphus von Trier u. a., wenn sie aus deren Hirnschalen tranken; ein früher häufig geübter katholischer Brauch, in dem die theologische Forschung einen Nachklang des kultischen Kannibalismus, etwa indonesischer Kopfjägerei, sieht.

Auf den kultischen Menschen- folgte der kultische Götterfraß, wodurch man Leben und Kraft der Himmlischen zu gewinnen glaubte. Drastisch demonstriert dies eine der berühmtesten ägyptischen Pyramideninschriften, der sogenannte Kannibalenhymnus, der den Einzug des gestorbenen Königs Unas ins Götterreich beschreibt: »Seine Diener haben die Götter mit der Wurfleine gefangen, haben sie gut befunden und herbeigeschleppt, haben sie gebunden, ihnen die Kehle durchschnitten und ihre Eingeweide herausgenommen, haben sie zerteilt und in heißen Kesseln gekocht. Und der König verzehrt ihre Kraft und ißt ihre Seelen. Die großen Götter bilden sein Frühstück, die mittleren bilden sein Mittagessen, die kleinen bilden sein Abendessen ... Der König verzehrt alles, was ihm in den Weg kommt. Gierig verschlingt er alles, und seine Zauberkraft wird größer als alle Zauberkraft. Er wird ein Erbe der Macht, größer als alle Erben, er wird der Herr des Himmels; er aß alle Kronen und alle Armbänder, er aß die Weisheit jedes Gottes.«

Zur Steigerung magischer Macht genoß man im mexikanischen Sonnenkult auch die »Menschenmaiskörner«: Das Fleisch der

durch einen Priester geschlachteten Gefangenen wurde in einer Maiskörnersoße gekocht und dann vom König und Clan desselben gegessen, während Herz samt Blut der Opfer der Sonnengott bekam. In diesen Zusammenhang gehört auch das altmexikanische »Gottessen« (Teoquale); König, Priester sowie andere »Gläubige« verspeisten das aus Mehl, Honig und Kinderblut gefertigte Bild des Gottes Uitzilopochtli, eines Jungfrauensohnes, um dessen Kraft zu erringen.
Nur etwas zivilisiertere Riten kennzeichnen die sakralen Mähler und Tränke der Mysterienreligionen.

## Das sakramentale Mahl in den hellenistisch-römischen Mysterienkulten

> Ein reines Leben führe ich, seitdem ich als Hirte und die Nacht durchschwärmender Zagreus das Mahl mit dem rohen Fleisch vollzogen habe.
>
> *Bekenntnis des Dionysosmysten*

> Aus der Trommel habe ich gegessen, aus der Pauke habe ich getrunken? Ich bin ein Myste des Attis geworden ...
>
> *Bekenntnis des Attismysten*

Schon in den totemistischen Mysterien gibt es, wenn auch in primitiver Form noch, ein Opfermahl, das Kommunion mit der Gottheit ist: Das Totemtier wird in sakraler Mahlzeit genossen, um eins zu werden mit dem göttlichen Wesen. Ein solches Opfertier bei den Griechen, deren Vorstellung von der Himmelsspeise, die Unsterblichkeit verleiht, bis auf Homer zurückgeht, war der Bock im Dionysoskult.
Dionysos, ein leidender, sterbender, wieder auferstehender Gott, Sohn des Zeus und einer sterblichen Frau, erlangte in Griechenland schon vom 8. vorchristlichen Jahrhundert an Geltung und

wurde zum Lieblingsgott der antiken Welt. Er war bereits Arzt, Gottessohn in Menschengestalt, Gott des »Geistes« und der Weissagung, auch eng mit dem Wein verbunden – dann erscheint Jesus so im Johannesevangelium, das einen der bekanntesten Titel des Dionysos, »der Weinstock«, auf Christus überträgt, nun »der wahre Weinstock«. Auch das Wunder auf der Hochzeit in Kana, die Verwandlung von Wasser in Wein, wurde bereits von Dionysos vollbracht. Endlich bezieht das Johannesevangelium die Wendung für das Abendmahl, »Wer nicht mein Fleisch mit den Zähnen zerbeißt und mein Blut austrinkt«, von der Dionysosreligion. Sie findet sich weder bei Paulus noch Jesus. Wohl aber tritt in der Dionysosreligion der Gott in den Leib seiner Verehrer ein: Im Dionysosmythos zerfleischen die Titanen das göttliche Kind, verspeisen seine Glieder, und im Taumel des Dionysoskultes zerrissen und aßen die Mänaden rohes Fleisch (Omophagia), um in sakramentaler Vereinigung mit dem Gott unsterblich zu werden. Verehrten die Dionysosgemeinden ja auch, wie feststeht, bereits in vorchristlicher Zeit ihren Gott über einem Altartisch mit Weingefäßen am Kreuz. Schon diese Parallelen sind entlarvend. Doch gab es das heilige Mahl noch in anderen Kulturen.

Die sakrale Speise bei Attis bestand wahrscheinlich aus Brot und Wein. Sie wurde nach Fastenübungen aus Musikinstrumenten verzehrt und drückte sowohl die Verbundenheit der Mysten als auch ihr Verhältnis zur Gottheit aus.

In den Mysterien der Attargatis genossen syrische Priester die Göttin beim Essen von Fischen. Sie waren ihr heilig, wurden in Teichen nahe den Tempeln gehalten und in einem sakralen Mahl als Fleisch der Göttin verspeist. Einer ihrer Tempel, wiederholt im Alten Testament erwähnt, stand in Karnion, westlich vom See Genezareth. Später wurde der Fisch, Sinnbild weitverbreiteter heidnischer Fischmysterien, das Symbol der christlichen Eucharistie, die nun als »das wahre Fischmysterium« galt, als »der eine reine Fisch«.

Bezeichnenderweise erfolgte die Übernahme des Fisches als Kultsymbol zuerst durch die Christen in Syrien, wo die Fischverehrung am bekanntesten war. Dann bildete das griechische Wort für Fisch, »ichthys«, ein Anagramm für den griechischen Namen »Jesus-Christus, Gottes Sohn, Heiland«.

Auch der Mithraskult – dessen Priester sich häufig »Vater«, dessen Gläubige sich »Brüder« nannten und der, wie dann die katholische Kirche, sieben Sakramente kannte – besaß außer Taufe und Firmung eine Kommunion. Sie bestand aus Brot und Wasser oder einem Gemisch aus Wasser und Wein und wurde, wie im Christentum, zum Gedächtnis an eine letzte Mahlzeit des Meisters mit den Seinen begangen. Die Hostien trugen ein Kreuzzeichen, die Messe fand täglich statt, die wichtigste jedoch am Sonntag, wobei der Zelebrant über Brot und Wasser die heiligen Formeln sprach. Üblich sind in antiken Religionen auch »heilige Getränke« gewesen.

Das persische Haoma und sein indisches Äquivalent waren ein berauschender Trank, von dem man glaubte, er vertreibe den Tod. In der vedischen Religion galt Soma als Göttergetränk, aber auch als Unsterblichkeitstrank für die Menschen. »Wir haben den Soma getrunken, wir sind unsterblich geworden, wir sind zum Licht gekommen, wir sind zu den Göttern gelangt. Was kann das Üble uns nun tun, wie kann die Feindschaft eines Sterblichen uns, die Unsterblichen, bekümmern.«

Beim Gottesdienst des Mithraskultes gebrauchte man die gleichen Mahlgeräte wie bei der christlichen Eucharistie, Kelch und Patene. Auch vermischte man bei Mithras, wie meist bei der Messe, den Wein mit Wasser und verbeugte sich vor dem heiligen Kelch. Doch gab es heilige Getränke auch in den eleusinischen und dionysischen Mysterien.

Schon jetzt sind die Parallelen zum christlichen Abendmahl verblüffend. Bevor wir aber weitere ziehen, sei mit allem Nachdruck betont:

## Weder Jesus noch die Urapostel praktizierten ein sakramentales Mahl

> Die synoptische Stiftung des Herrenmahles ist seit W. Heitmüller als Kultlegende erkannt und bleibt ... für Aussagen über den historischen Jesus besser außer Betracht.
>
> *Der Theologe Herbert Braun*

Die Kirche behauptet die Stiftung des Abendmahles durch Jesus. Als Beweis dienen seine angeblichen Worte beim letzten Mahl mit den Jüngern: »Dies ist mein Leib, der für euch gebrochen wird; tut das zu meinem Gedächtnis!« »Dieser Becher ist der neue Bund in meinem Blut; das tut, so oft ihr trinkt, zu meinem Gedächtnis!«

Nun erheben sich gegen die Einsetzung eines sakramentalen Mahles durch Jesus aber schwere Bedenken.

Einmal schließt dies schon seine antikultische Haltung aus, seine Geringschätzung äußerer Handlungen, sein leidenschaftlicher Kampf gegen allen Formalismus und Gesetzeskleinkram, den wir bereits zu Beginn des Taufabschnittes streiften. Weiter dagegen spricht Jesu Erwartung des nahen Weltendes, freilich eine Täuschung. Und er vermied auch jede genaue Voraussage, war er doch überzeugt, daß einige seiner Jünger »den Tod nicht schmekken werden, bis sie sehen das Reich Gottes kommen mit Macht«! Daß sie mit der Mission in Israel nicht zu Ende sein würden, »bis der Menschensohn kommt«! Daß sich das Strafgericht Gottes noch »an diesem Geschlecht« vollziehe! »Wahrlich, ich sage euch«, weissagt er, »dieses Geschlecht wird nicht vergehen, bis dies alles geschehen ist.«

Wie die Propheten, die Essener, die jüdischen Apokalypsen und Johannes der Täufer, hat also auch Jesus seine Generation als die letzte betrachtet, mit ungeheurer Intensität das nahe Ende prophezeit – und sich geirrt: eine Erkenntnis, die inzwischen, als kopernikanische Tat der modernen Theologie, deren nicht dogmatisch gebundene Repräsentanten fast allgemein vertreten. Wer aber das Weltende erwartet, stiftet weder Kirche noch Sakramente, weder Taufe noch Abendmahl.

Unwahrscheinlich ist dessen Einsetzung durch Jesus jedoch aufgrund der Berichte über dieses letzte Mahl selbst: vermutlich ein einfaches Abschiedsmahl, wobei er, in der Ahnung seines Todes, seinen Leib mit gebrochenem Brot, sein Blut mit dem Wein im Kelch verglich.

Der angebliche Stiftungsbefehl »Tut dies zu meinem Gedächtnis!« hat dabei größte Bedeutung. Liegt ohne ihn doch gar keine Einsetzung des Abendmahls vor, da erst er diesem Mahl den Charakter eines ständig wiederholbaren und zu wiederholenden Sakraments gibt. Aber gerade der wichtige Stiftungsbefehl steht in drei von vier Evangelien überhaupt nicht. (Genauso verhält es sich ja mit dem vermeintlichen Kirchengründungswort!) Der sogenannte Stiftungsbefehl steht nur bei Lukas; doch auch da bloß für den Ritus des Brotbrechens. Und er fehlt auch in mehreren alten Handschriften bei Lukas ganz!

Erschwerend kommt hinzu, daß die Urapostel selber kein sakramentales Mahl praktizierten, sondern nur die Form des gemeinsamen Essens wie zur Zeit Jesu. Bloß brachen sie jetzt, in der fiebrigen Erwartung seiner baldigen Wiederkunft, das Brot mit »Frohlocken«, ohne Priester und Kult.

Etwas entscheidend Neues aber beginnt, wie so oft, bei Paulus, dem eigentlichen Gründer des Christentums. Unter weitestgehender Ignorierung Jesu und seiner Predigt führte er lauter neue Dogmen ein: die Erlösungslehre, die Lehre von der Erbsünde, die von der Prädestination; auch beginnt bei Paulus der Einbruch der Askese, die Verachtung der Frau und die Diffamierung der Ehe.

## Paulus wurde der Begründer des christlichen Abendmahls

Nur bei Paulus steht der sogenannte Stiftungsbefehl des Abendmahls für Brot *und* Wein. Und von Paulus drang der Wiederholungsbefehl ins Lukasevangelium ein; während ihn sonst weder Markus noch Matthäus, noch das Johannesevangelium überliefern, das nach Meinung führender Theologen das Abendmahl geradezu abgelehnt oder für überflüssig gehalten hat.

Paulus aber, in dessen Gemeinde in Korinth das Abendmahl zunächst ein ganz gewöhnliches Essen war, ein Sättigungsmahl für die Armen, wie in der Urgemeinde von Jerusalem, machte nun aus einem Liebes- ein Kultmahl, ein Scheinmahl, einen supranaturalen Erlösungsritus. Zu dieser entscheidenden Änderung veranlaßten ihn Klassenunterschiede in Korinth, ein Tafeln, wobei der »eine hungert, der andere betrunken ist«. Aufgrund solcher Mißstände schon in der ältesten Zeit des Christentums, im Jahr 56, regte der Apostel an, in Zukunft daheim zu essen und sich während der Zusammenkünfte auf eine verkürzte Feier, ein bloß symbolisches Speisen, zu beschränken.

Bezeichnenderweise berief sich Paulus bei Propagierung des neuen Mahltyps nicht auf die Urgemeinde, sondern auf eine himmlische Offenbarung! Auch suchte er nach einer Stütze im Alten Testament und lehrte, wie die jüdischen Väter einst alle in der Wolke und im Meer »getauft« worden seien, so haben sie »auch allesamt dieselbe Speise gegessen und sämtlich denselben geistlichen Trank getrunken; sie tranken nämlich aus einem geistlichen Felsen, der sie begleitete, und dieser Fels war Christus.«

Eine haarsträubende Allegorese, wovon es freilich in jenen Zeiten wimmelte (und nicht nur in jenen). Tatsächlich gibt es keinen Zweifel:

## Das christliche Abendmahl entstand in genauer Nachahmung heidnischer Bräuche

Um den Zusammenhang des Abendmahls mit den antiken Mysterienkulten wußte niemand so gut wie die Kirchenväter.

*Der Theologe Friedrich Heiler*

Paulus war aufgewachsen in der Umwelt der Mysterienkulte. Sie kannten unter all den Lehren und Riten, die er ins Christentum überführte, auch eine heilige Kommunion. So schreibt der Theologe Carl Schneider, dessen große *Geistesgeschichte des antiken Christentums* ich nicht genug empfehlen kann: »Paulus und seine griechischen Gemeinden haben das gleiche erlebt wie die Mysten von Eleusis bei dem heiligen Kykeon, die des Dionysos bei dem herumgereichten Weinbecher, die der Kybele bei dem Essen und Trinken aus dem heiligen Kymbalon und Tympanon und die des Mithras bei Brot und Wein. Die Einsetzungsworte werden schon bei Paulus ähnlich wie die Deuteworte in Eleusis gebraucht.«

Denn hier geht es durchaus nicht, wie die Kirche vorgibt, nur um äußere Ähnlichkeit: Die inhaltlichen Übereinstimmungen sind noch evidenter. Kein Gedanke, den es nicht schon in den Mysterienreligionen gegeben hätte, denen die beiden ältesten christlichen Kulthandlungen, Taufe und Eucharistie, entstammen. Beim sakramentalen Mahl vereinigte der Myste sich mit dem gestorbenen und wieder auferstandenen Gott, er wurde neu geboren und erhielt die Gewähr für die ewige Seligkeit.

Dasselbe Sakramentsverständnis kehrt im paulinischen Abendmahl wieder. Wie nach kirchlicher Lehre die Jünger das Blut Christi, von ihm selbst vor seinem Tod gereicht, aus dem Weinkelch tranken, so trank Isis vor dem Tod des Osiris dessen Blut, das er ihr selbst in einem Weinbecher reichte. Wie die Empfänger des Abendmahls, nach Paulus, Tischgenossen Christi sind, so waren die Mysteriengläubigen Tischgenossen des Gottes. Wie das Abendmahl die volle Vereinigung mit Christus bewirkt, so gingen schon Dionysos und Mithras beim mystischen Mahl und Trinken des heiligen Weines ganz in die Ihren ein. Wie die Teilnehmer am Abendmahl, so fühlten sich auch die Besucher der Sarapis- und Isiskultmahle kraft der sakramentalen Magie untereinander verbunden. Wie bei der frühchristlichen Eucharistie der Gedanke des Trostes eine Rolle spielt, so schon beim Genuß des heiligen Gerstenweintranks in den eleusinischen Mysterien. Wie der von Paulus propagierte Brauch ein Erinnerungsmahl ist, verknüpft nämlich mit dem Gedanken an Jesu letztes Mahl und seinen Tod, so erinnerten alle Mysterienkultmahle an eine bestimmte Situation aus der Geschichte des Gottes.

*Werner Koch*

## Die Geißelung und das Urteil

Es ist überaus schwierig, den Zeitpunkt zu bestimmen, zu dem die Geißelung Jesu stattgefunden hat. Markus und Matthäus wissen, daß Pilatus Jesus geißeln ließ und ihn dann zur Kreuzigung auslieferte; nach Lukas hat Pilatus zweimal erklärt, er werde Jesus erst züchtigen lassen und dann freisprechen; daß er die Geißelung tatsächlich hat durchführen lassen, berichtet Lukas nicht; nach Johannes schließlich unterbrach Pilatus das Verhör, ließ den Angeklagten auspeitschen und verspotten und setzte dann die Vernehmung fort.
Aus diesem Vergleich läßt sich schließen:

Die beiden ersten Evangelisten stimmen in ihrer Darstellung fast wörtlich überein. Jesus sei gegeißelt und anschließend gekreuzigt worden.
Lukas berichtet von der Geißelung nichts.
Nach Johannes besteht zwischen Geißelung und Kreuzigung überhaupt kein Zusammenhang. Jesus wurde verhört, dann gegeißelt, dann verspottet, dann wieder verhört, dann verurteilt und schließlich gekreuzigt.

Welche Darstellung ist richtig? Darf man die Geißelung Jesu als die eine Strafe, die Kreuzigung als die andere betrachten, oder sind Geißelung und Kreuzigung als Buße für *eine* Straftat auferlegt worden? Beide Auslegungen erscheinen möglich. Nach römi-

schem Recht konnte die Geißelung als Disziplinarstrafe verhängt werden; sie konnte auch erfolgen, um den Angeklagten zu einem Geständnis zu zwingen; und schließlich gehörte es zum römischen Strafvollzug, einen Delinquenten auch dann noch geißeln zu lassen, wenn er schon zum Tode verurteilt worden war. Der römische Landpfleger Albinus ließ einen Verrückten, der »bis auf die Knochen durch Geißelhiebe zerfleischt« war, nach der Geißelung wieder laufen, wogegen der Landpfleger Florus die zum Tode Verurteilten vor der Hinrichtung noch geißeln ließ.
Auch die Juden kannten die Geißelung. Als der Geschichtsschreiber Flavius Josephus noch Kommandant von Galiläa war, »gebrauchte er abermals eine List«, wie er selber berichtet hat, und ließ die Anführer seiner Feinde »in den entlegensten Winkel des Hauses schleppen und sie bei verschlossener Tür geißeln, bis ihre Eingeweide sichtbar wurden«. Die Geißelung war also üblich. Sie wurde ausgeführt mit Stricken oder mit Lederriemen, und um die Marter zu steigern, waren in die Riemen Metallstücke oder Knochensplitter eingewebt. Der Delinquent wurde dabei nackt an einen Pfahl gebunden.
Was hatte Pilatus angeordnet? Hat er Jesus geißeln lassen in der Absicht, ihn danach freizugeben? Wollte er durch die Geißelung von dem Angeklagten ein Geständnis erpressen? Oder war die Geißelung der Auftakt zur Kreuzigung?
Daß Pilatus den Angeklagten erpressen wollte, ist so gut wie ausgeschlossen. Er wußte, daß Jesus unschuldig war; er wußte, daß der Hohe Rat ihn »aus Neid« dem römischen Statthaltergericht ausgeliefert hatte; er wußte, daß die gegen Jesus erhobenen Anklagen nicht stichhaltig waren, denn so oft sie auch vorgetragen wurden, so wenig bekam Pilatus eine konkrete und überzeugende Antwort auf seine Frage, was Jesus denn Böses getan habe. Wozu also hätte Pilatus den Angeklagten erpressen sollen? Zu einem Geständnis? Zu dem Geständnis, er wiegle das Volk auf, lehne die Autorität des römischen Kaisers ab und habe sich selbst zum

»König« über das jüdische Volk ernannt? Zu einem falschen Geständnis also? Man hat behauptet, eine derart gewissenlose Erpressung sei dem Pilatus ohne weiteres zuzutrauen; zuzutrauen ist sie ihm zweifellos, aber sie paßt überhaupt nicht in seine bisherige Verhandlungstaktik. Pilatus hat während des ganzen Prozesses immer wieder erklärt, daß er den Angeklagten für schuldlos halte, und jetzt sollte er Jesus erpreßt haben, damit er sich schuldig bekenne und den Richter Lügen strafe?

War die Geißelung somit keine gesonderte Disziplinarstrafe? War sie das Präludium zur Kreuzigung? Hatte Pilatus verkündet: Ich will ihn erst geißeln und dann kreuzigen lassen? Pilatus hatte genau das Gegenteil behauptet: Er wollte den Angeklagten erst züchtigen lassen und dann freisprechen. Von einem *Urteil* war bis zu diesem Zeitpunkt noch gar keine Rede; es war ein *Vorschlag* des Pilatus, und er wartete ab, wie die Hohenpriester und das Volk darauf reagierten. Und es war ja nicht sein einziger Vorschlag. Gleich zu Beginn der Verhandlung hatte er die Ankläger aufgefordert, Jesus wieder mitzunehmen und nach jüdischem Gesetz zu verurteilen – aber die Ratsherren lehnten ab; dann schickte er den Angeklagten zu Herodes Antipas, damit der Landesfürst von Galiläa in dieser internen Angelegenheit als Richter fungiere – aber Herodes lehnte ab; Pilatus suchte nach einem neuen Ausweg und fragte das Volk: »Wollt ihr, daß ich euch den König der Juden freigebe?« – aber das Volk lehnte ab; und nachdem er das Todesurteil verkündet hatte und Jesus »ihrem Willen« überließ, »wusch er seine Hände in Unschuld«.

Wenn aber die Geißelung stattgefunden hat, obwohl Lukas nicht davon berichtet; wenn sie weder zum Zweck der Erpressung noch als Auftakt zur Kreuzigung befohlen wurde – dann kann nur der Bericht des Johannes den Tatsachen entsprechen, nach dem die Geißelung als gesondertes, in sich abgeschlossenes Disziplinarverfahren dargestellt wird. Haben demnach die beiden ersten

Evangelisten Markus und Matthäus falsch berichtet? Irren sie sich, wenn sie behaupten, Jesus sei gleich nach der Geißelung gekreuzigt worden? Warum sollten sie sich irren? Und warum sollte gerade Johannes die richtige und glaubwürdige Darstellung geben?

Über Geißelung und Kreuzigung berichten Markus und Matthäus mit nur je einem Satz. Matthäus behauptet: »Darauf gab er ihnen den Barabbas frei, Jesus aber ließ er geißeln und übergab ihn zur Kreuzigung.« Markus schreibt fast dasselbe: »Da ließ Pilatus, um dem Volk Genüge zu tun, den Barabbas frei, Jesus aber ließ er geißeln und übergab ihn zur Kreuzigung.«

So knapp diese beiden Bemerkungen auch sind, sie lassen klar erkennen, daß die Evangelisten Geißelung und Kreuzigung nicht als ein und denselben Strafvollzug betrachtet haben. Beide schreiben nicht: Pilatus ließ Jesus geißeln *und* kreuzigen; beide sagen: »Jesus ließ er geißeln *und übergab* ihn zur Kreuzigung.« Was offensichtlich bedeutet: Er ließ ihn erst geißeln und lieferte ihn später, nachdem die Geißelung vollzogen war, zur Kreuzigung aus. Vor allem aber hatte Pilatus bis zu diesem Zeitpunkt noch gar kein Urteil gefällt. Ein Todesurteil und der Hinrichtungsbefehl aber hätten vorliegen müssen, wenn die Geißelung nicht als Disziplinarstrafe, sondern als Präludium zur Kreuzigung befohlen worden wäre. Beides lag nicht vor, und also muß auch die Anordnung, Jesus auspeitschen zu lassen, aus einem anderen Grunde erfolgt sein.

Der Evangelist Johannes stellt dazu fest:

»1. Darauf ließ Pilatus Jesus nehmen und ließ ihn geißeln.
2. Die Soldaten flochten einen Kranz aus Dornen und setzten ihn auf sein Haupt, legten ihm einen purpurroten Mantel um,
3. traten vor ihn und sagten: ›Heil dir, König der Juden!‹, und sie schlugen ihm ins Gesicht.
4. Pilatus ging wieder hinaus und sprach zu ihnen: ›Seht, ich

führe ihn heraus zu euch, damit ihr erkennt, daß ich keine Schuld an ihm finde.‹
5. Jesus kam nun heraus, den Dornenkranz tragend und den Purpurmantel, und Pilatus sprach zu ihnen: ›Ecce homo!‹«

Aus dieser Darstellung des Johannes läßt sich folgern:

Zu 1: Den Befehl, Jesus geißeln zu lassen, hat Pilatus erteilt, obwohl er den Angeklagten für schuldlos hielt. Welche Qualen Jesus bei der Geißelung erdulden mußte, wird weder von Johannes noch von den anderen Evangelisten erwähnt. Offensichtlich setzten sie voraus, daß ihre Zeitgenossen genau wußten, welche Tortur eine Geißelung für den Delinquenten bedeutete. Nicht selten sind Gefangene während der Geißelung gestorben, und selbst römische Historiker, wie Cicero und Sueton, hielten sie für eine der grausamsten Strafen.
Zu 2 und 3: Römische Soldaten haben Jesus nach der Geißelung maskiert. Sie setzten ihm eine Krone auf, zogen ihm einen Purpurmantel an und steckten ihm – wie Matthäus zusätzlich berichtet – einen Rohrstock als »Zepter« in die Hand. Den so als »König« Maskierten schlugen sie ins Gesicht und verspotteten ihn, indem sie vor ihm niederfielen und »Vivat!« schrien, als begrüßten sie einen römischen Imperator.
Zu 4: Jesus wurde nicht im Vorhof des Palastes und also nicht vor den Augen des Volkes gegeißelt. Der Evangelist Johannes betont ausdrücklich, daß Pilatus nach der Geißelung zu den Ratsherrn und dem Volk »hinaus«getreten sei, und auch Jesus wurde anschließend »heraus«geführt. – Nach der Geißelung erklärte Pilatus zum drittenmal, daß er von der Unschuld des Angeklagten überzeugt sei.
Zu 5: Pilatus wies auf den zerschundenen und kostümierten Angeklagen und rief dem Volk zu: »Ecce homo!« – Dieses »Ecce homo!« übersetzt Luther: »Sehet, welch ein Mensch!« Andere

Bibelübersetzer schreiben dafür: »Seht diesen Menschen!« oder: »Seht den Menschen!« Was kann Pilatus mit diesem Ausruf gemeint haben?

Sicherlich ist die Interpretation Luthers falsch. Die pathetische Floskel: »Sehet, welch ein Mensch!« paßt weder in das Vokabular des Pilatus, noch hatte er einen konkreten Anlaß, gerade in die-sem Augenblick von der Größe Jesu oder gar von seinem göttlichen Auftrag irgend etwas zu ahnen. Diese stets wiederholte Formel ist ein literarischer Kunstgriff, aber keine Geschichte. Vor dem römischen Besatzungschef stand mit Jesus ein zwar geschundener und verspotteter, ein zwar harmloser und zu Unrecht angeklagter Jude aus Galiläa, aber beileibe nicht Gottes Sohn. Der Gott des Pilatus hieß Tiberius, und dessen Macht war sehr handgreiflich und auf jeden Fall von dieser Welt.
Das »Ecco homo« war nicht mehr als das letzte Angebot an die Juden, auf die Hinrichtung Jesu zu verzichten. Pilatus war ihrer Forderung so weit nachgekommen, daß er den Angeklagten gegen seine Überzeugung hatte geißeln lassen; er hatte selbst die verhöhnende Maskerade seiner Soldaten nicht unterbunden; und nun präsentierte er dem Volk noch einmal den gegeißelten und als »König« kostümierten Jesus. War der ein Rebell? Ein König? War der ein Staatsfeind?
»Als aber die Hohenpriester und ihre Leute ihn sahen, schrien sie: ›Ans Kreuz, ans Kreuz!‹, und Pilatus antwortete ihnen: ›Nehmt ihr ihn und kreuzigt ihr ihn ...‹«
Nach dieser erneuten Weigerung, das Todesurteil zu verkünden, änderten die Ankläger ihre Verhandlungstaktik. Plötzlich ließen sie alle Argumente, die sie bisher vorgebracht hatten, fallen. Wenn sie bis jetzt versucht hatten, Jesus als Staatsfeind zu brandmarken und ihn mit Anschuldigungen zu belasten, die nach dem Gesetz der Römer strafbar waren, so behaupteten sie nun: »Wir

haben ein Gesetz, und nach diesem Gesetz muß er sterben. Denn er hat sich zum Sohn Gottes gemacht.«

Und wenn sie es bis jetzt vermieden hatten, den römischen Besatzungschef zu verletzen oder gar zu bedrohen, so hielten sie dem Pilatus nun vor: »Wenn du diesen freiläßt, bist du kein Freund des Kaisers mehr, denn jeder, der sich selbst zum König macht, widersetzt sich dem Kaiser.«

Beide Argumente sind neu. Und beide sind eine Drohung. Sie bedeuten: Ob Pilatus wollte oder nicht, Jesus würde auf jeden Fall sterben. Wenn nicht nach römischem Recht, dann eben nach dem Gesetz der Juden; und wenn Pilatus ihn nicht zum Kreuzestod verurteilte, so würde der Hohe Rat ihn eben steinigen lassen. Und diese apodiktische Feststellung mußte dem römischen Richter klarmachen, daß die Juden auf sein Urteil gar nicht angewiesen waren.

Mit dem zweiten Vorwurf drohten die Hohenpriester dem Pilatus, ihn beim Kaiser in Rom zu denunzieren. Der Titel »Freund des Kaisers« war eine besondere Ehrung für verdiente römische Ritter. Sollte Pilatus sich der Gefahr aussetzen, daß ihm dieser Titel durch eine Appellation des Hohen Rates bei Tiberius abgesprochen wurde? Pilatus wußte, was ihm bevorstand: Die Ritter Gallus und Piso begingen Selbstmord, als der Kaiser ihnen den Ehrentitel »Amicus Caesaris« aberkannte, der Konsul Rufus wurde vom römischen Senat »abgeurteilt«, und die anderen endeten in der Verbannung. Pilatus fragte noch einmal: »Euren König soll ich kreuzigen?«, doch die Ankläger erwiderten: »Wir haben keinen König, wir haben nur den Kaiser.«

»Da übergab er ihnen Jesus zur Kreuzigung, und sie übernahmen ihn.«

## *Die Schuldfrage*

*Gott:* »Denn so sehr hat Gott die Welt geliebt, daß er seinen eingeborenen Sohn hingab, damit jeder, der an ihn glaubt, nicht verlorengehe, sondern das ewige Leben habe.«

*Jesus:* »Der Menschensohn wird den Händen der Menschen überliefert werden, und sie werden ihn töten; am dritten Tag aber wird er auferweckt werden.«

*Judas:* »Den ich küssen werde, der ist's, den ergreift.«

*Die Jünger:* »Da verließen ihn die Jünger alle und flohen.«

*Das Verhaftungskommando:* »Die Männer, die Jesus bewachten, trieben ihren Spott mit ihm; sie schlugen ihn ...«

*Petrus* »aber fing an zu fluchen und zu schwören: ›Ich kenne diesen Menschen nicht, von dem ihr redet.‹«

*Kaiphas:* »Ihr bedenkt nicht, daß es besser ist für euch, es stirbt ein einziger Mensch anstelle des Volkes, als daß das ganze Volk zugrunde geht.«

*Kaiphas:* »Er hat gelästert! Was brauchen wir noch Zeugen? Seht, nun habt ihr die Lästerung gehört. Was dünkt euch?«

*Der Hohe Rat:* »Er ist schuldig des Todes!«

*Der Hohe Rat:* »Wäre dieser kein Verbrecher, hätten wir ihn dir nicht überliefert.«

*Herodes* »aber zeigte ihm mitsamt seinem Gefolge seine Verachtung und ließ ihm zum Spott ein Prunkkleid anlegen ...«

*Die Hohenpriester und Ältesten* »indes beredeten das Volk, den Barabbas freizubitten, Jesus aber töten zu lassen«.

*Pilatus:* »Darauf ließ Pilatus Jesus nehmen und ihn geißeln.«

*Römische Soldaten* »flochten einen Kranz aus Dornen, setzten ihn auf sein Haupt, legten ihm einen purpurroten Mantel um, traten vor ihn hin und sagten: ›Heil dir, König der Juden!‹ Und sie schlugen ihn ins Gesicht.«

*Das Volk:* »Kreuzige ihn! Kreuzige ihn!«

*Die Juden:* »Wir haben ein Gesetz, und nach diesem Gesetz muß er sterben.«

*Das Volk:* »Sein Blut komme über uns und über unsere Kinder!«

*Pilatus* »übergab Jesus zur Kreuzigung«.

Es gibt in diesem Prozeß nur Zeugen *gegen* den Angeklagten, nur Ankläger und Richter, nur Haupt- und Mitschuldige; Verteidiger gibt es nicht. Niemand schritt bei der Verhaftung ein und fragte: Warum nehmt ihr diesen Mann denn gefangen? Niemand im Hohen Rat stand während der Gerichtsverhandlung auf und sagte: Ich bin gegen das Todesurteil. Nicht einer hat gerufen: Gib uns den Jesus frei! Nicht einer erklärte öffentlich: Und trotz allem halte ich diesen Jesus für einen Messias. Und niemand hat gesagt: Was ihr tut, ist unrecht, und unrecht soll man nicht tun. Von dem Augenblick an, wo die Machthaber und Gesetzgeber den steckbrieflich gesuchten Jesus aufgrund irgendeines Paragraphen verhaften ließen, stand der Angeklagte allein: Er war verlassen von seinen Freunden, verdammt von seinen Feinden, verschrien, verspottet, verurteilt von den allzu vielen Mitläufern, die nie eine eigne Meinung hatten und stets das meinten, was im Augenblick erwünscht war. Wenn der Evangelist Johannes tatsächlich ein Augenzeuge war: Warum zeugte er nicht an Ort und Stelle für seinen Herrn? Warum legte er sechzig Jahre später, sechzig Jahre zu spät, sein Zeugnis ab? Warum beteuerte Pilatus immer wieder, daß er Jesus für unschuldig halte, warum urteilte er nicht: Der Angeklagte ist unschuldig, und also lehne ich es ab, ihn zu verurteilen? Warum sprach er ihn nicht frei? Warum ließ er ihn geißeln? Warum verhöhnen? Warum kreuzigen? Was ist das für ein Richter, der sagt: Ich befehle, daß der Angeklagte hingerichtet wird, aber ich befehle es gegen meinen Willen, ich wasche meine Hände in Unschuld? Was sind das für Ankläger, die argumentieren: Der Angeklagte muß auf jeden Fall gekreuzigt werden; ob er als Staatsfeind gekreuzigt wird oder als Gotteslästerer oder wegen irgendwelcher Reden, die gerade nicht opportun sind, das ist im Augenblick unerheblich, wichtig ist nur, daß er gekreuzigt wird. Ist recht, was dem Volke nützt, weil es besser ist, »es stirbt ein einziger Mensch anstelle des Volkes, als daß das ganze Volk zugrunde geht«? Was sind das für Jünger, die in dem Moment fliehen, wo es darauf ankommt, sich im Glauben zu bewähren? Was ist das für ein Jünger, der seinen Herrn dreimal verleugnet? Und was ist das für einer, der seinen Herrn verrät?

Der Historiker hat es leicht, klug zu sein. Er untersucht eine Gegenwart, die nicht seine Gegenwart ist. Er beschreibt ein Stück Geschichte, dessen Folgen ihm bekannt sind. Er schreibt rückwärts. Er verweilt in der distanzierten Geborgenheit der Zukunft und behandelt die Vergangenheit, als wäre sie konkrete Umwelt. Wenn man voraussetzt oder glaubt, daß der Angeklagte in diesem Prozeß Gottes Sohn oder ein Prophet oder auch nur ein außergewöhnlicher Mensch gewesen ist, dann verschieben sich die Perspektiven. Dann gewinnt der Angeklagte einen Ewigkeitszug, und seine Zeitgenossen wußten nicht, was sie taten.

Natürlich waren sie nicht schuldlos. Der Richter Pilatus hat einen Menschen zum Tode verurteilt, obwohl er wußte, daß dieser Mensch unschuldig war. Der Hohe Rat der Juden hat den Kreuzestod eines Menschen beschlossen und ihn staatsfeindlicher Verbrechen bezichtigt, obwohl der Hohe Rat wußte, daß dieser Mensch kein Staatsfeind war. Und vom Jünger Petrus bis zum letzten Schreihals im Hof des Herodespalastes hat sich keiner für den Angeklagten eingesetzt und seine Unschuld beteuert. Warum?

Mit der einflußreichen Partei der Pharisäer hatte Jesus sich immer wieder angelegt. Die vier Evangelisten und der Autor der Apostelgeschichte erwähnen die Pharisäer siebenundneunzigmal; viel öfter also als die Sadduzäer (vierzehnmal), die Ältesten (fündundvierzigmal) oder die Römer (zweiundzwanzigmal). Vor allem aber wird keine andere Partei von Jesus so abgelehnt wie die Pharisäer, und keine andere Partei bezieht von Anfang an so klar und so offen Stellung gegen die Lehre Jesu. Was warf Jesus den Pharisäern vor, warum haßten die Pharisäer Jesus?

Jesus bestritt die Gläubigkeit der Pharisäer, denn er warf ihnen vor, daß sie allzu selbstgefällig beteten. Denn sie beteten: »Gott, ich danke dir, daß ich nicht bin wie die übrigen Menschen, wie die Räuber, die Betrüger und Ehebrecher ...« – Jesus warf den Pharisäern vor, daß ihre Religion nichts tauge, er schimpfte sie »Heuchler«, »Toren«, »Schlangen«, »Natterngezücht«, und er beschuldigte sie, der Hölle zu dienen und Prophetenmörder zu sein. – Jesus warf den Pharisäern vor, daß ihr Gerechtigkeitssinn geheuchelt sei, denn er lehrte das Volk: »Wenn eure Gerechtigkeit nicht viel vollkommener sein wird als die der Pharisäer, dann werdet ihr nicht hineinkommen in das Himmelreich.« – Und schließlich bestritt Jesus den politischen Führungsanspruch der Pharisäer. »Laßt sie!« rief er seinen Jüngern zu, »sie sind blind! Sie sind Führer von Blinden! Wenn aber ein Blinder einen Blinden führt, so werden beide in die Grube fallen.« – Die Pharisäer waren für Jesus keine Führer – »denn einer ist euer Führer, Christus«.

Diese Angriffe Jesu gegen die einflußreichste Partei machten ihn zum Feind der herrschenden Klasse. Zudem fürchtete der Hohe Rat die immer wachsende Popularität Jesu. In einem unterdrückten Land hatte ein einfacher Wanderprediger von Galiläa bis Cäsaräa Philippi zahlreiche Anhänger gewonnen, und da seine Lehre dem herrschenden Gesetzesglauben widersprach, bedrohte sie den Einfluß und die Macht der jüdischen Schriftgelehrten und Oberpriester. Und deren Einfluß war durch die römische Besatzungsmacht ohnehin stark reduziert worden.

Aber nicht nur die jüdischen Priester und Gesetzgeber haben die

Hinrichtung Jesu betrieben; auch das Volk hat seinen Tod lauthals gefordert. Der Apostel Petrus hat sich später über dieses Volk von Jerusalem bitter beklagt. Er warf ihm vor: »Ihr Männer von Israel! ... Der Gott unserer Väter verherrlichte seinen Knecht Jesus, ihn, den ihr ausgeliefert und verleugnet, und ihr habt verlangt, daß ein Mörder begnadigt werde. Den Urheber des Lebens aber habt ihr getötet, ihn, den Gott auferweckt hat von den Toten ...« Immerhin aber hatte auch der Jünger Petrus seinen Herrn dreimal verleugnet; und immerhin hatte auch Petrus es vorgezogen, der Gerichtsverhandlung fernzubleiben.

Die Kernfrage, wer für den Tod Jesu verantwortlich sei, wird ebensooft gestellt wie unterschiedlich beantwortet. Von der These, daß nur Pilatus – und er allein – die Schuld trage, bis zur Behauptung, Jesus sei überhaupt nicht gekreuzigt worden – wie es der Islam lehrt –, reichen die Argumente, und allzuoft gehen diese Hypothesen nicht von den vorliegenden Fakten, sondern von einer vorgefaßten Konzeption aus: Man *will* beweisen, wie schuldig oder wie schuldlos die jüdischen Zeitgenossen Jesu an seinem Tode waren, und also interpretiert man die Evangelisten nicht nach dem, was sie tatsächlich berichtet haben, sondern danach, was sie gemeint oder nicht gemeint haben könnten; man *will* beweisen, daß Pilatus mit dem Befehl zur Geißelung auch das Todesurteil schon gesprochen haben muß, und also beruft man sich auf die erst hundertfünfzig Jahre später schriftlich fixierten Traktate der Mischna und nicht auf die Evangelien. Man erklärt für historisch wahr, was in das eigene Konzept hineinpaßt, für historisch unwahr, was dem eignen Konzept widerspricht. Vor allem antisemitische, aber auch jüdische Historiker haben die Schuldfrage immer wieder danach bewertet, was sie in ihrem Glaubenseifer für wünschenswert hielten und was nicht. So hat man behauptet (Joseph Klausner):

Der Hohe Rat habe Jesus gar nicht zum Tode verurteilt; die Diener des Hohen Rates haben ihm auch nicht ins Gesicht

gespuckt, denn das sei »in Gegenwart des Hohen Rates eine reine Unmöglichkeit«. Die Verleugnung Jesu durch Petrus sei »natürlich reine Legende« gewesen; die Priester hätten »bona fide ihre Pflicht, das Volk vor der Rache des grausamen Pilatus zu schützen«, erfüllt; als Pilatus an Jesus die Frage stellte: »Bist du der König der Juden?«, und Jesus erwiderte: »Du sagst es«, habe Jesus gemeint: »*Du* sagst es, ich aber nicht«; daß Pilatus gesagt hat, er finde keine Schuld an dem Angeklagten, sei »legendenbildender Volksglaube«; wenn die Frau des Pilatus – wie Matthäus berichtet – sich in die Verhandlung eingemischt habe, um ihrem Mann zu sagen: »Habe nichts zu schaffen mit diesem Gerechten ...«, so sei diese Bemerkung »höchst unglaubhaft im Munde einer römischen Matrone«; und »in Wahrheit sind alle Berichte über den Widerstand des Pilatus, Jesus kreuzigen zu lassen, völlig unhistorisch ...«, denn »alles weitere lag jetzt in den Händen des blutdürstigen Pilatus«.
Und warum sind die Berichte »unhistorisch«? Wer bestimmt, was »reine Legende«, was »legendenbildender Volksglaube«, was »reine Unmöglichkeit« ist? Die Konzeption des Verfassers macht es deutlich: »Jedenfalls sind die Juden als Volk für den Tod Jesu viel weniger verantwortlich als etwa die Griechen für den Tod des Sokrates. Und wer würde gegenwärtig daran denken, den Tod des *Griechen* Sokrates an seinen heutigen Landsleuten zu ahnden? An den *Juden* aber wird seit neunzehnhundert Jahren Rache für den Tod des *Juden* Jesus genommen; mit Strömen von Blut haben sie dafür bezahlt, und dessen ist noch immer kein Ende!«
Es ist offensichtlich, daß hier die Begriffe vermengt werden. Wer im Jahre 30 nach unserer Zeitrechnung für den Tod des Jesus von Nazareth plädiert hat, ist die eine Frage; eine ganz andere Frage ist, ob einige Juden oder einige Römer oder gar ein ganzes Volk sich dadurch schuldig gemacht haben. Die historische Existenz des Kaiphas ist genauso verbürgt wie die historische Existenz des Pilatus, und das jüdische Volk hat ebenso »Kreuzige ihn!« geru-

fen, wie sich das römische Volk daran ergötzte, gläubige Christen als Märtyrer in der Arena sterben zu sehen. Die geschichtliche Wirklichkeit läßt sich nicht korrigieren, indem man sie scheinbar zweckmäßig interpretiert, und historische Schuld haben nur die auf sich geladen, die unmittelbar an diesem Prozeß beteiligt waren.

*Rudolf Augstein*

# Erhöht von der Erde

*Seht, mein Knecht wird erfolgreich sein,*
*erhöht werden,*
*hoch emporsteigen und sehr erhaben sein.*

Jesaja 52,13

Die Juden des Alten Bundes kannten die gesetzliche Strafe der Kreuzigung nicht, sie begnügten sich mit Steinigen, Verbrennen, Enthaupten, Erdrosseln, in dieser Reihenfolge. Ehebruch mit einem verlobten Mädchen wurde durch Steinigung, Ehebruch mit einer verheirateten Frau durch Erdrosseln bestraft. Die Pharisäer zur Zeit der Evangelisten suchten die Strenge der Strafe zu unterlaufen, indem sie in der Mischna, ihrer neuen Rechtsordnung, Prozeßbedingungen statuierten, die kaum erfüllbar waren.
In den Qumran-Texten kommt ein »Löwe« vor, der Menschen lebendig aufgehängt habe, was in Israel bis dahin noch nie geschehen sei. Der Text bezieht sich wohl auf den jüdischen König und Großpriester, Alexander Jannäus (103 bis 76) aus dem Geschlecht der Makkabäer, der an die achthundert seiner pharisäischen Gegner mitten in Jerusalem hatte kreuzigen und deren Frauen und Kinder vor den Augen der Gekreuzigten hatte hinrichten lassen, so Flavius Josephus. Dieser König, auch er, zählt zu den Favoriten für den Part des »Frevelpriesters« in den Rollen vom Toten Meer.
Legal war die Kreuzigung bei den Juden nicht, wohl aber kannte das Gesetz Mose das »Aufhängen am Holz«, eine zusätzliche Strafe für den schon toten, gesteinigten Gotteslästerer, gemäß dem 5. Buch Mose 21,23: »Denn ein Gehängter ist ein Gottes-

fluch.« Er durfte deswegen nicht über Nacht »am Holze«, an einem Baum etwa, hängen bleiben. Daher hätte Jesus auch ohne herannahenden Sabbat vor Einbruch der Nacht abgenommen und verscharrt werden müssen, so die Römer den Leichnam freigaben. Die jüdische Strafe des nachträglichen Aufhängens wird schon in den hebräischen Texten nicht klar unterschieden von den Todesstrafen der Nachbarn: an einem Galgen aufhängen, auf einem spitzen Pfahl aufspießen, an einen Pfahl oder an ein Kreuz anbinden oder annageln.

Das Hängen am Holz, tot oder lebendig, galt den Juden als die schimpflichste Strafe. Die Römer wandten die abschreckende Hinrichtungsart der Kreuzigung gegen Angehörige eines unterworfenen Volkes an, die sich gegen den römischen Staat vergangen hatten, und gegen Sklaven; gegen römische Bürger und gegen Frauen durfte sie damals von Rechts wegen nicht verhängt werden, jedenfalls war das nicht üblich. Starb Jesus am Kreuz, so starb er wegen Aufruhrs gegen Rom. Wurde er von den Juden umgebracht, so starb er gewiß nicht am Kreuz.

Die Anhänger des Auferstandenen sahen offenbar einen Zusammenhang zwischen der Kreuzigung und einem Hängen am Holze. In der Apostelgeschichte wird von Jesus gesprochen, den »ihr an das Holz gehängt und getötet habt« (5,30) und »den haben sie an das Holz [oder den Pfahl] gehängt und getötet« (10,39). »O ihr unverständigen Galater«, klagt der Apostel Paulus (3,1), »wer hat euch bezaubert, denen doch Jesus Christus vor die Augen geschrieben war als der Gekreuzigte [oder Gehängte]?« Und zwölf Verse weiter:

3 13 Christus aber hat uns erlöst von dem Fluch des Gesetzes,
da er ward ein Fluch für uns, denn es steht geschrieben:
»Verflucht ist jedermann, der am Holz hanget.«

Paulus, der früheste Zeuge, sagt uns nicht, wer Jesus gekreuzigt oder aufgehängt haben soll, ob Römer oder Juden; die »Machthaber dieser Weltzeit« hätten den Herrn dann nicht gekreuzigt (oder aufgehängt), wenn sie die heimliche verborgene Weisheit Gottes erkannt hätten (1. Korinther 2,8). Im 1. Thessalonicherbrief (2,15) schreibt er, die Juden hätten den Herrn Jesus ebenso getötet wie die Propheten. Paulus interessiert sich nicht für die näheren Umstände der Hinrichtung, sondern für ihre theologische Seite: Der die Menschen vom Fluch des Gesetzes befreit, hängt selbst als ein Gottesfluch am Holz.

Die von Paulus benutzten Vokabeln sind nicht eindeutig. Κρεμαννύναι heißt ursprünglich hängen, das Wort wird für aufhängen, an einen Pfahl hängen und kreuzigen gebraucht, aber auch, wenn ein vorher zu Tode Gesteinigter als »Gottesfluch« an einen Baum oder Pfahl aufgehängt wird. Die zweite Vokabel σταυροῦν heißt eigentlich Pfähle einschlagen, Palisaden errichten. Vor Paulus ist sie nur selten im übertragenen Sinne von »kreuzigen« nachweisbar. In der Septuaginta steht sie zweimal im Sinne von »an den Galgen hängen«. Haman etwa, der Judenfeind im Buch Esther (7,9), wird aufgehängt, und das dafür verwendete Wort heißt σταυροθήτω. Das Substantiv ὁ σταυρός, das von den Evangelisten für »Kreuzesholz« gebraucht wird, ist ursprünglich ein in die Erde gerammter Pfahl.

Hätten wir nur die Briefe des Paulus, so könnten wir nicht sagen, ob wir uns Jesus als tot oder lebendig Aufgehängten oder als Gekreuzigten vorstellen sollen. Im Falle von Massenhinrichtungen, etwa während der Belagerung Jerusalems, mögen die Todesarten ineinander übergegangen sein, da das Aufhängen an einem Pfahl weniger Material verbrauchte als das Kreuzigen, und dennoch dieselbe Quälerei versprach; der Delinquent wurde wohl häufiger angebunden als angenagelt, das bei Josephus und im Kolosserbrief (2,14) bezeugte Wort für »annageln« (προσηλουν) steht in keinem Kreuzigungsbericht der neutestamentlichen Schriften. Markus, der im militärtechnischen Vokabular der Römer Bescheid weiß, macht aber klar, daß er eine Kreuzigung meint, da der Delinquent das Holz (Querholz, Längsholz, beides?) nicht selbst tragen muß.

Der Jesus des Johannes sagt über seine eigene Zukunft:

12 32 Und ich, wenn ich erhöht werde von der Erde, will ich alle zu mir ziehen.

33 Das sagte er aber, zu zeigen, welches Todes er sterben würde.

Sollte jemand dem am Kreuz hängenden Jesus einen Schwamm mit Flüssigkeit gereicht haben, dann brauchte er dazu keinen langen Stock, so hoch waren die Kreuze nicht. Wer am Kreuz hing, befand sich nur wenig höher als ein Mensch auf seinen zwei Füßen, zumal er mit angezogenen Beinen auf einem Stützholz (sedecula) hockte. Das Querholz lag über dem Längsholz, das Kreuz war also weniger ein Kreuz als ein zweischenkeliger Galgen, kein sogenanntes »lateinisches« Kreuz mit einem das Längsholz in der oberen Hälfte durchschneidenden Querholz (das »griechische« Kreuz hat gleich lange Schenkel nach allen vier Seiten). Den Verurteilten wurden die Glieder meist wohl, was den Todeskampf auf Tage verlängerte, mit Stricken angebunden (die Gebeine eines in der Nähe von Jerusalem zu Jesu Zeiten Gekreuzigten sind gefunden worden, seine Füße waren zur Seite gepreßt und mit einem einzigen Nagel ans Holz geheftet). Der Kopf hing zwischen den Armen, vielleicht so tief, daß in der Mitte des Querholzes ein Schild mit der Bezeichnung des Verbrechens sichtbar blieb, falls man sich die Mühe machte, eins anzufertigen. Cicero nennt den Kreuzestod die ärgste und grausamste Todesstrafe.*

Wir erlassen uns medizinische Diskussionen, etwa ob Jesus drei oder sechs Stunden hätte aushalten können, wenn er, ohne auf ei-

* Das Kreuz erscheint schon in vorchristlicher Zeit als Symbol, wenngleich nicht in seiner für Hinrichtungszwecke charakteristischen Gestalt, die eben kein Kreuz war. Im Osiriskult galt es als »Symbol des Lebens«. Der Baum des Lebens kann zum Todes- und Marterholz werden. Der phrygische Marsyas ist ein an einer Fichte »hängender Gott« (Brückner). Auf einem alten Kandelaer im

nem Stützholz zu sitzen, angenagelt gewesen wäre; oder ob Blut und Wasser zugleich aus einer Lanzenstichwunde fließen könne (Blinzler zitiert Exegeten, die hier ein wunderbares Ereignis sehen, Bultmann sieht reine Symbolik, er hält den Versuch, eine medizinische Erklärung zu finden, für »komisch«).

Wir wollen auch nicht spekulieren, ob Jesus nur an den Händen (richtiger wohl: den Unterarmen), oder auch an den Füßen angenagelt war, wenn überhaupt angenagelt. Lukas spricht von Wundmalen, sie müssen nicht von Nägeln herrühren. Johannes läßt den ungläubigen Thomas die Finger in den Eindruck (τύπος) und an die Stelle (τόπος) der Nägel von Jesu Händen legen (20,25), aber auch in die mit Sicherheit erdichtete Lanzenwunde. Die Berichte der Evangelisten geben Fakten nicht her, darum die dicken Leiber der exegetischen Bücher.

Die Römer, in jedem Fall, kannten die Kreuzigung, nicht nur das Aufhängen an einem Pfahl oder Baum. Nehmen wir also in Übereinstimmung mit der späteren christlichen Kunst an, Jesus sei gekreuzigt und an Händen und Füßen angenagelt worden – das Sitzholz macht die jahrelange Diskussion, ob durch die Handteller oder durch die Handgelenke (oder die Unterarme) überflüssig, da die Hände das Gewicht des Körpers nicht halten mußten. Ärztliche Gelehrsamkeit bietet hier wenig mehr als Fachsimpelei.

Darstellung des Kreuzes in der Kunst hat lange nicht sein dürfen (zuweilen gar keine christliche Kunst, während der byzantinischen Bilderstürmerei des 8. Jahrhunderts wurde Malern oft genug die rechte Hand abgehackt). Bis zum 5. Jahrhundert wagte man nur symbolische Darstellungen, Lamm oder guter Hirt mit

Capitol zu Rom fand der weiland Divisionspfarrer Brückner den hängenden Marsyas dargestellt »und war erstaunt über die Ähnlichkeit mit der Darstellung des crucifixus in Ausdruck und Haltung«. Der Geist des Gottes Attis, dieses Symbols der hinwelkenden Frühlingsblüte, entwich in eine Fichte, und auch diesem Baum wird seine christlich-populäre »O Tannenbaum«-Funktion noch zuwachsen.

lateinischem Kreuz; oder es erscheint, etwa auf Passionssarkophagen, »der Todesgang als Siegeszug, der Dornenkranz als Lorbeer, das Kreuz als Siegesstandarte« (Heinrich Lützeler in »Der Mann aus Galiläa«). Erst während der ersten Hälfte des 5. Jahrhunderts finden sich vereinzelt Abbilder der Kreuzigung. Bis zu Matthias Grünewald war die Strecke noch lang, doch Passionsdichtung wucherte (»Jesus fällt zum ersten Mal unter dem Kreuz«, »Veronika reicht Jesus das Schweißtuch dar« etc.).

Von Blutopfer und Kreuzesmythos haben die Künstler sich über ein Jahrtausend hin inspirieren lassen. Will man sehen, zu welch widerspruchsvoller Mischung aus sublimer Spiritualität und kompakter Sinnenhaftigkeit die Mysterien auf dem Boden der germanischen Erben gerieten, muß man die Passionsstiche von Albrecht Dürer anschauen: Den Christus, der nach seiner Kreuzigung, immer noch mit der Dornenkrone auf dem schon verklärten Kopf (»Haupt«), melancholisch auf einem Stein sitzt, den Kopf in die rechte Hand gestützt. Denkt er über die Treulosigkeit des Vaters nach?
Oder die Engel, die, wie stillstehende Hubschrauber, den Gekreuzigten umschweben, aus seinen fünf Wunden das Blut in kostbare Kelche auffangend; einer, von Gesicht Gerhard Mauz ähnlich, hält gleich zwei Pokale (Klopstock hat uns die unmenschliche Szene auf seine imposante Art beschrieben: ein Heer von Engeln, ein weitumkreisendes Heer, der allmächtigen Vorsicht furchtbare Diener, weit um Golgatha her verteilt, ganz große Oper). Oder Dürers Opferlamm der Johannes-Apokalypse, das eine Kreuzesstandarte in seiner linken Vorderpfote hält. Aus der Brust des Lammes sprudelt, aufgefangen in einem Pokal von einem hohen Kleriker, das Blut, in dem die Auserwählten ihre Kleider »hellmachen« (Apokalypse 7,14); die Nicht-Auserwählten sollen in alle Ewigkeit mit Feuer und Schwefel gemartert werden, daß der »Rauch ihrer Qual« (Luther) gen Himmel steigt,

während die Heiligen, Palmzweige in den Händen, selbstzufrieden-ergriffen dreinschauen.
Den getöteten Sohn in Dürers »Dreifaltigkeit« hebt Gottvater in seinen Armen zu sich empor. Beide sehen einander ungemein ähnlich, Gottvater hat eine päpstliche Tiara auf. Über beiden schwebt eine Heiliggeist-Taube, deren vermickerter Spitzkopf eher einem Kakadu oder einem sehr bekannten französischen Schauspieler entliehen scheint; selbst der große Dürer macht bisweilen Kleinvieh. Er scheut weder die Mischung noch die Kontraste, stellt uns Jesus im Tempel als den erbarmungslos Schlagenden dar und im Amtssitz des Pilatus als den erbärmlich Geschlagenen.
Die fünf Wundmale können aus allen Evangelien insgesamt erschlossen werden. Johannes läßt das Wasser der Taufe und das Blut der Versöhnung in seiner »allegorischen Spielerei« (so der Theologe Otto Baumgarten 1908) aus der auch sonst noch benötigten Seitenwunde fließen. Die deutsche Kirchenlieddichtung hat sich von den Malern zu einem süßen Schmack inspirieren lassen. So dichtet 1652 Johann Rist, Pfarrer in Wedel bei Hamburg und dem »Elbschwanenorden« zugehörig:

Fünf Keller blicken hier herfür,
die stehen ganz voll Weins für dir ...

Fünf Tische, fünf Quellen, fünf Türen, fünf Höhlen, fünf Apotheken, fünf Perlen, Jesus hält Freudenöl bereit, sein Leib kommt aus der Kelter.

Dein Herz steht offen, und man kann hinein,
das hätte dürfen nur mein Eingang sein,

läßt Rilke die Maria Magdalena angesichts des toten Jesus in einem Pietà genannten Gedicht sagen. Und wieder Johann Rist:

Kriech in des Herren Wunden ein
da kannst du frisch und sicher sein.*

Daß es fünf Wundmale waren (Zinzendorf nimmt die Beschneidung als Passionswunde hinzu), und nicht etwa nur zwei an den Handgelenken, und daß die Wundmale an Händen und Füßen von Nägeln herrührten, haben etliche Stigmatisierte empfunden, ihre Gesamtzahl wird zwischen hundert und 330 angesetzt; auch kein Beweis für die uns nicht zugänglichen Fakten, wohl aber einer für die Einbildungskraft empfindungsstarker Menschen. Der erste von allen fünf Wunden Gezeichnete war Franz von Assisi, die Männer sonst standen den Frauen, was Empfindungskraft angeht, wie nicht anders zu erwarten, stark nach.
Das Entsetzen der Anhänger über das fluchwürdige Ende ihres Messias – »so unmenschlich entstellt war sein Aussehen, und seine Gestalt nicht mehr die der Menschenkinder«, weissagt

* Die Beispiele ließen sich schier endlos fortsetzen; ein Unbekannter:
Herr, meine Lippen schließen sich,
dein Herz zu küssen säuberlich:
ich dringe mit Gewalt hinein,
ich will in deines Herzens Schrein verschlossen sein.
Oh süßer Schmack!...

Und Zinzendorf:
Tief 'nein, tief 'nein ins Seitelein:
wie wohl ist einem Vögelein,
das einmal angelanget da
und singet Pleurae gloria;
da hängsts am Ur-Magnet,
da hängt es steif und steht;
da hat es seinen nahen Mann
mehr nah als man was haben kann.

Und noch einmal Zinzendorf:
Und nun, gloria dem Seiten Höhlgen!
Daß ich armes Sünderlein
soll ein blutbedürftigs Menschen-Seelgen,
und kein heiliger Engel sein,
wenn ich habe, schmecke, fühle, rieche,
und dir bis ins Eingeweide krieche,
so vergeß ichs Sehen schon, bis zur Operation.

Deuterojesaja vom »Gottesknecht« – ist wohl vorstellbar. Um die Erniedrigung vollzumachen, scheinen manche Kirchenväter ihm körperliche Mängel und Gebrechen zugeschrieben zu haben, von denen nicht völlig ausgeschlossen ist, daß sie irgendwie überliefert worden sind.
Er habe älter ausgesehen, als er war. Tatsächlich sagen die Juden zu ihm, der noch keine 40 Jahre alt gewesen sein kann, laut Johannes (8, 57): »Du bist noch nicht fünfzig Jahre alt und hast Abraham gesehen?« Die berühmte Stelle bei Lukas (4,23) »Arzt, hilf dir selber« muß nicht auf körperliche Mängel Jesu hindeuten. Sie greift ein rabbinisches Sprichwort auf (»Arzt, heile dein eigenes Hinken!«) und steht im Zusammenhang einer von Lukas erdichteten Predigt in Jesu Vaterstadt. Sie kann wohl meinen, ein aus Nazareth stammender Prophet solle zuvor in Nazareth heilen, ehe er in Kapernaum Wunder tue, zuvor in Israel, dann erst unter den Heiden.
Wissen tun wir über die Gestalt nichts, aber in den sogenannten syrischen Thomas-Akten, Schriftstücken aus der Zeit nach 250, finden sich Angaben über einen Zwillingsbruder des Jesus namens Judas Thomas, der extrem klein gewesen sein soll. Laut Robert Eislers Ausforschung soll Jesus einen Buckel gehabt haben, weil er in seiner Jugend schwer gearbeitet habe*, wenig Haare, schwachen Bartwuchs, eine lange Nase. »Übereinstimmend also ist aufgezeichnet«, machte Origines um 180 gegen Celsus geltend, »daß der Körper Jesu ›mißgestaltet‹ gewesen sei«; allerdings nicht, wie Celsus meine, auch »unedel«; auch werde nicht klar und bestimmt berichtet, daß Jesus »klein« gewesen sei. Origines hält also Berichte für klar und bestimmt, nach denen Jesus mißgestaltet war. Der Wirklichkeit muß diese Version

* Blinzler schreibt, Jesus habe »ein an ungewöhnlichen Entbehrungen und Anstrengungen reiches Leben hinter sich« gehabt, wie 40 Tage Fasten in der Wüste, im Gebet durchwachte Nächte, unregelmäßige und unzureichende Ernährung bei pausenloser Tätigkeit, woher weiß der Mann das alles?

keineswegs entsprochen haben. Gewisse Rechtsabweichler, die »Doketen«, leugneten nämlich, daß Jesus überhaupt Mensch geworden und gewesen sei, seine Körperhaftigkeit und sein Tod, und notabene sein Leiden, seien nur Schein gewesen (Doketen von griechisch δοκεῖν, »scheinen«). Ihnen konnte man, und Beweiskräftigeres scheint nicht vorgelegen zu haben, Jesajas Prophezeiung vom leidenden Gottesknecht entgegenhalten; der Nordafrikaner Tertullian etwa (um 160–220) überträgt sie direkt auf »das Körperchen« (corpusculum) des Christus: nicht Gestalt noch Schöne habe er gehabt, verachtet und unansehnlich sei er gewesen; aber wie auch immer, ruft Tertullian, »wenn auch ohne Würdigkeit, wenn auch unedel, wenn auch unansehnlich, er wird mein Christus bleiben!« – si inglorius, si ignobilis, si inhonorabilis, meus erit Christus. Wir wissen also herzlich wenig.* Da es aber Stauffer gibt, wissen wir eben doch, daß Jesus »zumindest die jüdische Normalgröße« hatte. Seine Stimme zu beschreiben, geht freilich sogar über Stauffers Kräfte. Er empfiehlt uns, damit wir uns eine ferne Vorstellung machen können, Bachs Matthäuspassion zu hören (seit Eusebius und Kaiser Konstantin ist Christus dann gar nicht mehr häßlich, sondern nur noch schön).

Die Erniedrigung des Herrn, nicht scheinbar, sondern körperhaft, Tertullian wird nicht müde, es zu betonen, »die für den Glauben unerläßliche Schmach«. Aber von den wirklichen Umständen dieses Sterbens haben wir wieder keinen Bericht, der auf direkte Zeugenschaft schließen läßt. Die Evangelisten wetteifern, und anderes bleibt ihnen wohl nicht übrig, Weissagungen aus der Schrift zu erfüllen, obschon Blinzler abstreitet, daß sich im Kreuzigungsbericht »der Weissagungsbeweis geschichtsbildend ausgewirkt hat«. Eben dies läßt sich nicht bestreiten.

* Scheiermacher sah »göttliche Leitung« darin, »daß uns von dem Äußeren der Person Christi weder eine sichere Überlieferung noch ein authentisches Bild zugekommen ist«, wie denn noch jeder große Theologe aus dem Mangel einen Reichtum, aus der Lücke einen Eckstein der Vorsehung zu machen verstanden hat.

Blinzler ruft Paul Wernle zu Hilfe, der über den Markus-Evangelisten, betont über den am wenigsten unzuverlässigen, geschrieben hat: »Geschichte dichten und Geschichte zu einem Zweck erzählen, sind zweierlei.« Unser Buch hier handelt davon, daß bei den Evangelisten unter Einschluß des Markus nicht mehr zu trennen ist, was sie jeweils sich erdichtet und was sie zu Verkündigungszwecken erzählt haben: die Epoche nicht, die sie gemacht, von der Episode, die sie erzählt haben.

Markus bedient uns wie immer am nüchternsten. Es gab offenbar keine Ohrenzeugen. Kein Jünger sieht der Kreuzigung auch nur von ferne zu, keiner von Jesu Brüdern, seine Mutter nicht. Von fern sehen Frauen zu, die ihm aus Galiläa nachgefolgt waren und die ihm gedient hatten (ein Ärgernis wohl für die Rechtschaffenen nicht nur Qumrans). Einige Frauen werden namentlich genannt, außer ihnen sehen zu »viele andere, die mit ihm hinauf nach Jerusalem gezogen waren« – ganz offenbar eine salvatorische Klausel. Bultmann hält die Anwesenheit der galiläischen Frauen insgesamt nicht für geschichtlich.
Einleuchtend wieder die Schrifterfüllung. Bei Lukas nämlich sehen »von fern« alle seine Bekannten zu »und die Frauen, die ihm aus Galiläa nachgefolgt waren«. Es heißt aber beim Psalmisten:

38 12 Freunde und Vertraute wenden von meiner Plage sich ab, und meine Nächsten stehn in der Ferne.

Die Kriegsknechte bei Markus führten oder schleppten (φέρουσιν) Jesus zur Richtstätte. Normalerweise ging der Verurteilte nackt, und das Holz war an seine ausgebreiteten Arme angebunden; beides wird von Markus anders berichtet, vielleicht aus Gründen der Ästhetik. Der Evangelist läßt uns nicht ausdrücklich wissen, warum Jesus das Holz nicht selber trug:

15 21 Und zwangen einen, der vorüberging, mit Namen Simon von Kyrene, der vom Felde kam – der war der Vater des Alexander und des Rufus –, daß er ihm das Kreuz trüge.

Das Kreuz, den Pfahl, das Querholz, was auch immer. Hier sehen manche Fachleute ein Rudiment alter Überlieferungstradition, weil Markus mit solchen Hinweisen sonst sparsam umgeht. Aus eben dem Grund ist die Stelle aber auch verdächtig. Sie könnte eingeschoben sein, weil die Kreuzes-Nachfolge Jesu im Fleische (»folge mir nach und nimm das Kreuz auf dich«) sinnfällig dargestellt werden sollte. Das Querholz allein, meint Blinzler, sei nicht so schwer gewesen, daß Jesus es nicht hätte tragen können; immerhin, er sei durch Geißelung geschwächt gewesen.

15 22 Und sie brachten ihn an die Stätte Golgatha, das ist verdolmetscht: Schädelstätte.
23 Und sie gaben ihm Myrrhe in Wein zu trinken; aber er nahm's nicht.

Anscheinend ein Brauch der Frauen Jerusalems, die dem Verurteilten die Todesstunde erleichtern wollten und durften. Anscheinend diesmal keine Schrifterfüllung. Matthäus dagegen macht daraus:

27 34 Gaben sie ihm Wein zu trinken mit Galle vermischt; und da er's schmeckte, wollte er nicht trinken,

in Anlehnung an die Psalmen:

69 22 Sie gaben mir Galle unter die Speise, in meinem Durste Essig zum Trank.

22 19 Sie teilen unter sich meine Kleider und werfen das Los
um mein Gewand.

Markus fährt fort:

15 24 Und sie kreuzigten ihn. Und sie teilten seine Kleider und
warfen das Los darum, wer was bekäme.

Laut Vers 25 soll das morgens gegen 9 Uhr gewesen sein. Die Römer mußten sich um den jüdischen Festtag nicht kümmern. Daß Johannes einen Synoptiker-Text ganz genau gekannt und wie er ihn ergänzt hat, läßt sich aus der Kleiderverlosung entnehmen. Stauffer, in seinem Bemühen um Präzision, weist uns auf die Besonderheit hin, »daß sein [Jesu] Untergewand ungenäht war, durchwirkt wie der Chiton [der Amtskittel] des Großpriesters«. Woher weiß er das? Er weiß es gar nicht, weiß vielmehr, daß die einschlägige Passage bei Johannes, niedergelegt an die 70 Jahre nach Jesu Tod, dem Evangelisten dazu dient, eine Prophezeiung des Alten Testaments wahrzumachen. Johannes schreibt:

19 23 Die Kriegsknechte aber, da sie Jesus gekreuzigt hatten,
nahmen sie seine Kleider und machten vier Teile, einem
jeglichen Kriegsknecht einen Teil, dazu auch den Rock.
Der Rock aber war ungenäht, von obenan gewebt durch
und durch.
24 Da sprachen sie untereinander: Lasset uns den nicht
zerteilen, sondern darum losen, wes er sein soll, – auf daß
erfüllt würde die Schrift: »Sie haben meine Kleider unter
sich geteilt und haben über meinen Rock das Los geworfen!« Solches taten die Kriegsknechte.

Auch Johannes will gerne genau sein, genauer als Markus. Der Rock ist ungenäht, von oben gewirkt durch und durch, um ein

Motiv zu liefern, das glaubhaft macht, warum die Kriegsknechte einerseits, wie es im 22. Psalm steht, »die Kleider unter sich geteilt«, den Rock aber nicht *geteilt*, sondern »durch das Los« *verteilt* haben. Hier finden wir wieder, wie im Falle des Eselsfüllen, übertriebenes Wörtlichnehmen à la Schwejk. Der einheitliche Vorgang des Kleiderverlosens wird in zwei Akte, Verteilen und Verlosen, zerlegt, vielleicht auch, wie schon David Friedrich Strauß herausgefunden hat, um mit dem ungenähten Leibrock die eine ungeteilte Kirche anzudeuten.
Am Kreuzesholz sollen die Römer laut Markus ein Schild angebracht haben:

15 26 Und es war oben über ihm geschrieben, was man ihm schuld gab, nämlich: Der König der Juden.

Die Inschrift wird heute nicht mehr von vielen Wissenschaftlern für echt gehalten, von anderen, unter ihnen Bultmann, für die Ausführung der – meist ebenfalls nicht mehr für echt gehaltenen – Markus-Stelle (15,2), in der Jesus bestätigt, der König der Juden zu sein. Weder Juden noch Römer können die Inschrift so abgefaßt haben. Johannes scheint, wieder auf den Spuren der Synoptiker, die Diskrepanz bemerkt zu haben, darum fügt er ein:

19 21 Da sprachen die Hohenpriester der Juden zu Pilatus: Schreibe nicht: Der Juden König, sondern daß er gesagt habe: Ich bin der Juden König.

22 Pilatus antwortete: Was ich geschrieben habe, das habe ich geschrieben.

»Denn ein Schreiben«, heißt es im Buch Esther, »das in des Königs Namen geschrieben und mit des Königs Ring gesiegelt war, durfte niemand widerrufen« (8,8).

In unserer Dichtung fließen sehr oft mehrere Motive ineinander, so auch bei den, laut Markus, »Räubern« zur Rechten und zur Linken, den »armen Schächern am Kreuz«. Den Großen dachte man sich umrahmt von minder Großen, die seinen Ruhm erhöhen, wie auch der verklärte Jesus (Markus 9,2–7) von Moses und Elija eingefaßt wird. Das galt auch im Untergang. Jesus, der laut Jesaja 53, 9–12 »unter die Übeltäter gezählt« ward und, in einer Jesaja-Lesart, »bei Übeltätern sein Grab« fand, mußte von Übeltätern umgeben sterben. Bei Markus so:

15 27 Und sie kreuzigten mit ihm zwei Räuber, einen zu seiner Rechten und einen zur Linken.
28 Da ward die Schrift erfüllt, die da sagt: »Er ist unter die Übeltäter gerechnet.«

Wir sehen, wie der Bericht Satz für Satz konstruiert wird, ohne Rücksicht auf tatsächliche Hergänge. Auch die folgenden Markus-Einzelheiten klingen nicht wahrscheinlich, sie könnten ebenso den Psalmen wie dem Buch der Weisheit Salomonis (1. vorchristliches Jahrhundert) entnommen sein:

15 29 Und die vorübergingen, lästerten ihn und schüttelten ihre Häupter und sprachen: Ha, der du den Tempel zerbrichst und baust ihn in drei Tagen,
30 hilf dir nun selber und steig herab vom Kreuz!
31 Desgleichen die Hohenpriester verspotteten ihn untereinander samt den Schriftgelehrten und sprachen: Er hat andern geholfen, und kann sich selber nicht helfen.
32 Der Christus, der König in Israel, der steige nun vom Kreuz, daß wir sehen und glauben. Und die mit ihm gekreuzigt waren, schmähten ihn auch.

Die Tempelpriester und die Schriftgelehrten, Jesu stereotype Gegner, kann man sich während dieses hohen Festtags an der

Richtstätte nicht gut vorstellen. Bultmann sieht hier eine »legendarische Bildung«. Der Psalmist gibt die Anregung:

22 8 Alle, die mich sehen, sie spotten mein, sie verziehn die
Lippen, schütteln das Haupt:
9 »Er vertraute auf Jahwe, der mag ihn retten; der mag ihm
helfen, wenn er ihn liebt.«

Matthäus (27,43) übernimmt fast wörtlich die griechische Übersetzung von Vers 9: »Er hat auf Gott vertraut, der rette ihn nun, wenn er Lust an ihm hat.« Im Buch der Weisheit, hellenistisch beeinflußt und griechisch geschrieben, heißt es über den Gerechten: »... und nennt sich ein Kind des Herrn ... nennt prahlend Gott seinen Vater.« Bei Matthäus: »Denn er hat gesagt: Ich bin Gottes Sohn«. Es sind die Gottlosen, die im Psalm und im Buch der Weisheit so sprechen; desto unmöglicher, daß die schriftkundigen Großpriester und Schriftgelehrten dem Gekreuzigten mit eben diesen Worten zusetzen. So gehen die Gottlosen im Buch der Weisheit mit dem Gerechten um: »Laßt uns einmal sehen, ob seine Reden wahr sind; machen wir die Probe, wie es mit ihm endet. Denn ist der Gerechte Gottes Sohn, so wird Gott selbst sich seiner annehmen und ihn aus der Hand der Widersacher befreien« (2,17–18).

Bei Markus und Matthäus schmähen die Räuber oder Mörder beide Jesus. Interessant nun, was Lukas aus der Erzählung des Markus macht; beide Mitgekreuzigte äußern sich bei Lukas, aber nur noch einer schmäht Jesus:

23 39 Aber der Übeltäter einer, die da gehenkt waren, lästerte
ihn und sprach: Bist du nicht der Christus? Hilf dir selbst
und uns.
40 Da antwortet der andere, strafte ihn und sprach: Fürch-
test du dich auch nicht vor Gott, der du doch in gleicher
Verdammnis bist?

41 Und wir zwar sind mit Recht darin, denn wir empfangen, was unsere Taten wert sind; dieser aber hat nichts Unrechtes getan.
42 Und er sprach: Jesus, gedenke an mich, wenn du in dein Reich kommst!*
43 Und Jesus sprach zu ihm: Wahrlich, ich sage dir: Heute wirst du mit mir im Paradiese sein.

Die Szene hat ihr Vorbild beim ägyptischen Joseph. Er traf im Gefängnis zwei Leidensgenossen, den Oberbäcker und den Mundschenk des Pharao. Dem Bäcker verheißt Joseph, er werde nach drei (!) Tagen an den Pfahl gehängt, dem Mundschenk aber, er werde nach drei Tagen in sein Amt wiedereingesetzt. Gedenke meiner beim Pharao, sagt Joseph zum Mundschenk, und gedenke meiner, sagt der Schächer zu Jesus, wenn du in dein Reich kommst. Heute, antwortete Jesus, wirst du mit mir im Paradiese sein, Trost für so manche Sterbestunde, »Zusage ewiger Heilsteilhabe« (Wilckens). Zwar sind Anrede und Bitte sichtlich hinzugefügt, und trotzdem meint Stauffer, die Antwort sei »gewiß nicht erfunden«.
Nein, sie ist nicht erfunden, lehnt sich vielmehr an die Jesaja-Weissagung 53,12 an, wo der Gottesknecht »die Schuld der vielen trug und für die Sünder eintrat«; in Vers 34 fügt Lukas dem Markustext ein: »Jesus aber sprach: ›Vater, vergib ihnen, denn sie wissen nicht, was sie tun.‹« Bei Markus tut Jesus am Kreuz *einen* Ausspruch, bei den anderen drei Evangelisten kommen sieben Aussprüche hinzu. Was dachte Jesus, als er da hing? Hat er »bis zuletzt auf das Wunder gewartet, das nicht eintrat« (Ben-Chorin)? Hat er damit gerechnet, daß seine Erhöhung zu Gott durch den Tod hindurch geschehen werde (Rudolf Otto)? Wir

* wörtlich: wenn du in deine Königsherrschaft, in dein Königtum kommst, also wohl besser, wenn du König sein wirst.

können nur phantasieren. Das bei Markus zitierte Wort aus Psalm 22,2 klingt so menschlich und gibt doch wohl nur die Stimmung der Jünger oder des Evangelisten wieder:

15 33 Und um die sechste Stunde ward eine Finsternis über das ganze Land bis um die neunte Stunde.
34 Und um die neunte Stunde rief Jesus laut und sprach: Eli, Eli, lama asabthani? das ist verdolmetscht: Mein Gott, mein Gott, warum hast du mich verlassen?
35 Und etliche, die dabeistanden, da sie das hörten, sprachen sie: Siehe, er ruft den Elia.

So heißt der Vers 2 im 22. Psalm: »Mein Gott, mein Gott, warum hast du mich verlassen! Warum bist du fern meinem Flehen, dem Ruf meiner Klage!« Zu denken, Jesus habe am Kreuz anstelle der Sterbegebete aus diesem Psalm rezitiert, scheint reichlich abwegig. Das Zitat belegt nur, welche Gemütsverfassung sich der Markus-Evangelist beim sterbenden Jesus vorstellte. Wollte der Evangelist hier Jesu »Einheit mit Gottes Willen« darstellen (Dibelius), oder »Sterben als Erfüllung« (Conzelmann)? Lukas scheint das Wort so nicht aufgefaßt zu haben, er hält den Spruch nicht mehr für passend, er läßt ihn weg, erst recht bei Johannes findet er sich nicht. Statt dessen zitiert der Jesus des Lukas aus Psalm 31: »Vater, in deine Hände befehle ich meinen Geist.« Natürlich gibt es Gelehrte, die für sicher halten, daß dem Lukas eine besondere Überlieferung vorgelegen hat, man wäre neugierig.
Jetzt erst will Markus jene Schriftstelle aus dem 69. Psalm erfüllen, die wir von Matthäus her schon kennen (»Sie gaben mir in meinem Durste Essig zum Trank«):

15 36 Da lief einer und füllte einen Schwamm mit Essig und steckte ihn auf ein Rohr und tränkte ihn und sprach: Halt, laßt sehen, ob Elia komme und ihn herabnehme!

Der Trank der Erkenntnis wird dem Durstigen vorenthalten, statt dessen bekommt er Essig, sagt ein Qumran-Psalm. Welche Erkenntnis wird Jesus vorenthalten? Er hat nichts zu trinken verlangt, und was hat das Trinken mit der Wiederkunft des Propheten Elia zu tun, der nach altjüdischem Glauben wiederkommen muß, bevor der Messias erscheint? Wollte ein Zuschauer das entfliehende Leben festhalten, um Zeit für ein Wunder herauszuschinden?

Jeder römische Soldat führte in seiner Ausrüstung einen Schwamm mit sich. Bei Johannes wird aus dem Rohr eine Ysopstaude, die in Palästina nicht vorkommt, beziehungsvoller Hinweis auf den Ysop-Büschel der ersten Passahnacht, mit dem die Kinder Israel das Blut des Passahlamms auf Schwelle und Türpfosten gestrichen hatten, damit der Würger des Herrn nur die Erstgeburt der Ägypter schlage (2. Mose 12,22). Jesu Passahfest ist an die Stelle des Passahlamm-Sühneopfers getreten.

Allerdings, Markus schreibt gar nicht »Eli Eli lama sabachthani«, wie sogar noch in der Furchebibel des Ulrich Wilckens steht. Er schreibt, in griechischer Schrift: »Eloi Eloi Lama sabachthani«. So heißt der Satz aramäisch. Das »Eloi« mit dem langen »o« kann nicht wohl zu einer Verwechslung mit dem Elia geführt haben. Also ändert Matthäus die ersten beiden Wörter in »Eli, Eli« um, das ist hebräisch, und fährt dann mit dem aramäischen Ausruf »lema sabachthani« fort. Joachim Jeremias schließt aus dieser Veränderung von Markus zu Matthäus nicht, daß Matthäus den Text klanglich passender gemacht, sondern daß ihm eine ältere Überlieferung vorgelegen hat. Dies, obwohl allgemein anerkannt ist, daß Matthäus mit seinem Kreuzigungsbericht auf Markus steht.

Jesu letzte Worte, laut Johannes, zur Mutter und zum Jünger, den er lieb hatte, sind Tendenzdichtung. Sie dürften so wenig gesprochen worden sein, wie jene Worte aus judenchristlicher Tradition, die bei dem Araber Abd-el-Dschabbar überliefert stehen;

am Kreuz hängend soll Jesus zu seiner Mutter und seinen Brüdern gesagt haben: »Nimm deine Söhne und geh' weg!« Johannes hat wohl suggerieren wollen, der Synagoge leibliche Söhne seien nicht gemacht, sie, die jüdische Mutter des Christentums, aufzunehmen.

Nicht einmal der letzte Schrei, von dem Markus berichtet,

15 37 Aber Jesus schrie laut und verschied.

wird von allen Bibelexegeten der ältesten Überlieferung zugerechnet. Gollwitzer, sehr medizinisch, hält *zweimaliges* lautes Schreien eines seit Stunden am Kreuz Hängenden für »kaum möglich«. Der Messias kommt nach apokalyptischer Vorstellung »mit der Stimme des Erzengels«, wie Paulus in seinem ersten Sendschreiben an die Thessalonicher (4,16) verkündet.

War der eine einzige Schrei ein »Schrei des Gehorsamen und Vertrauenden, ein Glaubensschrei« (Gollwitzer)? Es ist vielleicht ein wenig indiskret, wenn wir diesem Sterbenden bis in seinen Tod hinterfragen. Jesus besteht auf der Verheißung, meint Gollwitzer, aber wir enthalten uns solcher Interpretation, die ja wohl einschließt, daß er sich in irgendeiner Form für unverletzlich gehalten habe. Wir würden Jesus auch dann nicht geringer schätzen, wenn wir wüßten, daß er innerlich zusammengebrochen und in gänzlicher Verzweiflung gestorben wäre. Wir wenden uns gegen alle, die dem sterbenden Jesus andere Empfindungen zuschreiben, als sonst ein derart Sterbender sie haben könnte. Und bei allem Verständnis für die wahrlich nicht geringen Schwierigkeiten der Kirchenmänner sträubt sich in uns denn doch etwas, wenn wir Hamburgs Bischof Hans-Otto Wölber in Jubel ausbrechen sehen, weil die Londoner Aufführung des Musicals »Godspell« es gewagt habe, den sterbenden Christus am Kreuz noch einmal dem Publikum zuwinken zu lassen. Wölber: »Das ist das Wissen, es führt über das Kreuz hinaus« – so blasphemisch wie die Männer der Kirche können wir anderen niemals sein.

Josef Blank sieht in Jesu Gottverlassenheit »die radikale Krise Gottes selbst«, und das ist erlaubte Interpretation. Aber darf man sagen, Jesus habe »die Frage der ganzen Menschheit gehört« (der Theologe Heinrich Vogel), einer Menschheit, die er so wenig kannte und die gewiß nicht nur von einer Frage bewegt wird? Hat er erlitten, was keiner sonst erlitten hat, weil jeder von uns nur sein eigenes Leiden leidet, nicht aber das Leiden mit allen und das Leiden aller, das Verstoßensein aller von der Lebensquelle, vorweg und für alle erlitten, damit sie es nicht erleiden (Gollwitzer)?

Wir glauben nun ganz und gar nicht, daß physische Leiden dadurch verschlimmert werden, daß der Leidende »für alle« leidet, und wir glauben fast nicht, daß jemand nennenswerte Linderung aus solchem Stellvertreter-Leiden erfahren kann. Es schüttelt uns ein wenig, wenn wir den unübertrefflichen Thielicke, nicht in einer Besprechung von »Godspell«, sondern in seinem neuesten Predigten-Buch, von jenem Gott sagen hören, »der das Rätsel von Golgatha inszeniert und seinen Sohn in Verlassenheit enden läßt, und der gleichwohl in dieser Dunkelheit zur Stelle ist, so daß der Gekreuzigte am Schluß sein Haupt voller Frieden neigen kann«.

Wir trauen solchem Abziehbilder-Frieden nicht. Wir glauben nicht, daß Jesus voller Frieden gestorben ist, wie schon der Markus-Evangelist das nicht geglaubt hat. In den schweigenden Abgründen und dunklen Tälern der sterbende Gottessohn (nicht meine Worte), und oben drüber die »höheren Gedanken«, die mit Macht auf Ostern zudrängen (nicht meine Worte): das sagt uns nun nichts mehr. Gott inszeniert tatsächlich dies blutige Schauspiel, da er sich anders mit seinen Geschöpfen nicht versöhnen kann, und dieser Regisseur sagt uns nichts mehr. »Welch primitive Mythologie«, schreibt Bultmann, »daß ein Mensch gewordenes Gotteswesen durch sein Blut die Sünden der Menschen sühnt!«

Wir können und wollen uns dies Ende am Kreuz nicht ausmalen. Bultmann hält für möglich, daß Jesus zusammengebrochen ist. Er ist sich nicht sicher, daß Jesus in seinem Tod einen Sinn gesehen hat. Der historische Jesus hat nach seiner Ansicht denen nichts voraus, die in gehorsamer Liebe als Soldaten im Weltkrieg gestorben sind: »Ich habe ihm nichts zu Leide getan, und er hat mir nichts zu vergeben.« Wie sehr sticht Bultmanns Ehrbarkeit ab von der hohlen Rhetorik, wenn er auch die Verödung der christlichen Inhalte nicht hindern, sondern nur fördern konnte; denn, nicht wahr, wie kommt er dann noch zu dem Satz: »Christus ist das Wort der vergebenden Gnade«? Das eben macht Bultmanns Tragik, und, wenn wir den Gegenstand achten, auch seine Größe aus.

Obwohl es Menschen gegeben haben soll, die stundenlang am Kreuz gehangen und gleichwohl überlebt haben, Flavius Josephus berichtet uns von solch einem Fall, haben sie uns doch keinen Erfahrungsbericht hinterlassen. Sollte jemand an überpersönliche Rettung geglaubt haben, an einen deus ex machina, der dann nicht kommt, gehen physisches Leiden und psychische Verzweiflung erst recht in eins. Es könnte im Fall Jesus ja sein, wie Ernst Bloch sich das Ende vorstellt: daß nämlich der Glaube, Bringer des messianischen Reiches zu sein, »erst am Kreuz von ihm abfiel«.

Auf die beim Tod herausragender Persönlichkeiten üblichen Wunderzeichen, laut Bultmann »rein novellistische Motive«, brauchen wir nicht viele Zeilen zu verwenden, sie gehören wohl kaum zur ältesten Schicht der Überlieferung, siehe Markus:

15 38 Und der Vorhang am Tempel zerriß in zwei Stücke von obenan bis untenaus,

und der mit aller Deutlichkeit fromm erfundene Nachsatz:

39 Der Hauptmann aber, der dabeistand ihm gegenüber
und sah, daß er so verschied, sprach: Wahrlich, dieser
Mensch ist Gottes Sohn gewesen.

Der römische Hauptmann hat seine Parallelen in der jüdischen Märtyrer-Literatur. Die Haltung zum Beispiel des Rabbi Chanina ben Teradjon im Martyrium beeindruckte seinen Henker so, daß er mit dem Rabbi in die Flammen sprang. Matthäus fügt noch größere Wunder hinzu, er hat den Propheten Hesekiel vor Augen und läßt die Leiber der Heiligen, obwohl der »Menschensohn« noch gar nicht auferstanden, sondern vorerst nur gestorben ist, aus den Gräbern steigen, läßt sie in Jerusalem umhergehen. So fand er es bei Hesekiel:

37 11 Und er [der Herr] sprach zu mir: »Menschensohn, diese
Gebeine sind das ganze Haus Israel. Siehe, sie sprechen:
›Verdorrt sind unsere Gebeine, dahin ist unsere Hoff-
nung, es ist aus mit uns.‹
12 Darum weissage und sprich zu ihnen: So spricht der Herr
Jahwe: Siehe, ich öffne eure Gräber und hole euch
heraus aus euren Gräbern, mein Volk, und bringe euch
in das Land Israel,
13 und ihr sollt erkennen, daß ich Jahwe bin, wenn ich eure
Gräber öffne und euch aus euren Gräbern heraushole,
mein Volk.«

Es gibt keinen Grund, die Auferstehung dieser Toten nicht zu glauben, wenn man die Auferstehung Jesu glaubt. Lukas mag für unpassend gehalten haben, daß der heidnische Hauptmann Jesus für den Gottessohn erklärt haben soll, er läßt ihn also sagen: »Fürwahr, dieser ist ein Gerechter gewesen.« Der Heide soll

nicht schon bei der Kreuzigung gewußt haben, was den Jüngern erst nach der Auferstehung zuflog.
Markus läßt den Mann am Kreuz menschlich verzweifeln, Lukas stellt ihn als Vorbild der Güte und des Verstehens hin. Johannes aber taucht das Kreuzigungsende in das Taufbad seiner Theologie. Jesus, der Gottessohn von Anbeginn, spricht, ausdrücklich um selbst noch die Schrift zu erfüllen, »mich dürstet« (Psalm 22,16: »Meine Zunge klebt mir am Gaumen und du legst mich in des Todes Staub«). Der Essig, den er zu trinken bekommt, wird so wenigstens durch ein vorher geäußertes Verlangen motiviert. Jesus verzweifelt nicht wie bei Markus und stößt auch keinen lauten Schrei aus wie noch bei Lukas, er spricht »es ist vollbracht« (11,30). Er neigt das Haupt und verscheidet.
Den Gekreuzigten wurden, wollte man ihren Tod beschleunigen, mit Eisenkeulen die Beine zerschlagen (dem bei Jerusalem Aufgefundenen sind die Füße mitsamt dem Nagel und der Holzplatte abgeschlagen worden). An diese Gewohnheit anknüpfend, kann Johannes weitere Weissagungen erfüllen. Da Jesus rechtzeitig gestorben ist, müssen ihm die Gebeine nicht, wie den anderen beiden, zerschlagen werden:

19 34 Sondern der Kriegsknechte einer öffnete seine Seite mit einem Speer, und alsbald ging Blut und Wasser heraus.
35 Und der das gesehen hat, der hat es bezeugt, und sein Zeugnis ist wahr, und er weiß, daß er die Wahrheit sagt, damit auch ihr glaubet.
36 Denn solches ist geschehen, daß die Schrift erfüllt würde: »Ihr sollt ihm kein Bein zerbrechen.«
37 Und abermals spricht die Schrift: »Sie werden sehen auf den, in welchen sie gestochen haben.«

So heißt es im 2. Buch Mose (Exodus) über das Passahlamm:

12 46 Es muß in ein und demselben Hause gegessen werden. Von dem Fleisch darfst du nichts aus dem Haus hinaustragen; keinen Knochen dürft ihr an ihm zerbrechen.

Und beim Psalmisten:

34 21 Er behütet all seine Glieder, nicht eines wird ihm zerbrochen.

Genauso wird die Seitenwunde »aus dem Alten Testament erschlossen« (Martin Dibelius). Sacharja, der die Evangelisten so überreich geformt hat, prophezeit:

12 10 Aber über das Haus David und die Bewohner Jerusalems werde ich einen Geist der Erbarmung und des Gebetes ausgießen, und sie werden auf den blicken, den sie durchbohrt haben; ihn werden sie betrauern, wie man trauert um den einzigen Sohn, und bitter um ihn klagen, wie man klagt um den Erstgeborenen.

»Durchbohrt« wird der Gottesknecht des Jesaja (53,5) »um unserer Sünden willen«. Damit sie blicken können auf den, den sie durchbohrt haben, läßt der Evangelist einen Soldaten mit einem Speer oder einer Lanze in die Seite des toten Corpus stechen, Ursprung eines unglaublich ergiebigen Mythos.* Man fragt sich, warum der Lieblingsjünger, der doch alles selbst gesehen haben soll, den Herrn das Holz allein tragen läßt, warum er Simon von Kyrene weggelassen hat, und damit die einzige uns berichtete Einzelheit, die, vielleicht, authentisch ist. Aber auch die Antwort leuchtet ein. Wie Markus oder ein Vorarbeiter den

* Augustinus vergleicht die Seitenwunde mit der an der Arche Noah angebrachten Seitentür, durch die Mensch und Tier gerettet werden.

Simon erfunden haben könnte, um die Nachfolge Christi zu verbildlichen, kann Johannes in seiner Stellvertreter-Theologie eine Stellvertretung des Stellvertreters nicht brauchen.

Jesus, der beschuldigt worden war, den heiligen Tempel zerstören und das Gesetz Mose umstoßen zu wollen, war nun tot. »Ohne seinen Tod wäre er überhaupt nicht historisch geworden«, hat der verdienstvolle Ex-Theologe und Orientalist Wellhausen geschrieben. Das ist wohl wahr, und doch nur die Hälfte einer Wahrheit. Der hingerichtete Jesus hatte eine Botschaft verkündigt, die mit seinem Tode entkräftet schien. Sein Königreich war nicht gekommen und kam nicht. Um die Katastrophe, um ihren eigenen Untergang zu überleben, mußte die Botschaft neu beglaubigt werden. Das war möglich, wenn der Tod nur scheinbar, wenn er »hineinverschlungen« war in den Sieg (1. Korinther 15,55): »Tod, wo ist dein Stachel, Hölle, wo ist dein Sieg?«

Freud fragt sich, ob Jesus wirklich der große Lehrer gewesen sei, und ob nicht vielmehr »die Tatsache und die Umstände seines Todes entscheidend wurden für die Bedeutung, die seine Person gewonnen hat«. Jesus mußte seinen schimpflichen Tod vorhergesehen, in Kauf genommen, willentlich herbeigeführt haben. Da das der menschlichen Natur nicht entspricht, mußte er seine Auferstehung vorhergewußt, in sein Tun einbezogen, ja, im spätesten Evangelium nach Johannes, sogar schon selbst veranlaßt haben. Wird er bei Markus noch auferweckt, so hat er bei Johannes laut eigenem Zeugnis schon die Macht, sein Leben zu lassen, wenn er will, und wiederzunehmen, wenn er will (10,18): »Niemand nimmt es von mir, sondern ich lasse es von mir selber. Ich habe Macht, es zu lassen, und habe Macht, es wiederzunehmen.«

Notwendig war nur eins: Daß er sich aus dem Grab erhob, daß er aufstand.

Den Vorgang im einzelnen, wie sich der Glaube an Jesu Nicht-mehr-tot-Sein, an seine verklärte oder nicht verklärte Erscheinung gebildet, wie er zu allererst entstanden sein könnte, und welche Rolle etwa Frauen aus Galiläa gespielt haben, ahnen wir nicht einmal. Die Evangelien liefern uns da einen höchst unvollkommenen Ersatz, wie sie ja überhaupt auf die Begründung übernatürlicher Vorgänge Kraft und Platz nie verschwenden. Wunder gab's. Martin Luther bietet uns dazu eine späte Erklärung: »Sintemal aber das Evangelium nun ausgebreitet, und aller Welt kund worden ist, ist es nicht vonnöthen, Zeichen zu thun, wie zu der Apostel Zeiten. Wenn es aber die Noth erfordern würde, und sie das Evangelium ängsten und dringen wollten, so müßten wir wahrlich dran, und müßten auch Zeichen thun.« Man erinnert sich, daß er Thomas Münzer empfohlen hatte, sich durch Wundertun zu beglaubigen. Münzer war in Not, in Beweisnot, die ersten Christen waren es auch.

Um das »leere Grab« (Stauffer: »ein objektives und kontrollierbares Faktum«) hat namentlich die protestantische Theologie viel Wesens gemacht, so als liege hier eine beweisbare Tatsache versteckt, nur weil leere Gräber häufiger vorkommen als Himmelfahrten (Bultmann: »vollends sekundär«). Festgesetzt hatte sich der Auferstehungsglaube wohl schon bald nach Jesu Tod. Paulus (wörtlich: »der Kleine«) scheint ihn bei seiner Bekehrung um das Jahr 34 herum schon vorgefunden zu haben.

Die theologische Wissenschaft beider Konfessionen dekretiert, die Auferweckung Jesu durch Gott sei im strengen Sinne ein Gegenstand des Glaubens. Der Franziskaner Dautzenberg: »Als historisches Faktum beweisbar ist aber das Zeugnis der Zeugen, ihre Behauptung, sie hätten den Auferstandenen gesehen.« Wir kennen freilich keinen Zeugen, der solche Erfahrung zu Papier gebracht hätte, wie wir andererseits im Falle des Augustus von Zeugen wissen, die, so Eduard Lohse, »aussagten, gesehen zu haben, wie der verstorbene Herrscher gen Himmel gefahren sei«. Von den berichteten Jesus-»Fakten« stimmt keins zum nächsten. Lediglich Paulus bezeugt, daß ihm, dem Bekehrten, der Auferstandende erschienen sei, Jahre nach Jesu Tod, und daß er von ihm, dem Erschienenen, das Evangelium empfangen habe, das er verkündige. Er bezeugt nicht, wann, wo, wie.

Weiter berichtet Paulus, der Auferstandene sei etlichen bevorzugten Jüngern, den Aposteln insgesamt, und einer Vielzahl von Christenbrüdern, er gibt uns die Zahl fünfhundert, erschienen; der Protestant Heinz Zahrnt nennt die »Ereignisse«, von denen Paulus berichtet hat, »klare, bestimmte, historische Fakten«. Aber Paulus läßt die Frauen aus, von denen Markus und Matthäus erzählen, und diese beiden wiederum wissen nichts von einer Erscheinung vor Jakobus, die von Paulus gemeldet wird.

Die Evangelien schildern uns einen Körper, den man betasten kann, der Knochen und Magen hat, um Brot und Bratfisch zu verdauen, der aber gleichwohl durch Bretter und verschlossene Türen dringt. Lukas in dem von ihm verfaßten Evangelium teilt das klare, bestimmte historische Faktum mit, daß Jesus am Ostertag aufgefahren sei zum Himmel. Derselbe Lukas berichtet uns in der Apostelgeschichte das nicht minder klare, bestimmte historische Faktum, der auferstandene Jesus habe sich unter seinen Anhängern vierzig Tage lang gezeigt und sei erst dann zum Himmel aufgefahren; vierzig Tage währten (1. Mose 50,3) »die Tage der Salbung«, die Joseph dem toten Vater Jakob in Ägypten angedeihen ließ. »Es stünde schlecht für den christlichen Glauben«, schrieb Wolfhart Pannenberg 1960, »wenn die Auferstehung Jesu wirklich keine historische Tatsache wäre.« Das ist wohl wahr.

Aber dann hätte es schon im Jahre 55 schlecht für den christlichen Glauben gestanden. Paulus, spätestens fünfundzwanzig Jahre nach Jesu Tod, immer noch in der Erwartung alsbaldiger Wiederkunft des Herrn (»Wir werden nicht alle entschlafen, wir werden aber alle verwandelt werden«, 1. Korinther 15,51), dieser Paulus verkündete das Programm, mit dem die christliche Kirche als einmalige und göttliche Institution heute eher fällt als steht:

»Ist aber Christus nicht auferstanden, so ist unsre Predigt vergeblich, so ist auch der Glaube vergeblich« (1. Korinther, 15,14). Dazu ein zweites, ein fürchterliches Wort in demselben Brief dieses ersten und größten aller Propagandisten (1. Korinther 16,22): »Wenn einer den Herrn nicht liebhat, der sei verflucht!«
Wir kennen einen anderen Sterbenden, und bei ihm glauben wir zu ahnen, welche Gefühle ihn in den letzten bewußten Minuten bestimmt haben, den strahlenden Geist Giordano Bruno, der mehr gelitten haben dürfte als Jesus, und gewiß exemplarisch für alle Menschen, seines Beispiels bis zum Erlöschen seines Bewußtseins bewußt. Sieben Jahre hatten ihn die Stellvertreter Jesu Christi (zu denen wir Luther und Calvin und Zwingli getrost zählen dürfen) in Haft gehalten, damit er widerrufe, etwa, daß auch Jesus gesündigt habe, oder daß der Weltenraum unendlich sei und daß es noch andere Welten in ihm gebe. Er tat ihnen den Gefallen nicht, und so wurde er am 17. Februar 1600 unter den Augen des Papstes Clemens VIII. und in Anwesenheit von 50 Kardinälen der Heiligen Römischen Kirche in Rom auf dem »Blumenplatz«, dem »Campo dei Fiori«, verbrannt, 51 Jahre alt. Ehe er erstickte, reichte man ihm an einem langen Stab das Kreuz; aber statt dies Siegeszeichen seiner Henker zu küssen, drehte er sein Gesicht mit letzter Anstrengung in die entgegengesetzte Richtung.
Er hat wohl, das wäre verzeihlich, unseren Herrn Jesus Christus in diesem Moment nicht liebgehabt.

*Uta Ranke-Heinemann*

## Ostern

Eine der schönsten Geschichten des Neuen Testaments wird als eine erzählt, die sich am leeren Grab abspielte. Es ist die Geschichte der Maria Magdalena, die am Ostermorgen zum Grabe Jesu ging. Sie war allein hingegangen, und es war noch dunkel, aber ihre Furcht vor der einsamen Dunkelheit hatte sie nicht abgehalten hinzugehen. Ein Grund wird vom Evangelisten Johannes nicht genannt. Aber welcher Mann wüßte denn auch die Gründe einer Frau zu sagen, die nachts allein zu einem Grabe geht? Sie ging hin, um zu weinen.

Es ist immer noch dunkel, als sie beim Grab anlangt. Aber als sie ihre Hand ausstreckt, um den schweren Türstein zu berühren, erschrickt sie sehr. Der Stein ist beiseite gerollt, und niemand sonst ist da. Und sie dreht sich um, läuft außer sich vor Aufregung und Trauer und blind von ihren Tränen zurück in die Stadt, läuft zu Petrus und dem Lieblingsjünger, um nicht allein zu sein in diesem Augenblick, und sie erzählt, was geschehen ist. Auch die beiden Männer laufen nun zum Grab und gehen hinein, aber das Grab ist leer, es liegen nur die Leichentücher darinnen. Dann haben die Männer genug gesehen und gehen wieder nach Hause.

Maria Magdalena bleibt noch da, zunächst draußen. Dann beugt sie sich weinend in das Grab und sieht in dem Grab plötzlich zwei Engel, die sie fragen, warum sie weine, und sie sagt: »Weil man meinen Herrn weggenommen hat, und ich weiß nicht, wohin man ihn gelegt hat« (Joh 20,13). Die Männer sagen nichts. Dann tritt sie wieder zurück aus dem Grab und sieht jemand dastehen,

den sie für den Gärtner hält, und dieser fragt ebenfalls, warum sie weine, und sie sagt: »Herr, hast du ihn fortgetragen, dann sage mir, wohin du ihn gelegt hast, dann werde ich ihn holen.« Und der Fremde sieht sie an und sagt ihren Namen: »Maria«, und da erkennt sie ihn und sagt auch nur ein Wort: »Rabbuni, Herr.«
Man kann es drehen und wenden, wie man will: Es ist eine Liebesgeschichte, wenn auch nur eine märchenhafte. Aber man kann es auch umgekehrt sehen: Es ist nur eine Märchengeschichte, aber dennoch eine wahre ...
Das leere Grab Jesu am Morgen des Ostersonntags ist eine Legende. Das zeigt die einfache Tatsache, daß der Apostel Paulus, der entschiedenste Verkünder der Auferstehung Christi, zudem der früheste neutestamentliche Schriftsteller, davon nichts sagt. Es existiert für ihn nicht. Es bedeutet ihm also auch nichts, und das heißt: Ein leeres Grab ist für die Wahrheit der Auferstehung, die er so nachdrücklich verkündet, ohne Bedeutung. Für Paulus hängt zwar das ganze Christentum von der Wahrheit der Auferstehung Christi ab – »Ist aber Christus nicht auferweckt worden, so ist unsere Predigt leer, leer auch euer Glaube« (1 Kor 15,14) –, aber mit einem leeren Grab hat das für Paulus nichts zu tun. Und ganz offenkundig weiß er auch gar nichts von einem solchen. Denn wenn er jemals von einem leeren Grab gehört hätte, dann hätte er es als ein erwähnenswertes Zeichen im Zusammenhang mit der Auferstehung Jesu nicht verschwiegen, zumal er im übrigen alle ihm überlieferten Zeugnisse für Jesu Auferstehung sammelt und anführt (1 Kor 15). Wenn er also nicht davon gehört hat, so ist das ein Beweis, daß es ein solches leeres Grab nicht gegeben hat, daß also die Berichte darüber erst später entstanden sein müssen.
So sagt auch der bedeutendste katholische Theologe unseres Jahrhunderts, der Jesuit Karl Rahner: »Das ›leere Grab‹ ist eher als Ausdruck einer schon aus anderen Gründen verbreiteten Überzeugung zu werten, daß Jesus lebt« (Schriften zur Theologie,

Bd. XII, 1975, S. 348). Der Auferstehungsglaube ist älter als der Glaube an ein leeres Grab. Der Osterglaube erfolgt nicht auf Grund eines leeren Grabes. Die Legende vom leeren Grab entwickelte sich vielmehr aus dem Osterglauben. Sie ist eine fromme Ausmalerei eines Ereignisses, das man sich konkret vorstellen wollte.

Paulus, der große Verkünder der Auferstehung, gründet seinen Glauben also auf etwas anderes als ein leeres Grab. Was ihn zum Glauben an Christus, den Auferstandenen, bekehrte, wissen wir von Paulus selbst aus einem Nebensatz seines Briefes an die Galater: »Ihr habt ja von meinem ehemaligen Wandel im Judentum gehört, daß ich die Kirche Gottes über die Maßen verfolgte und sie zerstörte und im Judentum weiter ging als viele Altersgenossen in meinem Volk, indem ich in besonderem Maße ein Eiferer für die Überlieferung meiner Väter war.« Dann kommt er auf seine Bekehrung zu Christus zu sprechen: »Als es aber Gott gefiel, seinen Sohn in mir zu offenbaren, damit ich ihn unter den Heiden verkündigen sollte ...« (Gal. 1,13 ff.). Wie diese Bekehrung erfolgte, wie sie psychologisch einzuordnen ist, darüber erfahren wir bei Paulus nichts.

Später wird seine Bekehrung in der Apostelgeschichte in den Kapiteln 9, 22 und 26 in teilweise sich widersprechenden Versionen legendär ausgemalt. Aber Paulus selbst hat die Art der »Offenbarung« nicht beschreiben und nicht diskutieren wollen. Belassen also auch wir es dabei, sie nicht beschreiben und nicht diskutieren zu wollen. Sagen wir nur dies: Paulus war – auf Grund einer persönlichen Erfahrung – überzeugt, daß der auferstandene Christus ihm begegnet sei, um ihm einen Auftrag als Heidenapostel zu erteilen. Paulus erwähnt diese persönliche Begegnung mit dem Auferstandenen noch zweimal, wiederum ganz kurz, nämlich im ersten Korintherbrief (9,1 und 15,8). Letzteres ist die Stelle, an der er alle Ereignisse aufzählt, die in seinen Augen das Auferstandensein Jesu bezeugen, aber das leere Grab nicht erwähnt.

Abgesehen davon, daß Paulus von einem leeren Grab offenbar nichts gehört hat, kann ein solches für ihn auch deshalb keine Rolle gespielt haben, weil er sich den Auferstehungsleib als einen »geistigen Leib« vorstellt. Die Frage, was aus einem Leichnam geworden ist, den man in das Grab gelegt hat, hat für ihn keine Bedeutung: »Aber es wird jemand sagen: *Wie* werden die Toten auferweckt? Und mit was für einem Leibe kommen sie? Du Tor, was du säst, wird nicht lebendig gemacht, wenn es nicht zuvor stirbt. Und was du säst, damit säst du nicht den Leib, der werden soll, sondern ein bloßes Korn, zum Beispiel von Weizen oder von irgend etwas anderem. Gott aber gibt ihm einen Leib, wie er gewollt hat, und zwar jeder Samenart einen besonderen Leib ... So ist es auch mit der Auferstehung der Toten. Es wird gesät in Verweslichkeit, es wird auferweckt in Unverweslichkeit ... es wird gesät ein natürlicher Leib, es wird auferweckt ein geistiger Leib ... Dies aber sage ich, ihr Brüder, daß Fleisch und Blut das Reich Gottes nicht ererben kann, auch die Verweslichkeit die Unverweslichkeit nicht ererbt« (1 Kor 15, 39–50).
Daß das leere Grab Jesu für den Auferstehungsglauben keine Bedeutung hat, zeigt auch dies: Es ist ja nicht das Christentum, das erstmalig die Auferstehung des Leibes lehrt. Paulus war vor seiner Bekehrung Pharisäer (Phil 3,5). Und die Pharisäer, und mit ihnen die große Masse des jüdischen Volkes zur Zeit Jesu, glaubten an die Auferstehung. Lediglich die Sadduzäer taten das nicht. In der Apostelgeschichte (23,8) steht die kurze Bemerkung: »Denn die Sadduzäer behaupten, es gebe weder eine Auferstehung noch Engel, noch Geisteswesen, die Pharisäer nehmen beides an.«
Die Sadduzäer begründeten ihre Skepsis bezüglich eines Auferstehungsglaubens damit, daß die fünf Bücher Mose (für sie der Kern der Bibel) davon nichts erwähnen – womit die Sadduzäer recht haben. Denn der Auferstehungsglaube ist erst im 2. Jahrhundert vor Christus ins Judentum – aufgrund griechischer und

persischer Einflüsse – eingedrungen. Und so findet sich im Alten Testament der Auferstehungsglaube deutlich bezeugt erst im allerletzten Buch, dem Buch Daniel, ca. 165 v. Chr. entstanden (vgl. das Kapitel über die Hölle).

Angesichts der Tatsache, daß es nicht leicht ist, zu verstehen, was Sterben ist – denn noch ist, was der Tod ist, nicht ausgedacht –, ist es nicht überraschend, daß Auferstehung nicht für alle das gleiche bedeutet. Aber auf die Unterschiede bzw. die gegenseitige Beeinflussung von griechischer Vorstellung einer Unsterblichkeit der Seele und jüdischer Vorstellung einer Auferstehung des Leibes soll hier nicht eingegangen werden. Angesichts des Todes wird alles Besser-Wissen zu einem Nicht-Wissen.

Schon längst vor Jesu Auftreten glaubten, wie gesagt, die Juden, außer den Sadduzäern, an die Auferstehung: »Und es kamen Sadduzäer zu ihm (Jesus), die bekanntlich sagen, es gebe keine Auferstehung, und sie fragten: Meister, Mose hat uns vorgeschrieben ...« Und sie bringen als Beispiel die siebenmal verwitwete Frau und das Durcheinander nach der Auferstehung, wessen Frau der sieben Brüder sie denn sei. Im Unterschied zu den Sadduzäern sieht Jesus die Auferstehung bei seiner Antwort an die Sadduzäer doch bei Mose bezeugt (Mk 12,18 ff.) und neigt damit der pharisäischen Schriftauslegung zu.

Die meisten jüdischen Zeitgenossen Jesu teilten den Auferstehungsglauben der Pharisäer. Als Jesus zu Martha nach dem Tod des Lazarus sagt: »Dein Bruder wird auferstehen«, sagt Martha traurig: »Ich weiß, daß er auferstehen wird bei der Auferstehung am Jüngsten Tag« (Joh 11,23 f.). An ein leeres Grab glaubte Martha nicht. Und nur die Legende läßt den Leichnam ihres Bruders Lazarus – bis zu seiner nächsten Beerdigung – eine Weile wieder herumlaufen. Und dann blieb auch Martha nur der Glaube an die wirkliche Auferstehung, die keine leeren Gräber und keine herumlaufenden Toten kennt.

Die Auferstehung Christi haben die Christen ziemlich von Anfang an mißverstanden. Sie haben seine Auferstehung und sein legendäres leeres Grab gleichgesetzt bzw. miteinander verwechselt. Sie haben das leere Grab als eine Art Folge der Auferstehung gesehen und es dann als Beweis für die Auferstehung gewertet. Aber ein leeres Grab mag aus den verschiedensten Gründen leer sein, eine Auferstehung beweist es nie. Umgekehrt mag durchaus ein Toter in einem Grabe liegen: Dem Glauben an seine Auferstehung steht eine solche Tatsache nicht im Wege, denn Auferstehung ist etwas anderes als das Wiederlebendigwerden eines Toten.

Der Jesuit Karl Rahner, der nachdenkliche Theologe, der sich nicht mit der landläufigen katholischen Primitivtheologie zufriedengab, sagte: »Wollten wir uns ... am Gedanken der Wiederbelebung eines physisch-materiellen Leibes orientieren, dann müßten wir von vornherein den allgemeinen Sinn von ›Auferstehung‹ verfehlen, aber nicht weniger auch den der Auferstehung Christi« (Karl Rahmer, a. a. O., S. 349). Auferstehung bedeutet also nicht die Wiederbelebung eines Leichnams.

In gewissem Sinn ist der Glaube an ein leeres Grab dem rechten Verständnis der Auferstehung Christi hinderlich, indem nämlich eine solche Vorstellung den Eindruck erweckt, als sei die Auferstehung Christi irgendwann »danach« erfolgt, irgendwann nach seinem Tode nämlich, z. B. »am dritten Tage«, und als sei Jesus in der Zwischenzeit einfach tot gewesen oder in einem Irgendwo-Nirgendwo. Alles das ist Christi Auferstehung nicht und keines Menschen Auferstehung.

So sieht das auch ein anderer Nachdenklicher unter den Theologen, der evangelische Theologe Rudolf Bultmann, der von legendensüchtigen Frommen wegen seiner »Entmythologisierung des Neuen Testaments« so viel Geschmähte: »Wenn Gott der immer kommende Gott ist, so ist unser Glaube der Glaube an den in unserem Tod zu uns kommenden Gott« (Brief an die Autorin vom 18. Februar 1962).

Das Handeln Gottes im Tod des Menschen kann nicht theatergleich in einer Szenerie aus mehreren Akten in den Ablauf der Zeit oder in lokale Zuweisungen gepreßt werden, auch dann nicht, wenn sich das der Mensch gern auf solche Weise ausmalt, auch dann nicht, wenn es in den Evangelien in einer Zeit- und Ortsabfolge in einzelnen Stationen dargestellt ist. All das ist legendäre Bebilderung. Tod und Auferstehung und Himmelfahrt Jesu geschahen in einem einzigen Augenblick.
Der Mensch malt gern aus. Aber bei den Berichten der vier Evangelien über die Ereignisse am Ostermorgen (bzw. am Samstagabend, wie wir sehen werden) hat die menschliche Fabulierlust in einem Maße sich Raum gesucht, daß schon ein kurzer Blick hinein genügt, um die Autoren allesamt als fromme Märchenerzähler auszumachen. Jeder von ihnen würde, nähme man die Erzähler tatsächlich beim Wort, die jeweils drei anderen Lügen strafen. Jeder von ihnen wäre von den drei anderen der Unwahrheit überführt.
Mancher Denker hat wegen der Mangelhaftigkeit der in den Evangelien aufgetischten Beweise den gesamten Glauben an eine Auferstehung Jesu oder wessen auch immer verworfen. »Daß der Beweis aus der Schrift für die Auferstehung Jesu vor dem Richterstuhl der Vernunft in Ewigkeit nicht bestehen« kann, betonte schon Hermann Samuel Reimarus († 1768) in seiner »Apologie oder Schutzschrift für die vernünftigen Verehrer Gottes«, von der Gotthold Ephraim Lessing († 1781) ab 1774 sieben Teile unter dem Titel »Fragmente eines Wolfenbüttelschen Ungenannten« veröffentlichte. Diese Wolfenbüttler Fragmente sorgten von Lessings bis zu unseren Zeiten in der frommen Herde der folgsamen Schafe immer wieder für Unruhe, so daß die gesamte Apologie des Reimarus erst 1972 (!) in Deutschland veröffentlicht werden konnte. Reimarus spießt »zehn Widersprüche« in den Auferstehungsberichten der Evangelien einzeln auf. Und doch: Diejenigen, die die Auferstehung nicht beweisen

können und die sich auch nicht von irgendwelchen längst verstorbenen Augenzeugen an irgendwelchen leeren Gräbern auf Grund von Weissagungen aus irgendwelchen alten Büchern Beweise aufdrängen lassen wollen – gibt es für diese Zweifler gar nichts, was sie von einer Auferstehung überzeugen oder zum mindesten sie auf eine solche hoffen lassen könnte? Man sollte diese Frage nicht so ohne weiteres verneinen.

Und nun zu einigen der Widersprüche in den Auferstehungsgeschichten im Neuen Testament bezüglich des letzten Grabes. Verschieden sind die Zeitpunkte, an denen das Grab aufgesucht wurde (Samstagabend oder Sonntagmorgen), verschieden sind die Besucherinnen: Bei Matthäus sind es zwei Frauen, bei Markus drei Frauen, bei Lukas mindestens fünf Frauen, bei Johannes Maria Magdalena allein. Also im einzelnen:

Bei Markus heißt es: »Als der Sabbath vorbei war, kauften Maria Magdalena und die Maria des Jakobus und Salome Balsam, um hinzugehen und ihn zu salben. Sie kamen sehr früh am ersten Tag der Woche zum Grab, gerade als die Sonne aufging« (Mk 16,1 f.). Bei Markus sind es also drei Besucherinnen.

Bei Matthäus sind es zwei Besucherinnen: »Maria Magdalena und die andere Maria« (Mt 28,1). Bei Matthäus fand zudem der Besuch bereits am Samstagabend statt. So nämlich ist die betreffende Stelle zu verstehen, und sie ist nicht, wie es gewöhnlich geschieht, auf den Sonntagmorgen in unserem Sinne zu beziehen: »Nach dem Sabbath aber, als es zum ersten Tag der Woche aufleuchtete, kamen Maria von Magdala und die andere Maria, um das Grab zu sehen« (Mt 28,1).

Der Tag nach dem Sabbath, der erste Tag der Woche, brach nach damaligem Verständnis unmittelbar nach Ende des Sabbaths an, und der Sabbath war am Samstagnachmittag nach Sonnenuntergang zu Ende. Der jüdische Tag begann ja, wie wir sahen, nicht, wie bei uns, um Mitternacht, sondern am Abend, bei Beginn der Dunkelheit. Und er endete mit Beginn der Dunkelheit. Wenn man die ersten Sterne sehen konnte, war mit diesen Sternen, und nicht mit einem Morgenrot, der neue Tag »aufgeleuchtet«. Matthäus verwendet genau das gleiche Wort »aufleuchten«, das auch Lukas bei seiner Schilderung der Kreuzabnahme verwendet: »Es war Rüsttag, und der Sabbat leuchtete auf« (Lk 23,54). Der Sabbath leuchtete nicht etwa erst am nächsten Morgen auf, sondern unmittelbar nach dem Rüsttag, der seinerseits bei Beginn der Dunkelheit endete. Hier kommt niemand auf die Idee, daß der Sabbath erst am nächsten Morgen aufleuchtet und daß Jesus erst am nächsten Morgen vom Kreuz abgenommen sein muß.

Hieronymus hat die Matthäusstelle 28,1 richtig verstanden, als er in der Vulgata übersetzte: »Vespere autem sabbati, am Abend des Sabbaths«, aber heute wird die Stelle praktisch überall falsch übersetzt und falsch verstanden. Die evangelisch-katholische »Einheitsübersetzung« z. B.: »Nach dem Sabbath kamen in der Morgendämmerung des ersten Tages der Woche Maria aus Magdala« usw. Im griechischen Urtext steht aber nicht das geringste von Morgendämmerung.

Bei Lukas sind es die Jüngerinnen, die mit Jesus aus Galiläa gekommen waren, die zum Grabe gehen. Von ihnen heißt es: »Am Sabbath hielten sie Ruhe gemäß dem Gesetz. Am ersten Tag der Woche, in der tiefen Morgendämmerung, kamen sie zum Grab« (Lk 24,1). Hier ist es also der Sonntagmorgen in unserem Sinne. Einige Namen werden in Vers 10 genannt: »Es waren aber Maria von Magdala und Johanna und Maria des Jakobus und die übrigen mit ihnen.« Es waren also mindestens fünf Frauen, wahrscheinlich handelte es sich aber um eine größere Gruppe.

Bei Johannes ist es allein Maria Magdalena, die am Ostermorgen zum Grabe geht. Sie ist die einzige Grabbesucherin, die in allen vier Berichten genannt wird. Sie ist der feste Punkt, um den die übrigen Figuren variieren. Ganz offenbar spielte sie in der Schar der Jünger eine herausragende Rolle.

Nicht, daß sie wirklich gelebt hat, ist zweifelhaft. Wohl aber, was ihr Bild schon in der frühen Kirche, erst recht in späterer Zeit betrifft, ist Maria Magdalena eine Gestalt mit märchenhaften Zügen. Was im Neuen Testament über sie berichtet wird, ist nicht viel. Daß sie aus Magdala stammte, einer Stadt am See Genezareth, sagt ihr Name. Wir hören von Markus (15,40 f.), daß unter den Jüngern Jesu Frauen waren, »die ihm schon in Galiläa nachfolgten und ihn versorgten«. Was Versorgung bedeutet, wird hier nicht gesagt, auf jeden Fall war damit vor allem finanzielle Versorgung gemeint. Unter diesen offenbar vermögenden Frauen wird Maria Magdalena an erster Stelle genannt. Ausdrücklich ist von finanzieller Versorgung Jesu und der Zwölf durch Frauen bei Lukas (8,3) die Rede: »... die sie mit ihrem Vermögen versorgten.« Auch an dieser Stelle wird bei der Aufzählung der Frauen Maria Magdalena an erster Stelle genannt (Lk 8,2). Inzwischen hat man sie von ihrer emanzipierten Sponsorentätigkeit heruntergestuft. In vielen Bibelübersetzungen findet sich die (nachträgliche) Macho-Überschrift »Die dienenden Frauen«.
Laut Johannesevangelium (19,25) stand Maria Magdalena unter dem Kreuz. Lukas (8,2) erwähnt, daß von ihr sieben Dämonen ausgefahren waren. Auch von den anderen Frauen heißt es bei Lukas, daß sie von bösen Geistern besessen gewesen waren. Aber eine so massive Dämonenausfahrt wird nur von Maria Magdalena berichtet. Aber ob sieben Dämonen oder vielleicht nur sechs oder aber sogar acht, wir können sie allesamt (mitsamt den Dämonen der anderen Frauen) ins Reich der Phantasie des Autors des Lukasevangeliums verweisen, der der einzige Evangelist ist, der Maria Magdalena diese vielen Dämonen anhängt. Die anderen Evangelisten wissen nichts davon. Der Markusschluß (16, 9–20), in dem die Dämonen der Maria Magdalena auch vorkommen, ist unecht.
Die spätere christliche Lesergemeinde fühlte sich aber durch die

Dämonen der Maria Magdalena fasziniert – und nicht nur durch diese. Man setzte Maria Magdalena nämlich schon früh mit der sogenannten »großen Sünderin« gleich, die die Füße Jesu mit ihren Tränen benetzte, mit ihrem langen Haar trocknete, sie danach küßte und salbte (Lk 7,38) und von der Jesus sagte, ihr seien viele Sünden vergeben, weil sie viel geliebt habe (Lk 7,47). Daß eine unbekannte Person, wie hier die von Lukas nicht namentlich genannte Sünderin, später durch die Phantasie einen bekannten Namen erhält, ist häufig zu beobachten und haben wir als eine Gesetzlichkeit bei der Legendenbildung schon erwähnt.

Die große Sünderin und Maria Magdalena sind also nicht als ein und dieselbe Person anzusehen. Dennoch: Tertullian († nach 200) tat es (De pudic. 11), Hieronymus († 420) tat es (Praef in Os. proph.), Ambrosius († 397) tat es (lib. 6 in Luc. n. 14), Augustinus († 430) tat es (De cons. Evang. 79), Papst Gregor d. Gr. († 604) tat es (In ev. hom. 25, 1,10; 33,1). Alles das minderte das Interesse an Maria Magdalena nicht nur nicht, sondern förderte es vielmehr. Sogar im Römischen Meßbuch fand sie unter dem 22. Juli als heilige Sünderin und sündige Heilige ihren Platz. Als im 16. Jahrhundert Faber Stapulensis († 1536) es zu bezweifeln wagte, ob die kirchlicherseits vertretene Identität der beiden Frauen aufrechtzuerhalten sei, wurde seine Schrift durch die Sorbonne verboten und auf den römischen Index gesetzt. Daß Maria Magdalena und die große Sünderin identisch sind, darf »als die Überzeugung der katholischen Kirche bezeichnet werden« (Wetzer/Welte VIII, S. 738).

Die katholische Überzeugung weiß noch manches andere von ihr zu berichten, z. B. daß sie zunächst in Sainte Baume in Südfrankreich begraben war und später endgültig in der Dominikaner-Abtei St. Maximin bei Aix beigesetzt wurde. Man weiß aber andererseits auch, daß sie in Ephesus begraben wurde, von wo Kaiser Leon VI. sie nach Konstantinopel verbringen ließ. Und schließlich wissen seit dem 11. Jahrhundert die Mönche von Vézelay auch, daß sie in ihrem Kloster begraben liegt. Unter ihrem Namen gibt es eine Reihe von Ordensgenossenschaften »zur Besserung gefallener Mädchen«.

Zurück zu den Grabbesuchen. Verschieden sind die Gestalten, denen die Frauen am Grab begegnen, verschieden auch deren Anzahl, verschieden auch die Anweisungen, die sie den Frauen geben, verschieden auch die sonstigen Erlebnisse und Reaktionen der Frauen. Bemerkenswert ist, daß nach den Synoptikern kein einziger Jünger das leere Grab gesehen hat, sondern nur Frauen. Und bei Johannes müssen Petrus und der Lieblingsjünger erst von Maria Magdalena geholt werden.

Nun zu den verschiedenen Begegnungen, die die Frauen hatten: Bei Markus ist es ein junger Mann in einem weißen Gewand: »Als sie aufblickten, bemerkten sie, daß der Stein fortgewälzt war. Und als sie in das Grab hineingingen, sahen sie auf der rechten Seite einen jungen Mann sitzen« (Mk 16,5). Dieser gibt den Frauen den Auftrag, »den Jüngern und Petrus« zu sagen, daß der Auferstandene nach Galiläa vorausgehe und sich dort zeigen werde. Die Frauen aber flohen aus Furcht, und ebenso aus Furcht sagten sie entgegen dem Befehl des jungen Mannes niemandem etwas. Damit ist das Markusevangelium zu Ende. Die gewöhnlich in den Übersetzungen zu findende Fortsetzung mit der Erscheinung Jesu vor Maria Magdalena und dem globalen Verkündigungsauftrag (»Gehet hin in alle Welt ...«) sowie dem kurzen Bericht über die Himmelfahrt sind nach inzwischen einhelliger Meinung der Theologen unecht und eine erst spätere Hinzufügung.

Bei Matthäus war es ein einzelner Engel, der den Frauen erschien. Dieser war zunächst noch nicht da, lediglich eine von Pilatus abkommandierte Wache, und der Stein war noch nicht fortgewälzt. Als der Engel dann vom Himmel herabstieg, verursachte er dabei ein schweres Erdbeben, ob versehentlich oder absichtlich, wird nicht gesagt, und über die Schäden und möglichen Opfer infolge dieses schweren Erdbebens wird auch nichts gesagt. Jedenfalls rollte der Engel den Grabstein an die Seite und setzte sich darauf, offenbar hatte ihn sein Tun angestrengt. »Seine äußere Erscheinung war wie ein Blitz«, und sein Gewand war, wie bei Engeln üblich, weiß wie Schnee, und die erschrockenen Wächter wurden sämtlich »wie Tote« (Mt 28,2).

Der Engel gab den Frauen den gleichen Auftrag wie der junge Mann bei Markus, und diesmal gehorchten sie, wenn auch nicht unmittelbar. Denn während sie liefen, begegnete ihnen Jesus selbst – übrigens durften die Frauen hier Jesu Füße umfassen, im Johannesevangelium später hat Jesus der Maria Magdalena dergleichen nicht erlaubt (Joh 20,17) –, und er gab ihnen noch einmal den gleichen Auftrag, den ihnen schon der Engel gegeben hatte, nämlich den Jüngern zu sagen, daß sie nach Galiläa gehen sollten, dort werde Jesus sich ihnen zeigen. So geschah es dann auch. »Die elf gingen nach Galiläa und Jesus erschien ihnen dort« (Mt 28, 16 ff.).

Bei Lukas war es nicht ein einzelner junger Mann wie bei Markus und nicht ein einzelner Engel wie bei Matthäus, bei Lukas waren es zwei Männer, allerdings auch wieder in weißen Gewändern (Lk 24,4). Im übrigen ist die Geschichte etwas anders, als wir sie bisher kennen. Von Wachen ist nicht die Rede, auch vom Erdbeben nicht. Der Stein war schon fortgerollt, und die Männer kamen erst, nachdem die Frauen eine Weile herumgerätselt hatten. Einen Auftrag erhielten sie von den Männern auch nicht, die Frauen handelten aus eigener Initiative und berichteten alles den Aposteln. Aber sie hätten sich den Weg sparen können, denn die Apostel erklärten den ganzen Bericht für Unsinn und glaubten den Frauen kein einziges Wort (Lk 24,11). Der in katholischen Übersetzungen zu findende Zusatzvers: »Petrus aber stand auf, lief zum Grabe, bückte sich hinein und erblickte nur die Leinenbinden; voll Verwunderung über diese Tatsache ging er fort« (Lk

24,12) ist unecht. Es handelt sich hier um eine spätere schönfärberische Manipulation zur Ehrenrettung des Petrus.
Die Sache mit Galiläa war laut Lukas ganz anders als bei Matthäus und Markus. Jesus erschien seinen Jüngern keineswegs in Galiläa, sondern in Jerusalem (Lk 24, 36 ff.), und er sagte ihnen ausdrücklich, nicht aus Jerusalem wegzugehen, sondern in Jerusalem auch noch den Heiligen Geist abzuwarten (Apg 1,4). Wären sie also nach Galiläa gegangen, hätten sie nach Lukas bei solchem organisatorischen Chaos der Anweisungen Jesu bzw. der Engel Jesus glatt verpaßt.
Die Engel unterschieden sich also nicht nur in ihren Anweisungen, wohin die Jünger gehen sollten, um Jesus zu sehen, sondern auch in ihrer Anzahl und in ihrem Äußeren. Bei Markus war es ein einzelner junger Mann. Da man hinter einem jungen Mann nicht gleich einen Engel vermutet, trug er als Engel-Kennzeichen ein weißes Kleid. Bei Matthäus war es ein einzelner Engel, der aber diesmal nicht aussah wie ein junger Mann, sondern wie ein Blitz. Dann bei Lukas zwei Männer, also verglichen mit dem ersten jungen Engel-Mann schon etwas ältere Engel-Männer, ebenfalls in weißen Kleidern. Dies scheint eine Art Engelsuniform zu sein, und schließlich bei Johannes zwei Engel, die aber weder wie junge Männer aussahen noch wie Männer, noch wie Blitze, sondern einfach wie einfache Engel.
Es fällt auf, daß bei der Auferstehung Jesu kein so großer und bedeutender Engel auftritt wie in den Verkündigungsszenen bei Maria und Zacharias, in denen der Engel Gabriel erscheint, der sonst vor Gott steht. Dabei war die Auferstehung Jesu doch ein mindestens ebenso wichtiges Ereignis wie die Geburt des Täufers. Allenfalls der Engel, der wie ein Blitz aussah, mag ein etwas höhergestellter Engel gewesen sein. Daß er gewaltiger war als die anderen, deutet auch die Tatsache an, daß er bei seinem Nahen ein Erdbeben veranstaltete. Aber von diesem Engel abgesehen waren es sämtlich Engel wie du und ich.

Die Engel im Johannesevangelium sind zudem etwas mundfaul. Denn das Johannesevangelium unterscheidet sich von den Synoptikern dadurch, daß die Engel im Grab nicht die Auferstehung Christi verkündigen, sondern lediglich Maria Magdalena fragen, warum sie weine. Aber nachdem Maria den Grund genannt hat, reagieren die Engel nicht weiter und geben keine Erklärung für das Verschwinden des Leichnams. Und damit sind wir wieder bei der Szene am Anfang dieses Kapitels. Und so endet die Geschichte doch noch gut und nicht mit der tiefen ausweglosen Ratlosigkeit einer Frau. Denn dann steht Jesus da, fragt ebenfalls, warum sie weint, und nennt ihren Namen. Und er erklärt zwar auch nichts. Aber jetzt bedarf es keiner Erklärung mehr.

## Himmelfahrt

»Während er mit ihnen aß, befahl er ihnen, nicht aus Jerusalem wegzugehen, sondern die Botschaft des Vaters abzuwarten, die ihr von mir gehört habt. Johannes hat mit Wasser getauft, ihr aber werdet mit dem Heiligen Geist getauft werden nicht lange nach diesen Tagen. Die Anwesenden fragten ihn: Herr, wirst du in dieser Zeit das Königreich Israel wiederherstellen? Er antwortete ihnen: Es ist nicht eure Sache, Zeit und Stunde zu wissen, die der Vater nach seiner Macht festgesetzt hat. Aber ihr werdet Kraft empfangen, wenn der Heilige Geist auf euch kommt. Und ihr werdet meine Zeugen sein in Jerusalem und in ganz Judäa und Samaria und bis zum Äußersten der Erde. Sprach es und wurde vor ihren Augen hochgehoben, und eine Wolke nahm ihn auf, so daß er ihren Blicken entschwand (Apg 1,4 ff.).

Das ist die ganze Schilderung der Himmelfahrt Jesu in der Apostelgeschichte. Die Wiedergabe der Worte Jesu ist etwas verwor-

ren, indirekte und direkte Rede gehen ineinander über. Auch thematisch geht es etwas ungeordnet zu, zwischen die Taufe mit dem Heiligen Geist und die Kraft des Heiligen Geistes ist eine Erörterung über den Termin der Errichtung des Königreichs Israel eingefügt. Man wundert sich, daß ein so großer Erzähler wie der Autor von Lukasevangelium und Apostelgeschichte die ganze Passage ohne jede Sorgfalt zusammengestückelt hat.
Vermutlich benutzt Lukas die Himmelfahrt nur als ein literarisches Hilfsmittel, gewissermaßen als Prolog zu den danach von ihm geschilderten Ereignissen. Sie ist ihm Einleitung und Übergang zu den Aposteltaten, zunächst zu den Pfingstereignissen. Jesus ist dabei lediglich eine Art Ansager des im 2. Kapitel folgenden Wunders von Pfingsten, und die »40 Tage« (Apg 1,3) sind nur Füllmaterial für die Zeit seit Ostern. Lukas will, von der für ihn wichtigen Ansagerfunktion Jesu abgesehen, Jesus rasch in den Himmel abschieben, um sich dem kommenden Heiligen Geist und den kommenden kirchlich-irdischen Geschehnissen zuzuwenden. Die Jesusgeschichte ist zu Ende, jetzt beginnt die Kirchengeschichte.
Aber wie auch immer: Während eines Essens ist Jesus in den Himmel aufgefahren. Und er hätte doch wenigstens erst zu Ende essen sollen. Wir, die wir unten auf der Erde stehen und ihm nachsehen, sind ein wenig ratlos ob solch wagemutigen Himmelfahrt-Unterfangens. Denn eine solche Reise ist mühsam, auch wenn Jesus vorher noch etwas zu sich nahm, und sie ist zeitraubend. Wir wissen nicht, wie schnell Jesus fuhr oder flog, und ob seine Fahrt sich beschleunigte. Aber selbst wenn die Fahrt schließlich mit Lichtgeschwindigkeit erfolgte, ist der nächste Himmel doch mindestens einige Milliarden Lichtjahre entfernt, und so ist auf jeden Fall richtig, was der katholische Neutestamentler Gerhard Lohfink in seinem kleinen, aber feinen Buch »Die Himmelfahrt Jesu – Erfindung oder Erfahrung« (1972) als scherzhafte Überschrift über eines seiner Kapitel setzt: »Er fliegt immer noch«.

Aus dem Bericht des Lukas ist übrigens zu schließen, daß die letzte Mahlzeit, die Jesus vor seinem Himmelsflug noch zu sich nahm, im Freien stattfand. Nicht, daß Jesus nicht auch aus einem Zimmer durch die Zimmerdecke und das Dach hätte in den Himmel fahren können, aber das Hinaufschauen der Jünger, dem Emporsteigenden nach, wäre doch schwieriger gewesen.
David Friedrich Strauß bemerkt zu dem ganzen Himmelfahrtsbericht ebenso bissig wie treffend: »Wer zu Gott und in den Bezirk der Seligen kommen will, der, das wissen wir, macht einen überflüssigen Umweg, wenn er zu diesem Behuf in die höheren Luftschichten sich emporschwingen zu müssen meint, und diesen wird Jesus ... gewiß nicht gemacht haben, noch Gott ihn denselben haben machen lassen. Man müßte also nur etwa eine göttliche Accommodation (Angleichung) an die damalige Weltvorstellung annehmen und sagen: um die Jünger von dem Zurückgang Jesu in die höhere Welt zu überzeugen, habe Gott, obgleich diese Welt der Wirklichkeit nach keineswegs im oberen Luftraum zu suchen sei, doch das Spektakel einer solchen Erhebung veranstaltet: was aber Gott zum täuschenden Schauspieler machen heißt« (Das Leben Jesu, Bd. II, 1837, S. 678 f.).
Nach der eigentlichen Himmelfahrt Jesu erscheinen in der Apostelgeschichte plötzlich zwei Männer in den bekannten weißen Gewändern. Inzwischen sind wir mit solchem Anblick schon vertraut. Aber nur die Ehrfurcht vor Engeln hindert den Leser, die Frage, die die Engel stellen, dumm zu finden: »Männer aus Galiläa, was steht ihr da und schaut zum Himmel?« Auch Engel könnten wissen, daß eine Himmelfahrt allemal Grund genug ist, zum Himmel zu schauen. Und auch für einen Tadel, wie er in der Engel-Frage steckt, gibt es keinen Grund. Deswegen geben ihnen die Männer aus Galiläa auch gar keine Antwort.
Heute schaut niemand mehr am Himmelfahrtstag hoch zum Himmel, heute schauen eher manche an diesem Tag zu tief ins Glas. Denn dieses Fest der Himmelfahrt Jesu (vermutlich wäre es

richtiger, von einem »Himmelsflug« zu sprechen, wie man ja auch von Engeln sagt, daß sie fliegen, nicht etwa, daß sie fahren) wird heute im säkulären Raum häufig als »Vatertag« bezeichnet und gefeiert. Dabei ist es nicht auf die Väter beschränkt, eigentlich ist es so etwas wie ein Männertag. Darum ist Himmelfahrt heute, wenn Männer sich zusammenfinden, nicht selten ein Fest voll angeregter Lautheit und männlicher Sangesfreude und voller Wein- oder Bierseligkeit. Es ist verständlich, daß die Kirche darin eine Entspiritualisierung des eigentlich christlichen Sinngehalts dieses Festes erblickt.

Dabei hat solches männerbündische Gemeinschaftserlebnis durchaus insofern eine solide biblische Grundlage, als auch die biblische Himmelfahrt – wie auch das biblische Pfingsten – eine reine Männersache war. Frauen waren nicht dabei. Sogar die Engel, die anschließend an Jesu Startrampe erscheinen, sind ausdrücklich »Männer«. Die Diskriminierung der Frauen in der Kirche war in vollem Gange: Frauen waren zwar noch Zeugen der Auferstehung, aber nicht Zeugen der Himmelfahrt.

Dabei saß z. B. »mit den Frauen« die Mutter Jesu »einen Sabbathweg weit« (= 880 Meter) entfernt (Apg 1, 12–14) in einem Zimmer im ersten Stock eines Hauses in Jerusalem, wohin die Männer-Jünger nach der Himmelfahrt zurückkehrten, und hätte auch gern an dem letzten Mahl ihres Sohnes teilgenommen und ihm zum Abschied zum letzten Mal nachgewinkt.

Glücklicherweise werden die Frauen nur durch den Berichterstatter des Ereignisses so gefühlsarm ignoriert, nicht durch Jesus selbst. Denn der Bericht über eine »Himmelfahrt« Christi nach 40 Tagen ist eine bloße Legende.

Himmelfahrten hat es schon vor und hat es auch neben Jesus gegeben. Gerhard Lohfink verweist auf die bei dem römischen Historiker Livius geschilderte Himmelfahrt des zu göttlicher Verehrung gelangten Gründers der Stadt Rom, Romulus: »Romulus hielt eines Tages vor den Mauern der Stadt eine Volksver-

sammlung ab, um das Heer zu mustern. Da brach plötzlich ein Unwetter los, das den König in eine dichte Wolke einhüllte. Als sich die Wolke verzogen hatte, war Romulus nicht mehr auf Erden. Er war in den Himmel aufgefahren« (a. a. O., S. 9).
Lohfink führt noch andere Himmelfahrten an: »Ähnliche Himmelfahrtsgeschichten wurden in der Antike auch von anderen berühmten Männern erzählt, z. B. von Herakles, Empedokles, Alexander d. Gr. und Apollonius von Tyana. Charakteristisch ist die Szenerie von Zuschauern und Zeugen, vor deren Augen der Betreffende entschwindet. Oft wird er von einer Wolke nach oben getragen oder von einer Finsternis eingehüllt, die ihn den Blicken der Menschen entzieht. Nicht selten geschieht das Ganze auf einem Berg oder einem Hügel« (a. a. O., S. 7 f.). So gesehen war die Himmelfahrt Jesu nichts Ungewöhnliches. Und auch Jesus stieg von einem Berg aus, dem Ölberg nämlich, in den Himmel auf. Von einem Berg aus ist es ja auch bis zum Himmel etwas weniger weit.
In der Urkirche entstand die Legende der Himmelfahrt erst relativ spät, und zwar als Abschluß der Legende vom Erdenwandeln des toten Jesus. Paulus, der nichts von einem leeren Grab weiß, weiß auch noch nichts von einer Himmelfahrt. Für ihn ist Auferstehung und Himmelfahrt eins. Römer 1,4: »Eingesetzt in Macht seit der Auferstehung«. Gerhard Lohfink kommt in seinem Aufsatz »Der historische Ansatz der Himmelfahrt Christi« mit Recht zu dem Ergebnis: »Von einer eigenen Himmelfahrt, die sich nach schon vollendeter Auferstehung vor den Jüngern abgespielt habe, finden wir bei Paulus keine Spur« (Catholica 1/1963, S. 49).
Und auch die vier Evangelien erwähnen die Himmelfahrt nicht. Die entsprechenden Berichte bei Markus gehören zu dem unechten Schluß, der erst später angefügt wurde. Der echte Text endet (Mk 16,8) mit der Furcht der Frauen. Bei Matthäus spricht der Auferstandene bei seiner Erscheinung in Galiläa: »Mir ist gege-

ben alle Gewalt im Himmel und auf Erden ...« (Mt 28,18). Das heißt: Der Auferstandene ist der bereits in den Himmel Erhöhte. Mit dieser Erscheinung des Auferstandenen endet das Matthäusevangelium.

Bei Johannes wird schon der Tod Jesu am Kreuz als seine Erhöhung (in den Himmel) bezeichnet: »Und wenn ich von der Erde erhöht bin, werde ich alle zu mir ziehen. Dies sagte er aber, um anzudeuten, welchen Todes er sterben würde« (Joh 12,32 f.; vgl. 3,14; 8,28). Das Johannesevangelium endet mit einer letzten Begegnung der Jünger mit dem auferstandenen Jesus am See Tiberias – was eigentlich nicht zu der johanneischen Auffassung paßt, der Tod sei schon die Erhöhung in den Himmel. Aber jedenfalls eine Himmelfahrt kennt Johannes nicht.

Der Himmelfahrtsbericht im Lukasevangelium ist unecht. Die Sätze »und er wurde zum Himmel aufgenommen« sowie »sie fielen anbetend vor ihm nieder« (Lk 24,51 f.) fehlen in wesentlichen alten Handschriften und sind darum auch nicht in den griechischen Urtext des Neuen Testaments von Nestle, den evangelische und katholische Theologen benutzen, aufgenommen. Die Himmelfahrt paßt auch nicht zum übrigen Lukasevangelium: Der Gekreuzigte sagt zu einem der Mitgekreuzigten: »Heute noch wirst du mit mir im Paradiese sein« (Lk 23,43). Und Lk 24,26 sagt der Auferstandene zu den Emmausjüngern: »Mußte nicht Christus solches leiden und so in seine Herrlichkeit eingehen?« Das heißt: Jesus, der Auferstandene, ist bereits der in den Himmel Gefahrene, der Erhöhte.

In katholischen Übersetzungen wie auch in der evangelisch-katholischen »Einheitsübersetzung« sind die später in das Lukasevangelium eingefügten Verse (24,51 f.) gleichwohl fest verankert. Aber selbst wenn man diese Stelle im Lukasevangelium als echt ansähe – auch Lohfink hält sie für echt –, hätten wir doch immer nur den einen und einzigen Berichterstatter, eben den einen und selben Autor von Lukasevangelium und Apostelgeschichte. Und er wäre zudem ein Zeuge, der sich selbst widerspricht, denn im Lukasevangelium findet die Himmelfahrt (Lk 24,50 ff.) zu einer anderen Zeit und an einem anderen Ort statt als in der Apostelgeschichte, nämlich am Auferstehungstag und nicht erst nach 40 Tagen und in Bethanien und nicht auf dem Ölberg.

Wir wissen zwar nicht genau, wo Bethanien lag, aber die Entfernung Jerusalem – Bethanien betrug nach dem Johannesevangelium 15 Stadien (Joh 11,18), und die Entfernung Jerusalem – Ölberg betrug nach Josephus fünf Stadien (Jüd. Altertümer 20,6). Demnach lag Bethanien 2664 Meter von Jerusalem entfernt, während es vom Ölberg bis Jerusalem 888 Meter waren. Letzterem entspricht, daß in der Apostelgeschichte die Entfernung Ölberg – Jerusalem ausdrücklich mit einem »Sabbathweg« (Apg 1,12) angegeben ist. »Sabbathweg« meinte die Entfernung, die ein Jude am Sabbath zurücklegen durfte, ohne das Gebot der Sabbathruhe zu verletzen: 2000 Ellen = ca. 880 Meter.

Da man das Schweigen des Paulus und der Evangelien (von mindestens drei Evangelien) nicht als Verschweigen werten kann, ist der Schluß naheliegend, daß die Himmelfahrt für sie ein unbekanntes Ereignis war und daß erst in der gegen Ende des 1. Jahrhunderts entstandenen Apostelgeschichte diese Legende zum Tragen kam. Bei der Himmelfahrts-Erzählung hat, wie schon gesagt, eine frühere Legende eine spätere Legende nach sich gezogen: Die Legende vom leeren Grab, die einen erneuten körperlichen Wandel Jesu auf Erden erzählte, mußte zu einem Abschluß gebracht werden, denn Jesus wandelt ja nicht seit zweitausend Jahren als ewiger Jude unter uns.

Der evangelische Neutestamentler Werner Georg Kümmel schreibt: »Während die älteste urchristliche Überlieferung die Auferstehung Christi als Erhöhung zu Gott versteht, setzt die Erzählung der Lukas-Schriften von der Himmelfahrt Christi die Rückkehr des Auferstandenen in ein irdisches Leben voraus, das durch die Himmelfahrt Christi beendet wird ... Die Erzählung von der Himmelfahrt Christi ist ... eine dem ursprünglichen Glauben an die Auferstehung Christi gegenüber sekundäre späte Legende, die mit dem zentralen urchristlichen Glauben an die Auferstehung und Erhöhung Christi in Spannung steht und als Materialisierung dieses Glaubens einer Mythenkritik unterworfen werden muß« (in: RGG, 1959, 3, S. 335).

Mag auch, wie man allgemein annimmt, der Verfasser der Apostelgeschichte die Zeitangabe von den 40 Tagen nur als symbolische Zahl und nicht als genaue Terminbestimmung verstanden haben: Sobald man die 40 Tage im Sinne eines irgendwie auch langen oder kurzen Zeitraums nach der Auferstehung versteht, hat man Auferstehung und Himmelfahrt mißverstanden. Wie die Auferstehung Christi nicht ein Ereignis bedeutete, das irgendwann nach seinem Tode in der Zeit geschah (»am dritten Tag«), sondern unmittelbar in seinem Tode erfolgte, so unmittelbar in seinem Tode erfolgte die Erhöhung Christi. Das Wort »Himmelfahrt« sollte man nur als Bezeichnung eines legendären Ereignisses verwenden. Die wahre Erhöhung Christi ist keine »Himmelfahrt«. Halten wir also fest: Tod, Auferstehung und Erhöhung Christi sind ein einziges Ereignis, ein einziger Augenblick.

Himmelfahrt Christi bedeutet anderes und mehr als eine Bewegung von einem Ort an einen anderen Ort, sei er oben oder unten oder rechts oder links. Himmelfahrt ist nicht ein raketengleicher Aufstieg durch das Universum, der dahin führt, wo vielleicht jenseits der Welt ein Himmelort läge. Himmelfahrt bedeutet nicht das Jenseits der Welt, sondern, ebenso wie Auferstehung, das Jenseits des Todes: die endgültige Offenheit einer Zukunft. Himmelfahrt läßt sich nicht durch Ortsveränderung beschreiben und nicht als Ereignis in der Zeit irgendwann nach Tod und Auferstehung fixieren. Weil es kein Ereignis in der Zeit ist, wie es keines im Raume ist, ist der Auferstandene mit der »Himmelfahrt« nicht fortgegangen bzw. weggefahren bzw. weggeflogen, er ist vielmehr der endgültig Nahe geworden.

Wie Auferstehung und Erhöhung Christi der platten Datierung und naiven Lokalisierung, mit der sie in der amtlichen Verkündigung und in der kirchlichen Liturgie dargeboten werden, entzogen werden können, ist ein unlösbares Problem, solange man amtlicherseits aus Ignoranz oder aus Angst vor dem Denken keine Anstalten macht, sich um ein tieferes Verständnis dessen zu bemühen, was Christentum ist und will. Auf die Dauer aber werden auch viele sogenannte einfache Bibelleser sich nicht mit alten Beruhigungen einschläfern lassen, wenngleich andere Bibelleser eben das beabsichtigen.

Der katholische Theologe Franz Joseph Schierse schildert die Schwierigkeiten des Religionslehrers mit den Bibellesern richtig, seine Schlußfolgerungen allerdings sind falsch. Er schreibt: »Den Text, die Botschaft ... der Apostelgeschichte beginnt man erst dann zu verstehen, wenn man die Ebene historisch-kritischer Fragestellung übersteigt ... Seit dem Aufkommen der historisch-kritischen Methode, also seit 200 Jahren, haben sich auch einfache Bibelleser zunehmend das ›Gesetz des Denkens‹ von einer als rationalistisch verschrienen Wissenschaft aufzwingen lassen. Nur so ist es zu erklären, daß man in der kirchlichen Bibelarbeit wie im Religionsunterricht meist an der Frage hängen bleibt: Was ist geschehen und wie ist es geschehen, bzw. ist das Erzählte auch tatsächlich so geschehen? Die Bibelleser sind erst beruhigt, wenn man ihnen glaubhaft versichert, daß der betreffende Text, diese oder jene Geschichte wirklich von historischen Tatsachen berichtet. Würde man ihnen zum Beispiel sagen, es sei höchst zweifelhaft, ob die Apostel mit ihren eigenen Augen gesehen haben, wie der auferstandene Jesus zum Himmel emporgehoben wurde (Apg 1,9–10), entstände lebhafte Unruhe. Der Referent oder Religionslehrer müßte sich den Vorwurf mangelnder Gläu-

bigkeit gefallen lassen« (Geschichte und Geschichten, in: Bibel und Kirche 2/1976, S. 35).
Schierse sieht das nur halb richtig. Er sieht nämlich die Schuld bei der historisch-kritischen Auslegung. Diese ist in seinen Augen eine Zwangsjacke, von der sich der »einfache Bibelleser« etwas »aufzwingen läßt«, insofern sie seinen Blick einengt auf die Frage: Sind die Dinge so passiert oder nicht? Schierse sieht nicht, daß die historisch-kritische Forschung eine Befreiung des Bibellesers von dem Zwang, den Text der Bibel wortwörtlich verstehen zu müssen, bedeuten kann. Die historisch-kritische Forschung ist zwar, darin hat Schierse recht, nur ein Anfangsschritt auf der unteren Ebene des Verstehens, aber sie ist immerhin ein Schritt in die richtige Richtung, »den Text ... zu verstehen«, nachdem man »die Ebene historisch-kritischer Fragestellung« überstiegen hat. Daß es aber gar nicht dazu kommt, daß der »einfache Bibelleser« die »Ebene der historisch-kritischen Fragestellung« verlassen kann, weil es ihm nicht gestattet ist, die »Ebene der historisch-kritischen Fragestellung« überhaupt zu betreten, dafür sorgt der amtlich katholische, episkopale, päpstliche Machtspruch: Alles sei historisch so, wie die Bibel es schildert, auch wirklich passiert.
Der »einfache Bibelleser«, der hartnäckig fragt, ob alles wirklich so passiert sei, wie es in der Bibel steht, bekommt von den Theologen meistens nur unbefriedigende Antworten, denn ein Theologe, der die Zweifel des Bibellesers zu sehr versteht, womöglich teilt, gerät u. U. in Schwierigkeiten und verliert seine kirchliche Lehrbefugnis. Bei der Himmelfahrtsgeschichte allerdings ist die katholische Hierarchie noch etwas großzügiger, weil ihr diese Wundergeschichte für die Aufrechterhaltung der katholischen Hierarchie weniger notwendig scheint. Aber es gibt Gefahrenzonen. Die Jungfrauengeburt z. B. ist für die zölibatäre Herrschaft der Junggesellen unentbehrlich. Vor allem sie muß deshalb historisch und biologisch und in wortwörtlichem Sinn

verstanden und darf keinesfalls als zeitbedingtes Vorstellungsmodell gedeutet werden.

Die Einsicht, daß der christliche Glaube nicht ein Glaube an Legenden oder Märchen ist, daß er Wesentlicheres zum Inhalt hat als das unbedingte Wörtlichnehmen einiger neutestamentlicher Top-Wundergeschichten, wird von der katholischen Hierarchie nicht geteilt und ist deswegen den sogenannten einfachen Gläubigen oft gänzlich unbekannt. Nicht selten sogar ist diesen einfachen Gläubigen eine solche Einsicht inzwischen unerwünscht, nachdem sie durch die zweitausendjährige kirchliche Märchenverkündigung desinformiert, deformiert und infantilisiert worden sind.

*Mircea Eliade und Ioan P. Couliano*

# Jesus Christus

Jesus Christus, jüdischer Prophet aus Nazareth in Galiläa, geboren um das Jahr 1 der christlichen Zeitrechnung und, wie überliefert, im Frühjahr des Jahres 33 gekreuzigt, steht im Mittelpunkt der christlichen Religion. Die Evangelien schildern sein Leben und sein kurzes Wirken als Messias. In den historischen Quellen jener Zeit finden sich so gut wie keinerlei Hinweise auf Jesum, so daß eine radikale mythologische Strömung große Zweifel an seiner Existenz aufkommen lassen konnte. Wenn die Existenz Jesu heute auch ganz allgemein anerkannt ist, so wirft sie doch immer wieder zahlreiche historische Probleme auf.

Der Jesus der Evangelien ist der Sohn von Maria, der Ehefrau des Zimmermanns Joseph. Nach seiner Taufe durch Johannes den Täufer, einen später von dem Marionettenkönig Herodes hingerichteten Propheten, beginnt Jesus zu predigen und Wunder zu tun. Es ist nicht möglich, seine ursprüngliche Botschaft zu rekonstruieren. Obwohl das Christentum als Religion des Friedens angesehen wird, gilt es doch als wahrscheinlich, daß Jesus verdächtige Beziehungen zu den Zeloten unterhielt, die als fundamentalistische jüdische Kämpfer das Ziel verfolgten, der Besetzung Palästinas durch die Römer ein Ende zu bereiten. S. G. F. Brandon nimmt sogar an, diese Beziehungen könnten sehr eng gewesen sein. Wie auch immer, die Haltung Jesu war nicht geeignet, ihm die Sympathien der jüdischen religiösen Behörden einzutragen, die ihn verhaften ließen und der römischen Justiz übergaben. Die Anklage ist keineswegs klar; was für die einen

Gotteslästerung zu sein schien, galt anderen als Aufruhr. Nach einer knappen Gerichtsentscheidung, in der Pilatus (wenn es nicht gar die vorsichtigen Verfasser der Evangelien selbst waren, welche die römischen Behörden nicht vor den Kopf stoßen wollten) beschließt, den Urteilsspruch in die Hände des jüdischen Volkes zu legen, wird Jesus wahrscheinlich für schuldig befunden, sich als falscher Messias ausgegeben zu haben, und von den römischen Soldaten gekreuzigt. Er stirbt und wird noch am selben Tag begraben.

Eines der heikelsten Probleme, das die moderne Forschung (übrigens ohne Erfolg) aufgreifen mußte, ist die Frage, wie sich Jesus wohl selbst gesehen haben könnte. Hielt er sich für Gottes Sohn? Für den Messias (und für welchen Messias)? Für einen Propheten? Wie dem auch sei, der Jesus der Evangelien handelte wie der Gesandte einer noch über der Thora stehenden großen Macht, dessen Ziel es ist, die Sünder zu Gott zurückzuführen und die Ankunft des Reiches Gottes zu verkünden. Es ist nicht zu leugnen, daß Jesus Gott mit dem vertrauten Namen Abba (»lieber Vater«) angeredet hat, doch darf bezweifelt werden, ob sein Gefühl als Kind und Sohn demjenigen entsprach, das ihm die nachfolgenden Generationen zugeschrieben haben unter dem Einfluß einer platonischen Lehre, der die Vorstellung nicht widerstrebte, die Welt der Urbilder könne sich in einem Menschenwesen verkörpert haben. Die synoptischen Evangelien bezeichnen Jesum oft genug als Menschensohn (so der Prophet Daniel), doch ist die genaue Bedeutung dieses Wortes aus dem Kontext nicht klar zu erkennen (auf Armenisch heißt es nur »Mensch«). Seine Jünger nannten ihn *masiah*, Messias (Gesalbter), d. h. Geheiligter, auf Griechisch *christos*. Wenn er unter der Inschrift »Jesus von Nazareth, König der Juden« gekreuzigt worden ist, so besagt dies, daß man ihn wahrscheinlich zum königlichen Stamm Davids rechnete. Er scheint sich jedoch selbst niemals öffentlich als Messias ausgegeben zu haben. Als rätselhafte Persönlichkeit stirbt er, und seine Anhänger verkünden, er sei nach drei Tagen wieder auferstanden und habe noch vierzig Tage unter ihnen geweilt (Apostelgeschichte 1,3; die apokryphen Überlieferungen der Gnostiker nennen eine weitaus höhere Zahl). Doch zu der Zeit, als das Christentum lediglich eine jüdische Sekte war, hielten andere Sekten wie z. B. die der Ebjoniten Jesum für einen einfachen Propheten und glaubten nicht an seine Auferstehung. Erst Paulus rückt die Auferstehung in den Mittelpunkt der christlichen Botschaft.

## *Mircea Eliade*

# Jesus am Ölberg

»Nach dem Lobgesang gehen sie hinaus zum Ölberg« (Mt 26,30). Die Überlieferung hat von dieser Leidensnacht die Erinnerung an zwei Vorkommnisse bewahrt, die heute noch das christliche Bewußtsein beunruhigen. Jesus kündigt Petrus an, daß er ihn, »ehe der Hahn kräht«, dreimal verleugnen wird (Mt 26,34; vgl. Mk 14,26–31). Jesus sah nun aber in Petrus seinen verläßlichsten Jünger, jenen, der der Gemeinschaft der Gläubigen als Stütze dienen sollte. Gewiß war seine Verleugnung nichts anderes als eine Bestätigung der menschlichen Schwäche. Aber eine solche Tat setzt keineswegs die Würde und die charismatischen Tugenden des Petrus außer Kraft. Die Bedeutung dieses peinlichen Vorfalls ist evident: In der Heilsökonomie zählen die menschlichen Tugenden ebenso wenig wie die Sünden; was wichtig ist, ist Buße zu tun und die Hoffnung nicht zu verlieren. Ein großer Teil der Geschichte des Christentums wäre schwerlich zu rechtfertigen ohne den Präzedenzfall Petrus; seine Verleugnung und die Reue (Mt 26,75) sind in gewisser Weise zum exemplarischen Modell des gesamten christlichen Lebens geworden.

Nicht weniger exemplarisch ist folgende Szene, die sich »an einem Ort namens Getsemani« abspielt. Jesus nimmt Petrus und zwei andere Jünger mit sich und sagt zu ihnen: »Meine Seele ist betrübt bis in den Tod. Bleibet hier und wachet mit mir« (Mt 26, 38). Nachdem er sich einige Schritte entfernt hat, »fällt er auf sein Angesicht nieder und betet: ›Mein Vater, wenn es möglich ist, so gehe dieser Kelch an mir vorüber. Doch nicht wie ich will, sondern wie du willst‹« (26,39). Aber als er zurückkam, fand er seine Jünger schlafend vor. Er sagte zu Petrus: »So konntet ihr nicht eine Stunde mit mir wachen?« (26,40). »Wachet und betet«, empfiehlt er ihnen von neuem. Vergeblich – als er zurückkam, »fand er sie wieder schlafend, denn die Augen waren ihnen schwer geworden« (26,41; vgl. Mk 14, 32–42; Lk 22, 40–46). Nun stellt, wie man seit dem Abenteuer Gilgameschs weiß (§ 23), der Sieg über den Schlaf, das »Wach-bleiben«, die härteste Initiationsprüfung dar, denn sie zielt auf die Verwandlung der profanen Seinsweise, auf das Erlangen der »Unsterblichkeit«. In Getsemani hat sich die »initiatorische Wache« – obwohl sie auf einige Stunden begrenzt war – als über die menschlichen Kräfte gehend erwiesen. Auch dieses Scheitern wird zu einem exemplarischen Modell für die Mehrheit der Christen werden.

Wenige Zeit später wurde Jesus von der Wache des Hohenpriesters, die wahrscheinlich durch römische Soldaten verstärkt war, festgenommen. Es ist schwierig, die folgenden Ereignisse genau zu fassen. Die Evangelien berichten von zwei getrennten Urteilen. Das Synhedrium befand Jesus der Gotteslästerung schuldig. Denn als er vom Hohenpriester gefragt wurde: »Bist du der Christus (d. h. der Messias), der Sohn des Hochgelobten?«, antwortete er: »Ich bin es« (Mk 14,6 f.; vgl. Mt 26,57–68; Lk 22,54.66–71). Die Gotteslästerung wurde mit Steinigung bestraft, aber es ist nicht sicher, ob zu der Zeit das Synhedrium das Recht hatte, die Todesstrafe zu verhängen. Jedenfalls wurde Jesus danach von Pontius Pilatus, dem Präfekten von Judäa, gerichtet. Wegen Aufruhrs angeklagt (»Bist du der König der Juden?«), wurde er zum Tod durch Kreuzigung, der typisch römischen Todesstrafe, verurteilt. Nach seiner Verspottung (mit einem Purpurmantel bekleidet und mit einer Dornenkrone auf dem Haupt grüßten ihn die Soldaten: »Sei gegrüßt, König der Juden!«) wurde Jesus zwischen zwei »Räubern« gekreuzigt. Mit diesem Terminus – *lestes* – bezeichnete Josephus häufig Aufständische. »So war der Kontext der Exekution Jesu eindeutig die Unterdrückung einer jüdischen Revolte gegen die römische Herrschaft und ihre Kollaborateure in Judäa. Jede Verkündigung der Ankunft des Reiches Gottes implizierte in den Augen der Jerusalemer Autoritäten die Wiederherstellung eines jüdischen Königreiches.«[1]

Die Verhaftung, der Prozeß und die Hinrichtung Jesu führten zur Zerstreuung der Gläubigen. Kurz nach der Verhaftung verleugnete ihn Petrus, sein Lieblingsjünger, dreimal. Es ist sicher, daß die Verkündigung Jesu und vielleicht sogar sein Name dem Vergessen anheimgefallen wären ohne eine einzigartige und außerhalb des Glaubens unbegreifliche Episode: die Auferstehung des Hingerichteten. Die von Paulus und den Evangelien überlieferte Tradition mißt dem leeren Grab und den zahlreichen Erscheinungen des auferstandenen Jesus entscheidende Bedeutung bei. Was auch immer die Natur dieser Erfahrungen sein mag, sie bilden die Quelle und das Fundament des Christentums. Der Glaube an den auferstandenen Jesus Christus hat eine Handvoll demoralisierter Flüchtlinge in eine Gruppe Entschlossener verwandelt, die ihrer Unbezwingbarkeit sicher waren. Man könnte fast sagen, daß auch die Apostel die Initiationsprüfung der Verzweiflung und des geistigen Todes durchgemacht haben, bevor sie, zu einem neuen Leben wiedergeboren, die ersten Missionare des Evangeliums wurden.

[1] R. M. *Grant*, Augustus to Constantine 43. Die rabbinische Tradition berichtet, daß Jesus von den jüdischen Autoritäten gerichtet und verurteilt wurde, am Vortag des Osterfestes gehängt zu werden; vgl. *J. Klausner*, Jesus von Nazareth 29 ff.

*Dorothee Sölle*

## Ich kann dich nicht mitteilen

Ich kann dich nicht mitteilen jesus
ich mache mich lächerlich
in der riesigen kathedrale dir zu ehren
bist du nicht zu finden
in der kleinen bar an der ecke
bist du ein spinner ein lieber

Meine klugen freunde sagen mir
du kommst nicht weiter damit
das ist jetzt vorbei
du mußt andere mittel finden
für dasselbe ziel
meine dümmeren freunde sagen mir
du mußt mehr geduld haben
meine feinde wenn sie wüßten
wie mutlos ich bin
rieben sich ihre klerikalen finger

Ich kann dich nicht mitteilen jesus
du bist zu wenige du bist verbraucht
du bringst es nicht du bist allein
du bist zweideutig du bist käuflich
mit dir schläft jeder bischof

Ich bin wie die stimme eines menschen
der gegen die megaphone anschreit die ganze nacht
der gegen die läppische musik aus den kästen spricht
im touristenzentrum
der alte heimatwörter bemüht gegen statistiken
und der den verzweifelten die ihn anrufen
nur die telefonschnur dreht hin und her

Ich kann dich nicht mitteilen jesus
ich traue
den dümmeren freunden mehr als den klugen
weil sie alles teurer bezahlen

Aber ihr trost hilft mir nicht

## *Alicia Craig Faxon*

# Die Prophetin Hanna

*Damals lebte eine Prophetin namens Hanna, eine Tochter Penuels, aus dem Stamm Ascher. Sie war schon hochbetagt. Als junges Mädchen hatte sie geheiratet und sieben Jahre in der Ehe gelebt; seit achtundvierzig Jahren aber war sie Witwe. Sie hielt sich ständig im Tempel auf und diente Gott Tag und Nacht mit Fasten und Beten. In diesem Augenblick nun trat sie hinzu, pries Gott und sprach über das Kind zu allen, die auf die Erlösung Jerusalems warteten.*

*(Lukas 2,36–38)*

Hier liegt uns die kurze Geschichte einer alten Frau vor, einer Prophetin, die in Jesus den Messias erkannte.

Wir erfahren, daß Hannas Vater, Penuel, aus dem Stamm Ascher kam, der berühmt war für seine schönen Frauen. Diese Frauen heirateten oft Könige oder Priester. Hanna war sieben Jahre verheiratet. Als ihr Mann starb, ging sie keine neue Ehe ein, sondern lebte in ständiger Anbetung im Tempel, in dem vermutlich auch ihr Mann als Priester gedient hatte. Hanna war offenbar kinderlos, sonst hätte sie nicht im Tempel leben können, sondern hätte sich daheim um die Kinder kümmern müssen. In dem Säugling Jesus erkannte sie den Messias.

Der Anlaß ihres Zusammentreffens mit Maria und Josef und dem Säugling Jesus war das Fest der Reinigung der Mutter nach der Geburt des Kindes. Maria opferte ein paar Turteltauben im

Frauenhof als Dankgeschenk für ihren erstgeborenen Sohn. Darauf folgte die Darstellung im Tempel. Die Reinigungszeremonie spiegelt die jüdische Vorstellung von der »Unreinheit« der Frauen, während die Darstellung im Tempel dazu diente, die physische Vollkommenheit des Säuglings zu beweisen, da nach rabbinischem Gesetz ein Kind mit einem Defekt nicht als Priester dienen konnte.

Hannas Erkennen des Babys als Messias rechtfertigt ihren Titel als Prophetin. Während der langen Vorbereitung im Tempel ist sie wahrscheinlich sehr vertraut gewesen mit den prophetischen Erwartungen eines Messias im Alten Testament und wußte instinktiv, daß der Moment gekommen war. Prophetie, wie sie die Bibel meint, ist nicht nur Vorhersagen der Zukunft, sondern weist in einer gegebenen Situation den religiösen Wahrheitsgehalt aus. Im Alten Testament denken wir an weibliche Prophetinnen wie Mirjam und Debora. Im Neuen Testament ist Hanna die einzige Prophetin, die namentlich aufgeführt ist. Und in gewisser Weise gehört sie als Vorläuferin Jesu noch in das Alte Testament. Sie ist beinahe wie ein moderner Moses, niemals das gelobte Land erreichend, in dem sie die Fülle des Wirkens Jesu erlebt hätte. Aber sie konnte in entscheidender Weise seinen Anfang erkennen und darauf hinweisen.

Hanna war die erste Frau, die Jesus öffentlich als den Messias bezeichnete. In diesem Sinn war sie die erste christliche Missionarin. Sie sprach von ihm zu allen, die auf die Befreiung Jerusalems warteten. Das war nicht einfach eine private Freude, eine persönliche Anerkennung, die im Bereich des Privaten verblieb. Hanna teilte ihre Einsicht mit jedem. Sie wußte, daß das eine wahrhaft gute Nachricht war, selbst wenn sie nicht wußte, welche Form dieser Auftrag annehmen würde. Infolge ihres Witwenlebens im Tempel hatte Hanna die Sorgen und Mühseligkeiten des täglichen Lebens in der Stadt vermieden, aber sie hatte nie die Verbindung mit dem pulsierenden Leben um sie herum

verloren. Sie wußte, daß die Botschaft vom Messias kein privater Schatz war, und so teilte sie diese möglichst vielen mit.
Hannas Erkenntnis von Jesus als dem Messias fällt bei Lukas 2,25–35 zusammen mit der Prophezeiung Simeons, die die berühmten Worte bringt:

*Nun läßt du, Herr, deinen Knecht,*
*wie du gesagt hast, in Frieden scheiden.*
*Denn meine Augen haben das Heil gesehen,*
*das du vor allen Völkern bereitet hast,*
*ein Licht, das die Heiden erleuchtet,*
*und Herrlichkeit für dein Volk Israel.*

Diese szenische Zusammenlegung, wo Mann und Frau den Messias erkennen, ist äußerst interessant. Das bedeutet, daß Jesus nicht nur zu den Männern kam (und auch die Rettung der Menschheit nicht nur ihnen auftrug), sondern ganz ausdrücklich zu Männern und Frauen. Die Einsicht, die den Simeon dazu führte, Jesus als Messias zu bezeichnen, besaß Hanna auch. Dem Evangelium scheint an dem Hinweis zu liegen, daß Männer und Frauen gleichbedeutend sind für das Königreich Jesu und daß sie dieselbe Wahrnehmungsfähigkeit haben, wenn es um den Messias geht.
In ähnlicher Weise stellt das Evangelium oft Parabeln über Männer und Frauen zusammen. Lukas z. B. erzählt von der Frau mit der verlorenen und wiedergefundenen Münze (Lk 15,8–10) und über die lästige Witwe (Lk 18,1–5), während Matthäus über die Frau mit dem Sauerteig als Gleichnis für das Himmelreich schreibt (Mt 13,33) und über die klugen und die törichten Jungfrauen (Mt 25,1–12). Markus erzählt die Geschichte vom Opfer der Witwe (12,41–44). Es ist auffallend, daß Jesus bedacht darauf war, seine weiblichen Zuhörerinnen genauso anzusprechen wie seine männlichen Anhänger, und er zielte mit der

Pointe seiner Lehre immer wieder ganz besonders auf die Frauen. Seine Sichtweise und sein Auftrag waren sicher keine »Nur-für-Männer«-Angelegenheiten, und dieser Aspekt war in der Verkündigung Hannas schon vorgezeichnet.

Hanna war eine alte Frau, mit all dem Reiz, der Erfahrung, Einfühlsamkeit und allem Wissen des Alters. In ihr werden einige wertvolle Eigenschaften des Alters deutlich, die so oft so wenig beachtet oder verdrängt werden.

Hanna hatte viel Geduld. Sie konnte auf wichtige Ereignisse warten. Sicherlich studierte sie die Prophezeiungen der Vergangenheit bei Jesaja und Micha, die sich mit dem Einen befassen, dessen Kommen versprochen ist. Sie glaubte daran, daß es Dinge gab, die es wert waren, darauf zu warten, und daß sofortige Befriedigung und Belohnung nicht immer möglich oder wünschenswert waren.

Ihre Geduld war keine passive. Damit gepaart war Ausdauer. Sie blieb im Tempel, wo sie die Gelegenheit hatte, die Schrift zu studieren und auf die Zeit zu warten, die kommen sollte. Sie hielt fest an ihrem Traum und wurde reich belohnt.

Wie viele ältere Leute, hatte sie genug Abstand von gegenwärtigen Geschehnissen, um die Verheißung zu erkennen, als die Zeit da war. Sie konnte Wichtiges und weniger Wichtiges auseinanderhalten und war in dem ganzen Getriebe nicht so eingespannt, daß sie übersehen hätte, wie besonders dieses ganz gewöhnlich aussehende Kind tatsächlich war. Der Abstand machte sie sensibler für das, was im Leben wirklich wichtig war.

Während ihres langen Lebens hatte sie viele Erfahrungen gesammelt und viel Wissen erworben. Sie besaß den Reichtum des Alters, dem man heute so wenig Wert beimißt.

Wir leben in einer Kultur, die Jugendlichkeit begünstigt und von der Weisheit des Alters nichts profitiert. Das ist ganz besonders hart für die Frauen, weil man von ihnen erwartet, daß sie jung und als Besitzobjekt anziehend sind; und der bloße Gedanke ans

Alter wird für sie und die Kultur im allgemeinen äußerst bedrohlich. Hanna wurde mit Anmut und Gnade alt und gewann mit dem Alter Wissen und tiefere Einsicht. Das sind Werte, die in unserer heutigen Kultur vernachlässigt oder abgelehnt werden. In unserer Konsumwelt ist Alter als Veralterung verrufen.

Das Neue Testament sieht das nicht so. Niemand ist durch Alter disqualifiziert. Alt zu werden hält man für den Weg zu Weisheit und honoriert das. Man hört davon, daß in der Kirche heute kein Platz sei für alte Leute und daß ihre Nöte oft nicht beachtet würden. Damit tut man den Seelsorgern unrecht, die die alten Leute in Krankenhäusern, Pflegeheimen oder in ihren Wohnungen besuchen; zutreffend aber ist es für die anderen Gemeindemitglieder und die Programme, die sie machen. In diesem Fall muß sich die Kirche wieder auf ihre Verpflichtung den Alten gegenüber besinnen, sie muß dem Vorbild der Hanna folgen. Und die, die so alt sind wie Hanna, die haben eine gute Gelegenheit, das Neue im kirchlichen Leben kennenzulernen und anzunehmen.

Ein Rollenproblem der älteren Leute in der Kirche ist das, daß alles Neue auf sie bedrohlich wirkt. Wir leben in einer Phase, in der Dienst und Lehre in allen christlichen Bekenntnissen drastisch verändert wurden. Viele ältere Leute sind an die früheren Formen gewöhnt und hängen daran. Wenn diese Formen geändert oder abgeschafft werden, können ältere Leute von dem Empfinden bedrängt werden, daß ihre ganze Lebensform keinen festen Boden mehr hat. Oft ist der Wechsel für sie so unerträglich, daß sie sich weigern, überhaupt noch am kirchlichen Leben teilzunehmen. Das ist tragisch, weil ja die Substanz gleichbleibt, trotz wechselnder liturgischer Formen. Daneben gibt es ältere Leute, die offen sind für Wechsel und Veränderung und die das neue Leben, das damit einzieht, begrüßen. Diese sind die Hauptstützen der Gemeindeaktivitäten, und ihr Rat und ihre Teilnahme sind sehr erwünscht. Die Kirche kann und soll für ältere Leute genauso ein ständiger Zufluchtsort sein, wie es der Tempel für Hanna war. Ihre Weisheit und ihre Geduld werden gebraucht. Frauen wie Hanna werden von der Gesellschaft vielleicht abgelehnt, weil die Zeit ihrer »Nützlichkeit« vorbei ist. Aber die Botschaft des Evangeliums sagt genau das Gegenteil. Hanna, die Prophetin, stand an der Schwelle des Neuen Testaments, und sie wird verehrt auf Grund ihrer Begegnung mit Jesus, dem versprochenen Erlöser. In dieser Begegnung kommen die Vorzüge des Alters zum Vorschein und werden für den Dienst des Herrn freigesetzt.

*Eugen Drewermann*

# Mk 5,35–43: Die Tochter des Jairus[1]

[35]Während er noch redet, kommen sie vom Synagogenvorsteher und sagen: Deine Tochter ist gestorben. Was behelligst du noch den Meister? [36]Jesus aber, der das Gespräch mitangehört hatte, das da geführt wurde, sagt dem Synagogenvorsteher: Fürchte dich nicht. Hab nur Vertrauen! [37]Und er ließ niemanden als Begleiter mit sich kommen, außer Petrus, Jakobus und Johannes, den Bruder des Jakobus. [38]So kommen sie zum Haus des Synagogenvorstehers. Da vernimmt er Lärm und wie sie weinen und heftig wehklagen, [39]und er geht hinein und sagt ihnen: Was lärmt und weint ihr? Das Kind ist nicht gestorben, es schläft nur. [40]Da verlachten sie ihn. Er aber warf sie alle hinaus, nimmt den Vater des Kindes und die Mutter und seine Begleiter und geht hinein, wo das Kind war. [41]Und er faßt die Hand des Kindes und sagt ihr: Talitha kum, das heißt übersetzt: Mädchen, ich sage dir: steh auf! [42]Und gleich stand das Mädchen auf und ging umher; es war nämlich (schon) zwölf Jahre alt. Und gleich gerieten sie außer sich, ein großes Außersichsein. [43]Und er gebot ihnen streng, niemand dürfe das erfahren, und er sagte, man solle ihr zu essen geben.

Kann es sein, daß ein Menschenleben zu Ende ist, kaum daß es begonnen hat? Die Erzählung von der Tochter des Jairus berich-

[1] Vgl. E. DREWERMANN: Tiefenpsychologie und Exegese, II 295–309.

tet von dieser Möglichkeit, aber auch von dem Weg, sie zu überwinden.

Es ist schlimm, daß der Tod die Macht hat, sehr früh schon, scheinbar willkürlich und wann es ihm beliebt, das Leben von Menschen, die uns nahestehen, hinwegzuraffen, und die Traurigkeit und der Schmerz, die das Kommen des Todes begleiten, sind schrecklich. Schlimmer aber ist es, daß die Angst vor dem Tod ein Menschenleben zu ersticken vermag, noch ehe es überhaupt die Möglichkeit besitzt, frei und selbständig zu einem eigenen Dasein aufzublühen, und nicht selten ist es die vermeintliche Fürsorge der eigenen Eltern, die das bewirkt. Es ist möglich, aus Angst und Sorge einen solchen Glassturz von Behütung und Obhut über ein Kind zu stülpen, daß es darunter erstickt, und gerade das scheint zwischen dem Synagogenvorsteher Jairus und seiner Tochter geschehen zu sein. Das sogenannte »Mädchen« ist zwölf Jahre alt, wie man am Ende der Geschichte erfährt; es ist also gerade in dem Alter, in dem man in Israel zu einer erwachsenen, heiratsfähigen Frau wurde. In eben diesem Moment geschieht es, daß des Jairus »Töchterlein«, wie wir es immer wieder angeredet hören, nicht mehr zu leben weiß, sondern in seiner Kammer liegt wie tot. – Der Eindruck ist unvermeidbar, daß beides miteinander zusammenhängt: die Verzärtelung und Verkleinerung ihrer Person *und* ihre tödliche Erkrankung bei Eintritt in das Erwachsenenalter. Was wird aus einem Menschen, wenn von ihm stets nur die Rede ist als von der »Tochter« (oder dem »Sohn«) des Vaters? Es ist erdrückend, wenn sich das Leben eines Menschen nur definieren soll als Schattenbild und Nachgestalt dessen, was Erziehung, Umgebung und der Einfluß der prägenden Vorschriften und Vorstellungen der Eltern aus seinem Leben haben machen wollen.

Vermutlich war das Dasein der Tochter eines Synagogenvorstehers so ähnlich beschaffen wie das Leben der Kinder eines Dorfschullehrers oder eines protestantischen Pfarrers noch vor ein paar Jahrzehnten: Sie hatten den Stolz, das Aushängeschild, das Muster elterlicher Erziehungskunst zu sein. Andere Kinder mochten draußen tollen und spielen oder allerlei Unfug treiben, eines »Synagogenvorstehers« Tochter aber mußte auf sich halten, denn: Man sieht auf sie. Wenn sie sich blamiert, blamiert sie damit ihren Vater. Eine ganze Weile lang, über Jahre hin, mag dieses Erziehungskonzept scheinbar ohne Schaden funktionieren; ja, es mag schließlich in der Tat zum Stolz der Tochter werden, zum Stolz ihres Vaters zu gereichen. Erst an der Grenze zum Erwachsenwerden muß dieses Arrangement sich unfehlbar erweisen als das, was es ist: als eine unabsehbare Kette von Angst und Schuldgefühlen. Auf der einen Seite wird eines Jairus »Töchterlein« nie gelernt haben, für sich selbst Entscheidungen zu treffen – die Wahrscheinlichkeit, etwas falsch zu machen, ist zu groß, die Abhängigkeit, ja sogar die Verpflichtung, sich von dem so treusorgenden Vater beschützen zu lassen, noch übermächtig; auf der anderen Seite aber wird es, wie jedes Kind in seinem Alter, den Drang verspürt haben, ein eigenes Leben zu entfalten. Auch in ihm wird sich die Sehnsucht nach Liebe, die träumende Erwartung jugendlicher Phantasie, der Wille zu Protest und Auflehnung gegen ein Zuviel an Gängelung und Bevormundung zu Wort gemeldet haben. Gefühle dieser Art lassen sich nicht zurückdrängen, doch eben deshalb erzeugen sie eine ständige Furcht vor Vorwurf und Strafe.

Auf diese Weise kann ein Leben, das nur im Dämmerlicht einer solchen »verantwortlichen« Fürsorge der Eltern aufwächst, sich zu einer tödlichen Erkrankung auswachsen, und tragischerweise ist es offensichtlich für Vater Jairus unbegreifbar, wie sehr er selber womöglich die eigentliche Ursache für den lebensgefährlichen Zustand seiner Tochter darstellt. Von daher *muß* es wohl geschehen, daß des Jairus »Töchterlein« zunächst *sterben* muß, um zum Leben zu kommen, und auch Jesus bleibt nichts anderes übrig, als Vater Jairus auf dem Weg nach Hause diese Grenze eines äußersten Verlustes gerade unter den Augen und unter den Händen Gottes in aller Härte zuzumuten: Nur wenn sie ihrem Vater stirbt, wird des Jairus' Tochter leben.

Gerade an dieser Stelle jedoch erfährt man von der Haltung und dem Leben des Jairus etwas außerordentlich Trauriges, letztlich Verzweifeltes. Sabbat um Sabbat wird dieser Synagogenvorsteher den Namen Gottes im Munde geführt haben; nun aber, wo die Leute ihm sagen: »Deine Tochter ist tot«, hört man, daß alle seine Hausgenossen in Wahrheit an Gott gar nicht glauben, sondern ihnen einzig die Allmacht des Todes als etwas Letztes und Endgültiges vorkommt. Allein der Tod besitzt für sie Realität. Es ist der Punkt, an dem ganz deutlich wird, mit welcher Angst latent Jairus für das Leben seiner Tochter sich »gesorgt« hat, als wäre es die Pflicht eines Vaters, sein Kind mit aller Macht gegen den Tod zu beschirmen. In Wahrheit verformt sich bei dieser Einstellung die gesamte Beziehung zwischen Vater und Tochter ins Tödliche.

Verstehen wir »Liebe« als einen Versuch, einander das irdische Leben zu sichern und womöglich mit absoluter Energie gegen die scheinbar unbesiegbare Macht des Todes anzukämpfen, so mißrät unser Miteinanderleben unausweichlich zu einer terroristischen Todespraxis aus Fürsorge, Zwang, Dirigismus und erstickender Einengung. Diese Erkenntnis ist ganz entscheidend: Es ist nicht möglich, daß die Liebe atmen kann, wenn es nur das irdische Leben gibt; denn die Liebe lebt von der Freiheit, von der Eröffnung eines unendlichen Horizonts, von dem Wissen um die Unableitbarkeit, die Ewigkeit, die unendliche Größe des anderen, den man liebt. Die Liebe ist die stärkste Versicherung, daß es ein *ewiges* Leben gibt, und die Geschichte von der Tochter des Jairus zeigt dies zunächst am allermeisten: daß zur Menschlichkeit der Liebe, zum Wagnis der Freiheit, zur Fähigkeit, den anderen im Lichte Gottes wachsen zu lassen, das Vertrauen in die Unsterblichkeit, in die Ewigkeit des Lebens unbedingt gehört. Jesus hebt diesen Zusammenhang besonders hervor, und er stellt es aufs Wort einander so gegenüber: »Das Mädchen«, sagt er, »ist nicht tot, es schläft nur.« Unter den Augen Gottes gibt es keinen Tod, es gibt, betrachtet mit den Augen Gottes, nur einen Übergang aus dieser Welt der Zeit und der Vergänglichkeit hinüber in die Ewigkeit.

Aber: »Da lachen sie ihn aus.« – Auf keiner Bibelseite findet man ein so zynisches und grauenhaftes Gelächter der selbstgewissen Verzweiflung wie hier. Nur: leben wir im Durchschnitt nicht alle so? Welche Interessen zählen für uns wirklich? Wir geben uns ganz sicher, daß man unbedingt zum Leben wissen muß, wie man ein Auto richtig parkt, wie man die Steuererklärung am Jahresende ausfüllt, wie man sein Geld abholt, welche Nahrung man braucht, um die ärztlich verordnete Diät einzuhalten, welche Medikamente man nehmen muß, um das Alter zu erleichtern, und wie man ein Testament aufsetzt. Das alles muß man unbedingt wissen und noch ein paar kleine Tricks zusätzlich. Doch ob es Gott gibt, das muß man schon nicht mehr so unbedingt wissen, ja, eigentlich kann man es auch gar nicht wirklich wissen, und es ist daher geradezu unvornehm geworden zu sagen, das ganze Leben hinge davon ab, eben dies zu wissen, ob es Gott gebe oder nicht. Inmitten unseres Kulturbetriebes erschiene es als etwas Peinliches, wenn jemand sagte, die einzig wichtige Frage in unserem Leben bestehe darin, wie wir zu Gott stünden. Fragen dieser Art gelten allzumal als etwas Relatives; die bürgerliche Existenz hingegen scheint selbstgewiß und in sich selbst beruhigt. Muß man es eigens betonen, daß dieser Anschein trügt? In Wirklichkeit erkauft sich die bürgerliche Existenz ihre Selbstberuhigung durch den zynischen Spott gegenüber jeder Hoffnung, durch das Totschreiben des Lebens mitten im Leben, durch die Verwandlung dieser Welt in einen allseits geschlossenen Sarkophag.

Was also soll Jesus anderes tun, als diese ganze »Trauergesellschaft« – »hinauszuschicken« bzw. »hinauszutreiben« ist zu schön übersetzt; wörtlich steht im Griechischen: »er wirft sie hinaus« –; es ist das Ende aller Verständigung; es ist eine endgültige, klare Zäsur. Einzig die Eltern nimmt Jesus mit und drei seiner Jünger, so als schlösse er selbst sich, gesammelt in der Einheit seiner Person, gegen die tödliche Krankheit zusammen[1]. Und da begibt sich das Wunder: Während sonst die Hände von Menschen auf dem Haupt eines anderen liegen können, schwer und lastend wie Zwang und wie Druck, berühren die Hände Jesu die Hand dieses Mädchens, das jetzt eine Frau ist, so, daß es sich »aufrichtet«. Eine wunderbare Mischung liegt in dieser Anrede Jesu: »Mädchen, ich sage dir: steh' auf!« »Mädchen«, das heißt: »Ich verstehe all deine Angst, mit der man dich überhäuft hat; ich verstehe all deine Furcht, dich auf die eigenen Beine zu stellen; ich begreife sehr wohl, wieviel man dich an Abhängigkeit, an Fügsamkeit, an falschem Gehorsam und Sicherheitsstreben gelehrt hat.« Und doch fügt er hinzu: »Steh auf« – was soviel heißt wie: »Unternimm den Weg, den du selber gehen kannst; steh auf und bestimme selber die Richtung deines Lebens.« Und

1 Es hat offenbar auch eine *symbolische* Bedeutung, wenn Jesus an entscheidenden Stellen des Evangeliums *drei* seiner Jünger mit sich nimmt (vgl. Mk 9,2: die Verklärung auf dem Berge; Mk 13,3: die Frage nach dem Weltuntergang; Mk 14,33: am Ölberg); die Konfiguration von 3+1 entspricht einem archetypischen Schema, das besonders in den *Märchen* auf klassische Weise den Erzählaufbau in der Schilderung des Prozesses der Selbstfindung bestimmt; vgl. E. DREWERMANN (– I. NEUHAUS): Der goldene Vogel, 38–39; DERS.: Tiefenpsychologie und Exegese, I 189, Anm. 69; 199, Anm. 86. Keineswegs geht es nur um »die apostolische Bezeugung der Tradition« von Wundern, deren Ursprung in historisch-kritischer Sicht gewiß nicht in der Erneuerung wirklicher Begebenheiten, sondern in der Missionspropaganda und in dem Motiv der »Überbietung« anderer Wundererzählungen (hier: von Elija, 1 Kg 17,21 f. und Elischa, 2 Kg 4,33–37) liegt, wie R. PESCH: Das Markusevangelium, I 307; 310 meint.

wirklich: dieses »Mädchen« geht, buchstäblich und selbständig. Scheinbar nur geht es in diesem Moment räumlich auf und ab; in Wahrheit unternimmt es die ersten Schritte in ein eigenes Leben.

Dann aber gilt es zu verhindern, daß aus diesem wunderbaren Erwachen eines Menschen zu seiner Freiheit ein Gerede für die Menschen wird. Wunder wie diese bestehen gerade darin, daß ein Mensch unabhängig wird von der Meinung der Leute. Ausdrücklich muß Jesus es deshalb verbieten, aus der Heilung dieser jungen Frau ein Schaustück für die Öffentlichkeit zu machen. Die wahren Wunder Gottes ereignen sich *im Herzen* der Menschen, und dort müssen sie bleiben. Nur in diesem quasi privaten Raum des Wunders ist es möglich, die Unendlichkeit des Göttlichen zu ahnen und eben darin dieses kleine Leben liebzugewinnen, bis daß es die Gegensätze nicht mehr gibt, die sonst das Diesseits und das Jenseits voneinander trennen. Belehrt zur eigenen Freiheit, vermag diese Frau, die fortan aufhört, des Jairus »Töchterlein« zu sein, wieder Nahrung zu sich zu nehmen. Auch und gerade dieses irdische Leben ist nicht etwas Verächtliches; es ist in seinen wenigen Jahrzehnten ein unendlich kostbares und ewiges Gut aus den Händen Gottes, berufen zur Liebe, berufen zur Freiheit, berufen zum Glück.[1]

1 Sehr schön sagte der Gerer *Rabbi Jizchak Meir*: »Ich höre manchen sagen: ›Ich will die Welt wegwerfen.‹. Ist denn die Welt dein, daß du sie wegwerfen könntest?« M. BUBER: Die Erzählungen der Chassidim, III 698. Das ist Geist von jener Haltung, wie sie auch in Jesus lebte.

*Franz Alt*

# Hat Jesus Wunder gewirkt?

> Einige Pharisäer kamen zu Jesus und fingen an, mit ihm zu diskutieren. Weil sie ihn auf die Probe stellen wollten, verlangten sie von ihm ein Zeichen vom Himmel als Beweis dafür, daß er wirklich von Gott beauftragt sei: Jesus stieß einen Seufzer aus und sagte: Wieso verlangen diese Leute einen Beweis? Ich sage euch: diese Generation bekommt nie und nimmer einen Beweis. Damit ließ er sie stehen, stieg wieder ins Boot und fuhr ans andere Seeufer.
>
> (Mk 8,11–13)

Jesus hat keine schöpfungswidrigen Wunder gewirkt. Wenn er mit Hilfe Gottes gezaubert hätte, dann hätten ihm die Theologen geglaubt – vielleicht. Doch Wunder, wie sie dort erwartet werden, sind nicht jesusgemäß. Diese Theologen erwarten einen zaubernden Gott, damit ihr Katechismus stimmt. Jesus läßt sie stehen. Sein Vater handelt nicht gegen seine eigene Schöpfung. Alle »Wunder«, die Jesus bewirkte, alle Heilungen, entsprangen einem tiefen Gottvertrauen des Heilers und der zu Heilenden. Auch wenn wir Gott ernsthaft um Hilfe bitten, geschehen natürlich keine Wunder. Gott schwingt keinen Zauberstab. Aber wer betet und bittet, erlebt es immer wieder: Von Gott her fließen Kraftströme, die in uns Kräfte mobilisieren. So entsteht oft unerwartet Neues. Das ist kein Trick, sondern das Naturgesetz des heilenden Vertrauens, für das Jesus nicht müde wird zu werben. Doch dieses Naturgesetz begreift nur, wer es erfährt:

»Wer Gott *vertraut*, dem ist *alles* möglich.« (Mk 9,23)

Jeder von uns hatte schon Erlebnisse, die ihm rätselhaft, »zufällig« und ungewöhnlich schienen. Bescheiden müssen wir anerkennen, daß wir oft den Sinn von »Zufällen« oder »Unfällen« nicht oder nicht sofort verstehen. Aber es handelt sich immer um schöpfungsgemäße »Zufälle« und nicht um schöpfungswidrige Wundereingriffe. Es gibt Natur- und Geist-Gesetze, die wir nicht oder noch nicht kennen. Jesu Vater ist ein liebender Schöpfer und kein böser Zauberer. Hier ist die eindeutige Entscheidung jedes ernsthaften Gottsuchers gefordert. Ich entscheide mich für den »Abba« Jesu und gegen einen theologisch überhöhten Wunder-Gott.
Es ist nicht wichtig, was Theologen von Jesus und von Gott gedacht oder geglaubt haben. Wichtig ist, was der wirkliche Jesus von Gott erfahren hat. Wenn die Psychotherapie des 20. Jahrhunderts vor allem durch Freud und Jung die Gesetze der Seele entdeckt und Wege zu ihrer Heilung gefunden hat, dann wandelt sie auf Jesu Spuren. Er hat 2000 Jahre vorher die Innenseite des Menschen erschlossen und ist in die Höhlen der Seele hinuntergestiegen. »Dies ist der Grund, warum die Stufen und Methoden des psychotherapeutischen Heilungswegs auf geradezu verblüffende Weise den Vorgängen bei den Wunderheilungen Jesu ähnlich sind«, schreibt der Jesus-Kenner Alfons Rosenberg und fügt hinzu: »Und doch ist dies nur eine Facette des Diamanten Jesus.«
Wie bei jeder wirklichen Therapie müssen für Jesu Heilungen drei Voraussetzungen gegeben sein:

- Die Kranken müssen zu ihm kommen.
- Die Kranken müssen gesund werden wollen.
- Der Heiler muß selbst heil sein.

Kein Therapeut kann über sich hinaus therapieren. Er kann nur die Heilkräfte im Kranken mobilisieren, die er selbst hat. Hanna

Wolff hat diese psychosomatischen Heilprozesse in ihrem Buch »Jesus als Psychotherapeut« eindrucksvoll aufgezeigt. Die »Rätsel« seiner »Wunder« hat Jesus selbst überzeugend gelöst: »Dein Glaube hat dir geholfen«, das heißt, dein Gottvertrauen und dein eigener Heilungswille. »Willst du gesund werden?« war die entscheidende Vorfrage jeder Heilung.
Entgegen weitverbreiteten oberflächlichen Therapieangeboten mit billigen Versprechungen ist meine Erfahrung: Ohne wirklichen Willen zur Wandlung passiert gar nichts. Der Wille entscheidet – alles andere ist Selbstbetrug und Geldmacherei mit der seelischen Not vieler Menschen. Aber woran erkenne ich, ob mein Wille echt oder nur scheinbar echt ist? Nur im Tun. »Eigentlich« wollen wir uns ja ständig ändern. »Eigentlich« wollen wir lernen, treu zu sein. »Eigentlich« wollen wir uns das Rauchen abgewöhnen. »Eigentlich« wollen wir uns vollwertig ernähren. »Eigentlich« wollen wir ja abrüsten, »aber die Sowjets zwingen uns immer wieder aufzurüsten«, schrieben mir etwa 30 CDU/CSU-Bundestagsabgeordnete auf mein Buch »Frieden ist möglich«. Wer etwas *wirklich* will, muß es *tun*. Wer nur »eigentlich« will, bewirkt nichts. Allein im Tun beginnt die Heilung. Jesus sagt zur Ehebrecherin kein Wort der Verurteilung, aber er sagt sehr deutlich und deshalb heilsam: »Tu es nicht wieder!« Die Frau hat »es« nie wieder getan.
Diese echte Therapie lernte ich in der harten Schule des Therapeuten Jesus. Was wir im 20. Jahrhundert mühsam mit Hilfe der Tiefenpsychologie gelernt haben, »vermochte Jesus kraft seiner selbst. Eine solche Persönlichkeit war er, das ist die historische Tatsache, die vor uns steht.« (Hanna Wolff) Jesus kuriert nie an Symptomen – es geht ihm immer um grundsätzliche Wandlung. Die Kranken und Gekränkten seiner Zeit drängen sich um ihn, rennen ihm nach, schreien ihn an: »Hab Erbarmen, hilf uns.« Jesus: Das hängt in erster Linie von dir selbst ab! Vertrauen und Selbstvertrauen sind die Voraussetzung jeder wirklichen Heilung.

Mit großer Bestimmtheit und in eindeutiger Klarheit hat Jesus die bis heute nicht verstummende Frage: Wie sind solche Heilungen möglich? beantwortet: »Wer Gott vertraut, dem ist alles möglich.« Es ist ganz natürlich, daß im Abstand von Jahrzehnten, als dann die Evangelien-Texte geschrieben wurden, manche Heilungsgeschichte des so außergewöhnlichen Heilers Jesus übertrieben oder auch »verbessert« dargestellt wurde. In Jesus wurde viel hineinprojiziert, was eine Menge über die Redakteure der Texte besagt, aber nichts über Jesus. So hat Jesus keinen Leichnam auferwecken können oder wollen. Was ihm gelungen ist, war dramatischer: die Erweckung der Herzen.

Der im Vertrauen auf seinen Vater heilende Jesus begegnet uns im Markusevangelium noch am eindrucksvollsten. Dieses älteste Evangelium ist allerdings auch erst etwa 25 Jahre nach Jesu Kreuzigung geschrieben und deshalb ebenfalls nicht frei von theologischer Spekulation und Überfrachtung. Das gilt aber noch weit mehr für die späteren Evangelien. Den historischen Jesus treffen wir also noch recht genau bei Markus.

Es ist immer wieder erschütternd zu sehen, was Theologen aus Jesus gemacht haben. Ein Beispiel: Im Markusevangelium sagt Jesus: »Wer nicht gegen uns ist, der ist für uns.« (Mk 9,40) Dieser Satz paßt zu Jesus, der nicht ausschließen, sondern integrieren wollte. Aber schon 20–25 Jahre später stellt der Autor des Matthäusevangeliums Jesus von den Füßen auf den Kopf und verfälscht ihn: »Wer nicht für mich ist, der ist gegen mich.« (Mt 12,30) Dieser Satz paßt überhaupt nicht zu Jesus. Aber die Kirche hat diesen nicht jesusgemäßen Satz im Laufe ihrer 2000jährigen Geschichte weit mehr betont als die jesuanische Position bei Markus und damit auch schlimmste, unchristliche Verbrechen gerechtfertigt. Gerade weil Jesus nicht beide Positionen, die sich gegenseitig ausschließen, vertreten haben kann, ist die Unterscheidung der Geister so wichtig.

Die ursprüngliche Wirkung Jesu auf seine Mitmenschen war so:

»Als die Menschen Jesus sahen, gerieten sie in Aufregung; sie eilten zu ihm hin und begrüßten ihn.« (Mk 9,15) Mir geht es genauso wie den Menschen damals, wenn ich auf den Spuren von Karl Herbst den Jesus des Markusevangeliums treffe. Beim Morgengebet mit Nonnen in einem Kloster fiel mir das ganz andere Verständnis des Wortes »Wunder« auf. Die Nonnen beteten nicht: »Laß heute Wunder geschehen.« Sie beteten vielmehr im Geiste Jesu: »Laß uns die Wunder, die heute geschehen, auch *sehen.*« Jesus kannte die Heilkräfte der Seele, die Heilkräfte in uns. Durch Vertrauen zu Gott werden sie mobilisiert. Jesus kannte aber auch die Gesetze der Natur. Seine Gleichnisse vom Sämann und vom Samen, vom Senfkorn und vom starken Baum zeigen, daß er die alltäglichen, stillen »Wunder« der Natur beobachtete und meditierte. Der »Samen« und das »Wunder« haben bei Jesus enorme Lebenskraft. Darum geht es: Daß wir die Sinne schärfen für die alltäglichen Wunder in uns und um uns. Wir erleben sie – wie Jesus – nur über das Herz.

Den Kopf-Menschen sei gesagt: Die »richtige Einstellung« des Herzens ist nicht gegen den Kopf gerichtet. Im Gegenteil: Das Herz macht den Kopf wieder frei. Was den Kopf am meisten belastet, ist ein versteinertes Herz. Die Hauptursache aller menschlichen Krankheiten ist das durch falsches Denken verdorbene menschliche Herz.

Jesus propagiert keinen blind-frommen Glauben, sondern einen mit Herz *und* Verstand.

*Peter Härtling*

## An die Söldner unter dem Kreuz

Jetzt, da ich Euch schreibe, tief in die Vergangenheit hinein schreibe, die nicht mehr die meine sein kann und die ich dennoch, in Augenblicken, die mich erschrecken, als meine Gegenwart verstehe, jetzt, ihr Söldner unterm Kreuz, erkenne ich Euch wieder. Ich bin Euch oft begegnet, vor allem in meiner Kindheit, während des Krieges. Damals trugen die meisten Männer Uniform. Längst nicht alle freiwillig. Aber nicht wenige glichen Euch. Sie hatten sich, wie Ihr, verdungen – aus einer Söldnergesinnung, in der sich Ohnmacht und Sadismus furchtbar mischen. Ihr habt keine Namen. Auch die, die ich damals traf, hatten keinen. Sie wiesen sich allenfalls durch Ränge aus. Der Gefreite, der Spieß, der Leutnant. Oder der Hauptmann.
Einer von den ungezählten Hauptleuten, die im Lauf der Geschichte ihre Befehle gaben, führte Euch, wie die Evangelisten berichten, an. Als für uns der Himmel aufriß, habe auch ich einen gesehen, der wie Du, Hauptmann von Golgatha, nur zusah, wie seine Soldaten handelten. Er griff nicht ein, beobachtete, hatte längst befohlen. Es geschah in einem böhmischen Dorf, unweit des Bahnhofs. Wir befanden uns auf der Flucht vor der näherrükkenden Front. Unser Zug hatte unvorhergesehen angehalten, die Lokomotive war abgekoppelt worden und ohne uns weitergefahren, aus irgendeinem kriegswichtigen Grund. Es war in den letzten Märztagen des Jahres 1945. In meiner Erinnerung schwitzte ich. Vermutlich hatte ich zwei Pullover an, die Jacke noch drüber. Damit das Gepäck leicht bleibe, trugen wir stets einen

großen Teil unserer Garderobe auf dem Leib. Das kennt Ihr Soldaten auch. Manchmal geratet Ihr, in Kämpfe verwickelt, in die Gräben gedrückt, von einer Jahreszeit in die andere, und der Winterrock taugt fürs Frühjahr nicht mehr. Da oben, auf Golgatha, ich weiß es, weht häufig ein bissiger kalter Wind.
Der Hauptmann saß in einem offenen Auto und beobachtete sichtlich gelassen, wie zwei Soldaten einem dritten eine Schlinge um den Hals legten, das Ende des Seils über den dicken Ast eines Chausseebaumes warfen und den Delinquenten mit einem jähen Ruck hochzogen. Nicht wenige von uns sahen der Hinrichtung zu. Als der Soldat hochgerissen wurde, seine Beine noch zuckten, seufzten viele auf. Zu schreien oder gar einzugreifen, wagten sie nicht. Unsere Seufzer sammelten sich zu einem nicht enden wollenden Klagelaut, der sich von uns entfernte und seinen trauernden Lauf um die Erdkugel begann. Dem Soldaten, dem die Achselklappen von der Uniformjacke gerissen worden waren, hing ein Pappschild vor der Brust. Auf dem stand: Ich bin ein Vaterlandsverräter. Auch seine Henker trugen Schilder, metallisch blinkende Schilder, die sie als Feldgendarmen auswiesen. Darum wurden sie von denen, die sie zu fürchten hatten, Kettenhunde genannt.
Ich weiß nicht, wie Eure Uniformen aussahen. Vielleicht habt Ihr auch metallene Abzeichen getragen, die Euch als Besondere kennzeichneten. Aber Eure Stimmen kenne ich, sie haben sich nie verändert: Immer ein wenig zu laut, zu rauh. Befehle erteilend, Befehle weitergebend, Befehle bestätigend. Stimmen, die mich in meiner Kindheit verfolgten, die ich nachzuäffen versuchte, weil ich annahm, ich könnte damit Überlegenheit ausdrükken.
Ich höre Euch.
Ich sehe, wie Ihr Euch bewegt: Jede Geste überbetont, ob zackig oder leger. Nach Euren Vorstellungen oder nach den Vorstellungen, die Euch gemacht wurden (doch das habt Ihr längst verges-

sen), bewegen sich Überlegene so, Kämpfer. Ihr bestärkt Euch, indem Ihr die genagelten Stiefel auf dem Boden knallen oder das Lederzeug knirschen laßt, das Koppel, den Schulterriemen.
Ihr seid fremd in dem Land, werdet als Besatzer geschimpft. Ihr dient Eurem Prokurator, Pontius Pilatus. Manche von Euch sind schon seit ein paar Jahren hier, andere sind erst vor kurzem gekommen und es fällt ihnen schwer, sich einzugewöhnen. Jeder Neuankömmling bekommt die gleiche klagende Litanei zu hören: Daß er sich auf keinen Fall allein in diese enge, von Leben überkochende Stadt wagen dürfe, in der Gauner, Diebe und Priester das Regiment führten; daß die Weiber oft schön, doch fast immer spröde seien; daß das Klima auf diesem Tafelberg zu schaffen mache, die kalten Nächte und der scharfe Wind; daß die Juden überhaupt unzugänglich blieben in ihrem widersinnigen Aberglauben, auf die Ankunft des Messias zu hoffen. Nun sei sogar einer erschienen, der behauptet, Gottes Sohn zu sein und sie wollten nichts von ihm wissen und ihn kreuzigen.
Ihr wartet im Praetorium auf das Ende der Verhandlung, hört Rufe, Geschrei. Er hat keine Chance, sagt einer. Es ist Euch auch gleich. Ihr habt von ihm gehört, einem Unruhestifter, einem Wundertäter.
Barrabas! schreien sie draußen.
Ihr werdet ungeduldig. Eure Körper spannen sich wie vor dem Kampf. Alle haben sich erhoben, lehnen sich gegen die Wand, spielen mit dem Schwert, dem Spieß oder wandern ruhelos hin und her. Als sich die Tür öffnet und Jesus von einem Wachsoldaten hereingestoßen wird, seid Ihr auf dem Sprung, bereit, ihn zu packen, Eure Überlegenheit auszuspielen. Einer von diesen verfluchten Juden. Einer, der vorgibt, mehr zu sein, vom Wahn besessen ist, Himmel und Erde verbünden zu können. Ein Spinner. Ein Rebell. Matthäus erzählt, wie Ihr ihn, noch im Praetorium, verspottet habt. Ihr zogt ihm den Purpurmantel an, flochtet ihm die Dornenkrone, drücket ihm als Zepter ein Rohr in die

Hand und knietet lachend vor ihm hin: Gegrüßet seist du, der Juden König! Danach habt Ihr ihn bespien und Euer Speichel troff ihm übers Gesicht, dieses furchtbar ernste und entrückte Gesicht. Es wäre Euch lieber gewesen, wenn er sich gewehrt hätte. Eure Gemeinheiten wünschten einen Widerstand, brauchten einen Grund.

Auf dem Weg durch die Stadt, durch ein Spalier von blutrünstiger Neugier, blieb Euch genügend Zeit, Jesus weiter zu peinigen. Vielleicht fügtet Ihr ihm den größten Schmerz zu, als Ihr ihm das Kreuz abnahmt und es Simon aufludet.

Hier höre ich auf, nachzuerzählen: Und Ihr habt es, fürchte ich, längst vergessen, verdrängt. Auf alle Fälle würdet Ihr abstreiten, schuldig geworden zu sein. Wie alle, die nach Euch kamen, eine unüberschaubare Armee von Söldnern und Soldaten, die nicht nur in den Krieg zogen, fremde Länder besetzten, die nicht nur schützten und ordneten, sondern die eine tiefe Spur von Feuer und Gewalt, von Mord und Vergewaltigung hinterließen.

Ich weiß, es war Eure Pflicht, Jesus und die beiden Namenlosen ans Kreuz zu nageln. Das kann ich Euch nicht zum Vorwurf machen. Ihr habt nach dem Gesetz gehandelt. Und diese Strafe war damals üblich.

Aber, frage ich Euch, widersetzte sich keiner, den langen Nagel durchs Fleisch zu schlagen, bis er ins Holz drang? Empfand keiner Mitleid? Weinte niemand von Euch?

Eure Namenlosigkeit quält mich. Es fällt mir schwer, jetzt nicht Namen für Euch zu erfinden, für den, der den Einfall hatte, das Schild mit der Inschrift »Jesus von Nazareth König der Juden« ans Kreuz anzuheften, für den, der seine Kameraden aufforderte, um die Kleider des Gekreuzigten zu würfeln, für den, der Jesus einen mit Essig getränkten Schwamm reichte, aber auch für den Hauptmann, der, vielleicht schon zweifelnd den Befehl des Pilatus ausführen ließ, erschrocken und aufgewühlt die Ereignisse auf

Golgatha verfolgte und schließlich, gegen sich selbst, ausrief: »Wahrlich, dieser Mensch ist Gottes Sohn gewesen.«

Da ich es mir herausnehme, Euch zu schreiben, kann ich auch einen von Euch, stellvertretend für Ungezählte, aus der Reihe rufen und ihm das aufladen, was zu erinnern wir uns immer wieder sträuben:

Soldat, Du bist der, der im Namen und im Auftrag Christi, eben jenem, den Du sechzehnhundert Jahre vorher ans Kreuz nageltest, einer Bäuerin irgendwo in Europa soviel Jauche einflößt, bis ihr Leib platzt?

Du bist der, der in einem Folterverließ einem Mann, der Verräter sein soll, die Daumenschrauben anlegt?

Du bist der, der in Auschwitz oder Bergen-Belsen einen jungen Juden, der ihm auf die Nerven geht, nur deswegen, solange schlägt, bis er aufhört zu atmen?

Du bist der, der eben jetzt irgendwo auf dieser gequälten Erde einen politischen Gegner drei Tage lang martert, auf seinem Leib brennende Zigaretten ausdrückt, ihn Stromstößen aussetzt, bis er stirbt?

Du bist der, der beim Einmarsch in irgendeine Stadt, zusammen mit Kameraden, eine junge Frau vergewaltigt und in Gelächter ausbricht, als er bemerkt, daß sie den Verstand verlor. Bist Du der, Soldat?

Wieder sehe ich Dich unterm Kreuz. Nein, dort fing es nicht an. Du hattest schon Vorgänger. Doch auf der Schädelstätte wirst Du mit einem Mal sichtbar, trittst, schrecklich und schutzlos in einem, vor die Augen der Welt.

Woher kamst Du? Was veranlaßt Dich dazu, Dich zu verdingen? War es Armut, war es Abenteuerlust? Wurdest Du gepreßt, gezwungen? Weshalb tust Du Dich so hervor?

Die meisten Soldaten verrichten ihren Dienst, kämpfen, wenn sie kämpfen müssen, atmen auf, wenn das Morden vorüber ist, bleiben in der Menge.

Nie fiele es ihnen ein, die Macht der Uniform in besetzten Ländern oder gegenüber politischen Gegnern auszunützen. Es sei denn, es würde ihnen befohlen. Und auch da hat es Soldaten gegeben, die unsinnige, unmenschliche Befehle nicht ausführten und mitunter ihr Leben aufs Spiel setzten.

Was hat Dich und die vielen, die Dir folgten, dazu gebracht, Wächter, Folterer, Schlächter zu werden?

Wahrscheinlich habt Ihr schon in Eurer Kindheit Gewalt erlebt, wurdet geschlagen und gescheucht, auf der Schule und im Beruf hintangesetzt, verspottet, verletzt; Ihr kamt zu nichts und saht auch keine Aussicht, zu etwas zu kommen. So staute sich in Euren Herzen und Köpfen der Haß auf die Schlaueren, Gescheiteren, Stärkeren, Reicheren. Ihr habt bloß auf eine Gelegenheit gewartet, Euch rächen zu können. Die Uniform gab sie Euch.

Ich schreibe Euch, Ihr Söldner unterm Kreuz, traurig und ohnmächtig. Wir beklagen zwar Eure Untaten, doch unschuldig sind wir nicht. Wir haben Euch gedankenlos beleidigt, haben Euch in Eurer Schwäche und Armut nicht geholfen und andererseits haben wir, die auf Ehre und Anstand pochen, die wir uns nie die Hände beschmutzen, Euch zu unseren Handlangern gemacht. Angeklagt, werdet Ihr darauf bestehen, nur Befehle ausgeführt zu haben.

Wessen Befehle?

Es gibt kein Gesetz, das dem Menschen befiehlt, auch nur für einen Augenblick zu vergessen, Mensch zu sein.

Euer Hauptmann begriff es, und einige unter Euch begriffen es, als sie den toten Jesus am Kreuz sahen und seine Klage noch in ihren Ohren klang: Eli, Eli lama asabtani.

Verdenkt es mir nicht, Ihr Soldaten, wenn ich mich und Euch frage, wie Ihr das vergessen konntet und weshalb Ihr in der langen Zeit, die dem folgte, weiter gefoltert und gemordet habt.

*Kurt Marti*

## Kreuzigung

einziehend in jerusalem

» – komm mit: wir ziehen
und bauen auf zion christopolis
die glitzernde krone der schöpfung
die strahlende braut im tanz der planeten
wir fügen die mauern aus jaspis
und pflastern die gassen mit gold
wir brechen uns tore nach allen vier winden
und stoßen in tempelposaunen
zum heiligen sieg der alle siege
für immer beendet

komm mit: wir sehen die könige reiten am ölberg
präsidenten beschärpt im offenen auto
magnaten nun pilgerwillig zu fuß
wir sehen von fern karawanen sich nähern
mit antilopen aus natal
mit papageien aus rio
und schlanken sibirischen wölfen
mit siamesischen gauklern
und bantutänzern in schöner ekstase
mit knochigen yogis vom ganges
und komsomolzen voll heiligen jubels

komm mit: wir hören das bileamitische
lob von bankdirektoren
aus nepal die tuba aus mexiko flöten
wir hören das trällern der traurigen dichter
den barbarhythmus der neger aus harlem
wir hören die kreischende geige der clowns
und hirtenflöten vom delphischen hügel

komm mit: wir ziehen
und bauen auf zion christopolis
mit unserem herrn –«

der reitet
schweigend im jubel
ihnen voran

*Robert Aron*

# Jesus vor den Schriftgelehrten

In der Menge, die die Stadt durchflutet, die Tempelhöfe erfüllt, gibt es an diesen hochfestlichen Tagen nicht nur Gläubige. Es gibt ja auch heute noch, wie gewiß schon zu allen Zeiten, in jeder Religion Menschen, die dem Kult fernstehen und ihm eigentlich gleichgültig bleiben, aber an einem so hohen Feiertag einen kleinen Rest der religiösen Übungen mitvollziehen: Juden, die sich am Versöhnungstag zum Fasten verpflichtet fühlen, um am Gebet für die Toten teilzunehmen; Christen, die sich am Karfreitag eher gehalten fühlen, kein Fleisch zu essen, als an anderen Feiertagen. Genauso sind die Menschenmassen, denen das Kind Jesus auf seinem Gang zu den Gesetzeslehrern begegnet, nicht alle von gleicher Reinheit. In Jerusalem, dem Zentrum der jüdischen Kultur, erfolgt zwangsläufig durch die heidnische Besetzung mit all ihren Konsequenzen eine Berührung mit Griechen und Römern. Daher gibt es Glaubensleugner, Skeptiker, Gottlose und Gesetzesverächter. Es gab, so erzählt der deutsche Geschichtsschreiber Graetz, Menschen, die das Gesetz nicht beachteten *(abarianim)* oder, wie man sie damals nannte, »Sünder«. Durch ihre Gesetzesübertretungen hatten sie sich aus der Gemeinschaft ausgeschlossen und wollten oder konnten nicht zurückkehren. Da waren die Zöllner und Steuereinnehmer, denen ein echter Israelit aus dem Weg ging. Denn sie zeigten einen übertriebenen Eifer für die Interessen Roms, wandten dem Gesetz den Rücken, führten ein verkommenes Leben und kümmerten sich nicht um Vergangenheit und Zukunft ihres Lebens. Es gab auch eine ganze Gruppe Unwissender, kleine Handwerker und Dienstboten, die kaum Gelegenheit hatten, in die Hauptstadt zu ziehen und die Wahrheiten der Religion erklärt zu bekommen, die sie ansonsten auch nicht verstanden hätten.

Von diesen verlorenen und verirrten Schafen des Hauses Israel strichen vielleicht am Ostertag nicht wenige für ein paar Augenblicke um die Mauern des heiligen Bezirks und kamen kurz in den Vorhof. So hörten sie von ferne die Gebete, welche ihnen fremd geworden waren, und glaubten auf Grund ihrer passiven Anwesenheit schon an der Frömmigkeit und Andacht der Gläubigen teilzunehmen.

Mitten durch diese Menge mußten sich Maria, Joseph und Jesus einen Weg bahnen, um zum eigentlichen Ort des Gebetes zu gelangen. Genauso erkundigten sich ohne Zweifel Joseph und Maria bei diesen Leuten auf der Suche nach dem verlorenen Kind, bis sie am Ende des dritten Tages »ihn im Tempel fanden, wie er unter den Lehrern saß, ihnen zuhörte und Fragen an sie stellte« (Lk 2,46). Bei seinem ersten Tempelbesuch hat wohl Jesus alle diese Randfiguren des Glaubens dort angetroffen, aber er hat sich nicht bei ihnen aufgehalten. Von diesem allzumenschlichen Hintergrund der Unwissenheit und Gleichgültigkeit hoben sich die Schriftgelehrten günstig ab. Nach ihrer Gewohnheit nahmen sie sich der neuangekommenen Kinder an, die vor oder in ihrer *Bar-Mizwa*, der religiösen Mündigkeitserklärung, standen. Sie kümmerten sich auch um ihn. Von diesem Brauch haben wir übrigens ein weiteres Beispiel: Mit dreizehn Jahren, also kurz vor seiner Bar-Mizwa, tritt der hellenisierte jüdische Geschichtsschreiber Flavius Josephus, der kurz nach dem Heimgang Jesu geboren wurde, eine geistige Entdeckungsreise an. Er erkundigt sich über »die verschiedenen Meinungen der drei damaligen jüdischen Sekten, der Pharisäer, Sadduzäer und Essener[1], damit«,

[1] Um die Zeloten scheint er sich nicht gekümmert zu haben; sie waren ihm zu aktivistisch

so erzählt er in seiner Biographie, »ich sie alle kennenlernte und mich dann der anschließen könnte, die mir die beste schien«. Als er vierzehn Jahre alt war, schreibt er, »ließen sich die Priester und Edlen von Jerusalem herab und beehrten mich mit ihren Fragen nach meiner Einstellung zum Gesetzesverständnis«.

Schon zur Zeit Jesu mußte es unter den Schriftgelehrten üblich gewesen sein, die Kinder vor der Bar-Mizwa zu sich zu holen, sie nach ihrem Wissen zu befragen oder sie an ihren beständigen Disputen über das Gesetz teilnehmen zu lassen. Solche Streitgespräche sind gerade der jüdischen Theologie eigentümlich. Der Neuankömmling war nicht einfach ein Hörer, er konnte Vorschläge machen und seine Kritik anbringen. Die Lehrer sprachen für ihn nicht ex cathedra, sondern waren seine Partner und Führer in diesem wirklich freien Podiumsgespräch rabbinischer Tradition.

Wer aber waren die Lehrer, die Jesus zu sich holten? Waren sie von der gleichen Richtung wie die, welche ein Vierteljahrhundert später geruhten, Flavius Josephus auszufragen? Wahrscheinlich wohl nicht; sie dürften einer anderen Partei angehört haben. Flavius Josephus ist ein Aristokrat, der sich seiner glanzvollen Herkunft rühmt; unter seine Vorfahren zählt er Könige und Hohepriester. Sein Vater war in Jerusalem nicht nur wegen seiner edlen Abstammung, sondern auch wegen seiner Tugend und Gerechtigkeitsliebe angesehen.

Er selbst scheint es nicht nötig gehabt zu haben, für seinen Lebensunterhalt zu sorgen. Er betreibt mit Muße seine Studien, die ihm Jerusalem bot, nimmt einen Aufenthalt in der Wüste, wo er drei Jahre lang mit einem gewissen Bane zusammenlebte, der »Baumrinde als Kleidung trug und sich nur von dem ernährte, was die Erde von selbst hervorbrachte«, und der sich, »um keusch zu bleiben ..., mehrmals am Tag und in der Nacht in kaltem Wasser badete«. Danach hat also dieser Sohn aus guter Familie eine allzu wohlwollende und nur provisorische asketische Lehrzeit hinter sich gebracht und kehrte nun in die Welt zurück. Er trat glanzvoll ins öffentliche Leben und verschmähte es nicht, als er mit 26 Jahren nach Rom reiste, sich der Kaiserin Poppäa, der Gemahlin des »göttlichen« Nero, vorstellen zu lassen.

Es versteht sich, daß einem jungen Mann aus solcher Familie und mit diesen Beziehungen zu den Mächtigen seiner Zeit am Tag nach seiner Bar-Mizwa ein anderer Empfang im Tempel gewährt wurde als Jesus. Für Flavius Josephus kommen alle Priester und Edlen aus Jerusalem zusammen, um ihn zu empfangen. Ohne Zweifel hat er durch Geburt und Rang Zugang zur Sekte der Sadduzäer. Als Jesus zu Ostern kam, erwartete ihn sicher niemand. Man hat ja schließlich wichtigere Dinge zu tun als sich mit einem jungen Nazarener abzugeben. Opfer und Festlichkeiten beanspruchen zu viel Zeit.

Jesus hat es mit Schriftgelehrten zu tun, die zwar Meister in der Kenntnis und der Erläuterung des Gesetzes waren und deren inneres Leben reicher ist als das der Vornehmen, die aber doch eben keine so »großen Persönlichkeiten« sind. Ihnen steht es eher an, einen bei seiner ersten Ankunft zu empfangen, der sich später entsprechend rabbinischer Tradition an die Menschen aus dem Volk und an die Armen wenden soll. Diese Schriftgelehrten verschmähten es nicht, während der hochheiligen Tage die Meinung eines jungen Unbekannten anzuhören und seine Fragen zu beantworten. Sie spielen eine wesentliche Rolle in dem einzigen Augenblick, der uns von den dreißig Jahren überliefert ist. Sicherlich halfen sie Jesus zum vertieften Verständnis der Religion Israels und seiner eigenen Sendung. Wer aber waren diese Schriftgelehrten? Und zu welcher Sekte gehörten sie?

Die jüdischen Sekten der Zeit Jesu waren so etwas wie geistige Familien. Sie waren Parteiungen innerhalb des Judentums, sie erkannten alle zusammen seine Dogmen an, pflegten seinen Kult und lebten von seiner historischen Überlieferung. Der Unterschied lag in der verschiedenen Veranlagung dieser Menschen, d. h. in der unterschiedlichen Art, mit der sie ihren gemeinsamen Glauben lebten und darstellten. Die einen waren mehr politisch eingestellt und stärker auf Aktion ausgerichtet, die anderen pflegten eine spirituelle Haltung und neigten zur Kontemplation. Die beiden Extreme bildeten die Zeloten und die Essener. Zu diesen zwei Sekten gehörten aus verschiedenen Gründen unsere Schriftgelehrten wahrscheinlich nicht.

Die Zeloten waren Männer der Tat, sie wollten die Ankunft der messianischen Zeit durch Gewaltmittel beschleunigen, sie waren fanatische Nationalisten und scheuten sich nicht, das Schwert in den Dienst der Frömmigkeit zu stellen. Während die anderen Sekten und besonders die Pharisäer an die Ankunft des Messias glaubten und darin eine fromme Hoffnung, aber keinen Aufruf zur Tat erblickten, sahen die Zeloten darin einen Anlaß zum Widerstand. Für die Pharisäer gibt es keinen Tag und keine Stunde Y, in der der Messias erscheint. Sie erwarten die Erlösung Israels nur von der peinlichen Beachtung des Gesetzes. In der Befolgung der Gebote und der Erfüllung des Sittengesetzes im Mitvollzug der Riten und Gebete ist ihre Teilnahme an der Ankunft des Gottesreiches beschlossen. Sie sind Mystiker und zugleich Intellektuelle, und die Zeloten werden ihnen vorwerfen, wie wirkungslos ihr Verhalten sei. Die Zeloten haben nichts Geringeres vor, als das Eingreifen Gottes zu erzwingen. Sie stiften Unruhe an, unterstützen unter anderem hundert Jahre nach dem Tod Jesu den Messiaskönig Simeon Bar Kochba, während die Pharisäer in diesem Kampf fast ausnahmslos neutral blieben; nur der Rabbi ben Akiba erklärte sich für Bar Kochba.

Es ist recht unwahrscheinlich, daß die Zeloten sich im Tempel von Jerusalem um den kleinen Nazarener gekümmert hätten, denn die Priesterschaft war zwar vielleicht nicht durchweg von den römischen Herren eingesetzt, aber doch wenigstens gebilligt und strengstens überwacht. Kann man sich im Jahre 1943 Führer

der französischen Resistance bei einem Staatsempfang des Vich Regimes vorstellen?
Aus genau entgegengesetzten Gründen ist es aber auch sehr unwahrscheinlich, daß die Schriftgelehrten Essener waren. Die Zeloten waren Aktivisten, die Essener dagegen kontemplativ; sie sonderten sich von den übrigen Juden ab, sie verboten sich das Betreten des Tempels und den Aufenthalt in Jerusalem und lebten in klosterähnlichen Gemeinschaften, deren Großteil sich am Westufer des Toten Meeres befand. Zwar war ihr Glaubensgut in großen Zügen dem der Pharisäer gleich; so erkannten sie besonders die Unsterblichkeit der Seele an, aber ihre Lebensweise trennte sie von ihnen. Sie bildeten einen Geheimbund, der nur den Eingeweihten offenstand. Die Essener verrieten ihre Lehren nicht Außenstehenden und schlossen sie auch von ihren Gottesdiensten aus. Um zugelassen zu werden, mußte ein zweifaches Noviziat bestanden werden. Somit bleiben als mögliche Parteien noch die Sadduzäer und Pharisäer. Beide besuchten mit Sicherheit an den großen Festen das Heiligtum. Die einen wie die anderen konnten dort Neuankömmlinge aufnehmen, aber sie gingen dabei nach sehr verschiedenen Prinzipien vor.
Die Sadduzäer wiesen alle ab, die irgendwie Nonkonformisten waren, ob sich das nun auf politisches, intellektuelles oder religiöses Gebiet bezog. Politisch glichen sie sich nicht allzu schlecht an die römische Besatzungsmacht an, ertrugen ihre Einmischung, die sich bis ins Innerste des Tempels erstreckte. Sie waren damit einverstanden, daß Herodes die hohepriesterliche Würde einigen nichtpalästinensischen Familien übertragen hatte, die nicht im Land verwurzelt waren und deshalb gefügige Werkzeuge seiner Macht wurden. Sie wehrten sich nicht, als Priester aus Alexandrien kamen und die Sitze im Sanhedrin einnahmen, von denen alte Mitglieder brutal verdrängt worden waren. Das alles hinderte die Sadduzäer nicht daran, an hohen Festen Seite an Seite mit diesen Kollaborateuren und Einwanderern aufzutreten. Im geisti-

gen Kampf nahmen die Sadduzäer nicht am Widerstand der palästinensischen Juden gegen hellenische Sprache und Kultur teil. Nach Flavius Josephus, der allerdings trotzdem griechisch schrieb, war die griechische Sprache bei den Juden der Zeit Jesu allgemein verhaßt. Ihr Studium, sagte er, betrachtete man als eine weltliche Beschäftigung, die eher Sklaven als freien Männern zustand (Antiq., XX, 12,1). Der Talmud verbietet, griechisch zu sprechen. Wer dieses Gebot übertritt, trennt sich schon damit vom Hause Israel. Überhaupt gab es keine Gelegenheit, Griechisch zu erlernen. Ein Pharisäer, den die neue Modeströmung angesteckt hatte, soll einen Rabbi gefragt haben, ob sein Sohn Griechisch lernen dürfe. Darauf versetzte der Gelehrte: »Warum nicht? Aber unsere Weisen schreiben vor, man solle Tag und Nacht die Thora studieren ... Versuche also eine Stunde zu finden, die nicht Tag und Nacht ist!«

Die Sadduzäer dagegen hatten sich angeglichen und die Zivilisation der Eroberer übernommen. Sie scheuten sich nicht, sich der herrschenden Kultur anzuschließen und die Sprache der Sieger zu sprechen. Das hindert sie jedoch nicht, sich im religiösen Leben strikt an den Buchstaben der Schrift zu halten, und zwar an ihre ursprüngliche Fassung. Sie ließen keinerlei Erläuterung und keine Entwicklung zu und wollten nicht zugeben, daß die Überlieferung die Schrift auslegt. Sie zogen es vor, den Buchstaben zu überliefern, statt ihn zu erklären.

Die Pharisäer dagegen nennen sich Nonkonformisten, das ist auch die Bedeutung ihres Namens im Hebräischen. Sie bezeichnen sich selbst mit »Peruschim«, das heißt eigentlich die Getrennten, und unterschieden sich so von der hohen und niedrigen Beamtenschaft, von den Adeligen und Priestern[1]. Sie gehören zum gewöhnlichen Volk, sind richtige Juden und sind etwas liberal eingestellt. Statt sich an den Buchstaben des Gesetzes zu

[1] Interessant ist, daß ihr Name heute fast den gegenteiligen Sinn angenommen hat.

halten, haben sie die rabbinischen Kommentare angeregt, die man von Fall zu Fall im Talmud oder in den Midraschim finden kann. Sie sind keine Sektierer und Patrioten und halten sich daher nicht systematisch vom Tempel fern, der ja das nationale und religiöse Zentrum Israels ist. Jedoch geben sie lieber der Synagoge den Vorzug. Diese anpassungsfähige, volkstümliche Form der religiösen Gemeinschaft ist ja ihre eigene Schöpfung, ihr Beitrag zum Judentum.

Man darf wohl annehmen, daß sie im Innern des Tempels vor allem die Synagoge besuchten. Wir haben ja schon gesehen, daß sich auch im Heiligtum eine solche schlichte Zufluchtsstätte der Frömmigkeit fand. Mit einiger Wahrscheinlichkeit haben sie auch Jesus dorthin mitgenommen, sich seiner angenommen und ihn an ihrem Gespräch teilnehmen lassen.

Wenn man auch vielleicht nicht sagen kann, daß die Schriftgelehrten aus dem Lukas-Evangelium nur Pharisäer und nicht zum Teil auch Sadduzäer waren, so kann man wohl dennoch behaupten, daß sie auf jeden Fall in überwiegender Mehrheit Pharisäer waren. Es waren wohl die Verfechter einer liberaleren Geisteshaltung, deren Gespräche Jesus am meisten fesselten. Zum Beweis dieser Auffassung gibt es zunächst einige praktische Gründe. Bei einem hohen Fest ist es schlecht möglich, daß angesehene Bürger ihren offiziellen Pflichten fernbleiben und sich um ein Kind geringerer Herkunft kümmern, das so wenig Zugang zur Gesellschaft zu erwarten hatte wie eben ein Zimmermannssohn aus Nazareth. Andere Gründe liegen tiefer und sind mehr persönlicher Natur. In der späteren Predigt Jesu finden sich häufig starke Berührungspunkte mit dem Gedankengut der Pharisäer. Es gibt zwar auch Unstimmigkeiten, die sie in Gegensatz zu den Jüngern Jesu bringen, jedoch ist es sicher, daß er ihre Lehre genau kannte. Zahlreiche Lehrsätze des Talmud sind in die Evangelien übergegangen.

Den Römern gegenüber nehmen die Pharisäer eine differenzierte Haltung ein. Sie lehnen es ab, ihnen zu dienen, aber auch gegen sie zu kämpfen. Ihre Stellungnahme entspricht fast dem Rat, den Jesus in seiner öffentlichen Tätigkeit seinen Jüngern gibt. Hier hat zweifellos das berühmte: »Gebet dem Kaiser ...« seinen Ursprung. Wenn man schließlich nach Flavius Josephus die ethischen Grundsätze der Sadduzäer und Pharisäer kennzeichnet, sieht man, wie sehr die letzteren den Evangelien nahestehen.

»Die Pharisäer«, sagt der Autor des »Jüdischen Krieges«, »sind geachtet, weil sie als besonders kundige Deuter des Gesetzes und der Gebräuche gelten. Sie machen alles von Gott und seiner Vorherbestimmung abhängig und lehren, daß es größtenteils von uns abhängt, ob wir gut oder böse handeln, wiewohl aber auch darin eine Mitwirkung des Schicksals helfen kann. Sie halten ebenso daran fest, daß die Seele unsterblich sei und daß die Seelen der Gerechten nach diesem Leben in einen neuen Leib übergehen und die der Bösen ewige Strafe erleiden[1]« (Der jüdische Krieg II, 8,14).

Die Schriftgelehrten, die man im allgemeinen, wenn nicht immer, zu der Gruppe der Pharisäer zählen darf, da sie im Gegensatz zur Priesterschaft, zu den Römern und den gewalttätigen Zeloten standen, bildeten in Jerusalem und in der Synagoge, die sich in einen Winkel des Heiligtums schmiegte, ein Zentrum kultureller Unabhängigkeit, religiöser Reinheit und geistiger Freiheit. Zweifellos verbrachte das Kind Jesus bei ihnen die drei Tage ohne Wissen seiner Eltern, hörte und erörterte das Wort Gottes und seine Auslegung.

Wie aber konnte es dazu kommen, daß trotz so vieler Verwandtschaft später ein so heftiger Gegensatz zwischen ihnen entstand? Daß der Name der Pharisäer, den Jesus in seinen ersten verborgenen Jahren gewiß mit kindlicher Hochachtung ansah, für seine

[1] In diesem Punkt scheint Flavius Josephus die Gedanken der Pharisäer auf eigene Weise auszulegen.

Jünger später eine so abfällige Bedeutung erhalten hat? Ist das ein unverständliches Paradox oder eine ganz natürliche Entwicklung, ein Mißverständnis oder eine logische Folge? Damit wir eine Erklärung für diese rätselhafte Entwicklung finden, die doch nicht zufällig sein kann und noch heute fortwirkt, müssen wir noch tiefer in das Verhalten der Pharisäer zur Zeit der Kindheit Jesu eindringen.

Pharisäer und Pharisäer bedeutete damals einen großen Unterschied. Der Verruf, der die ganze Sekte traf, war zweifellos hauptsächlich einer bestimmten Gruppe zuzuschreiben.
In einer Selbstkritik unterscheidet am Anfang der christlichen Zeitrechnung der Talmud zwischen guten und schlechten Pharisäern. Recht humorvoll und ein bißchen selbstquälerisch werden sieben Kategorien in ihren Reihen aufgestellt. Sechs davon erhalten bezeichnende Spottnamen, welche die Beschuldigungen durchaus rechtfertigen. So wie Bernanos über die »Anständigen« herzieht, so geht auch der Talmud nicht eben zartfühlend mit diesen Leuten um, welche eine so auffällige Frömmelei an den Tag legen: »Es gibt«, heißt es in bildreicher, echt jüdischer Sprache, »siebenerlei Pharisäer:

1 Die Ehrgeizlinge; sie posaunen ihre Taten aus, damit die Menschen sie ehren.
2 Die Stolperer, die durch die Straßen gehen und, damit man sie bemerkt, ihre Füße auf der Erde schleifen und an die Steine stoßen.
3 Die Prüden, die ihre Augen schließen, damit sie die Frauen nicht sehen, und darüber mit ihrem Kopf an die Mauern rennen.
4 Die krummen Demütigen, die mit sich selbst zerfallen sind.
5 Die Pharisäer aus Berechnung, die das Gesetz nur erfüllen, um die verheißene Belohnung zu erhalten.

6 Die Pharisäer aus Angst, die Gutes nur aus Furcht vor Strafe tun.
7 Die Pharisäer aus Pflichtbewußtsein; und das sind die guten.«

Man kann sich vorstellen, wie sehr in der französischen Literatur Rabelais und Molière mit den sechs ersten Punkten dieser harten Charakterisierung einverstanden gewesen wären und wie gut selbst Pascal, der Pascal der »Provinciales«, dieses Thema wirkungsvoll abgehandelt hätte. Unter den Schriftgelehrten der Zeit des ersten Christentums, die mehr oder weniger zur Gruppe 1 bis 6 gehörten, gibt es welche, die in diesem Punkt den Talmud sogar noch überboten. Rabbi Nachman sagt diesbezüglich: »Der oberste Gerichtshof möge sich dazu bereitfinden, die Heuchler zu bestrafen, die ihren heiligen Schleier *(Talith)* umlegen und sich für wahre Pharisäer ausgeben, aber keine sind.« Ähnlich meint Alexander Jannai, ein Gegner dieser Partei, zu seiner Frau auf dem Sterbebett: »Fürchte nicht die wahren Pharisäer, noch weniger fürchte die, welche keine sind, aber besonders fürchte die Scheinpharisäer, die keine Pharisäer sind, sich aber als solche ausgeben!«

*David Flusser*

# Jesus und das Gesetz

Es ist kaum bekannt, daß der synoptische Jesus nie gegen die damalige Gesetzespraxis verstößt – mit der einzigen Ausnahme, nämlich dem Ährenraufen am Sabbat. Am nächsten dem ursprünglichen Bericht ist da Lukas (6,1–5): »Es begab sich aber, daß er an einem Sabbat durch die Saaten wanderte, und seine Jünger rissen Ähren ab und aßen sie, indem sie sie mit den Händen zerrieben. Da sagten ihm etliche von den Pharisäern: ›Warum tun sie, was am Sabbat nicht erlaubt ist?‹« Die allgemeine Auffassung war, daß man am Sabbat abgefallene Ähren nur mit den Fingern zerreiben darf, aber nach der Ansicht Rabbi Jehudas, der wie Jesus ein Galiläer war, darf man das auch »mit der Hand« tun. Etliche von den Pharisäern bemäkelten also die Jünger Jesu, die offenbar nach ihrer galiläischen Gesetzestradition gehandelt haben. Der griechische Übersetzer des Urberichts war nun mit den Sitten des Volkes nicht vertraut, und um die Szene zu veranschaulichen, fügte er das Abreißen der Ähren hinzu, nicht ahnend, daß er dadurch den einzigen Verstoß gegen das Gesetz in die synoptische Tradition eingefügt hat.

Im Falle des Händewaschens vor dem Essen ist die synoptische Tradition an dem Mißverständnis unschuldig. Das Gebot des Händewaschens gehört eigentlich weder zur schriftlichen noch zur mündlichen Lehre, und zur Zeit Jesu galt der Satz: »Das Händewaschen vor der Mahlzeit ist Sache des freien Beliebens, aber das Wasser nach der Mahlzeit ist Pflicht.« Es handelt sich bei dieser Sitte um eine rabbinische Bestimmung, die vielleicht erst eine Generation vor Jesus getroffen wurde. Sogar der »verstockteste« unter den damaligen Dorfpharisäern würde verständnislos den Kopf schütteln, wenn jemand behauptet hätte, daß dadurch, daß die Jünger Jesu sich nicht immer die Hände vor dem Essen gewaschen haben, Jesus mit dem Gesetz Mosis gebrochen hat. Vom Standpunkt der Rangordnung jüdischer Gebote gesehen, haben die Schriftgelehrten im Gespräch mit Jesus das Händewaschen nur eine »Überlieferung der Alten« (Mk 7,5) genannt. Auch Jesus sprach nach den Begriffen der Zeit, wenn er die rabbinische Bestimmung des Händewaschens – die damals nicht verpflichtend war – als eine »Überlieferung der Menschen« (Mk 7,8) bezeichnet hat, gegenüber den Geboten Gottes der schriftlichen und mündlichen Lehre.

Die Bestimmung des Händewaschens vor dem Essen war schon deshalb damals nicht allgemein verpflichtend, weil sie zu jenen Reinheitsvorschriften gehört hat, die nicht für alle Juden galten, sondern die bestimmte Gruppen von Juden freiwillig für das ganze Leben auf sich genommen haben. Der Grad und das Ausmaß dieser Verpflichtung war verschieden; streng genommen waren die Pharisäer eine Genossenschaft, deren Regeln der rituellen Reinheit viel leichter waren als die der essenischen Gemeinde. Darum ist es verständlich, daß Jesus in der Debatte über das Händewaschen gleich diese Kategorie von Reinigungen allgemein ins Auge gefaßt hat: *Nicht das, was in den Mund kommt, macht den Menschen unrein, sondern was aus dem Mund herauskommt, das macht den Menschen unrein* (Mt 15,11). Der Spruch Jesu hat also mit einer vermeintlichen Aufhebung der Gebote des Judentums nichts zu tun, sondern gehört zu der Kritik Jesu gegenüber den Pharisäern. Die allgemeine Wahrheit, daß gerade das strikte Wahren ritueller Reinheit eine moralische Laxheit fördern kann, galt auch für die Tage Jesu. Ein damals lebender jüdischer Verfasser hat sicherlich die Pharisäer gemeint, als er über »verderbliche und frevelhafte Menschen« gesprochen hat,

»die sagen, sie seien gerecht ... die sich selbst gefallen, verstellt in all ihrem Wandel ... Ihre Hände und Herzen werden Unreines treiben und ihr Mund groß prahlen – und doch werden sie dabei sagen: Rühre mich nicht an, damit du mich nicht verunreinigst.« Auch hier wie bei Jesus wird der Gegensatz zwischen dem moralisch unreinen Denken und Sprechen gegenüber der Sucht nach ritueller Reinheit hervorgehoben. Über dasselbe hat Jesus ein anderes Mal gesagt: *Wehe euch, ihr Schriftgelehrten und Pharisäer, ihr Heuchler, daß ihr die Außenseite des Bechers und der Schüssel reinigt, inwendig aber sind sie gefüllt mit Raub und Unmäßigkeit. Du blinder Pharisäer, mache zuerst den Inhalt des Bechers rein, damit auch seine Außenseite rein wird!* (Mt 23,25–26). Er nannte sie auch *blinde Führer, welche die Mücke seihen, das Kamel aber verschlucken* (Mt. 23,24). Das letzte Wort klingt sprichwörtlich, und vielleicht hat auch den Spruch über das, was den Menschen wirklich unrein macht, nicht erst Jesus geprägt.

Da man diesen Spruch, nicht ganz mit Unrecht, für wichtig hält, sollte man doch nach seinem Sinn im Munde Jesu fragen. Jesus pflegte, wie es Sitte war, Segenssprüche über Wein und Brot zu sprechen. Hat er gleichzeitig gemeint, die Gegenstände selbst seien religiös indifferent? Einige Jahrzehnte später sagte Rabban Jochanan ben Sakkai zu seinen Schülern: »Bei eurem Leben, nicht der Tote verunreinigt und nicht das Wasser macht rein, aber es ist die Verordnung des Königs aller Könige; Gott hat gesagt: Eine Satzung habe ich festgesetzt, eine Verordnung habe ich verordnet; kein Mensch ist berechtigt, meine Verordnung zu übertreten; denn es heißt: ›Dies ist die Satzung der Thora, die der Herr geboten hat.‹« So würde Jesus nicht gesprochen haben, das wäre für ihn unter anderem zu rationalistisch. Vorläufig wird man nun sagen können, daß für Jesus der moralische Wert bei weitem jeden rituellen Wert überschattet, aber das ist sicher nicht die letzte Wahrheit – und wollte denn Jesus überhaupt in solchen scharfen, theoretischen Kategorien denken?

Beim Händewaschen und Ährenraufen sind es die Jünger, nicht der Meister, die weniger streng in der Gesetzespraxis sind. Auch das wird gewöhnlich nicht beachtet. Und als der Meister auf die Nachlässigkeit der Schüler aufmerksam gemacht wird, nimmt er nicht nur die Schüler in Schutz, sondern antwortet mit einem frontalen Angriff, der in seiner Strenge dem kleinen Vorfall nicht angemessen ist. Jesus ergreift also die Gelegenheit, eine prinzipielle Frage zu klären. Dabei sind seine Antworten nicht so revolutionär, wie es einem uneingeweihten Beobachter scheinen würde. Das Wort über das Reine und Unreine ist fast eine moralische Volksweisheit, und der Kernspruch Jesu bei der Debatte um das Ährenraufen am Sabbat ist ganz im Sinne der gemäßigten Schriftgelehrten. Jesus sagte damals unter anderem: *Der Sabbat ist um des Menschen willen erschaffen worden und nicht der Mensch um des Sabbats willen – somit ist der Mensch Herr auch über den Sabbat* (Mk 2,27–28). Auch die Schriftgelehrten sagten: »Euch ist der Sabbat übergeben, nicht aber ihr dem Sabbat.«
Jesus wußte sich auch selbst passende Gelegenheit für seine pädagogischen Angriffe gegen die Stockfrommen zu schaffen. Dies tat er zum Beispiel bei einer Heilung am Sabbat. Um den Verlauf dieses Begebnisses zu verstehen, muß man wissen, daß, wenn nur ein kleiner Verdacht von Lebensgefahr bestand, alle Arten von Heilungen am Sabbat erlaubt waren. Sonst durfte man zwar nicht am Sabbat mechanische Mittel anwenden, aber durchs Wort zu heilen war ausdrücklich in allen, auch ungefährlichen Krankheitsfällen am Sabbat erlaubt. Daran hat sich Jesus nach den synoptischen Evangelien bei seinen Heilungen immer gehalten. Nicht so bei dem historisch weniger interessierten Johannes: er erzählt von der Heilung eines Blinden, die an eine ähnliche Geschichte bei Markus (8,22–26) erinnert. Nach Johannes (9,6) hat Jesu den Mann dadurch geheilt, daß er »auf die Erde spie und einen Teig aus dem Speichel machte und dem Blinden den Teig auf die Augen legte«. Und im Unterschied zu

Markus fügt noch Johannes hinzu: »Es war aber Sabbat an dem Tage, an dem Jesus den Teig machte und ihm die Augen auftat ... Da sagten etliche unter den Pharisäern: Dieser Mensch ist nicht von Gott her, weil er den Sabbat nicht hält« (Joh 9,14–16). Hätte Jesus wirklich so gehandelt, wäre der Einwand der Pharisäer von ihrem Standpunkt aus verständlich. Doch, wie gesagt, das Anliegen Jesu war nicht, gegen das Gesetz Mosis anzugehen, sondern den Starrsinn der Stockfrommen exemplarisch bloßzulegen. Dazu wußte er sich eine Gelegenheit zu finden. »Es begab sich an einem Sabbat, daß er in eine Synagoge eintrat und daselbst war ein Mensch, dessen Hand erstorben war, und sie haben auf Jesus aufgepaßt, ob er am Sabbat heilen würde, damit sie ihn anklagen könnten. Er aber sprach zu ihnen: *Ist es am Sabbat erlaubt, Gutes zu tun?* Und er sagte zu dem Mann: *Strecke die Hand aus!* Und er streckte sie aus, und sie wurde wieder gesund wie die andere. Sie aber wurden ratlos und sprachen untereinander: ›Was sollen wir mit Jesus tun?‹« (Vgl. Lk 6,6–11).
Jesus, als Heiltäter schon bekannt, trifft am Sabbat in einer Synagoge einen Mann, dessen Hand erstorben war, der also chronisch und nicht gefährlich krank ist. Wird nun Jesus diesen Mann heilen? Das tat er allerdings, aber durch Worte, was eine erlaubte Handlung war. Dabei hat er sowohl durch diese Tat als auch durch seinen Spruch gezeigt, was der Sinn des Sabbats ist. Natürlich reizte er dadurch die Frömmler, die ihn bei einer verbotenen Handlung nicht ertappen konnten. Übrigens waren in dem ursprünglichen Bericht die Pharisäer ausdrücklich nicht erwähnt. Dieser klare Tatbestand wurde nun durch Markus sinnlos verzerrt – und dem Markus folgte dann Matthäus. Anstatt mit der ohnmächtigen Ratlosigkeit der Frömmler endet dort die Geschichte so: »Und die Pharisäer gingen gleich hinaus und faßten mit den Herodianern einen Beschluß wider ihn, ihn umzubringen.« Das ist ein klarer Hinweis auf die künftige Kreuzigung (vgl. Mk 15,1). Eine solche Reaktion der Pharisäer wäre

sehr unwahrscheinlich. Selbst die Ärgsten unter ihnen würden nicht beschlossen haben, Jesus zu vernichten, weil er am Sabbat eine – noch dazu erlaubte – Heilung vorgenommen hat. Darum ist in diesem Fall Lukas (6,11) vorzuziehen.

Jesus hat also die sittliche Seite des Lebens gegenüber der rein formellen Seite der Gesetzespraxis hervorgehoben. Wir werden diese vorläufige Feststellung ein wenig vertiefen können, wenn wir die Gesetzesfragen verlassen und zwei andere Streitgespräche Jesu erwähnen. Das erste hat einen ähnlichen kämpferischen Unterton wie das Wort Jesu bei der Heilung der erstorbenen Hand. »Und siehe, da brachten sie zu ihm einen Gelähmten, der auf einem Bette lag. Und als Jesus ihren Glauben sah, sagte er: *Mein Sohn, deine Sünden sind dir vergeben*. Und siehe, etliche der Schriftgelehrten sagten bei sich selbst: ›Dieser lästert! Wer kann Sünden vergeben außer Gott allein?‹ Und da Jesus ihre Gedanken erkannt hat, sprach er: *Was macht ihr euch da für Gedanken in euren Herzen? Was ist leichter? zu sagen: Deine Sünden sind dir vergeben? oder zu sagen: Steh auf und geh umher? Damit ihr aber wißt, daß der Mensch Vollmacht hat, auf Erden Sünden zu vergeben* – sprach er zu dem Gelähmten: *Steh auf, nimm dein Bett und gehe heim!* Und er stand auf und ging heim. Und alle erschraken und priesen Gott, der solche Vollmacht den Menschen gegeben« (vgl. Mt 9,1–8).

Wie in der Geschichte von der Heilung der erstorbenen Hand verband Jesus bei der Heilung des Gelähmten Wort und Tat. Die Heilung war da kein Selbstzweck, sondern ein schlagender Beweis für eine Lehre. Da man geglaubt hat, die Krankheiten seien eine Folge von begangenen Sünden, kann das Vergeben von Sünden schon die Heilung bedeuten. Durch die Heilung des Gelähmten bewies Jesus, daß Gott dem Menschen die Macht verliehen hat, aus seiner eigenen Kraft Sünden zu verzeihen, die in keiner Beziehung mit dem Verzeihenden stehen! Wichtig ist auch, daß Jesus die Sünden dem Kranken vergeben hat, nachdem er bei den Anwesenden, und anscheinend auch bei dem Kranken, den Glauben gesehen hat. In den ursprünglichen Worten Jesu ist nie die Rede von einem Glauben an Jesus selbst, wie er dann im Christentum selbstverständlich wurde, aber die Macht des Glaubens an sich hat schon Jesus erkannt. *Wenn ihr Glauben habt wie Senfkorn, so werdet ihr zu diesem Berge sagen: Rücke von hier weg dort hinüber – und er wird fortrücken* (Mt 17,20).

*Schalom Ben-Chorin*

# Lehre uns beten

Nach einer Tradition des Lukas-Evangeliums (Luk 11,1) war es einer der Jünger Jesu, der nicht mit Namen genannt wird, welcher sich mit der Bitte an ihn wendet: »Herr, lehre uns beten, wie auch Johannes seine Jünger lehrte.« Diese Bitte ist nicht dahin zu verstehen, daß die Jünger Jesu vorher keine Gebete kannten, sondern zusätzlich zum üblichen Gebet der täglichen und sabbathlichen Übung pflegten die verschiedenen Meister ihren Jüngern noch Privatgebete, »Thachanunim«, zu empfehlen. In diesem Sinne dürfen wir das Wort b. Berachoth 29b verstehen: »Wer sein Gebet als etwas Obligatorisches betrachtet, dessen Gebet ist kein Flehen ...« Was heißt etwas (nur) Obligatorisches? ... Rabbi Joseph erklärte: »Wenn man darin nichts Neues einzuschalten weiß.«

In diesem Sinne ist der Gebetswunsch des Jüngers zu verstehen, und darauf zielt auch die Antwort Jesu, das »Unser Vater«. Es heißt das Wesen dieses Gebetes mißverstehen, wenn man es als liturgische Formel auffaßt, ja als das einzig legitime liturgische Gebet. Genau das ist es nicht, sondern ein Hinweis auf die Art und Weise, wie, in aller Schlichtheit des Herzens, gebetet werden soll.

Dabei ist das Gebet kein Selbstzweck, Beten wird hier nicht als eine Pflicht oder gute Tat aufgefaßt, sondern als Zwiesprache mit Gott. Ein später orthodox jüdischer Exeget des 19. Jahrhunderts, S. R. Hirsch, hat ganz in diesem Sinne über das Gebet geurteilt: »Der innere Gottesdienst (das Gebet) ist eine Vorbereitung zum tätigen und findet seinen Zweck nur in ihm« (Chorev, Par. 616). Trotzdem können wir dem zustimmen, was Adolf von Harnack in der vierten Vorlesung seines »Wesens des Christentums« sagte: »Für die höheren Religionen sind die Gebete das Entscheidende.« Harnack meinte, daß das für das Christentum (und den Islam?) zutreffe, im Gegensatz zum Judentum, das er, wie so viele seiner theologischen Fachkollegen, als Religion der Werkgerechtigkeit sah. Demgegenüber sei an das Wort des Rabbi Elieser (b. Berachoth 32b) erinnert: »Das Gebet übertrifft die guten Werke.« Wie sehr das Gebet dabei nicht als eine routinemäßige Handlung aufgefaßt wurde, geht aus der Stelle b. Berachoth 30b hervor: »Die früheren Frommen pflegten eine Stunde zu warten, um ihr Herz zum Allgegenwärtigen zu wenden.«

Das Wort des Rabbi Elieser, daß das Gebet die guten Werke übertrifft, könnte als der Auffassung Jesu diametral entgegengesetzt aufgefaßt werden, da für Jesus das Gebet nicht als etwas Verdienstvolles angesehen wird, sondern eher als eine Gnade, die dem Menschen zuteil wird, der Gott im Gebet anreden darf. Dennoch scheint mir hier kein eigentlicher Antagonismus gegeben, denn das Wort des Rabbi Elieser ist wohl dahin zu verstehen, daß die Wirkung des Gebetes stärker ist als die der guten Werke. Und hier begegnen einander Rabbi Elieser und Rabbi Jesus, der von der unmittelbaren Wirksamkeit des Gebetes tief überzeugt war: »Bittet, so wird euch gegeben; suchet, so werdet ihr finden; klopfet an, so wird euch aufgetan. Denn wer bittet, der wird empfangen, wer sucht, der wird finden, und wer anklopft, dem wird aufgetan werden« (Matth 7,7 ff.). Nun ist es typisch für den Glauben Jesu, daß er fortfährt: »Wer unter euch, den seine Kinder um Brot bitten, wird ihnen einen Stein reichen? Oder wer, wenn er ihn um einen Fisch bittet, wird ihm eine Schlange geben? Wenn nun ihr, die ihr böse seid, euren Kindern gute Gaben reicht, wie viel mehr wird euer Vater im Himmel denen Gutes tun, die ihn bitten?«

Gebet ist für Jesus Zwiesprache mit dem Vater im Himmel, wobei der Mensch sich seiner Kindsituation voll bewußt sein soll, in den drei Bitten, die dem Menschen ziemen: der Bitte um das tägliche Brot, der Bitte um die Vergebung der Schuld und der Bitte um das Reich Gottes.

In alledem bewegt sich Jesus auf dem Boden der jüdischen Tradition seiner Zeit, wie dies Bultmann richtig erkannte: »Die Eigenart des Vaterunsers gegenüber jüdischen Gebeten besteht nicht darin, daß seine Formulierung und sein Inhalt besonders originell wären. Im Gegenteil; alle Bitten haben ihre Parallelen in jüdischen Gebeten.«

Sie haben nicht nur ihre Parallelen in jüdischen Gebeten; das Gebet, das Jesus seine Jünger lehrt, ist ein jüdisches Gebet vom ersten bis zum letzten Worte. (Überall, wo es gebetet wird, habe ich es stets mitgebetet, ohne dabei meinen jüdischen Glauben auch nur um Haaresbreite zu verlassen oder zu verletzen.)

Das Gebet, das Jesus seine Jünger lehrt, beginnt mit der Anrede: »Unser Vater im Himmel.« Wenn wir diese Anrede in das Hebräische übersetzen – und wir dürfen annehmen, daß Jesus seine Jünger hebräisch beten lehrte, obwohl sie miteinander aramäisch sprachen, denn die Gebete wurden zur Zeit Jesu, zumindest im Lande Israel, noch vorwiegend hebräisch gesprochen –, so lautet sie: »Avinu scheba-Schamajim.« Das ist eine Anrede, die wir aus zeitgenössischen Gebeten kennen. Die Bezeichnung Gottes als »Unser Vater im Himmel« findet sich z. B. am Ende von zwei Mischna-Traktaten. Am Ende des Traktats Joma betont Rabbi Akiba: »Heil euch, Israel, wer reinigt euch, und vor wem reinigt ihr euch? Vor eurem Vater im Himmel.« Am Ende des Traktates Sota finden wir eine Beschreibung der Schreckenszeit der messianischen Wehen und darin die Bemerkung: »Auf wen können wir uns noch stützen? Auf unseren Vater im Himmel.«

Der »Vater im Himmel« ist also nicht etwa eine christliche

Vorstellung, sondern eine genuin jüdische. Wäre Jesus sich in irgendeiner Weise seiner vom späteren Dogma statuierten göttlichen Natur bewußt gewesen, so wäre hier der Ort, dem Ausdruck zu verleihen. Es wäre ihm aber nie eingefallen, die Jünger aufzufordern, ihn anzubeten. Er weist es ja sogar zurück, »guter Meister« genannt zu werden, mit der Begründung: »Keiner ist gut außer Gott!« (Mark. 10,17–18)

Er empfindet sich aber auch nicht als DER Mittler zwischen Gott und den Menschen, sonst würde er die Jünger lehren, in seinem Namen den Vater im Himmel anzurufen. Auch davon ist nicht die Rede, sondern der Beter selbst ist ein Kind Gottes, und so sind sie alle, die Gott anrufen, berechtigt zu sagen: »Unser Vater im Himmel.«

Obwohl Jesus das Privatgebet empfiehlt: »Gehe in deine Kammer und schließe die Türe zu und bete zu deinem Vater, der im Verborgenen ist. Und dein Vater, der in das Verborgene sieht, wird dir's vergelten«, wählt er doch die Anrede in pluralischer Form, die für das jüdische Gebet so typisch ist. Freilich empfiehlt Jesus nicht (nur?), in den Synagogen zu beten, sondern zu Hause, und doch bleibt auch für den einzelnen die Anrede »unser Vater« das Geziemende, denn der Mensch ist nicht allein, und der jüdische Mensch weiß sich im besonderen im Bunde mit Gott als Glied des Bundesvolkes, so daß auch der einzelne wohl richtig »unser Vater« sagt.

Die Vorstellung, daß Gott im Verborgenen wohnt, geht auf das Gebet Salomos zurück, der Gott im Dunkel wohnend annimmt (1. Kön. 8, 12). Auch klingt die Stelle vom verborgenen Gott bei Jesaja an (Jes. 45, 15). Die Verborgenheit Gottes entspricht jenem Grundgefühl der jüdischen Seele, die auch im Bau des Tempels zum Ausdruck kam, wo Gott im Allerheiligsten thronend gedacht wurde, das zur Zeit Jesu bereits ein völlig leerer Raum war. In dieser Leere, unfaßbar verborgen, wurde Gott gleichsam lokalisiert, obwohl in paradoxer Glaubenserkenntnis auch dem Juden dieser Zeit bewußt war, daß die Himmel der Himmel Gott nicht zu fassen vermögen.

Sowohl in der Gebetsanrede wie in den Gleichnissen, Predigten und Gesprächen Jesu wird der Name Gottes, das Tetragramm JHWH (Jahwe), nicht genannt. Es gab in neuester Zeit einen jüdischen Phantasten, David Horovitz, der der Sekte eines gewissen Moses Gibori in Amerika angehörte, welcher aus der Tatsache, daß Jesus den Namen Gottes nicht nennt, schließen wollte, daß er als Magier mit dunklen Mächten im Bunde gestanden habe, so wie etwa Faust den NAMEN Gottes nicht mehr zu nennen vermag, nachdem er den Bund mit Mephistopheles geschlossen hat.

Hier handelt es sich aber tatsächlich um böswillige Phantasterei. Die schlichte Wahrheit ist, daß auch die Zeitgenossen Jesu, die Tanaiten, aus Ehrfurcht (und vielleicht aus magischer Scheu) es vermieden, den Namen Gottes zu nennen. Der Name bleibt den biblischen Schriften, die damals kanonisiert wurden, vorbehalten, während man selbst den Namen in heiliger Scheu umschreibt, so das Gebot: Du sollst den Namen des Herrn, deines Gottes, nicht mißbrauchen (Ex. 20,7), wörtlich erfüllend. Anstelle des Gottesnamens treten Bezeichnungen wie: der Heilige, gelobt sei er; der Allbarmherzige; der gesegnete Name; ja sogar »der Ort« (denn Gott ist der Ort der Welt, nicht die Welt ist der Ort Gottes), und schließlich eben, vor allem auch als Gebetsanrede: »Unser Vater.« So beginnt etwa Rabbi Akiba seine berühmte Litanei: »Avinu malkejnu« – »Unser Vater, unser König«.

Das innige Vater-Kind-Verhältnis, das den Glauben Jesu kennzeichnet, der kindhaft in der Not in der aramäischen Form »Abba« schreit (Mark. 14,36), läßt zwar im Gleichnis Gott auch als König erscheinen, wie das in der hebräischen Haggada üblich war, aber in der Gebetssprache ist ihm Gott nur der Vater. In zwei überlieferten letzten Worten Jesu am Kreuz wird das noch einmal faßbar. Dort, wo er sich Gott zuwendet, spricht er ihn noch einmal als Vater an: »Vater, in deine Hände befehle ich meinen Geist«, während er seiner Verlassenheit mit dem Psalmwort: »Mein Gott, mein Gott, warum hast du mich verlassen?« Ausdruck gibt. Hier ist – tragischer Höhepunkt – das Vater-Kind-Verhältnis zerbrochen.

Das Gebet Jesu, das er seine Jünger lehrt, ist uns bei Matthäus 6,9–13 und bei Lukas 11,1–4 überliefert. Die Forschung ist sich nicht darüber klar, wieweit diese Bitten auf Jesus selbst zurückgehen, aber sie sind auf jeden Fall ein Ausdruck eines Glaubens, der in der Gemeinde weiterlebte. Es ist auch nicht mehr genau auszumachen, welcher Text älter ist, der des Matthäus oder der des Lukas. Die Handschriften bieten hier verschiedene Versionen, insbesondere im Lukas-Text. Das aber sind Fragen, die die Philologen beschäftigen. Uns klingt die brüderliche Stimme des jüdischen Beters durch alle diese Versionen hindurch.

Das Gebet beginnt mit der Heiligung des Namens:

Unser Vater in dem Himmel!
Dein Name werde geheiligt!

Die Formel »Dein Name werde geheiligt« entspricht dem Kaddisch-Gebet der Synagoge. Das Kaddisch ist ein altes Gebet, das, obwohl vorwiegend aramäisch, doch auch hebräische Stellen aufweist, deren Bestandteile aus der Zeit Jesu stammen dürften. Es beginnt mit der Formel: »Erhoben und geheiligt werde sein großer Name in der Welt, die er schuf nach seinem Willen, und er bringe sein Reich bei euren Lebzeiten und bei Lebzeiten des ganzes Hauses Israel, bald und in naher Zeit, darauf sprechet: Amen.«

Darauf respondiert die Gemeinde: »Es sei sein großer Name gepriesen, ewig und in alle Ewigkeit.«

Der Vorbeter fährt fort: »Gepriesen, gerühmt und verherrlicht, erhoben und erhöht und geehrt und angebetet und gelobt werde sein heiliger Name. Er werde gepriesen hoch über allen Preis und Liebe und Ruhm und Trost, die gesprochen werden in der Welt. Darauf sprechet: Amen.«

Ich vermute, daß im »Vater unser« eine Art Polemik gegen das Kaddisch vorliegen könnte. Jesus wendet sich zwar in der eristischen Vorbemerkung zu seinem Gebet gegen die Heiden, die meinen, sie würden erhört, wenn sie viele Worte machen, aber er kleidet diese Rüge in die Mahnung: »Und wenn ihr betet, sollt ihr nicht viel plappern wie die Heiden« (Matth 6,7). Tatsächlich ist der Lobpreis des Namens im Kaddisch von barocker Überladenheit, während Jesus sich auf das schlichte, in unmittelbarer Hinwendung zu Gott gesagte: »Geheiligt werde dein Name« beschränkt.

Die Urform des Kaddisch bildete ein Hymnus mit einem Ausblick auf das Reich Gottes, wie ihn die Schriftgelehrten ihren Auslegungen (Draschoth) als Abschluß folgen ließen. Noch heute ist diese Form in der Synagoge als »Kaddisch derabbanan« bekannt, das nach einem Lehrvortrag rezitiert wird. Daraus ist der Ort des »Vater unser« im Anschluß an die Bergpredigt zu verstehen.

Dein Reich komme.
Dein Wille geschehe auf Erden wie im Himmel.

Daß die Bitte um das Reich Gottes an den Anfang des Gebetes gestellt ist, entspricht der eschatologischen Naherwartung Jesu, die er nicht nur von seinem Lehrer Johannes übernommen hat, sondern die einem Grundgefühl dieser spannungsreichen Zeit entsprach. Auch das Kaddisch BEGINNT ja mit der Bitte um das Reich Gottes, während in dem Gebet von Rav (2.–3. Jahrhundert), nachdem die messianische Naherwartung bereits nachgelassen hatte, dieselbe Hoffnung in die Mitte gerückt wird: »Dar-

um harren wir dein, Herr unser Gott, bald die Pracht deines Sieges zu sehen, fortzuschaffen von der Erde die Gottnichtse, daß sie ausgerottet werden, die Welt zu ordnen für das Königtum des Gewaltigen.« (Noch heute schließt der Gottesdienst der Synagoge mit diesem Gebet, das unter dem Namen »Alejnu« bekannt ist.)
An die Heiligung des Namens und die Bitte um das Reich schließt sich die Bitte darum, daß der Wille Gottes auf Erden wie im Himmel geschehen möge. Die Erwartung Jesu war keine rein transzendente, sondern der Einbruch der Transzendenz in unsere irdische Menschenwelt wurde erwartet. Das Judentum hat ja nie die Hoffnung auf ein Jenseits gesetzt. Diesen Ausdruck gibt es im Hebräischen gar nicht, sondern hier ist von »Olam Haba«, der kommenden Welt, die Rede. Das Reich der Himmel komme auf diese Erde, und dann geschehe auf ihr der Wille Gottes, wie er bereits jetzt in den Himmeln geschieht. Der Wille Gottes – das ist der Friede; und so schließt das Kaddisch: »Der Friede schafft in seinen Höhen, der schaffe Frieden uns und ganz Israel; darauf sprechet: Amen.«
Bei aller Übereinstimmung zwischen andern jüdischen Gebeten und dem »Vater unser« fällt hier auf, daß Israel nicht erwähnt ist, daß jede nationale Komponente fehlt. Bedenkt man, daß das Sendungsbewußtsein Jesu auf die verlorenen Schafe aus dem Hause Israel primär beschränkt war, so muß das wundernehmen. Wenn wir es nicht mit einer späteren Eliminierung einer solchen Formulierung zu tun haben, so ist hier vor allem darauf hinzuweisen, daß es sich um ein Privatgebet im Sinne der Thachanunim handelt, die als Herzenserguß des einzelnen oft der nationalen Komponente entbehren.

Unser täglich Brot gib uns heute.

Es ist legitim, daß der Mensch auch in der Erwartung des Reiches

Gottes für sein tägliches Brot betet. Hebräisch müssen wir wohl »Lechem chukenu« lesen, das uns zukommende Brot. Mehr allerdings zu erbitten, geziemt ihm nicht, vor allem ist hier die Ablehnung der Ansammlung von materiellen Werten durch Jesus zu berücksichtigen, wobei er ganz dem pharisäischen Ideal seiner Zeit entspricht. Manche der Schriftgelehrten gingen so weit, Brot, Wasser und Salz als genügend für die Nahrung des Menschen zu bezeichnen.

Und vergib uns unsere Schuld,
wie wir vergeben unseren Schuldigern.

Wir haben oben bereits Talmudstellen angeführt, nach denen nur denjenigen im Himmel vergeben wird, die selbst auf Erden vergeben, ein Gedanke, den Jesus im Gleichnis von Schalksknecht breit ausführt (Matth 18,23–35).
Jesus, der Menschenkenner, weiß, daß der Mensch täglich der Versuchung ausgesetzt ist, und so schließt er sein Gebet mit der Bitte:

Und führe uns nicht in Versuchung,
sondern erlöse uns von dem Übel.

Das »Und führe uns nicht in Versuchung« kommt fast wörtlich genau im täglichen Morgengebet der Synagoge vor (Welo lijdej Nissajon). Die Erlösung vom Übel kann auch als die Erlösung vom Bösen aufgefaßt werden, wobei aber nicht DER Böse im Sinne des Teufels gemeint sein kann, denn im Sprachgebrauch Jesu wird der Teufel einfach als Satan bezeichnet, den er ja in Blitzesform vom Himmel fallen sah (Luk 10,18).

Bekanntlich ist manchen Texten noch die Schlußformel

Denn dein ist das Reich und die Kraft
und die Herrlichkeit in Ewigkeit

mit der liturgischen Abschlußformel »Amen« angehängt. Es würde sich hier um eine Lobpreisung im Sinne von 1. Chr. 29,11 handeln. Bedenkt man, daß in der Liturgie der Synagoge eine ähnliche Formulierung vor der Vorlesung aus der Thora gebraucht wird, so liegt hier die Vermutung nahe, daß dieser Satz vielleicht VOR den Seligpreisungen, also zu Beginn der Bergpredigt, gedacht war. Er gehört sicher nicht zum eigentlichen Text des Vaterunser, aber, wie viele Forscher richtig erkannt haben und wie wir hier noch einmal betonen wollen: Dieses Gebet ist nicht als eine abgeschlossene Liturgie aufzufassen, sondern als ein Modell dafür, wie man in der Schlichtheit des Herzens beten soll, so daß durchaus Sätze angehängt oder abgewandelt werden konnten.

In seiner Schlichtheit und Geschlossenheit aber ist dieses Gebet tatsächlich ein Höhepunkt. Es ist zeitlos, obwohl es ganz den Geist seiner Zeit atmet. Aus der Naherwartung des Reiches freilich wurde die Fernerwartung, aber der Glaube wird immer in der Erwartung leben, in der Erwartung des Unbekannten, des ganz anderen, und das ist ja das Reich Gottes. Franz Rosenzweig sprach von der Möglichkeit, das Reich zu erbeten (»Stern der Erlösung«, 1921, Einleitung zum dritten Teil). Wenn auch das Reich Gottes das Fernste ist, so ist es für den Beter, wenn er ein rechter Beter ist, im Augenblick des Gebetes das Nächste. Ja, das Reich ist in der betenden Gemeinde schon vorweggenommen: Das Reich Gottes ist mitten unter euch (Luk 17,21).

*Anthony Burgess*

## Die ersten Jünger

Jesus hatte jetzt sechs Jünger. Es überraschte Simon und die anderen, daß ihnen Matthäus nicht länger verhaßt war. Er war nicht länger nach römischer Mode glattrasiert, sondern seine Wangen waren von einem dünnen Bart bedeckt. Er war nicht mehr sorgfältig gekleidet, sondern sein Gewand wurde von einem einfachen Gürtel zusammengehalten. Er war nicht mehr reich und hatte auch keine Ämter mehr. Simon hatte weitaus größere Skrupel, sein Boot, sein Netz und sein Haus aufzugeben (obwohl es sich eigentlich um das Haus seiner Mutter handelte), als Matthäus, seine Bilder, Statuen und seinen Reichtum zu verlieren. Das arme Kapernaum profitierte von der Auflösung von Matthäus' Vermögen, und Matthäus' Diener reihten sich in die Scharen der Armen ein. Es gab jetzt mehr Arme in Kapernaum als jemals zuvor und ebenfalls mehr Kranke, Blinde und Sterbende. Eines Morgens sah Jesus am Seeufer bei Sonnenaufgang eine große Menschenmenge auf sich zukommen, die gerade von einem Traum der Hoffnung erwacht war, der sich jetzt – so ihre Erwartung – erfüllen würde. Jesus schüttelte jedoch nur traurig den Kopf und sagte:

»Ich kann nicht. Ihr wißt, ich kann nicht. Es gibt weitaus zu viele. Und ich bin auch nicht deswegen gekommen, die Kranken zu heilen. Wir müssen über den See verschwinden.«

Wenige Meter entfernt lag ein Fährboot, und sie begannen, darauf zuzulaufen. Ein junger Mann tauchte aus dem Nichts auf und rannte ebenfalls, schneller als die anderen. Er warf sich Jesus praktisch vor die Füße.

»Laß mich mit dir gehen. Laß mich einer deiner Anhänger sein. Wohin gehst du jetzt? Wo kann ich dich treffen?«
»Du triffst mich hier«, sagte Jesus, »wie ich gerade zur Fähre eile. Von hier ab mußt du mir nachfolgen.«
»Aber ich kann jetzt noch nicht«, sagte der junge Mann niedergeschlagen. »Mein Vater ist gestern gestorben. Ich muß erst gehen und ihn begraben. Das ist die Pflicht eines Sohnes, und sie ist größer als alle anderen.«
Jesus entgegnete etwas ungehalten: »Laß die Toten ihre Toten begraben. Folge mir nach.«
Er sagte das, watete zum Boot und hielt sein Gewand hoch, damit es nicht naß wurde. Vom Boot aus sah er, wie der junge Mann verzweifelt dastand und sich vor Verzweiflung fast zerriß. Seine Finger hatten sich klauenartig verkrampft, er schüttelte seine Hände wie ohnmächtig und öffnete den Mund zu einem Heulen. Dann verschwand er in der Menge der Kranken und Lahmen, watete gleichsam in sie hinein und stieß einen Schrei aus, der nichts Menschliches mehr hatte, während sich die Fähre auf das andere Ufer zubewegte und den Magier mit sich nahm.
Der Fährmann war alt und übellaunig. »Bezahlt mich jetzt«, knurrte er. »Ich will jetzt mein Geld. Ihr macht euch doch dünn? Die Leute sind hinter euch her. Zöllner. Einer von euch ist Zöllner, ich kenn dich doch, du Halunke. Ganz bescheiden und einfach gekleidet, um dich in die Häuser der Leute einzuschleichen. Vermutlich tust du noch so, als würdest du ohnmächtig, wenn du nicht einen Becher kalten Wassers bekommst. Dann kommt's raus: Steuern, Steuern. Laßt mich euer Geld sehen. Ihr seid Taugenichtse, wer immer ihr seid.«
»Hier«, sagte Matthäus. »Das ist alles, was ich habe.« Er hielt ihm ein paar verbogene Münzen hin.
»Ich traue euch nicht, ihr gefallt mir alle nicht.«
»Sei still«, rief Jesus. »Mach deine Arbeit und sei still.«

»Ich arbeite wenigstens, tue was Nützliches. Nicht so wie einige andere.«

»Du bist einfach unzufrieden«, sagte Simon direkt. »Du machst sogar den Himmel unzufrieden.« Tatsächlich war der Himmel jetzt voll von schmutziggrauen Wolken, die sich auftürmten. Der Wind blies so stark, daß ihr Haar waagerecht stand. »Da zieht ein ziemlich widerlicher Sturm auf, wenn man sich das so ansieht.«

»Beten«, sagte Jesus plötzlich. »Laßt mich ein Wort über das Beten sagen.«

»Meinst du«, kam es von Jakobus, »daß wir anfangen sollten zu beten? Jetzt?«

»Beten«, fuhr Jesus fort. »Betet nicht laut, wie es die Scheinheiligen in den Synagogen und an Straßenecken tun. Betet still und im stillen, denn eurer himmlischer Vater hört gut.«

»Welche Worte sollen wir gebrauchen?« wollte Johannes wissen.

»Worte, mit denen ihr nach dem fragen könnt, was ihr braucht.« Er mußte seine Stimme bereits gegen den Wind erheben.

Simon meinte zum Fährman: »Ich werde das andere Ruder nehmen.«

Jesus sagte: »Ich meine so: Unser Vater im Himmel, geheiligt werde dein Name, dein Reich komme. Dein Wille geschehe, wie im Himmel, so auf Erden. Unser tägliches Brot gib uns heute und vergib uns unsere Schuld, wie auch wir vergeben unseren Schuldigern. Führe uns nicht in Versuchung, denn wir sind schwach und wankelmütig, und bewahre uns vor den Klauen des Bösen. Irgendwie so. Ich hoffe, diese Worte haben euch das Herz etwas erwärmt, ich schlafe jetzt ein bißchen.«

»Schlafen, Herr?« fragte Andreas. »Wo der Sturm immer stärker wird?«

Jesus legte sich in seiner ganzen Länge in den Kiel des Bootes, lächelte und sagte: »Ihr müßt noch die Kunst lernen, überall und unter allen Umständen schlafen zu können.«

»Dann ruh dich aus«, meinte Johannes. »Wir werden über dir wachen.«
»Das weiß ich«, sagte Jesus und fiel sofort in einen Schlummer, dem der Wind und die tobenden Wassermassen nichts anhaben konnten.
»Nun«, sagte Jakobus sehr laut, um sich bei dem Wind verständlich zu machen, und klammerte sich mit beiden Armen am Rand des Bootes fest, »es ist schon seltsam. Hier sind wir, und da ist er, und wir wissen immer noch nicht, worauf wir uns einlassen.«
»Eins nach dem anderen«, meinte Matthäus. »Wir scheinen uns darauf eingelassen zu haben, kräftig durchgeschaukelt zu werden.« Das Boot hob und senkte sich wie ein Spielzeug. Blitze schrieben kurze Nachrichten in die Wolken, und der Donner schien sie vorzulesen. Es goß.
»Ich wußte, daß ich gesündigt habe«, meinte der Fährmann keuchend. »Ich habe einen Jonas an Bord, das ist es.«
»Hör schon auf«, stieß Simon hervor. »Mein Bruder hier macht weiter. Geh schon und schlaf wie der da. Ich würde das ja nicht machen, wenn ich es nicht ordentlich könnte.«
»Unser Vater im Himmel«, sagte Jakobus. »Was kam danach?«
»Geheiligt werde dein Name«, meinte Matthäus. »Dein Reich komme, aber nicht gerade jetzt, o Herr.«
»Und führe uns nicht in Versuchung, Versuchung, Versuchung, Ver...«
»Und bewahre uns vor den Klauen des brr«, sagte Simon und schien ein Viertel des Sees zu verschlucken.
»Wir wecken ihn am besten auf«, meinte Johannes. »Wir müssen.« Und er schüttelte Jesus. Jesus tauchte langsam aus seinem tiefen Schlaf auf. »Herr, wir werden ertrinken. Herr, gnädiger Herr, wach auf. Bitte. Rette uns.«
Jesus wachte seelenruhig auf, gähnte, reckte sich, sah sich die tobenden Wellen und den brodelnden See an, nickte dem Blitz

zu wie einem Bruder und sagte schließlich: »Wovor habt ihr Angst? Ist euer Glaube so klein?«
»Es ist die Natur des Menschen, Angst zu haben«, sagte Philippus, der auf dem Wasser nicht zu Hause war, »wenn sich das Boot mit Wasser füllt und ...« Er schöpfte es mit einem Eimer leer oder versuchte es zumindest. Er war grün im Gesicht, und Erbrochenes lief ihm aus einem Mundwinkel.
»Ich habe euch schon davor gewarnt, von so etwas wie der Natur des Menschen zu sprechen«, sagte Jesus. »Ich würde sagen, daß der Sturm gleich von selbst aufhört.«
»Das«, meinte der Fährmann, der zusammengekauert dasaß, »nenne ich einen guten Witz, ha, ha, ha, ha. Von selbst aufhören, sehr gut.« Er starrte mit offenem Mund auf einen Flecken Blau am Himmel wie auf eine Obszönität.
»Deine Wetterprognosen sind gut«, sagte Matthäus und schluckte.
Der Wind hatte sich gelegt, und das Wasser war so ruhig geworden, als hätte man fässerweise Öl darauf gegossen. Die Küste der Gadarener tauchte düster und lieblich auf. Der Fährmann sagte: »Das ist mir noch nie passiert. Wer ist er? Er hat Einfluß, Einfluß, das muß es sein.«
Philippus, dessen Magen nicht sonderlich gut war, würgte immer noch und hatte bereits sein Frühstücksbrot den Wellen anvertraut.
»Wir sind durchgekommen«, sagte Matthäus.
»Das ist mir noch nie passiert.«
Am Ufer war es kühl. Die sieben zogen das Boot ins Schilfgras. Der Boden war naß. Sie hatten Grabsteine vor sich. »Hier begraben sie ihre Leute«, meinte Simon, »wirklich ein fröhlicher Ort.«
»Eine Frage, die sich noch niemand von uns überlegt hat«, sagte Matthäus. »Wo sollen wir heute nacht schlafen? Feuchte Erde, feuchte Zweige. Was sollen wir essen?«

»Du wirst schon nicht verhungern«, entgegnete Andreas, grinste und humpelte die Böschung hinauf. »Dein Bauch hat all die Jahre so viel Nahrung eingelagert. Du kannst es ja so machen wie die Kamele.« Jesus sagte:

»Füchse haben Gruben, und die Vögel unter dem Himmel haben Nester. Aber ich, aber wir ... Kommt, unter diesen Bäumen ist es trocken. Wer hat einen Feuerstein? Was das Essen angeht, Johannes hat die Brotration für heute.«

»Durchnäßt«, meinte Johannes.

»Es wird schon wieder trocken. Wir können es über das Feuer halten; dann schmeckt es doppelt so gut. Da im Wald müßte es eigentlich auch Wildschweine geben, könnte ich mir vorstellen. Einer von uns kann doch sicher jagen.«

»Wildschweine?« fragte Simon. »Schweine? Wir können doch kein Schweinefleisch essen.«

»Nein«, entgegnete Jesus. »Ein Mann kann verhungern, aber das Gesetz bleibt Gesetz. Warte. Du wirst sehen, daß das neue Gesetz sowohl den Verhungernden als auch den Satten paßt. Also dann, keine Jagd. Aber im See müße es Fisch geben.«

»Ich habe Leinen und Haken mitgebracht«, sagte Johannes.

In weniger als einer halben Stunde brannte ein großes Feuer. Sie zogen sich aus, trockneten ihre Kleider und begutachteten sich verstohlen gegenseitig. Jesus war immer noch hager, obwohl man sah, daß er zunahm. Matthäus hatte den typischen Bauch eines Zöllners. Die Haut von Johannes war weiß und wie Samt. Philippus war sehr dünn, und man konnte die Rippen zählen. Simon hatte einen harten und muskulösen Körper. Jakobus war eher klein, hatte jedoch wohlgerundete Muskeln. Das linke Bein von Andreas war um eine Daumenlänge kürzer als sein rechtes. Er zeigte es ihnen, als er seine Zehen zum Feuer ausstreckte. Kaum mehr als eine Stunde später aßen sie über dem Feuer gegarten Fisch und geröstetes Brot und tranken Seewasser aus der Lederflasche, die Simon an einem Lederriemen trug.

»Ihr seht, wie man leben muß. War irgendeiner von euch jemals glücklicher als jetzt?«
Philippus stieß einen hohen Schrei aus und deutete zitternd. Ein nackter Mann, sehr haarig, mit Ketten klappernd, die an einem metallenen Gürtel befestigt und deren Enden zerbrochen waren, sprang plötzlich hinter einem Grabstein hervor. Er knurrte, und Stimmen, mehr als eine, kamen aus einem Mund, der sich nur zum Knurren öffnete. Die Stimmen sagten:
»Wir kennen dich kennen dich Jesus Jesus Jejejesusus Sohn des Niedrigsten. Böse Kräfte sagen sie sie wissen wir wissen du hast hast.« Philippus und Johannes saßen wie versteinert. Die anderen hasteten auf, fielen hin und versteckten sich hinter Bäumen. Philippus, immer noch wie versteinert, schrie.
»Nur einer von euch rede«, sagte Jesus. »Einer rede für alle. Wenn ihr mir etwas zu sagen habt, dann sagt es klar heraus.« Er stocherte ruhig mit einem Stock im Feuer.
»Wir haben nur diesen Körper«, sagte eine schwere, irgendwie fettige Stimme. »Wir wollen nur in Ruhe gelassen werden. Sie sagen, du würdest durch den Sturm kommen, um nach uns zu suchen. Quäle uns nicht. Irgendwo müssen wir schließlich auch bleiben.«
»Wie heißt du?«
»Wir sind eine Versammlung, viele, eine Legion. Vielevielevieleviele.«
Der einzelnen Stimme war es nicht lange erlaubt, alleine zu sprechen. »Treibe uns aus und wir werden suchensuchen und findenfinden andereandere Plätze. Viele werden wir quälen. Laß unsunsuns laß.«
Jesus schaute ruhig auf seine Männer, die wie erstarrt beim Feuer standen oder furchtsam hinter Baumstämmen hervorschauten. »Es schmerzt mich zu tun, was ich tun muß. Tiere haben ein Recht auf die Unschuld, die ihnen mein Vater im Himmel gegeben hat. Aber es ist besser, ich tue, was ich tun muß, als

Seelen in den Schmutz gezogen zu sehen.« Er erhob seine Stimme plötzlich in einem durchdringenden Schrei. »Heraus, ihr unreinen Geister. Raus. Ich befehle es euch.«
Der haarige und nackte Besessene wand sich und klapperte mit den Zähnen, fiel ins Feuer, schreckte daraus zurück und heulte mit offenem Mund. Stimmen kamen aus seinem Mund und redeten Unsinn. »Ververikandarahkrofemadamdamdamu.« Sie fachten das Feuer an wie ein starker Wind, so daß Philippus aufsprang, weil der Saum seines Gewands Feuer gefangen hatte. Er erstickte das Feuer mit der flachen Hand und murmelte ungehalten. Dann lag der Besessene still und sah im ruhigen Licht des Feuers schrecklich zerschrammt und verbrannt aus. Mit offenen Mündern sahen die Jünger etwas Seltsames. Eine Herde Wildschweine stürzte laut grunzend, brüllend und schreiend einen Abhang hinunter und in den See, wo sie verzweifelt versuchten, nicht zu ertrinken.
»Das betrübt mich«, sagte Jesus wiederum.
Matthäus deckte den nackten Mann mit seinem Mantel zu. Der schlief lange, schrie gelegentlich im Schlaf und erwachte gesund, trotz seiner Narben, Wunden und erniedrigenden Ketten. Seine Nachbarn hatten ihn seinerzeit immer und immer wieder aus der Stadt oder aus dem Dorf gejagt, wo er gelebt hatte, und hatten schließlich beim Schmied eine starke Kette bestellt, um ihn an einem Baum zwischen den Grabsteinen festzumachen. Das schlossen sie. Der Mann konnte es nicht bestätigen, da er sich nur an wenig erinnern konnte. Seine ersten Worte nach dem Erwachen bezogen sich auf die Schande, nackt unter Fremden zu sein. Woher die Prellungen und Wunden kämen und was er mit diesen Ketten sollte, wollte er wissen. Davon, daß er einmal von Teufeln besessen gewesen war, wußte er nichts, aber er erinnerte sich gut daran, mit einer schönen Frau verheiratet zu sein und drei wohlgeratene Kinder gezeugt zu haben. Wie lange war er weg von zu Hause herumgewandert und warum?

»Nun«, meinte Jesus, »da du schon von Zuhause sprichst, bringen wir dich besser dorthin zurück. Wenn du nach Hause kommst und sagst, du hättest an etwas gelitten, was dich zwang, herumzuwandern, aber daß du jetzt gesund bist, besteht die Möglichkeit, daß dir niemand glauben will. Du bist der, der die Sünde für deine Gemeinde auf sich genommen hat. Und während du von den Teufeln besessen warst, hatten alle ohne Zweifel das Gefühl, vor einem ähnlichen Schicksal sicher zu sein. Es ist wirklich so, daß es besser ist, wenn du dich uns anschließt. Es ist dann sicherer für dich.«
»Was bist du, wer bist du, du, Herr, und wer sind die anderen?« fragte der Mann.
»Wir sind Heiler und Prediger eines neuen Glaubens«, sagte Jesus. »Es ist ein sehr einfacher Glaube, eine Sache der Liebe. Aber es wird schon spät. Vielleicht können wir ja in deiner Stadt Schutz für die Nacht finden. Morgen, falls mir jemand zuhören will, habe ich dann den Leuten etwas zu sagen.«
»Mein Haus«, sagte der Mann, »ist klein, aber sieben kann ich wohl ohne Schwierigkeiten unterbringen.« Er sah Jesus mit einer Art Ehrfurcht an. »Du warst es doch, Herr, der mich geheilt hat? Du hast, Gott helfe uns, die Dämonen ausgetrieben?«
»Laß uns gehen«, sagte Jesus, und sie gingen zur Straße. Die Stadt war vielleicht zwei Meilen entfernt. Der Mann, dessen Ketten immer noch aneinanderschlugen und dem der Schmied jetzt den gegenteiligen Dienst von dem erweisen mußte, der ihm zuvor aufgezwungen worden war, hielt sich in der Nähe von Jesus wie ein Hund. Der Abend war noch nicht zur Nacht geworden, und es waren Leute auf der Hauptstraße an der frischen Luft, als die acht in die Stadt kamen. Ein Ältester mit einer gestickten Kappe und einem Stock, der offensichtlich etwas zu sagen hatte, saß vor einem Gasthof und trank zusammen mit anderen Leuten, die ebenfalls wichtig waren. Keiner schien erfreut zu sein, den Exorzierten zu sehen, keiner grüßte ihn.

»Kennt ihr mich denn nicht mehr«, rief der Mann. »Ich war besessen, das weiß ich jetzt, aber, Gott sei gedankt, sind die schrecklichen Monster verschwunden. Dem sei Ehre, der das Böse vertrieb.«

Der Älteste sagte zu Jesus: »Wir sind es nicht gewohnt, Fremde hier zu sehen. Darf ich fragen, wer du bist?«

»Ich denke, ich weiß, wer«, sagte der Mann, der besessen gewesen war. »Ich denke, er ist der Sohn des Höchsten. Preist ihn, preist ihn.«

Der Älteste tat die Extravaganz dieser Behauptung mit einer Handbewegung ab.

»Du bist wohl geheilt?« sagte er. »Aber wie ist das zugegangen? Das würde ich gerne wissen.« Jesus richtete sofort vorwurfsvolle Worte an ihn:

»Was du fragst, ist klar, und doch bist du ein Dummkopf. Kann ein Mann den Teufel mit dem Teufel austreiben? Wird der Beelzebub, der Herr der Fliegen, wohl seinesgleichen austreiben? Aber ich sehe, wo man nicht versteht, wird man auch nicht glauben.« Er spuckte aus.

Ein anderer Ältester, der vernünftiger war, sagte: »Entschuldige. Du verstehst schon. Wir sind es nicht sehr gewohnt, daß Fremde hierherkommen. Wir ziehen es vor, daß alles so bleibt, wie es immer gewesen ist. Wenn du ein Nachtquartier brauchst, wie gesagt, wir sind Fremde nicht sehr gewohnt.«

»Du kannst in meinem Haus bleiben«, sagte der Geächtete. »Das ist das mindeste, was ich tun kann.«

»Nein«, sagte Jesus fest. »Du willst dich heute abend nicht mit Fremden umgeben. Du mußt mit denen, die du liebst, allein sein. Und morgen mußt du anfangen, dem Königreich des Himmels zu dienen. Du mußt die großen Dinge, die Gott vollbracht hat, verkünden und versuchen, deine Nachbarn zu lieben.« Und er sah diese Nachbarn unfreundlich an.

In dieser Nacht schliefen Jesus und seine Anhänger außerhalb der Stadt unter den Sternen. Johannes hatte gegen die Kälte der frühen Morgenstunden ein weiteres Feuer entfacht. Jesus hatte sich, mit einer Klugheit, die er sonst nicht immer an den Tag legte, einige Zeit bevor die anderen soweit waren, in einiger Entfernung von dem Feuer zur Ruhe begeben. Er hatte erklärt, es wäre ihm dort warm genug. Er wußte, daß seine sechs Jünger sich kennenlernen mußten, ohne die Befangenheit, die seine Gegenwart mit sich brachte. Auf das Kennenlernen, das war ihm bewußt, mußte notwendigerweise eine vorbehaltlose Diskussion seiner Person folgen.

Simon sagte zu Matthäus: »Ich denke, du solltest dich um die Geldsachen kümmern.«

»Geld?« sagte Matthäus. »Was für Geld? Ich dachte, wir hätten alle dem Geld abgeschworen.«

»Wir müssen schon gelegentlich betteln«, sagte Simon. »Wir müssen essen. Wir können nicht nur von Fisch und Beeren leben. Davon bekommt man nur Durchfall. Wir brauchen Brot, täglich Brot, wie es im Gebet heißt. Es wird einige geben, hört genau zu, die uns folgen und nicht von uns weichen werden. Die müssen ebenfalls essen. Almosen für die Armen, was das angeht, das auch.«

»Wir sind die Armen«, sagte Jakobus.

»Es wird immer noch Ärmere geben«, sagte Simon. »Du wirst, was man Schatzmeister nennt, Matthäus. Du bist ein gebildeter Mann. Du kannst buchführen oder wie das heißt.«

»Der junge Johannes ist ebenfalls gebildet«, sagte Matthäus.

»Johannes ist ein Idiot, was Geld angeht«, meinte Jakobus.

»Hölle, Hölle, Höllenbrand«, sagte Johannes grinsend. »Du hast mich als Idioten bezeichnet.«

»Ich tue das nicht gerne«, sagte Matthäus. »Ich habe nicht mehr gern Geld zwischen den Fingern. Aber ich werde es auf mich nehmen, es zumindest versuchen.«

»Gut«, sagte Simon. »So ist das also, Leute, wir sind Bettler, die einmal erfahrene Männer waren, die ein Handwerk beherrschten. Und das sind unsere Aussichten.«

»Ich frage mich manchmal«, sagte Philippus, »was unsere Aussichten betrifft. Wenn er nicht da ist, wie jetzt. Ich frage mich, ob ich ein Idiot bin, und es existiert keine Hölle, wenn du glaubst, daß du selbst ein Idiot bist. Es war dasselbe mit Johannes, dem anderen Johannes, dem richtigen Johannes, entschuldige bitte«, meinte er zu dem anderen Johannes gewandt. »Ich habe alles geglaubt, was er gesagt hat, bis zu dem Augenblick, in dem er sich umgedreht hat. Ich meine, sollen wir von jetzt an wirklich so leben? Die nächsten dreißig oder vierzig Jahre?«

»Du sollst nicht über die Zukunft nachdenken«, sagte Andreas. »Mache das beste aus diesem Tag«, sagte er. »Das ist vernünftig, das mußt du zugeben.«

»Ja«, sagte Philippus, »aber die Pläne jedes Mannes, sagen wir mal Heirat, Kinder, ein Haus. Und das ist ein wichtiger Punkt. Es ist etwas Unnatürliches bei dem Ganzen. Wir sind alle alleinstehende Männer, und er nimmt irgendwie an, daß niemand von uns jemals daran denken wird zu heiraten oder überhaupt an Frauen denken wird.«

»Ich bin Witwer«, sagte Simon, »der einzige wirklich alleinstehende Mann unter euch. Ich denke nicht daran, wieder zu heiraten.«

»Er ist ebenfalls Witwer«, sagte Andreas. »Ihr wißt das doch alle?«

»Ich wußte das nicht«, sagte Matthäus. »Hat er dir das erzählt?«

»Johannes hat es uns erzählt«, sagte Philippus, »Johannes der Täufer.«

»Ich hab' das jedenfalls nie gewußt. Ich dachte, er wäre, nun, so ganz und gar für das Zölibat.«

»Für was?« sagte Simon. »Ich kenn' mich mit so hochgestochenen Ausdrücken nicht aus.«

»Lernen«, sagte Matthäus, »die natürlichen Instinkte zu überwinden. Liebe hat zwei Bedeutungen, aber wir scheinen uns nur um die eine zu kümmern.«

Simon schnaubte. »Soll ich euch sagen, was ich denke, Leute? Ich denke, diese Geschichte wird gar nicht lange dauern. Vielleicht ein Jahr, maximal zwei. Und warum wird sie nicht so lang dauern? Weil er es fast vorzuhaben scheint, sich Feinde zu machen. Die Pharisäer, die sich die Hände waschen. Die Pharisäer sind wichtige Leute, die viel Einfluß haben. Stellt euch vor, wenn der nach Jerusalem gehen und anfangen würde, die Pharisäer als eine verdorbene Bande zu beschimpfen. Sie würden ihn bei lebendigem Leib aufessen, Mensch. Uns auch.«

»Sollen wir denn nach Jerusalem gehen?« sagte Jakobus. »Daran hatte ich gar nicht gedacht, Jerusalem.«

»Wir erfahren das noch früh genug«, sagte Andreas. »Eins nach dem anderen.«

Es breitete sich Schweigen aus, genug, damit eine Eule, die nicht weit entfernt sein konnte, ein paarmal rufen konnte. Dann fragte Johannes verlegen, ohne jemanden anzuschauen: »Was haltet ihr wirklich von ihm?«

»Oh, er ist wirklich etwas Besonderes«, sagte Simon. »Ich meine, wir haben doch alle gesehen, was er tun kann. Er ist einer von den Auserwählten, die sie Söhne Gottes nennen. Wie Moses und König David und Samson. Man wäre ein verdammter Dummkopf, wenn man sich weigerte, ihm zu folgen. Ich meine, abgesehen einmal davon, was er tut, was er sagt, hat Hand und Fuß. Es ist ein, wißt ihr, Abenteuer«, sagte er und reckte sich. »Das wird euch Jungen gar nicht schaden. Johannes, besorg besser noch Holz für das Feuer, es wird kühl, und dann werden ich und Matthäus hier zwei Stunden Wache halten, dann Andreas und Philippus. Wir müssen das hier ein bißchen so wie beim Militär durchziehen. Feinde, wie gesagt. Ich war früher schon mal hier, es gibt in dieser Gegend schon ein paar komische Käuze.«

In der Morgendämmerung, während Johannes und Jakobus am

erlöschenden Feuer saßen und das sanfte Erwachen der anderen beobachteten, sahen sie einen Mann auf sich zukommen, der gegen die Kälte des Morgens in einen farbigen Mantel gehüllt war. Er war mittleren Alters und sah ernst aus. Als er Johannes und Jakobus sah, winkte er, stolperte, fing sich wieder, blieb bei ihnen stehen und sprach dann, in dem er erst den einen, dann den anderen ansah:

»Bist du es, Herr? Bist du der eine, oder bist du es?«

»Der, mit dem Ihr wahrscheinlich sprechen wollt, schläft noch«, sagte Jakobus und zeigte mit dem Daumen hinter sich. »Aber Ihr könnt uns sagen, wofür Ihr ihn braucht.«

»Mein Name ist Jairus. Ich bin der Synagogenvorsteher in diesem Gebiet. Ist es wahr, daß er die Kranken heilen und die Dämonen austreiben kann? Ist es wahr, daß er die Toten zum Leben erwekken kann?«

Sowohl Johannes als auch Jakobus waren gegen ihren Willen von der Vorstellung schockiert, daß jemand Tote zum Leben erwekken könnte. Das war ihnen vorher nie in den Sinn gekommen. Sie waren sehr vernünftig und in dem Glauben erzogen worden, daß die Toten, wenn sie einmal tot sind, das auch für immer bleiben. Auf einmal war Jesus bei ihnen, er war hellwach, sah frisch gewaschen aus und wärmte sich die Hände an dem fast erloschenen Feuer. Jesus fragte, als hätte er den Mann erwartet und würde ihn schon kennen: »Was gibt es, Jairus?«

»Du bist das, Herr, nicht wahr? Oh, Herr, ich habe gehört, was du ...«

»Was gibt es, Jairus?«

»Ich habe eine Tochter, sie ist erst zwölf. Sehr krank. Sie stirbt. Ich denke, vielleicht ist sie jetzt schon tot ...« Jairus begann zu weinen.

»Ist es weit?« fragte Jesus.

»Weniger als eine Meile. Im Süden an der Hauptstraße. Oh, Herr, wenn du könntest. Wenigstens ...«

»Sehen, ob es noch Hoffnung gibt. Ja, ja. Ruft die anderen, Johannes, Jakobus.« Er schien begierig zu sein, zu arbeiten. Vielleicht hatte Simon recht, und die Zeit war wirklich kurz.

Matthäus sagte zu Simon, als sie sich dem feinen Garten und dem feinen Haus von Jairus näherten: »Sie geben uns sicher etwas zum Frühstück und bestimmt keinen Fisch. Ein Stück gebratenes Fleisch und frisches Brot, das noch dampft.«

»Es scheint niemand in Stimmung zu sein, Frühstück zu machen«, entgegnete Simon. »Sieh sie dir an.« Der Garten war voll mit Klagenden. Die Familie stand an der Tür des Hauses und klagte, die Diener standen etwas entfernt. Das Geschrei übertönte sogar die Trauermusik, Flöte und Trommel. Eine Art Haushofmeister näherte sich Jairus und Tränen liefen seine fetten Wangen herunter. Er rang mit den Händen und jaulte: »Sie sinkt, Herr, ihr ist nicht mehr zu helfen.«

Jesus erhob bestimmend die Hand. »Hört mit diesem Lärm auf«, rief er. »Das Kind ist nicht tot. Sie schläft nur.« Ein Diener mit einem grauen Bart und buschigen Brauen in einem grünen Gewand, wahrscheinlich ein Gärtner, war ebenso bestimmend, als er auf Jesus zutrat und sagte:

»Wer bist du, daß du mit deinen schlechten Scherzen hierherkommst? Wir haben gesehen, und du nicht. Fort mit dir.«

Jesus lächelte und sagte: »Wie heißt du?«

»Was geht dich das an? Fort mit dir, deiner Unverschämtheit und deinem Lächeln.«

»Das ist Thomas«, sagte Jairus. »Aber, mit allem Respekt, komm herein, wenn, was du sagst, kann es wirklich sein, ich kann es kaum ...«

»Ich bin froh, deine Bekanntschaft gemacht zu haben, Thomas«, sagte Jesus, lächelte immer noch und verbeugte sich höflich vor dem wütenden Graubart in Grün. Dann ging er gemächlich mit Jairus ins Haus. Vor einer offenen Tür standen ein paar Männer in den schwarzen Gewändern der Ärzte und schüttelten traurig

den Kopf. Jesus ging in ein verdunkeltes Schlafzimmer, das von dem Geruch würziger Salben erfüllt war, der sich mit den Dünsten bitterer Medizin mischte. Auf dem Bett lag ein Mädchen, hübsch, bleich und bewegungslos. Eine Frau, die offensichtlich die Mutter des Mädchens war, flüchtete sich in die tröstenden Arme ihres Mannes und schluchzte. Jesus nahm die Hand des Mädchens und sagte: »Talitha cumi. Steh auf, Mädchen.«
Das Mädchen stand nicht auf, nicht sofort. Aber sie öffnete die Augen und sah sich um, runzelte die Stirn und fragte sich, wo sie war.
»Komm, steh auf. Diese dummen Leute haben gedacht, du wärst tot. Zeige ihnen, daß du stehen und gehen kannst.«
Sie stand auf, aber als sie versuchte zu laufen, fiel sie hin. Sie lachte über ihre Ungeschicklichkeit und versuchte etwas zu sagen, aber aus ihrem Mund kamen nur unverständliche Geräusche. Sie fing wieder an zu lachen, als sei das ein artikulierteres oder verständlicheres Geräusch. Die Eltern wußten nicht, was sie tun sollten, ob sie zu einem Dankgebet auf die Knie fallen oder ihre erwachte Tochter umarmen sollten. Als Kompromiß standen sie einfach mit offenem Mund da. Dann nahm die Mutter das Kind in ihre Arme, und ihr Vater versuchte, Jesus' Gewand zu küssen. Jesus sagte:
»Sie ist wahrscheinlich hungrig. Ich denke fast, daß alle hungrig sind. Ich bin es jedenfalls.«
»Gut, gut«, sagte Matthäus leise.
Über den Freudenlärm konnte man ganz deutlich die Stimme von Thomas hören: »Ihr müßt zugeben, daß ich gemeint habe, daß die Möglichkeit besteht, daß es nichts weiter als eine Trance ist. Es war eine Art von einem sehr tiefen Heilschlaf. Und jetzt, seht ihr, hat er aufgehört.«
Sie setzten sich alle zu einem kalten, jedoch freudvollen Mahl nieder, Stücke von gebratenem Ochsen- und Hammelfleisch, Brot vom Vortag, Kuchen mit Früchten, Marmeladen und Kom-

pott, roter und weißer Wein. Thomas bediente die Gäste, obwohl er Gärtner war, aber offensichtlich nur zögernd und ohne daß ihm sein Herr das befohlen hätte. Er sah Jesus finster und mit gerunzelter Stirn an, feindselig und zugleich fasziniert. Der Flötenspieler, ein drahtiger junger Mann mit verträumten Augen, die denen von Philippus ähnlich waren, spielte fröhliche Musik. Das Mädchen, das erwacht war, aß etwas Brot und Marmelade und trank etwas Ziegenmilch. Ihre Eltern schienen immer noch zu denken, daß sie vollkommen hilflos wäre, und versuchten sie zu füttern, die Hand einer Mutter und die Hand eines Vaters, jede mit einem Stück Brot, auf das Marmelade getürmt war, beladen, versuchten sich gleichzeitig ihrem Mund zu nähern. Sie aß jedoch selbst und fragte: »Was ist los? Wo war ich? Was ist passiert?« Philippus fragte den Flötenspieler:

»Verzeih mir, du hast mir deinen Namen gesagt, und ich habe ihn schon wieder vergessen.«

»Thaddäus.«

»Thaddäus, ja. Thaddäus, kennst du ein Lied, das, wie ich glaube, aus dieser Gegend kommt und Braunäugiges Mädchen am Brunnen heißt?«

»Ich denke, ja.« Er spielte ein paar Takte. »Ist es das?«

»Ja, ja, das ist es.« Thaddäus spielte. Jesus bedeutete Thomas, daß er zu ihm kommen sollte. Thomas kam und runzelte die Stirn.

»Von was willst du noch mehr? Es steht schon alles auf dem Tisch. Sie haben für euch die Speisekammer geleert.«

»Thomas«, sagte Jesus, »du mußt mit mir kommen. Ich glaube, du weißt das.«

»Davon weiß ich überhaupt nichts. Mit dir gehen, soso. Und wohin? Ich habe hier Verpflichtungen oder etwa nicht? Selbst wenn ich wollte. Ich könnte nicht einfach so verschwinden. Wo hast du deinen gesunden Menschenverstand?«

»Dein Herr«, sagte Jesus, »würde dich mir sehr gerne als Geschenk geben. Das weiß ich, und du wirst es auch wissen.«

»Sehr lustig. Ich bin nicht etwas, was man einfach weggibt wie ein Zicklein. Ich bin ein freier Mann, ein Man mit einem gewissen Vermögen und unabhängiger Geisteshaltung. Ich bin ein Mann, der sagt, was er denkt, das solltest du wissen. Ich katzbukkele nicht, das kann ich dir sagen.«

»Ich will dich nicht als Diener, Thomas. Ich will dich als Freund.«

»Ach, wirklich. Gut, ich werde darüber nachdenken. Mich kann man nicht zu irgendwas bequatschen, das kann ich dir sagen. Ich bin jemand, der weiß, was was ist. Bist du jetzt mit mir fertig? Es steht alles auf dem Tisch, wie ich schon gesagt habe.«

So geschah es, daß Jesus das Haus des Jairus mit acht Jüngern verließ, da zu Philippus' besonderer Freude Thaddäus, der Flötenspieler, und auch Thomas mitkamen. Thomas sagte: »Einer der Hauptgründe, warum ich mitgekommen bin, war das Heulen und Kreischen der Holzpfeife den ganzen Tag lang. Und jetzt schaut, was der Herr, unser Gott, ohne Zweifel seinen Sinn für Humor nennen würde. Das ist recht, lach nur. Zumindest kannst du auf dem Unding nicht blasen, wenn du lachst.« Matthäus, der Schatzmeister, bekam einen Lederbeutel mit einigen Silbermünzen darin. Jairus hätte ihn mit Freude mit Gold gefüllt, aber Matthäus sagte:

»Mäßigung, Mäßigung, Herr. So daß es für den Tag reicht.«

Sie hatten jetzt die Absicht, wieder die Fähre zurück zum anderen Ufer zu nehmen, aber Jesus sprach zuerst zu einer großen Menschenmenge am Rand der Stadt. Sein Ruhm hatte sich bereits weit herumgesprochen, und die Menge war aufmerksam. Jesus sprach klar und laut und mit einfachen Worten:

»Darum sage ich euch: Sorgt euch nicht um euer Leben, was ihr essen und trinken werdet, auch nicht um euren Leib, was ihr anziehen werdet. Ist nicht das Leben mehr als die Nahrung und der Körper mehr als die Kleidung? Schaut die Lilien auf dem Felde an, wie sie wachsen: Sie arbeiten nicht, auch spinnen sie nicht.

Ich sage euch, daß auch Salomo in all seiner Herrlichkeit nicht gekleidet gewesen ist wie eine von ihnen. Wenn nun Gott das Gras auf dem Felde so kleidet, das doch heute steht und morgen in den Ofen geworfen wird: Sollte er das nicht viel mehr für euch tun, ihr Kleingläubigen? Darum sollt ihr nicht sorgen und sagen, was werden wir essen? Was werden wir trinken? Womit werden wir uns kleiden? Denn euer himmlischer Vater weiß, daß ihr all dessen bedürft. Trachtet zuerst nach dem Reich Gottes und nach seiner Gerechtigkeit, so wird euch das alles zufallen. Darum sorgt auch nicht für morgen, denn der morgige Tag wird für das seine sorgen. Es ist genug, daß jeder Tag seine eigene Plage hat.«

Thomas hatte seine Vorbehalte dieser Philosophie gegenüber. Er sagte seinen neuen Freunden, daß da vielleicht eine Menge dran sei, an dem, was Jesus sagte. »Aber«, meinte Thomas, »ich habe da wirklich meine Zweifel, daß Gott den Hungrigen zu essen gibt und so weiter. Ich habe schon so viele verhungern sehen. Und hat sich Gott darum gekümmert?«

*Johannes Lehmann*

# Von der Macht zur Ideologie

## Kirche und Macht

Ideologie als Bezeichnung dafür, daß Denkformen mit der gesellschaftlichen Wirklichkeit nicht übereinstimmen, steht meist im Dienst eines politischen Herrschaftsanspruchs. Auch das Christentum ist der Ideologisierung nicht entgangen – sowenig wie jede andere Religion, die sich mit der politischen Macht verbunden hat.

Seit Konstantin hat sich die Kirche daran gewöhnt, die Bibel mit den Augen der Herrschenden zu lesen. Aber das Urchristentum hatte sich weder um die Gesetze der Macht noch um die Gesetze der Produktion gekümmert, sondern ein ganz neues Gesetz verkündet: »Das Christentum der jüdischen Urgemeinde«, schreibt der marxistische Philosoph Gardavsky in seinem Buch *Hoffnung aus der Skepsis*, »tritt mit einer Kritik der *ganzen* bisherigen praktischen Orientierung und mit einem phantastischen Programm an: Nicht das Gesetz der Macht, sondern das Gesetz der Liebe.« Als sich das Christentum von der Macht verlocken ließ, begann der Umschwung: »Man kann historisch verfolgen«, schreibt Gardavsky weiter, »wie das Christentum nach der konstantinischen Wende im Kampf mit dem Heidentum allmählich unterliegt und sich der antiken Philosophie öffnet: Platon, Plotin, den Stoikern, den Skeptikern, Aristoteles.

Die Beteiligung an der Macht oder sogar der historische Kampf der Kirche um die Alleinherrschaft ist von der praktischen Idee her gesehen, mit der die urchristlichen Gemeinden zu leben und zu wirken begannen, ein tragischer Irrtum. Er verdarb diese Idee und verdirbt sie bis heute.«

Es wäre eine lange und wechselvolle Geschichte, die im Vordergrund das Verhältnis von Staat und Kirche beschreibt, während das Bild immer mehr an Tiefe verliert und der Hintergrund immer dunkler wird. Bald war nicht mehr zu erkennen, daß jener Rabbi J., auf den man sich berief, gerade nicht mit der Obrigkeit seiner Zeit übereingestimmt hatte, daß er gerade nicht mit den Wohletablierten zusammengegangen war, sondern mit den Ausgestoßenen und Nichtprivilegierten; daß er von Unfrieden und Schwert gesprochen und daß er sich mit der Obrigkeit angelegt hatte, als er den Tempel reinigte. Bald war auch die Erinnerung verschwunden, daß der Anspruch, der Messias, der Christos zu sein, zu Lebzeiten des Rabbi J. notwendigerweise Veränderung und Umsturz der bestehenden Verhältnisse gemeint hatte; und bald war auch der Gedanke ausgelöscht, daß jener Christos, nach dem sie sich nannten, als politischer Verbrecher und Aufrührer hingerichtet worden war. Je politischer die Kirche wurde, desto unpolitischer wurde ihr Heiland.

Die Kirche schuf sich ihre eigenen Maßstäbe. Sie empfand das als Gottes Willen, was in die Denkvorstellungen der mit ihr verbundenen Gesellschaftsschichten hineinpaßte. Oder genauer: Die führende Gesellschaftsschicht steckte den Rahmen ab, und die Kirche füllte ihn mit christlichem Gedankengut. Alles, was in diesen Rahmen nicht hineinpaßte, wurde weggelassen, umgedeutet oder verdrängt, gleichgültig, ob das nun ein bewußter oder ein unbewußter Vorgang war.

Die Voraussetzungen waren gegeben: Paulus hatte im Gegensatz zu Rabbi J. das Herr-Knecht-Schema eingeführt und die neue Sekte gesellschaftlich gegliedert. Mit Konstantin erhielt die Kirche die Macht, ihre Ansprüche durchzusetzen; und indem sie sich an den weltlichen Herrn hielt, setzte sie die Werte und Normen der

Gesellschaft. Die Obrigkeit regierte von Gottes Gnaden, und die Kirche, die bis heute behauptet, für alle dazusein, ließ entscheidende Gelegenheiten aus, das Schicksal der »Mühseligen und Beladenen« zu ändern – ganz gleich, ob es sich um die Fronbauern des Mittelalters oder um das Industrieproletariat handelte. Das Christentum, einstmals als Anwalt der Unterdrückten und Verachteten angetreten, hielt es immer wieder mit den Besitzenden und mit dem Establishment: Die Kirche selbst war das Establishment, das die Andersdenkenden auf den Scheiterhaufen brachte.

Man vergaß die Armen und Ausgestoßenen nicht, aber man sah sie aus der Sicht der Herren und half ihnen mit dem, was von der reichen Herren Tische fiel; doch man änderte nicht ihr Schicksal von Grund auf. Man betete um Frieden, aber man segnete die Waffen derjenigen, die den Status quo sicherten. Man stellte nicht in Frage, sondern man bestätigte. Man predigte gegen die Gewalttätigkeit der aufständischen Fronbauern und des Industrieproletariats, aber man vergaß, daß dem die Gewalt der Herrschenden vorausgegangen war: Es gibt nur eine Gewalt, die gut ist, das ist die auf der eigenen Seite. Daran hat sich bis heute nicht viel geändert, obwohl die Kirchen inzwischen an Macht und Einfluß verloren haben; doch so schnell lösen sich uralte Denkklischees nicht. Nach wie vor heißen die Kirchen meist Gewalt gut, wenn sie von der Herrschaftsschicht ausgeht, und verurteilen sie, wenn sie von den »Untertanen« kommt.

## Doppelte Moral

Ein geradezu klassisches Beispiel, wie die Kirchen diese doppelte Moral praktizieren und zur gleichen Zeit den einen helfen und die anderen verurteilen, konnte man Ende der sechziger Jahre beobachten.

Als sich die christliche Provinz Biafra unter einer selbsternannten Regierung vom nichtchristlichen Nigeria abspaltete, taten die Kirchen alles – auch Illegales –, um Biafra zu unterstützen. Mit moralischen Appellen und humanitärer Hilfe trugen sie zur Verlängerung von Krieg und Not bei, bis der Aufstand politisch zusammenbrach. Als aber der Weltkirchenrat in Genf um humanitäre Spenden für Widerstandsgruppen in Afrika bat, die gegen autoritäre Regierungen kämpften und die Ungerechtigkeiten der Rassendiskriminierung beseitigen wollten, da waren die Kirchen plötzlich wieder für die Macht des Gebetes und für die politische Enthaltsamkeit, die sie auch bei der Vernichtung von sechs Millionen Juden so vollendet geübt hatten.

Aber in Biafra gab es eben eine Regierung, und sogar noch eine christliche, wenn auch nicht anerkannt; die Gruppen, die in Afrika gegen die rassische Unterdrückung kämpfen, sind illegal, gehen also gegen die »von Gott verordnete Regierung« vor. So war es verständlich, daß diejenigen Kirchen, die Geld für diese »Revolutionäre« bereitstellten, bald bei den konservativeren Nachbarkirchen in Schwierigkeiten gerieten. Der Präsident des Kirchenamtes der Vereinigten Lutherischen Kirche in Deutschland, die eben noch in Biafra geholfen hatte, schrieb an den Weltkirchenrat: »Der Kirche ist das Amt der Versöhnung aufgetragen. Sie hat mit ihrer Botschaft und ihrem Handeln die schwere Aufgabe des Zusammenführens und des Brückenbauens. Sie kann sich weder mit der Macht der Mächtigen noch mit den Gewaltmethoden der Machtlosen identifizieren.« Auf einmal nicht. Da gilt plötzlich wieder der Satz des Bischofs Dibelius: »Die Ordnung der gesellschaftlichen Verhältnisse ist nicht Sache der christlichen Kirche. Sie hat sich hier nur zu Wort zu melden, soweit dabei das innere Leben der Menschen in Mitleidenschaft gezogen wird«; und vergessen ist die Erklärung des Bruderrats der Evangelischen Kirche in Deutschland vom August 1947, in der es hieß: »Das Bündnis der Kirche mit den das Alte und Herkömmliche konservierenden Mächten hat sich schwer an uns gerächt. Wir haben die christliche Freiheit verraten, die uns erlaubt und gebietet, Lebensformen abzuändern, wo das Zusammenleben der Menschen solche Wandlung erfordert. Wir haben das Recht auf Revolution verneint, aber die Entwicklung der absoluten Diktatur geduldet und gutgeheißen.«

Dabei ist schon die Unterscheidung zwischen Mächtigen und Machtlosen ein historisches Relikt, denn in einer Demokratie gibt es keine von Gott eingesetzte Obrigkeit. Die eben noch von Gott eingesetzte »Obrigkeit« kann nach den nächsten Wahlen durch das Volk in die Opposition gehen und statt dessen die bisherige Sammlung der »Machtlosen« regieren. Aber Kirchen denken noch in monarchischen Strukturen ihrer Vergangenheit; und so stimmt das ganze System nicht mehr.

Was die Kirchen damals wie heute schreckt, ist der Begriff der Revolution, und dabei vergessen sie ganz, daß sie selbst einmal ganze Imperien revolutioniert haben, als das Abendland christlich wurde. Sie haben es seitdem immer verstanden, auf der falschen Seite zu stehen, weil sie auf der Seite der Macht standen. Zumindest gilt das für die hierarchische Spitze, die zum Beispiel die Entwicklung der katholischen Kirche in Südamerika mit tiefem Mißtrauen beobachtet und als marxistisch beeinflußt hinstellt wie im Herbst 1984 die römische Kongregation für Glaubenslehre unter dem deutschen Kardinal Ratzinger.

Dabei tun die südamerikanischen Kirchen mit Unterstützung ihrer Bischöfe genau das, was Rabbi J. getan und gefordert hat, nämlich für die Armen und Ärmsten einzutreten. Oder wie es der Franziskanerpater Leonardo Boff formulierte: »Für die Reichen verlangen wir Bekehrung, für die Armen Befreiung.« So formulierte es auch Kardinal Höffner, der Vorsitzende der Deutschen Bischofskonferenz: »Heute erwarten viele vom Christentum nicht die Errettung aus der Gottverlorenheit der Sünde, sondern die Befreiung von gesellschaftlichen Zwängen und Mißständen«, nur um dann festzustellen: »Jesus war kein Politiker, Revolutio-

när oder Umstürzler.« Nach christlicher Auffassung bedeute Freiheit vor allem »die gnadenhafte Befreiung des Menschen von Sünde und Tod durch Gott«. Eine solch erbarmungslose »Seelsorge« hat freilich Tradition.
Ich kann mich an kein Beispiel erinnern, daß die Kirchen durch Boykott ihrer Gläubigen – und das wäre manchmal nicht unmöglich gewesen – einen Krieg verhindert oder geächtet hätten. Sie haben bestenfalls geschwiegen, wie in der Hitlerzeit oder zum Vietnamkrieg. Sie haben, als sie die Macht hatten, die Nachfolge Christi nur in der hierarchischen Macht, nicht aber im Leben angetreten; und sie haben sich, seit sie die Macht verloren haben, immer noch nicht vorbehaltlos mit denen identifiziert, um die sich Rabbi J. bereits vor zweitausend Jahren gekümmert hat.

## Vorliebe für Gewalt

Noch immer hat die Kirche, die die Botschaft der Liebe predigt, eine Vorliebe für Herrschaft und Gewalt. Zwar sind die Friedensaufrufe der christlichen Kirchen »von der Überzeugung diktiert, der Dienst für den Frieden sei zentraler Bestandteil der christlichen Existenz«, schreibt der Theologe Hans Bosse, aber er muß zugeben: »Die nüchternen Feststellungen des kanadischen Institutes für Friedensforschung stehen dem diametral entgegen. Danach befürworten gerade die kirchentreuen Christen bestimmter Kirchen den harten Kurs der Abschreckungspolitik, der die Vernichtung des Gegners – als Drohmittel – mit einkalkuliert. Gerade die Kirchentreuen entwickeln demnach keine eigene Initiative der Versöhnung.«
In dieser kanadischen Studie von Eckardt und Alcock geht es um die Frage, wie ein Christ mit Hilfe seiner Religion innere Konflikte löst; sie versucht also, den Kern der Christlichkeit unab-

hängig von Kirchgang und Konfession festzustellen. Eckardt und Alcock kommen dabei zu dem Ergebnis, daß Religiosität als deutlich erkennbare Lebenseinstellung die eigene Lebensführung etwa genauso regelt wie eine politische Ideologie, wie vergleichende Befragungen ergaben. Das Ergebnis faßt Hans Bosse so zusammen. »Die Pointe der Studie von Eckardt und Alcock ist: Religiosität hat eins gemeinsam mit dem Nationalismus, Militarismus und Konservatismus: Sie ist vertraut mit der Gewalt ... So verschieden jeweils die Konflikte sein mögen, so einheitlich ist die Bereitschaft des konservativ, nationalistisch, militaristisch oder religiös eingestellten Individuums, auf die Mittel von Zwang und Gewalt zurückzugreifen ... Beunruhigend ist dabei, daß hier das Christentum – die Religion der Liebe und Barmherzigkeit – der Gewalt verhaftet zu sein scheint, während nach der kanadischen Studie Verständnis und Mitleid für den anderen gerade den Nichtchristen auszeichnen, wie auch den Typ, der für internationale Verständigung und soziale Gerechtigkeit eintritt.«

Nicht der Friedenswille, sondern die Friedensfähigkeit der Christen wird hier durch ideologische Bindungen an vergangene und überholte Strukturen deutlich in Frage gestellt.

Allerdings: »Die Kirchen haben die Gewalt nicht erfunden. Sie haben sie vorgefunden und sich an der langwierigen Aufgabe beteiligt, sie zu zähmen. Dennoch haben sie zu einer unkritischen und vorschnellen Rechtfertigung von Gewalt beigetragen ... Solange das Christentum Vater-Religion bleibt und nicht zur Religion der Brüderlichkeit wird, wird es diesen autoritären Zug nicht verlieren.«

Das Herr-Knecht-Schema des Paulus, das den Menschen ebenso von Gott trennte, wie es den politischen Machthaber zur von Gott eingesetzten Autorität machte, diese Verdrehung des ursprünglich Gemeinten wirkt über die Jahrtausende bis heute nach.

Es ist leicht, die Kirche in der ohnehin kritisch gewordenen Öffentlichkeit durch Äußerungen von konservativen Christen – wie den einstmals revolutionären Lutheranern – in Mißkredit zu bringen, von Christen, die bis heute in vergangenen Strukturen denken und nur mit anderen Worten wiederholen, was noch 1929 in einem Religionslehrbuch im »Freistaat Bayern diesseits des Rheins« unter Berücksichtigung des »Privilegiums der Allgemeinen Pfarrwitwenkasse« gelehrt wurde: »Die Liebe zum Vaterhaus und zur Vaterstadt, zur Heimat, zum Vaterland, zum Volk und Reich ist ein von Gott ins Herz gelegter Naturtrieb.«

Man kann beliebig viele solcher Beispiele »christlichen Patriotismus« zitieren, wie hier aus einem *Buch für Jungfrauen*, das 1904 in neunter Auflage erschien: »Darum ist es für einen Christenmenschen selbstverständlich, daß er seine Heimat, sein Vaterland lieb habe ... Gott hat dich dem Vaterland und das Vaterland dir zugewiesen, und es gilt auch hier: ›Was Gott zusammengefügt hat, soll der Mensch nicht scheiden.‹. Darum tritt uns auch in den besten und edelsten Gestalten der deutschen Geschichte Christentum und Vaterlandsliebe in inniger Vereinigung vor die Seele ... Und sehen wir auf Jesus und seine Apostel – waren Jesu Tränen, die er auf dem Ölberg weinte über Jerusalem, nicht auch Tränen eines Vaterlandsfreundes?«

So auf einen patriotischen Rabbi J. eingestimmt, konnte man den deutschen Jungfrauen am Beispiel des Deutsch-Französischen Krieges von 1870/71 dann auch die unerforschlichen Wege Gottes erklären, »um der Menschheitsgeschichte neue Bahnen zu erschließen«: »Damals war es die deutsche Nation, welche Gott hierzu ausersah und die er zur Trägerin einer neuen, auf dem echten apostolischen Urchristentum ruhenden Entwicklung machte.«

Allerdings kann die Kirche mit einigem Recht behaupten, daß sie heute nicht mehr so ist oder zumindest nicht mehr so sein will wie noch vor hundert Jahren. Sie ist in den meisten Ländern keine Staatsreligion mehr, sie muß sich in der pluralistischen Gesellschaft behaupten wie andere Gruppen auch (obwohl sie noch Sonderprivilegien hat), sie hat nicht mehr so unmittelbar an der Macht teil wie früher.

Aber das alles ist kein Beweis dafür, daß die Kirche das ideologische Denken gänzlich überwunden hätte, das sie anderthalb Jahrtausende lang geprägt hat. »Seit die Kirche Weltkirche geworden ist, hat sie mehr und mehr ideologische Züge angenommen«, stellte der Psychotherapeut Paul Matussek in einem Streitgespräch über das Thema »Ideologie, Glaube und Gewissen« fest, ohne daß ihm sein Gesprächspartner, der Moraltheologe Richard Egenter, widersprochen hätte, und er führte weiter aus: »Damit soll nicht gesagt sein, daß jeder einzelne Gläubige ideologisiert wäre, wohl aber finden wir bei der Verbreitung des Glaubens und bei der Verkündigungspraxis häufig solche Momente, die charakteristisch für eine Ideologie, nicht aber für den Glauben sind: Die Missionierung unter Gewaltandrohung (›Taufe‹ oder ›Tod‹), die Verurteilung von ›Abweichlern‹., die Überwachung der Rechtgläubigkeit durch die oft grausame Inquisition, die Bestimmung des Glaubens durch die Machthaber (›cuius regio, eius religio‹) oder auch die Bestechung zum Glauben (›Paris ist eine Messe wert‹)... die kirchliche Hierarchie – und je höher hinauf es geht, desto eher – ist zu sehr daran gewöhnt, zu beurteilen und zu verurteilen; das Durch-die-anderen-beurteilt-Werden tritt an Gewicht zurück, das Bewußtsein, die Wahrheit zu besitzen, führt sie psychologisch in eine Position, in der sie leicht den Angriff gegen sich als Angriff gegen die Wahrheit empfindet.«

Hier kann man einwenden, daß nur ideologische Methoden

beschrieben werden, gewisse intolerante Praktiken, die menschliche Schwäche verraten. Das Wesen des Christentums, der Glaube, werde dadurch nicht berührt. Zumindest könne man aus autoritären und ideologischen Verhaltensformen nicht den Schluß ziehen, daß auch der angebliche Glaube nichts anderes sei als Ideologie.

Aber Paul Matussek unterscheidet hier verschiedene Motive des Glaubens und schreibt: »Unter Ideologie versteht der Psychoanalytiker eine Haltung, bei der der geglaubte Inhalt, sei es der eines Christen, eines Atheisten oder eines Zeugen Jehovas, nicht wegen seiner Wahrheit, sondern wegen seiner Bedeutung für bestimmte intrapsychische Prozesse fixiert wird«, und er gibt dafür ein Beispiel: »Jemand, der beispielsweise grundsätzlich Fleischgenuß für ein Übel und etwas Schädliches hält, vermeidet die Speise nicht wegen der objektiven Beschaffenheit des Fleisches. Es sind vielmehr aus dem Inneren kommende subjektive Qualitäten, die dem Fleisch zugeschrieben werden und ihn veranlassen, ein radikaler Vegetarier zu werden.«

Nun wird der Theologe zugeben, daß sicherlich jeder Christ auch Motive in den Glauben einbringt, die nicht dazugehören, daß ein Christ aber doch immer wieder bemüht sei, sich an der Wahrheit der Bibel zu orientieren; daß er also einen Maßstab habe, daß er sich »an der Schrift« messe und nichts hineinzulesen versuche. Die Schwierigkeit ist dabei nur, daß die meisten die Unechtheit ihres Glaubens von vornherein gar nicht bemerken, weil, wie Matussek schreibt, »die ideologische Haltung eine innere Notwendigkeit und dadurch letztlich eine Unfähigkeit zur Glaubensentscheidung darstellt«.

Das kann man an ein paar einfachen Beispielen zeigen, wo auch die Kirche die sogenannte »Wirklichkeit« ihres Glaubens nach ideologischen vorgefaßten Gesichtspunkten zurechtgebogen hat, statt den Glauben nach der Wirklichkeit biblischer Aussagen zu korrigieren.

Das einfachste Beispiel ist, daß die katholische Kirche bis in die Gegenwart hinein schlichtweg behauptet, Rabbi J. habe keine Geschwister gehabt, obwohl im Neuen Testament mit eindeutigen Worten von seinen Brüdern und Schwestern die Rede ist. Statt dessen vertritt sie die etwas abenteuerliche philologische und sonst nirgendwo belegbare These, das Wort »Bruder« bedeute hier »Neffe«.

Weil nicht sein kann, was nicht sein darf, wird die Wirklichkeit der Bibel einfach nach dem Glauben korrigiert statt umgekehrt: Das ist Ideologie.

Nun ist diese Korrektur sogar verständlich: Da nach dem Glaubensbekenntnis – allerdings noch nicht in Nizäa, dreihundert Jahre nach dem Tod des Rabbi J. – der Erlöser von einer Jungfrau geboren wurde, leuchtet es dem Gläubigen ein, daß die »Gottesmutter« Maria ihr ganzes Leben lang nichts mit einem Mann zu tun hatte. Wer ohne Hilfe eines Mannes einen Gott geboren hat, wird auch in langer »Josefsehe« Jungfrau bleiben, so daß die Evangelisten »Neffen« gemeint hätten, als sie »Brüder« schrieben, auch wenn sie, wie Markus, noch gar nichts von einer Jungfrauengeburt wußten.

Kirchenvater Epiphanios von Salamis, der im 4. Jahrhundert lebte und schrieb, wußte die Geschichte sogar noch genauer als die Evangelisten. Sein Josef war, obwohl davon kein Wort in der Bibel steht, ein achtzigjähriger Witwer, der von seiner ersten Frau vier Söhne und zwei Töchter hatte, die Epiphanios sogar dem Namen nach kennt: »Jakobus, genannt der Bruder des Herrn, weil er mit ihm aufgezogen worden war, den Simon, den Judas und Joses, und zwei Töchter: Anna und Salome.«

Epiphanios rettet also die Bezeichnung »Brüder und Schwestern«, indem er sie zu leiblich nichtverwandten Halbgeschwistern macht, denn, so der Kirchenvater, Maria »pflog mit ihm keine Leibesgemeinschaft«. Das genaue Gegenteil steht bei Matthäus. Nachdem dort Josef seine Verlobte heimlich wegschicken wollte, weil sie ein Kind erwartete, das nicht von ihm war, heißt es weiter, daß er sie doch zu sich nahm. Er »erkannte sie« – die biblische Umschreibung für Geschlechtsverkehr – »aber nicht, bis sie einen Sohn geboren hatte«. Die Bibel redet daher ganz unbefangen von Brüdern und Schwestern im eigentlichen Sinne. Aber noch 1960 liest das katholische *Lexikon für Theologie und Kirche* heraus, daß Josef nur der »Nährvater Jesu« war, denn er »führte Maria heim, ohne aber die eheliche Gemeinschaft aufzunehmen«. Die dogmatische Entwicklung hat hier unabhängig vom Bibeltext und sogar gegen ihn Glaubensaussagen geschaffen, in dem sie den Gedanken der jungfräulich gebärenden »Gottesmutter« weiterentwickelte.

## Alma und Betula

Das Dogma von der Jungfrauengeburt wiederum kann sich auf eine eindeutige Bibelstelle bei Matthäus berufen: »Siehe, eine Jungfrau ist schwanger und wird einen Sohn gebären ...« Im griechischen Urtext steht an dieser Stelle das griechische Wort für »Jungfrau«: »parthenos«, und niemand hat bisher vorgeschlagen, das Wort Jungfrau bedeute hier – analog zu den Brüdern Jesu – vielleicht gar nicht Jungfrau. Das Ganze ist ja auch keine eigene Formulierung des Matthäus, sondern er zitiert hier wörtlich das Alte Testament und den Propheten Jesaja. Auch die Septuaginta, die griechische Übersetzung des Alten Testaments, hat an dieser Stelle »Jungfrau«. Geht man also davon aus, daß die »Heilige Schrift« Norm und Wirklichkeit des Glaubens ist, so kommt man als Christ nicht um den Glauben an die Jungfrauengeburt herum, die auch Lukas sehr plastisch beschreibt.

Nun ist aber interessant, daß es im hebräischen Urtext bei Jesaja keineswegs »Jungfrau« heißt, sondern »junge Frau«. Ausdrücklich steht nicht das Wort für »Jungfrau« »betula« da, sondern »alma«, was junges Mädchen bedeutet. (Es sind also im Gegensatz zum Deutschen zwei auch im Klang völlig verschiedene Wörter, so daß die Möglichkeit, es handle sich um eine Verwechslung von »junge Frau« und »Jungfrau«, ausscheidet). Die »Jungfrau« kommt erst durch eine falsche Übersetzung in die Septuaginta. Daß dieser Übersetzungsfehler zum Dogma wurde, mag noch hingehen: Niemand hat damals textkritisch geprüft, was denn nun im Original steht, und unter dem Einfluß griechischen Denkens fand man es sicher auch ganz normal, daß in der allgemein benutzten Septuaginta etwas von »Jungfrau« stand: Dem griechischen Götterglauben war das nicht fremd.

Aber man weiß nicht erst seit gestern, daß hier eine falsche Übersetzung vorliegt, doch jahrhundertelang hat nicht eine einzige Bibel diese Stelle mit »junge Frau« übersetzt, weil eben nicht sein kann, was nicht sein darf. Erst jetzt hat es die neue autorisierte englische Bibel gewagt, das zu tun, wozu ein Übersetzer verpflichtet ist: nämlich korrekt zu übersetzen. Alle anderen beweisen, daß sich die Kirche ideologisch verhält, indem sie die Tatsachen einer in sich stimmigen Theorie zuliebe verdreht, statt ihre Glaubensaussagen nach den historischen Tatsachen auszurichten.

## Nazaret und Nazoräer

Es gibt noch ein drittes Beispiel für Falschübersetzungen, die wie eine ideologische Brille wirken, die das Leben des Rabbi J. verdunkelt hat.

Es ist allgemein bekannt, daß Rabbi J. aus Nazaret stammt. Das steht oft genug in der Bibel, und das haben die Römer als Spott über das Kreuz geschrieben. In der überkonfessionellen Übersetzung der Deutschen Bibelgesellschaft von 1982 kann man den Text zur Erinnerung nachlesen: »Jesus von Nazaret, der König der Juden«. Im griechischen Original steht an dieser Stelle weit und breit nichts von Nazaret, auch wenn es so ähnlich klingt. In der korrekt und genau übersetzten *Jerusalemer Bibel* liest man nämlich: »Jesus, der Nazoräer, der König der Juden«. Philologische Haarspalterei? Wer aus Dresden stammt, ist ein Dresdner, so wie ein Nazoräer eben aus Nazaret stammt. So kleinlich darf man bei Übersetzungen nicht sein, schließlich wird auch niemand bezweifeln, daß ein Venezolaner aus Venezuela kommt.

Doch hier liegt der Fall anders, und das Lexikon *Religion in Geschichte und Gegenwart* warnt denn auch zu Recht beim Stichwort »Nazoräer«: »Philologisch macht die Form Schwierigkeiten, weil sie sich schwer von dem Wort ›Nazareth‹ ableiten läßt.«

Die Wahrheit ist, daß Nazaret und Nazoräer ursprünglich überhaupt nichts miteinander zu tun hatten. Albert Schweitzer referiert in seiner *Geschichte der Leben-Jesu-Forschung*: »Die Entstehung der Bezeichnung (Nazoräer) läßt sich noch verfolgen. In der Zeit nach Paulus kam nämlich unter den Christen der Streit für oder gegen die asketische Lebensweise auf. Die Anhänger der Enthaltsamkeit wurden nach den altjüdischen Naziräern ... Amos 2,11–12 benannt. Bei der Wahl dieser Bezeichnung kann auch die Beziehung auf die messianische Stelle Jes 11,1, die vom Sproß (Nezer) redet, mitgewirkt haben. Mit ›Naziräer‹ sind etymologisch identisch ›Nazoräer‹ und ›Nazaräer‹. In keinem Fall haben die beiden letzten Ausdrücke ursprünglich irgend etwas mit einem Ort Nazareth zu tun, da sonst die Bezeichnung ›Nazarethäer‹ oder ähnlich gelautet hätte.«

Das leuchtet schon deswegen ein, weil die Nasiräer im Alten Testament schon zu einer Zeit erwähnt werden, als es den Ort

Nazaret wohl noch gar nicht gab: Er wird zuerst von den Evangelisten im Neuen Testament erwähnt. So liest man im 4. Buch Mose in der Übersetzung der *Jerusalemer Bibel:* »Wenn jemand, Mann oder Weib, das besondere Gelübde der Nasiräats ablegen will, um sich Jahwe zu weihen ...«, so muß er als »Geweihter« auf Weingenuß und Haarschnitt verzichten. Und bei Amos heißt es: »Aus euren Söhnen habe ich Propheten erweckt, aus euren Jünglingen Nasiräer.«

Auch wenn die Bedeutung des Wortes »Nasir« unsicher ist – die einen meinen, es bedeute »von Gott beschützt«, während es andere von »Nezer« (Sproß) oder dem Verbum für »beobachten, bewahren« ableiten –, steht doch außer Zweifel, daß die Nasiräer/Nazoräer etwas Besonderes waren oder eine Art Sekte bildeten, die sich Jahwe geweiht hatte: Epiphanios nennt die Nasiräer eine häretische Sekte, die schon vor Rabbi J. existiert und später Rabbi J. als Sohn Gottes anerkannt habe.

Nachdem der hl. Hieronymus die Nazoräer mit den Ebioniten gleichgesetzt hat, die wiederum mit den »Armen« der Essener verwandt sein dürften, taucht spätestens an dieser Stelle die Vermutung auf, daß »Jesus der Nazoräer« vielleicht nur eine andere Bezeichnung für Essener sein könnte, eine Art alttestamentarischer Deckbezeichnung für die Essener also, die wegen ihres zelotischen Widerstandes den Römern höchst suspekt waren und daher in der Bibel offen nicht genannt werden.

Aber so lieb mir eine Bestätigung dafür wäre, weil sie meine Essenerthese noch mehr abstützen würde – sie ist nicht zu erbringen. Jedenfalls gibt es keinerlei schriftliche Quellen, die Essener und Nazoräer/Nazarener gleichsetzen würde.

Und doch, der Gedanke hakt fest. Warum bezeichnen sämtliche Evangelisten Rabbi J. als »Nazoräer« oder »Nazarener«? Matthäus und Johannes verwenden dabei »Nazoräer«, Markus nennt ihn »Nazarener«, Lukas benutzt beide Formen. Und in der Apostelgeschichte wird Paulus als ein »Hauptführer der Sekte der

Nazoräer« und als »Aufruhrstifter« vor den römischen Statthalter Felix gebracht.
Diese Bezeichnung als »Nazoräer/Nazarener« war offenbar so charakteristisch für die Anhänger des Rabbi J., daß sie sich bis heute in der syrischen Kirche und von da aus bei den Persern, Armeniern, Äthiopiern und Arabern erhalten hat. Auch im Hebräischen wird ein Christ noch heute »Nozri« genannt.
Nur die Christen selbst ließen später den »Nazaräer« ebenso weg wie den »Essener«. Noch einmal Albert Schweitzer: »Da die asketische Richtung Jesu selbstverständlich zum Naziräer machte, wurde er dementsprechend benannt. Dieses Stadium ist in der Apostelgeschichte fixiert. Sie redet von den Christen als von den Nazoräern (Ap 24,5) und bezeichnet auch Jesum als Nazoräer (Ap 2,22; 3,6; 4,10; 6,14; 22,8; 26,9).
Später bemühten sich die ›antiasketischen Gruppen‹, den Naziräismus innerhalb des Christentums ›lahmzulegen‹. Zu diesem Behufe schufen sie für den Ausdruck eine ›neue, quasi-historische Grundlage‹ und ließen Jesum aus einem Ort Nazareth stammen. Das Dokument dieses Unternehmens liegt im Evangelium des Markus vor, das konsequent vom ›Nazarener‹ berichtet ... und die Bezeichnung ›Nazoräer‹ vermeidet.«
So wurde allmählich aus dem »Rabbi dem Nazoräer« ein »Rabbi aus Nazareth«. Das hat dogmatisch keine Folgen gehabt, aber es hat die historischen Bezüge geändert. Seine Zugehörigkeit zu einer besonderen Gruppe wurde unterschlagen, wie dies auch noch heute die meisten Bibelübersetzungen tun. Der geistige Ursprung ging verloren und wurde durch einen Wohnort ersetzt, der – auffällig genug – nicht einmal sein Geburtsort ist. Die Verwurzelung im Alten Testament ging unter, weil sie das neue Christentum nicht brauchen konnte. Der Wortlaut der Bibel wurde unwichtig, wo sich die historische Wirklichkeit neuen Ideen unterordnen mußte.

Mit der »Botschaft« des Neuen Testaments war es nicht anders. Vor allem konservative Theologen haben festgestellt: »Im ganzen Neuen Testament und in allen seinen Schichten findet sich, wenn auch immer in neuen Bildern, so doch sachlich gleichbleibend, die Aussage: Das Sterben Jesu am Kreuz ist Gottes Handeln ›für uns‹, die Stellvertretung des Sündlosen für die Sünden.«
Die Wahrheit ist aber, daß sich diese Behauptung nicht beweisen läßt. Im Gegenteil: Gerade die ältesten Stellen im Neuen Testament, die noch am ehesten auf wirkliche Aussprüche des Rabbi J. zurückgehen, erwähnen Opfertod und Auferstehung überhaupt nicht: Es sind die sogenannten Logien, wie wir sie etwa in der Bergpredigt als Lehranweisungen wiederfinden. Ihr Hauptmotiv ist vielmehr die Ankündigung der Gottesherrschaft und der Ruf zur Buße. Bergpredigt und Gleichnisse reden nicht vom Opfer und Tod, sondern beschreiben den »vollkommenen Wandel« als *den* Weg zum Reich Gottes, und in dem Gebet, das er seine Jünger lehrt, kommt nichts vom Opfer am Kreuz vor, wohl aber ist in allen Schichten des Neuen Testaments von einer anderen Erlösung die Rede, nämlich von der »Taufe zur Vergebung der Sünden«.
Als ihn einer fragte: »Herr, wie verdiene ich mir das ewige Leben?«, hat Rabbi J. deutlich genug geantwortet: »Du mußt Gott deinen Herrn von ganzem Herzen lieben, mit der ganzen Seele, mit allen Kräften und mit allen Gedanken« und: »Liebe deinen Mitmenschen wie dich selbst ... Mach es so, dann wirst du leben.« Ein Opfertod war also gar nicht notwendig und war auch gar nicht vorgesehen.
Es wäre also denkbar, daß unsere Theologen das Wesen des Christlichen an ganz etwas anderem erkennen könnten, beispielsweise an der Unbedingtheit der Nächstenliebe und der Mitmenschlichkeit oder an dem Satz, daß man den Glauben

an seinen Früchten erkennen soll – und keinem dieser Sätze hätte Rabbi J. widersprochen. Aber sie haben nicht den Mut zuzugeben, daß ihr Christus möglicherweise etwas ganz anderes ist als der Rabbi J. und daß sich der historische Rabbi J. grundlegend vom geglaubten unterscheidet. Manchmal drehen sie sogar die Reihenfolge um und argumentieren vom Ende her statt vom Anfang, der die Maßstäbe setzt. So ist nach Bonhoeffer der Versuch, »einen synoptischen Jesus von einem paulinischen Christus zu scheiden, historisch und dogmatisch zum Scheitern verurteilt. Dogmatisch: wäre diese Zertrennung des Jesus vom Christus möglich, würde die Verkündigung der Kirche zur Illusion.« Und wenn? Wo steht denn, daß die Verkündigung der Kirche richtig ist und daß sie erhalten bleiben muß?

Bonhoeffer, der sonst viel Nachdenkenswertes über ein »religionsloses Christentum« gesagt hat, ist hier noch vollkommen im ideologischen Raster gefangen, nach dem nicht sein kann, was nicht sein darf. Wäre der historische J. nicht auch der Verkündigte, dann wäre, so schreibt er, der Kirche »die Substanz entzogen«. Infolgedessen behauptet er, »der gegenwärtige Christus ... ist der geschichtliche Christus«. Das ist eine reine Glaubensaussage, mit der man aufgeregte Gemüter beruhigen und die Institution sichern kann. Mit der Realität hat das nichts zu tun. Wenn Kirche und Theologie von ihm reden, dann tun sie es entweder wie Luther vor 450 Jahren und sagen: »Ich glaube, daß Jesus Christus, wahrhaftiger Gott vom Vater in Ewigkeit geboren und auch wahrhaftiger Mensch, von der Jungfrau Maria geboren, sei mein Herr, der mich verlornen und verdammten Menschen erlöst hat ...«, oder sie reden sich mit »zwar – aber« von dem gefährlichen Vergleich mit der Wirklichkeit fort und nehmen die glaubende Gemeinde als historischen Beweis: »Wenn das Neue Testament von Jesus Christus spricht, meint es den Jesus des Glaubens, zwar Jesus selbst, aber so, wie uns das Neue Testament mit ihm bekannt macht: Jesus als Herr und ›Gegenstand‹ des christlichen Glaubens.« Oder das gleiche noch einmal von einem fortschrittlichen Katholiken formuliert: »Wenn man heute etwas religiös und theologisch Sinnvolles von Jesus Christus aussagen will, kann man es nicht tun, ohne auch das Wesen des Glaubens selbst als Akt zu beschreiben, der Jesus als den Christus erblickt.«

Zwar stützen sich solche Aussagen, wie »der Heilstod Jesu« ist die »zentrale christliche Heilstat« oder »will der Mensch gerettet werden, so wird er allein auf Jesus Christus verwiesen, der am Kreuz für alle Menschen starb und den Gott von den Toten auferweckt hat«, alle auf die im christlichen Abendland als selbstverständlich empfundene »Theologie des Kreuzes«, wie sie Paulus formuliert hat: »Ist aber Christus nicht auferweckt worden, so ist damit auch unsere Predigt nichtig, und nichtig ist euer Glaube ... dann ist euer Glaube unsinnig, dann seid ihr noch in euren Sünden.« Aber auf Paulus trifft ja doch eben der Verdacht zu, daß er an der Wahrheit des Rabbi J. gar nicht interessiert war, sondern daß er aus »intrapsychischen Prozessen« heraus die Tatsache des Todes Jesu umdeutete, um seine Glaubensschwierigkeiten zu beseitigen. »Die Tragik des Paulus liegt ... darin«, schreibt der jüdische Religionswissenschaftler Schalom Ben-Chorin, »daß dieser vertikale Christus auch Jesus von Nazareth ausgelöscht hat, so daß eigentlich nur noch eine theologische Abstraktion übrigblieb, die etwas Gespenstisches an sich hat: Der Schatten einer Vision.«

Denn sowenig Paulus aus der Realität die Erlösung fand (er fand sie statt dessen in einer Vision), sowenig hat er sich um die Realität gekümmert. Er paßt die Welt seiner Vision an, nicht seinen Glauben der historischen Wirklichkeit. Paulus, der erste Theologe, war auch der erste Ideologe der Kirche.

Institutionen haben die Tendenz, zu Monopolen zu werden. Auch die Institution Kirche ist dieser Monopolisierung nicht entgangen. Was einmal Gnade Gottes war, jedem zugänglich, der sie begehrte, wurde zum Gnadenmittel der Kirche, nur noch dem zugänglich, der der Institution angehört und nach ihren Regeln lebt.

Wie jede Institution hat auch die Kirche eine Eigengesetzlichkeit entwickelt, die ihre Funktionstüchtigkeit sichert, auch wenn die ursprüngliche Aufgabe verlorengegangen ist. Auch sie bedarf daher von Zeit zu Zeit einer Kontrolle, um nachzuprüfen, ob die »Funktionäre« wirklich auch das tun, was sie sollen, und nicht, was sie wollen. So hat sie im Lauf der Jahrhunderte immer wieder Korrekturen hinnehmen oder ablehnen müssen, ob sie dazu bereit war oder nicht. Jede dieser Korrekturen ging davon aus, daß die Kirche nicht mehr den Auftrag erfülle, der ihr im Neuen Testament aufgetragen worden sei.

Immer wieder maß man die Gegenwart am Auftrag der ersten Stunde, und es ist nichts weiter als der Zufall einer historischen Konstellation und des – oft politischen – Kräftespiels gewesen, ob die Kirche ihre Kritiker als Reformatoren anerkannte oder als Ketzer verdammte. Denn was wirklich der Auftrag der ersten Stunde war, stand nicht fest, solange man das Neue Testament als eine Ganzheit ansah und nicht wußte, welche Schriften oder welche Teile ihres Inhalts der Lehre des Rabbi J. am nächsten kamen. Seit den Schriftfunden vom Toten Meer haben wir zum erstenmal seit fast zweitausend Jahren eine Vergleichsmöglichkeit, die außerhalb des kirchlichen Systems und außerhalb der Bibel selbst liegt und die historisch älter ist als die 27 kanonischen Schriften des Neuen Testaments. Wir sind nicht mehr auf Vermutungen angewiesen, was der geistige und geistliche Ursprung des Rabbi J. ist. Wir

können heute Ursprung und Wirklichkeit mit Tatsachen vergleichen.
Seit der Entdeckung der gnostischen Bibliothek von Nag Hammadi haben wir auch ein Indiz mehr, daß kurz nach dem Tod des Rabbi J. fremde Gedanken die Lehre des Rabbi zu überlagern begannen und daß Paulus eine Lehre verbreitet, von der Rabbi J. nichts wußte.

## Die Mücke im Bernstein

Es kann nicht schaden, wenn wir die Wirkungsweise jener beiden Filter noch einmal mit einem Blick überschauen; denn seit Qumran ist alles anders.
Ganz gleich, wie nahe wir Rabbi J. an die Gemeinschaft der Essener von Qumran heranrücken: Die Tatsache, daß er von ihnen bis in seine Handlungen und bis in einzelne Worte hinein beeinflußt war, läßt sich nicht mehr abstreiten, wenn man nicht sämtliche Prinzipien wissenschaftlicher Vergleiche, Analysen und Methoden leugnet.
Sicher hat Rabbi J. die verschiedensten Gedanken seiner Zeit durchdacht; er war wie Paulus ein Mensch, der die Wahrheit suchte, wo er sie fand, und Wahrheit ist für einen Menschen nicht nur an einer einzigen Stelle zu finden, auch nicht, wenn diese Quelle Qumran heißt. Aber er hat nun einmal den Angelpunkt seiner Wahrheit und Lehre bei den Essenern gefunden. Sie waren seine geistige und geistliche Heimat.
Hier jedenfalls finde ich jenen Rabbi J. wieder, den ich immer dann aus den Augen verlor, wenn ich seine Gestalt aus der Sicht der Kirche und in ihrer Überlieferung genau zu fixieren versuchte. Hier finde ich den Menschen wieder, über den nachzudenken sich lohnt, weil er kein unerreichbarer Säulenheiliger ist, zu dem ihn die Verehrung gemacht hat.

Ich habe zu zeigen versucht, daß es Gründe gab, diese Beziehungen zu verschleiern. Verantwortlich dafür ist der Kreis seiner Anhänger, die noch unmittelbare Augenzeugen und Mitstreiter gewesen sind. Sie dunkelten das Leben jenes Mannes ab, bis nur noch beziehungslose Reflexe seines Lebens und seiner Lehre übrigblieben.

Unerklärt und für seine Anhänger unverständlich blieb sein Tod. In dieser Situation kam Paulus und gab den Verzweifelten ihre Hoffnung zurück. Nicht das ohnehin verdunkelte Leben des Rabbi J. war wichtig, sondern der Tod. Es war nicht mehr das Ende *eines* Lebens, sondern der Beginn *des* Lebens.

Wie mit dem Vergrößerungsglas, das alles rundherum verschwimmen läßt, fand Paulus in ihm den Erlöser von Sünde und Tod. Seit den Schriften von Nag Hammadi können wir mit Originaltexten belegen, daß das eine ausgeborgte, dem Jüdischen fremde Denkungsart war.

Vom historischen Rabbi J. ist bei Paulus kaum noch die Rede, und was die Kirchen für ein lebendiges Erbe ausgeben, ist nicht das Ursprüngliche. Was sie für wahres Christentum halten, ist alles andere als das: »Der Triumph des Paulus bedeutet die endgültige Auslöschung des historischen Jesus; der historische Jesus ist auf uns gekommen eingeschlossen im Christentum wie eine Mücke im Bernstein.« Oder: »... würde der historischen Forschung der Nachweis gelingen, daß zwischen dem historischen Jesus und dem gepredigten Christus ein unüberbrückbarer Gegensatz besteht und also der Glaube an Jesus keinen Anhalt an Jesus selbst hat, dann ... würde dies das Ende aller Christologie überhaupt bedeuten. Ich bin zwar überzeugt, daß wir Theologen auch dann noch einen Ausweg wüßten – aber entweder lügen wir jetzt oder dann.«

Zu diesem Zitat von Heinz Zahrnt lag mir schon eine Antwort auf der Zunge. Nach meiner Überzeugung muß die Antwort heißen: Zwischen dem historischen Rabbi J. und dem gepredig-

ten Christus besteht tatsächlich ein unüberbrückbarer Gegensatz. Der Christus, den die Kirche »verkündet«, hat bis auf den Namen nichts mehr mit dem historischen Rabbi J. gemein.
Wenn Kirche und Theologie wirklich den historischen Rabbi J. meinten, dann müßten sie nüchtern und ohne heidnische Wundergeschichten von einem Mann sprechen, den seine Suche nach Gott zu einer streng orthodoxen und asketischen Wüstensekte führte, der in Erwartung der Wirksamkeit Gottes seine Gesinnung änderte und sich taufen ließ; der dann durch das Land zog und diesen Bußruf an seine Landsleute – und an niemanden sonst – weitergab; dessen Anhänger ihn für den von Gott ausersehenen Befreier von den Römern und den kommenden König von Israel, den Messias, hielten und selbst als Zeloten verfolgt wurden.
Sie müßten berichten, daß dieser religiös verstandene Auftrag einer politischen Befreiung, die nur kommen konnte, wenn das Volk die Gebote Gottes befolgte, mit der Gefangennahme und Hinrichtung des Rabbi J. durch die Römer scheiterte und daß seine Anhänger flohen und verzweifelt waren.
Wenn Kirche und Theologie wirklich den historischen Rabbi J. meinten, dann müßten sie von einem Mann sprechen, der radikale Besitzlosigkeit forderte, um dadurch um so strenger das Gesetz des Moses halten zu können; sie müßten ihn als einen Mann schildern, der ganz Jude war und unter dem Kommen des Reiches Gottes kein geistiges Ereignis, sondern die durch Frömmigkeit herbeigezwungene Selbständigkeit des auserwählten jüdischen Volkes verstand; der Jahwe als Vater anredete, weil Gott sich nach den Berichten der Bibel selbst als Vater der Kinder Israel bezeichnet hatte, dem es aber als Juden nie eingefallen wäre, sich selbst als leiblichen Sohn Gottes anzusehen und als Mittler zwischen Mensch und Gott aufzutreten.
Wenn Kirche und Theologie wirklich den historischen Juden J. meinten, dann hätten sie von einem außergewöhnlichen Men-

schen sprechen müssen, der andere faszinierte und der sicherlich außergewöhnliche Fähigkeiten besaß und – wie die Essener – etwas von Heilkunst verstand. Sie hätten von einem Menschen berichten können, der anders und überzeugender von Jahwe, dem unsichtbaren und einzigen Gott, und seinem Verhältnis zu den Menschen sprach als andere. Wenn Kirche und Theologie wirklich den historischen J. meinten, dann müßten sie mehr von Gott und weniger von Rabbi J. reden. Dann müßten sie erst lernen, jüdisch zu denken und zu empfinden, bevor sie christlich reden. Statt dessen »verkünden« sie einen verdunkelten und verzerrten, durch Geschichte und Tradition entstandenen »Christus«, in dem sich Rabbi J., wenn überhaupt, nur mit Erstaunen oder mit Entsetzen wiedererkennen würde. Sie sprechen vom Erlöser und vom Auferstandenen, sie nennen ihn Sohn Gottes, der unsere Sünden trägt, den Vermittler, Versöhner und Herrn; sie bekennen noch heute im Glaubensbekenntnis, er sei von einer Jungfrau geboren und in den Himmel aufgefahren, sitzend zur Rechten Gottes – und nicht bei einem einzigen Wort würde Rabbi J. sich wiedererkennen und sagen: Ja, das bin ich.

Sie reden von Abendmahl und Neuem Bund, von Liebe und Versöhnung, vom Vaterunser und der Bergpredigt – und Rabbi J. müßte antworten: Ja – aber doch nicht so. Sie reden von Gott in Christus, von seiner Einmaligkeit und dem exemplarischen, sündenlosen Leben, das er geführt hat – und jedesmal müßte Rabbi J. fragen: Von wem redet ihr?

Ich bin freilich fest davon überzeugt, daß Kirche und Theologie, die sich als berechtigte Erben und Nachlaßverwalter des Rabbi J. betrachten, kein einziges Argument anerkennen werden, das ihren Bestand und ihre Überzeugungen in Frage stellen könnte, denn hier setzt jene von Zahrnt erwähnte wunderbare Funktion der immerwährenden Ausrede ein, die stets mit Argumenten operiert, die auf der falschen Ebene liegen.

Vermutlich werden die Kirchen und ihre Theologen auch jetzt

mit ihrem Trauma der Aufklärung kommen und sagen, solche Vorwürfe und Argumente seien sämtlich bereits im letzten Jahrhundert entkräftet worden. Aber mit dieser Argumentation schieben sie auch diesmal eine Entscheidung von sich, die die Mehrzahl der »Christen« längst getroffen hat, indem sie Kirche und Christentum für unglaubwürdig und unredlich halten.
Doch den Theologen geht es nicht um die historische »Wahrheit«, sondern um Prestige und Existenz. Denn die Suche nach der historischen Wahrheit hört dort auf, wo der Bestand einer Institution gefährdet ist.
Niemand wird annehmen, daß sich die Kirchen jemals »aus gegebenem Anlaß« auflösen. Aber ich meine, sie sollten ehrlich sein und entweder zugeben, daß sie umzudenken haben oder daß sie sich mit einem neuen »Glaubensbekenntnis« von der irreführenden Vorstellung lösen, sie verträten noch die wahren und ursprünglichen Ziele und Absichten des Mannes, nach dem sie sich nennen. Das wäre ein ehrlicher Entschluß, und es müßte keineswegs unredlich sein, was die Kirchen dann noch als Religion bezeichnen. Auch dann würden sich die Kirchen noch »christlich« nennen können, denn sie kommen genausowenig von zweitausend Jahren Geschichte los wie der einzelne. Aber ihr Religionsstifter wäre dann Paulus von Tarsus und nicht mehr Rabbi J., dem man nicht einmal seinen jüdischen Namen gelassen hat. Denn Rabbi Josua wußte von alledem nichts.

*Luise Rinser*

# Jochanan und Jeschua

Gleichviel: er war DA, er war unser Vertragspartner, und er war unser Vater. Der Vater aller Väter und Urväter. Der über alles Maß mächtige Patriarch. Anders als so konnten wir ihn uns nicht vorstellen denn wir lebten seit tausend Jahren unter der Herrschaft der Väter.

Nun aber Jochanan, er übersprang kühn das Nur-Jüdische.

Viele Gespräche hatten wir darüber, Zwiegespräche in der Nacht, zeugenlos, selbst erschrocken über unsere Gedanken.

Gott ist Geist, sagte Jochanan, und Geist ist dasselbe wie Liebe. Oder, noch geheimnisvoller und kühner: Gott ist DAS WORT. Er sagte das in Griechisch, denn im Hebräischen fand er das treffende Wort nicht: logos.

Im Anfang war der logos. Gott selbst war der logos, und der logos wurde Fleisch und war der Sohn des Vaters und war das Licht für die Welt.

Daß am Anfang der logos war, das schien mir nicht unvertraut. Mein griechischer Freund hatte mir gesagt, daß, ehe etwas wurde, schon etwas da war: die Idee davon, und die Idee war geistig, und die Idee nahm Stoff an und wurde zur Ding-Wirklichkeit. Daß am Anfang allen Anfangs Einer war, in dem alle Ideen waren, auch das war mir einsichtig. Statt Idee logos. Statt Ding-Werdung Schöpfung. Aber dann die Sache mit dem Sohn. Vielleicht so: der Höchste, logos aller logoi, so sagte Jochanan, wollte ein Du. Jeder Vater will einen Sohn, jeder Mensch ein Gegenüber. Der Sohn war als Idee schon immer im Vater. Und eines Tages sprach der Vater das Wort aus, und aus dem Wort wurde der Sohn. Vielleicht so.

Ich nahms so wichtig nicht, vielmehr als Denkspiel. Aber die Sache ritzte tiefere Spuren in mir, als ich meinte. Wer war dieser Sohn?

Wenn der logos Materie annahm, so mußte das Wort vom Sohn ebenfalls als Erdenmaterie erscheinen. Es mußte menschlich werden. Ein Mensch wie wir.

Auch Jochanan quälte sich ab mit dieser Frage, obgleich wir beide nicht eigentlich verstanden, warum uns die Sache so wichtig wurde.

Hatten wir nichts anderes zu denken?

Eines Tages zeichnete Jochanan im Sand. Das hatte er dem Rabbi abgeschaut, der tat das oft. Was war es, das Jochanan zeichnete? Ein Dreieck mit der Basis auf der Erde, und ein zweites, auf dem Kopf stehend, so daß seine Spitze, abwärtszielend, genau auf die Spitze des unteren, aufrecht stehenden Dreiecks traf.

Jochanan deutete auf den Punkt, an dem beide Spitzen sich trafen: Da steht ER. Dies hier oben ist der göttliche Bereich, dies unten der menschliche. Keine Trennung, doch verschiedene Reiche. ER ist die Brücke. ER gehört beiden Bereichen an. Gottes-Sohn, Menschen-Sohn. Der logos, der den oberen Bereich in den untern einbringt. Eines Tages werden beide Bereiche sich decken, und das wird dann das Friedensreich sein, das Reich des Geistes.

Und dieser ER, meinst du, sei unser Rabbi Jeschua?

Meinst du das alles im Ernst, oder ists wieder eines deiner Denkspiele?

Ich weiß es nicht.

Spielen wir weiter: wie kam dieser ER aus seinem Geistbereich in den der Materie?

Durch Zeugung und Geburt. Wie sonst?

Das sagst du. Kennst du, Halbgrieche du, nicht die Geschichte von der Göttin Athene, die der oberste Gott Zeus mit sich selber zeugte und in seinem Haupt austrug, bis sie, die Mutterlose, als fertige Frau aus seiner Stirn entsprang?

Das ist eine heidnische Vorstellung.

Nicht alles Heidnische ist falsch.

Es ist anders.

Aber wie.

Ist dir nicht aufgefallen, daß Jeschua, wenn er von seinem Vater spricht, nicht Josef, den Zimmermann, meint, der längst tot ist?

Ja doch. Aber auch dies: daß er seine Mutter ansieht wie eine Fremde und sie Frau nennt, nicht Mutter. Wer ist ihm Vater, wer ist ihm Mutter?

Weißt du, daß seine Mutter im Tempel aufgewachsen ist, eine aus vielen Töchtern Jisraels Ausgewählte, eine, die mehr als alle andern den Vorhersagen von der Mutter des Messias entsprach?

Tat sie das?

Es scheint so. Und dann suchte man ihr den passenden Ehemann.

Wer wählte da aus?

Tempelpriester mit besondrer Vollmacht. Weise. Eingeweihte.

Glaubst du so etwas?

Ich weiß nicht. Ich kenne solche Geschichten aus anderen Religionen.

Nämlich?

Man führt die Erwählten in den Tempel, versenkt sie in Tiefschlaf und befiehlt ihnen das Beilager. Noch schlafend bringt man sie auseinander, und sie erinnern sich nicht an das Geschehene, höchstens an einen Traum von geflügelten Wesen und Lichtspeeren.

Aber dann, wenn das dabei gezeugte Kind kommt?

Dann ist es eben ein göttlich gezeugtes, ein vaterloses.

Und wozu das Ganze?

Um einen Menschen zum Gott erklären zu können.

Niemand denkt daran, Jeschua zum Gott zu erklären. Was redest du da?

Du redest von ihm, nicht ich. Ich erzähle nur, was in andern Religionen gedacht wird.
Hirngespinste, sagte ich und ging.
Die Sache ließ mir keine Ruhe. Ich schaute Jeschua heimlich an, ob ich ihm das Geheimnis seiner Herkunft nicht ansähe. Ich sah nichts dergleichen. Aber ich dachte, es konnte doch wohl sein, daß er auf ungewöhnliche Art aus dem Geistbereich in den der Materie kam. Diese Vorstellung vom geflügelten Wesen und vom Lichtspeer. Der Geist, der in die Materie fährt und dort zeugt. Der logos, der ein Menschenkind wird. Wenn nun dieses Kind nur dem Leibe nach ein Mensch ist, aber dem Geist nach ein Gott? Das ist eine Vorstellung, die nichts Absurdes hat. Aber wieso überträgt Jochanan das auf unsern Rabbi? Denn das tat er, wiewohl ers leugnet. Ich stellte ihn zur Rede.
Was weißt du von der Geburt Jeschuas?
Nichts.
Heraus mit der Sprache!
Nun gut: die Astrologen hatten berechnet, daß zu einem bestimmten Zeitpunkt eine ganz ungewöhnliche Constellation am Himmel war: eine Conjunction von Jupiter und Saturn.
Was bedeutet das?
Jupiter ist der Königsstern.
Und Saturn?
Einem jeden Volk ist ein Planet zugeordnet. Der Stern Jisraels ist der Saturn.
Das hieße also, daß in Jisraels Mitte ein König geboren wird, mit dem es eine besondere Bewandtnis hat. Und wo ist nun dieser König, bitte? Wir haben nur einen, den Herodes, und der ist miserabel.
Da ging Jochanan weg, als hätte ich ihn beleidigt.
Ich aber dachte, was mir nie zuvor zu denken eingefallen war und worüber ich selbst erschrak wie über eine Lästerung: warum, so dachte ich, nahmen die Astrologen mit aller Selbstverständlich-

keit an, das vorhergesagte Kind sei ein männliches? Warum muß der Messias ein Mann sein? Warum soll der Höchste ein Mann sein? Freilich: niemand sagte das so, denn niemand konnte über den Höchsten etwas aussagen, das galt. Aber stellte sich auch nur ein einziger Jude je vor, dieser ewige ER konnte eine Frau sein? Selbst mir kam das lächerlich vor. Keine Frau, das nicht, aber auch kein Mann. Der Unnennbare, das ALLES war: Mann und Frau.

Aber der Messias: konnte er keine Frau sein? Gab es nicht große Frauen in unserm Volk, Prophetinnen, Weise, Heilige, und auch solche, welche das Geschick ihres Volkes lenkten: Jaël, Esther, Jehudit. Und waren Frauen nicht besser geeignet, Frieden zu stiften und Leben zu hüten?

Jochanan, warum gilt der Mann mehr als die Frau, warum diese stillschweigende Abmachung, der Höchste sei ein Mann?

Weil der Geist männlich ist.

Du Narr. Als ob der Geist, wenngleich männlich, an den Mann gebunden wäre!

Diesmal war ich es, die beleidigt wegging.

Mir gings mit Jochanan jetzt so, wie es Schimon mit ihm ging. Wenn er bisweilen Zeuge eines unsrer Gespräche war, eines der harmloseren auch nur, schüttelte er den Kopf: Daß ihr immer so hoch oben herumfliegt! Wer kann das verstehen: Wozu soll das gut sein. Und überhaupt diese Fragen, wer der Rabbi ist. Wer soll er denn sein. Er ist er. Lieben muß man ihn, dann weiß man, wer er ist.

Dieser Schimon. Er war so einfach. Ein Fischer, der nichts wußte, als was er in der Synagoge gehört hatte, und darüber dachte er nicht nach, das nahm er hin. Aber als Jeschua den Finger bog und sagte: Komm! da ließ er alles liegen und stehen, das Boot und das Netz, und zu seiner Frau sagte er: Warte auf mich, ich habe etwas Wichtiges vor. Sie wartete. Später verließ auch sie ihr Haus und zog mit Schimon nach Jeruschalajim, und dann weiter, bis

nach Rom. Ob sie noch seinen Tod miterlebt hat, weiß ich nicht, doch habe ich sichere Nachricht, daß man Schimon kreuzigte, dem Meister gleich, und doch nicht: nämlich mit dem Kopf nach unten. Ich kann mir denken, wie willig und selbstverständlich er das hinnahm. Immer war er bereit gewesen, sich vom Felsen zu stürzen, freilich, so sagten wir untereinander, in der Hoffnung, der Rabbi hielte ihn zu guter Letzt am Mantelzipfel fest und wäre zufrieden mit dem guten Willen, wie es dem Höchsten genügte, daß Avraham bereit war, seinen Sohn Jizchak zu opfern, und mehr war nicht gewollt. Ja'akov erzählte mir, Schimon habe den Rabbi nach seinem Tod und seiner Wiederkehr aus dem Totenreich auf dem Wasser des Sees gehen sehen wie auf festem Boden. Da sei auch er aus dem Boot gesprungen und auf den Rabbi zugelaufen in der Meinung, der habe ihn gerufen, aber auf halbem Weg habe ihn der blinde Mut verlassen und er sank. Gerade noch, daß der Rabbi ihn herausziehen konnte. Schimon schämte sich sehr. Ob die Geschichte wahr ist, weiß ich nicht, vermutlich hat sie einer von uns erfunden. Aber sie zeigt, wie Schimon war: ein Kind, sehr liebenswert in seinem demütigen Eifer.
Einmal fragte ich ihn: Du bist doch verheiratet, hast Familie und Verantwortung. Wie konntest du einfach weglaufen? Und der Rabbi, wie konnte der das wollen? Wenn das jeder täte!
Es war eben so. Er sagte komm, und ich kam. Und du, du hast es doch auch getan!
Ich bin eine Unabhängige, das ist ein Unterschied, oder?
Er senkte den Kopf und ließ ihn hängen. Man durfte ihn nichts fragen. Antworten wußte er nicht. Er selber war die Antwort auf solche Fragen.
Einmal sah ich, daß er einen Dolch unterm Gewand trug.
Du, Schimon! Ja bist du denn bei den Zeloten?
Er wurde rot. Man kann nicht wissen, sagte er.
Was denn?
Ob man ihn einmal braucht.

Du also würdest töten, Schimon? Oder trägst du das Ding nur zum Gertenschneiden?
Er schwieg verstockt.
Einmal aber zog er den Dolch im Ernst: bei Jeschuas Verhaftung, und da hieb er einem der Häscher ein Ohr ab, es hätte auch der Kopf sein können.
Wer aber war ihm Jeschua? Glaubte er, daß er der Messias sei? Ich weiß es nicht.
Der Erkenntnisblitz, der ihn einmal in Jeschua den Göttlichen erkennen ließ, war erloschen, und er ging im Dunkeln bis zu jenem Tag, an dem ihn der Blitz zum zweiten Mal traf, fünfzig Tage nach Jeschuas Tod. Unter dem Anprall des großen Lichts wurde der schwankende Boden fest: Kefa. Fels. Später dann nannte man ihn mit lateinischem Namen Petrus, das hieß auch: der Fels.
Der Rabbi liebte ihn sehr. Jochanan sah es mit gezähmter Eifersucht, er war überhaupt ein Eifersüchtiger. Als sei er nie sicher, daß der Rabbi ihn liebte, hielt er es für nötig, es sich und uns allen immer aufs neue zu bestätigen: »Der Jünger, den der Meister liebte.« Auch Jochanan: niemand hat dir einen Platz an seiner Brust streitig gemacht, und auch nicht den unterm Kreuz. Da standen wir beide, du und ich, und hielten aus bis zuletzt.

*Wolf Biermann*

# Rotgefärbter Tatsachenbericht vom wahren Leben und Tod des Jesus Christus

## 1.

Wahr ist, daß seine leibliche Mutter
Ihrem Ehemann Hörner aufsetzte. Die edle
Einfalt des Zimmermanns aber rettete Maria
Vor der üblichen Todesstrafe. Das auch scheint erwiesen:
Männlichen Geschlechts war das Kind
Der Knabe also gedieh leidlich
Mut und Pfiffigkeit der Mutter
Bewahrten ihn vor schlimmeren Ungelegenheiten
Gelegentlich der staatlich verordneten
Abschlachtung sämtlicher Säuglinge
Deren habhaft werden konnten die Häscher
Des Königs Herodes. Wahr ist wohl auch
Jene Meldung, daß der Knabe ungenügend
Beaufsichtigt, Respekt vermissen ließ
Vor alten Herrn und durch vorwitzige
Reden (altkluge, öffentliche) frühzeitig
Von sich reden machte

2.

Wahr ist: der oben Bezeichnete imponierte
Dem ungebildeten Volk auf den Marktplätzen
Durch allerhand raffinierte Kunststücke
Womit er den Pöbel glauben machen wollte
Er sei GOttes Sohn. Das gelang ihm.
Durch verwirrende Sit-inns und Go-inns
Hetzte er einen Haufen Niedere auf
Gegen die sogenannte Gewaltherrschaft
Des Unglaubens, des Irr- und Aberglaubens
Im Land des Fremdherrschers Herodes
Leugnete frech, einen Staatsstreich zu planen
(»Mein Reich ist nicht von dieser Welt!«)
Gründete aber eine Kommunistische Partei
Mit einem Politbüro an der Spitze, getarnt
Als sogenannte Jünger, in Wahrheit aber
Elf Berufsrevolutionäre und einer unter ihnen
Judas, Agent des herodischen Geheimdienstes.

3.

Wahr ist, daß besagter Verräter seinen Chef
Auf dessen eigenen Wunsch hin hochgehn ließ
Er verriet den, der verraten werden wollte
Auf delikate Weise: durch einen Kuß
Machte er ihn dem Einsatzkommando der Polizei
Kenntlich. Besagter Verräter soll sich danach
Geschämt haben. Aber nicht zu Tode. Wahr ist
Auch das: im Tonfall der Demut brüskierte
Dieser Christus das Gericht durch Hochmut
Sein Mangel an Reue war skandalös. Vielmehr

Beharrte er auf den ungesetzlichen Ansichten
Die ihn hatten werden lassen zu *dem*
Was er eben war. Er erklärte vor Gericht
Das Gericht für nicht zuständig. So
Nahm die Gerechtigkeit ihren Lauf.

4.

Wahr ist, daß man den zum Tode Verurteilten
Hetzer massive Balken schleppen ließ, den
Intellektuellen strafte mit körperlicher Arbeit
Wahr ist auch, daß der schwächliche Mann
Schwer trug an jenem Holzkreuz. Anspucken
Ließ man ihn, den überführten Entlarver
Peitschen und verspotten von denen, die er
verhetzt hatte vordem. Aus Schikane zerrten
Die Polizisten ihn über volkreiche Plätze
Und also vorbei auch an seinen untergetauchten
Oder einstmaligen Genossen, so daß diese
Ihre Gesichter abwandten von ihm vor Scham
Und kannten ihn nicht mehr, und sie ließen ihre
Füße sich seitwärts irren, aus Furcht.

5.

*Nicht*
Wahr ist, daß hinlänglich Gezeichneter
Den großen Tod starb am Kreuz. Und *nicht*
Wahr ist, daß der Leichnam drei Tage darauf
Eine steinerne Grabplatte lüftete. Und *nicht*
Wahr, daß Jesus gen Himmel flog als ein anderer

Diese Lesart ist eine Legende, verbreitet
Vom harten Kern seiner Jünger, die all das
Unter die Leute streuten, nur, um sich selbst
Und auf lange einen Namen zu machen. Das gelang.

6.

*Wahr*
Ist: Jesus Christus, eskortiert von Beamten
In Zivil, schleppte er sich durch Dörfer, durch
Städte des heiligen Landes. Solange trug er
Sein Holz durch immer stillere Jahre, solange
Bis die Männer sagten, wenn er vorbei kam: Ach,
Was tuts, er lebt ja noch. Immerhin, sagten die Fraun
Der hat Glück: Besser, er trägt das Kreuz
Als das Kreuz trägt ihn!
Und Jesus weinte ohne Tränen und lernte nun das:
Ein lebender Märtyrer, der ist sehr tot.

7.

Und die Straßenkinder gewöhnten sich an den
Wunderlichen mit dem morschen Kreuz auf dem Ast
Und die Straßendirnen gewöhnten sich an den
Anblick, wie auch die Straßenpolizisten. Und
Jesus Christus gewöhnte sich an sich und sein
Sperriges Gepäck. Bald schon wurden die Schmähungen
Rar. Der Speichel floß nun sparsamer. Kein
Schwanz bemerkte ihn noch. Bald auch konnte er
Sich nicht mehr erinnern wie alles gekommen war.
Sogar Herodes vergaß auf den Fall.

8.

Als seine Wächter endlich darauf kamen,
Daß Christus seine Schand-Runden durch das Land
Auch alleine drehte mit dem Kreuz, da blieben sie
Zu Haus und wässerten ihre Gärten hinterm Haus.
Oliven gab es mal gute mal keine, Erdbeben, auch
Kleinere Kriege. Brot wurde gebacken. Kinder
Gemacht. Steuern hinterzogen. Wein gekeltert.
Der alte Sonderling aber ging unbemerkt unter
Im gewaltigen Alltag. Und die berühmten
Requisiten? Was blieb von der Legende? Wahr
Ist: Er wurde geschlagen, ja, an das Kreuz
Nämlich: der grauen Jahre. Die Nägel
Die drei, waren nichts weiter als
Furcht und Schwäche und Vergeßlichkeit. Die
Dornenkrone, auch sie: Nichts, als
Eine gelungene Metapher für des Menschen
Endlichkeit. Der Essigschwamm: Nichts
Als ein Schwamm voll mit Essig.

9.

Die *Auferstehung* aber, diese
Schamloseste der Erfindungen, ist wahre Lüge
Und dauert. Und wird dauern bis die Götter
Menschen geworden sind und die Menschen
Götter. Bis dahin – und keinen Tag länger.

*Tschingis Aitmatow*

# Jesus vor Pilatus

Der Morgen war heiß in Jerusalem und verhieß einen noch heißeren Tag. Der Prokurator Pontius Pilatus hatte sich einen Sitz in den marmornen Säulengang vor der Arkadenterrasse des Herodes-Palastes stellen lassen, wo ein kaum spürbares Lüftchen seine in Sandalen steckenden Füße umspielte. Die Wipfel der pyramidenförmigen hohen Pappeln im großen Garten rauschten leise, ihr Laub war in diesem Jahr vorzeitig vergilbt.

Auf steiniger Höhe gelegen, bot die Terrasse einen Blick auf die Stadt, deren Umrisse jedoch in einem leichten Dunstschleier verschwammen; die Luft erhitzte sich immer mehr, und sogar die von der weißen Wüste begrenzte Umgebung von Jerusalem, sonst immer deutlich zu sehen, war kaum zu erahnen.

An diesem Morgen kreiste lautlos ein einsamer Vogel über dem Hügel – mit weit ausgebreiteten Schwingen, so daß es aussah, als wäre er mit einem unsichtbaren Faden am Himmel aufgehängt, überflog er in gleichmäßigen Zeitabständen den großen Garten. Vielleicht war es ein Adler, vielleicht auch ein Milan, ein anderer Vogel hätte nicht die Geduld gehabt, so lange und gleichmäßig am heißen Himmel zu fliegen. Als der Prokurator sah, daß Jesus von Nazareth, der vor ihm stand und von einem Fuß auf den anderen trat, den Vogel mit einem zufälligen Blick streifte, wurde er unwillig und fühlte sich sogar beleidigt. Gallig und schroff sagte er:

»Wohin wendest du deine Augen, König der Juden? Dort kreist dein Tod!«

»Er kreist über uns allen«, erwiderte Jesus leise, als spräche er zu sich selbst, und strich unwillkürlich mit der Hand über sein geschlossenes, schwarz unterlaufenes Auge. Als sie ihn am Markt vorbei zum Hohen Rat führten, hatte sich, aufgewiegelt von den Priestern und Ältesten, viel Volks auf ihn gestürzt. Manche schlugen grausam auf ihn ein, andere spuckten ihm ins Gesicht, und in dieser Stunde wurde ihm klar, wie wild die Leute des Hohenpriesters Kaiphas ihn haßten und wie vergeblich es wäre, von dem Gericht in Jerusalem Gnade zu erwarten. Dennoch wunderte er sich rein menschlich, war er betroffen über die Grausamkeit und Treulosigkeit der Menge, als hätten sie sich nicht schon vorher denken können, daß er ein Landstreicher war, als hätten sie nicht mit angehaltenem Atem seinen Predigten in Tempeln und auf Plätzen gelauscht, als hätten sie nicht gejubelt, wie er auf einer grauen Eselin mit einem Füllen dahinter durch das Stadttor einzog, als hätten sie der Eselin nicht Blumen vor die Füße geworfen und hoffnungsvoll gerufen: »Hosianna dem Sohne Davids! Hosianna in der Höhe!«

Jetzt stand er düster in zerrissener Kleidung vor Pontius Pilatus und harrte der kommenden Dinge.

Der Prokurator war äußerst mißlaunig und, so sonderbar es auch klingt, er ärgerte sich vor allem über sich selbst, über sein Zaudern, seine unerklärliche Unschlüssigkeit. Das war ihm noch nie passiert, nicht während seines Dienstes bei den aktiven römischen Truppen und noch viel weniger, seit er Prokurator war. War es nicht wirklich lächerlich, daß er, statt das Urteil des Hohen Rats rasch zu bestätigen und sich unnötige Arbeit zu ersparen, das Verhör in die Länge zog und Zeit und Kraft darauf verschwendete? Wäre es nicht das einfachste, den auf seine Entscheidung wartenden Hohenpriester samt seinem Klüngel rufen zu lassen und ihnen zu sagen: Da, nehmt euern Angeklagten und verfügt über ihn, wie ihr beschlossen habt? Irgend etwas

hinderte Pontius Pilatus, so einfach zu verfahren. Aber war dieser Narr es denn wert, daß er sich mit ihm abgab?
Dennoch, was war er nur für ein Sonderling! Erklärt, er sei der König der Juden, der Liebling des Herrn und von diesem den Juden geschenkt als direkter Weg zum gerechten Reich Gottes. In diesem Reich aber sei kein Platz für die Macht des Kaisers und weiterer Kaiser, ihrer Statthalter und dienstfertiger Synagogen, sondern alle würden gleich und glücklich sein, heute und immerdar. Was für Leute haben nicht alle nach der höchsten Macht gestrebt – aber so einen Klugen, Gerissenen und Listigen hat noch niemand gesehen; denn würde er selber an die Futterkrippe der Macht gelangen, dann würde er bestimmt genauso reagieren, so ist die Welt nun mal eingerichtet, und etwas anderes wird es nie geben. Das weiß der Missetäter nur zu gut, dennoch treibt er sein Spiel! Er kauft sich leichtgläubige Menschen mit Verheißungen eines Neuen Reiches. Wenn es wahr ist, daß jeder von sich auf andere schließt – hier war es der Fall: Der Prokurator schrieb Jesus Wunschträume zu, die er selbst tief im Innern hegte, ohne Hoffnung, sie je verwirklichen zu können. Das verdroß Pontius Pilatus am meisten, und daher erregte der Verurteilte sowohl sein Interesse als auch seinen Haß. Der Prokurator glaubte, die Absichten des Jesus von Nazareth durchschaut zu haben: Dieser Landstreicher und Prophet hatte gewiß nichts anderes im Sinn, als auf Erden Wirren zu stiften, den Menschen ein Neues Reich zu verheißen und das zu zerstören, was später ihm selbst zufallen sollte. Alle Achtung! Wer hätte gedacht, daß dieser jämmerliche Judäer zu erträumen wagte, was nicht einmal Pontius Pilatus in den Kopf kam, dem Gebieter über die kleinasiatischen Provinzen des Römischen Reiches, oder richtiger, wovon zu träumen er sich nicht erlaubte. Das redete er sich ein, so wollte er es sehen, nur diese Schlußfolgerung ließ er gelten, der vielerfahrene Prokurator, und so verhörte er den Landstreicher Jesus auf höchst ungewöhnliche Weise: Jedesmal stellte er sich in

Gedanken selbst an dessen Stelle und entrüstete sich dann über die Absichten des unglaublichen Usurpators. Dabei geriet er einerseits immer mehr in Harnisch und wurde andererseits von immer stärkeren Zweifeln geplagt – so gern er das Todesurteil, das die Ältesten des Jerusalemer Hohen Rats am Vorabend ausgesprochen hatten, unverzüglich mit seiner Unterschrift bestätigt hätte, so sehr wollte er diesen Augenblick hinauszögern, um genüßlich bis ins letzte aufzudecken, in welcher Weise die Gedanken und Taten dieses Jesus die römische Herrschaft bedrohten.

Die Antwort des todgeweihten Landstreichers auf seine Bemerkung über den Vogel am Himmel hatte den Prokurator durch ihre Offenheit und Unehrerbietigkeit unangenehm berührt. Er hätte ja auch schweigen oder etwas Liebedienerisches sagen können, aber nein, einen schönen Trost hatte er gefunden: Der Tod kreist über allen. Er beschreit selbst sein Unglück, als habe er wirklich keine Angst vor seiner Hinrichtung, dachte Pontius Pilatus böse.

»Kommen wir zu unserem Gespräch zurück. Weißt du, Unglücklicher, was dich erwartet?« fragte der Prokurator mit belegter Stimme und wischte sich mit einem Tuch den Schweiß vom glänzenden braunen Gesicht, von der Glatze und vom stämmigen Hals. Während Jesus über seine Antwort nachdachte, knackte der Prokurator mit den verschwitzten Fingern und drehte dabei jeden einzeln – eine dumme Angewohnheit. »Ich frage dich: Weißt du, was dich erwartet?«

Jesus seufzte schwer und erbleichte allein bei dem Gedanken, was ihm bevorstand.

»Ja, römischer Statthalter, ich weiß, heute wird man mich töten«, brachte er mit Mühe über die Lippen.

»Ich weiß!« höhnte der Prokurator verächtlich und mitleidig lächelnd, während er den vor ihm stehenden unglücklichen Propheten von Kopf bis Fuß musterte.

Der stand niedergeschlagen vor ihm: mit ungefüger Gestalt,

langhalsig und langhaarig, die Locken zerrauft, die Kleidung zerrissen, barfuß – die Sandalen hatte er wahrscheinlich im Handgemenge verloren –, und hinter ihm waren durch den Zaun der Palastterrasse auf den fernen Hügeln die Häuser der Stadt zu sehen. Die Stadt wartete auf ihn, den der Prokurator verhörte. Die schändliche Stadt wartete auf ihr Opfer. Bei dieser Hitze brauchte die Stadt ein blutiges Schauspiel; ihre Instinkte, dunkel wie die Nacht, gierten nach einem Kitzel, von dem das Volk auf den Straßen sich satt brüllen und satt heulen könnte – ganz so wie die Schakalrudel in der Libyschen Wüste, die wütend heulen und bellen, wenn sie sehen, wie ein rasender Löwe ein Zebra reißt. Pontius Pilatus hatte solche Szenen sowohl bei Tieren als auch bei Menschen schon gesehen, und insgeheim entsetzte er sich, als er sich für einen Moment vorstellte, wie die Kreuzigung vor sich gehen würde. Und er wiederholte vorwurfsvoll, wenn auch nicht ohne Mitgefühl:

»Du hast gesagt: ›Ich weiß!‹ Das stimmt nicht ganz. Im vollen Ausmaß wirst du es erst erfahren, wenn du dort bist ...«

»Ja, römischer Statthalter, ich weiß es und zittere allein beim Gedanken daran.«

»Unterbrich mich nicht dauernd und hab es nicht so eilig, in jene andere Welt zu gelangen, du kommst schon noch zurecht«, murrte der Prokurator, von Jesus in seinem Gedankengang unterbrochen.

»Verzeih gütigst, Hegemon, falls ich dich zufällig unterbrochen habe, es war nicht meine Absicht«, entschuldigte sich Jesus. »Eilig habe ich es keineswegs. Ich würde gern noch eine Weile leben.«

»Und du gedenkst nicht, deine ungehörigen Worte zu widerrufen?« fragte ihn der Prokurator ohne Umschweife.

Jesus breitete die Arme aus, und seine Augen blickten kindlich hilflos.

»Ich habe nichts zu widerrufen, Hegemon, diese Worte sind mir von meinem Vater vorgegeben, ich war verpflichtet, sie den Menschen zu bringen, um seinen Willen zu erfüllen.«

»Du redest immer wieder dasselbe.« Gereizt hob Pontius Pilatus die Stimme. Der Ausdruck seines Gesichts mit der kräftigen Höckernase und dem harten Zug um den Mund, den tiefen Falten begrenzten, wurde kalt und verächtlich. »Ich durchschaue dich, und wenn du dich noch so sehr verstellst«, sagte er in einem Ton, der keinen Widerspruch duldete. »Den Menschen die Worte deines Vaters überbringen bedeutet in Wirklichkeit, den Pöbel zu betören, ihn deinem Einfluß zu unterwerfen! Den Pöbel zu Aufruhr anzustiften. Vielleicht mußt du seine Worte auch mir überbringen, ich bin doch auch ein Mensch!«

»Du, römischer Hegemon, brauchst das einstweilen noch nicht, denn du leidest nicht und hast keinen Grund, nach einem anderen Leben zu verlangen. Für dich ist die Macht Gott und das Gewissen. Und über Macht verfügst du zur Genüge. Höheres gibt es nicht für dich.«

»Richtig. Nichts steht höher als die Macht von Rom. Ich hoffe, du meinst das?«

»So denkst du, Hegemon.«

»So haben kluge Menschen immer gedacht«, berichtigte ihn der Prokurator nicht ohne Nachsicht. »Daher heißt es ja auch«, belehrte er ihn, »der Kaiser ist nicht Gott, aber Gott ist wie ein Kaiser. Überzeug mich vom Gegenteil, falls du sicher bist, daß dem nicht so ist. Na los!« Höhnisch starrte er Jesus an. »Im Namen des römischen Kaisers Tiberius, dessen Statthalter ich bin, vermag ich etwas am Lauf der Dinge in Zeit und Raum zu ändern. Du aber versuchst, dem irgendeine höhere Kraft entgegenzusetzen, irgendeine andere Wahrheit, deren Künder du angeblich bist. Das ist sehr interessant, außerordentlich interessant. Andernfalls würde ich dich hier nicht so lange festhalten. In der Stadt können sie es schon nicht erwarten, daß das Urteil des Hohen Rats ausgeführt wird. Also antworte!«

»Was soll ich antworten?«
»Bist du überzeugt, daß der Kaiser geringer ist als Gott?«
»Er ist sterblich.«
»Natürlich ist er sterblich. Aber gibt es für die Menschen, solange er lebt, einen Gott, der über dem Kaiser steht?«
»Es gibt einen, römischer Hegemon, wenn man mit anderem Maß mißt.«
»Ich kan nicht sagen, daß ich das witzig finde«, bemerkte Pontius Pilatus, der die Stirn und die storren Brauen runzelte, als wäre er gekränkt. »Und du kannst mich aus dem einfachen Grund nicht davon überzeugen, weil das nicht einmal witzig ist. Ich verstehe nicht, ich kann nicht begreifen, wer dir glaubt und warum.«
»Mir glauben solche, die aus Bedrängnis und ewiger Sehnsucht nach Gerechtigkeit zu mir kommen – bei ihnen fallen die Samen meiner Lehre auf einen von Leiden vorbereiteten und von Tränen getränkten Boden«, erklärte Jesus.
»Genug!« Hoffnungslos winkte der Prokurator ab. »Das ist Zeitvergeudung!«
Beide verstummten, jeder hing seinen Gedanken nach. Jesu bleiche Stirn bedeckte sich mit Schweiß. Doch er wischte ihn weder mit der Hand ab noch mit einem zerrissenen Ärmel seines Gewands, ihm stand der Sinn nicht danach, vor Angst stieg ihm Übelkeit in die Kehle, und so rann der Schweiß über sein Gesicht und tropfte auf die Marmorfliesen zu seinen sehnigen Füßen.
»Und nach alldem möchtest du, daß ich, der römische Prokurator, dir die Freiheit schenke?« fuhr Pontius Pilatus mit jäh heiser gewordener Stimme fort.
»Ja, gütiger Hegemon, laß mich frei.«
»Und was wirst du dann machen?«
»Mit Gottes Wort durch die Lande gehen.«
»Such dir keine Dummen!« schrie der Prokurator und sprang außer sich vor Wut auf. »Jetzt wird mir endgültig klar, daß du ans Kreuz gehörst; nur der Tod kann dich zum Schweigen bringen!«

»Du irrst, hoher Hegemon, der Tod ist machtlos gegen den Geist«, sprach Jesus fest und vernehmlich.
»Was? Was hast du gesagt?« fragte Pontius Pilatus betroffen. Er traute seinen Ohren nicht und machte einen Schritt auf Jesus zu. Sein von Zorn und Verwunderung entstelltes Gesicht überzog sich mit tiefbraunen Flecken.
»Was du vernommen hast, Hegemon.«
Pontius Pilatus holte tief Luft und hob jäh die Hände zum Himmel, um etwas zu sagen, doch da erklangen dumpfe Schritte von eisenbewehrten Reiterstiefeln.
»Was willst du?« fragte der Prokurator streng einen bewaffneten Legionär, der mit einem Pergament auf ihn zukam.
»Ich soll das übergeben«, sagte der Mann kurz und entfernte sich.
Es war ein Brief von Pontius Pilatus' Frau: »Prokurator, mein Gemahl, ich bitte Dich, füge diesem Wandersmann, der Christus heißen soll, keinen Schaden zu, der nicht wiedergutzumachen wäre. Alle sagen, er sei ein harmloser Gerechter, der wundersam alle möglichen Krankheiten heile. Daß er aber der Sohn Gottes sein will, ein Messias und nachgerade der König der Juden, ist vielleicht nur eine Verleumdung. Mir steht nicht zu, darüber zu befinden. Du weißt selbst, was für ein händelsüchtiges und fanatisches Volk diese Judäer sind! Wenn es nun aber doch wahr wäre? Sehr oft bestätigt sich später, was das gemeine Volk daherredet. Sollte es auch diesmal so sein, wird man Dich später verfluchen. Es heißt, die Diener der hiesigen Synagogen und die Ältesten der Stadt seien vor diesem Jesus Christus erschrocken und haßten ihn, weil er das Volk gewonnen habe; aus Neid hätten die Priester ihn verleumdet und die unwissende Menge auf ihn gehetzt. Diejenigen, die ihn gestern noch anbeteten, haben ihn heute mit Steinen beworfen. Ich fürchte, wenn Du das Todesurteil über diesen Irren bestätigst, wirst später Du ins Gerede kommen, mein Gemahl. Ewig werden wir nicht in Judäa bleiben. Ich will, daß Du mit den Dir gebührenden hohen Ehren

nach Rom zurückkehrst. Vorhin, als ihn die Wache herbrachte, sah ich, wie schön er ist, schön wie ein junger Gott. Übrigens hatte ich letzte Nacht einen Traum. Davon erzähle ich Dir später. Er ist sehr wichtig. Laß es nicht geschehen, daß Dich und Deine Nachkommen ein Fluch trifft!«

»O ihr Götter, ihr Götter! Womit habe ich euch erzürnt?« stöhnte Pontius Pilatus und bedauerte weiter, daß er diesen unzurechnungsfähigen und besessenen falschen Propheten nicht sofort, ohne überflüssige Worte und ohne Verzögerung, mit der Wache zu den Henkern geschickt hatte, dorthin, wo auf dem Berg hinter den Gärten der Stadt das vom Jerusalemer Gericht verhängte Todesurteil vollstreckt werden sollte. Nun mischte sich auch noch seine Frau in seine Amtsgeschäfte, worin er wenn schon nicht ein geheimes Wirken der hinter Jesus Christus stehenden Kräfte, so doch zumindest den Widerstand himmlischer Kräfte sah. Die Himmelsbewohner interessieren sich zwar nur wenig für irdische Dinge, aber seine Frau, was begriff die mit ihrem Weiberverstand schon von Politik, warum sollte er sich wegen dieses fragwürdigen Landstreichers Jesus, der den Kaiser schmähte, die Feindschaft des Hohenpriesters Kaiphas zuziehen und die der Jerusalemer Obrigkeit, die Rom treu ergeben war? Wie kam sie nur darauf, daß der Typ schön war wie ein junger Gott? Jung, von ihm aus. Aber mehr nicht. Besonders schön wirklich nicht. Da stand er, im Handgemenge verprügelt wie ein Hund. Was fand sie nur an ihm? Während der Prokurator über den Inhalt des Briefes nachsann, machte er ein paar Schritte, dann setzte er sich mit einem Seufzer wieder hin. Inzwischen war ihm noch ein Gedanke durch den Kopf geschossen, der ihm auch früher schon öfters gekommen war: Wie unbedeutend die Menschen auch sein mögen, die da scheißen und pissen, sich paaren, geboren werden und sterben und wieder geboren werden und sterben, wieviel Gemeinheiten und Verbrechen sie auch in sich tragen – plötzlich finden sich inmitten all dieser Widerwärtigkeit und Scheußlichkeit Wahrsager, Propheten, Genies. Zum Beispiel der da – so fest glaubt er an seine Mission, daß er wie im Traum lebt. Aber nun reicht's, ich muß ihn zur Besinnung bringen. Es ist Zeit, Schluß zu machen!

»Und doch möchte ich folgendes wissen«, wandte sich der Prokurator an Christus, der noch immer schweigend dastand, »angenommen, du bist ein Gerechter und kein Übeltäter, der Aufruhr unter Leichtgläubigen sät, angenommen, du bestreitest, indem du vom Reich der Gerechtigkeit sprichst, das Recht des Kaisers, über die Welt zu herrschen, angenommen, ich glaube dir: Was zwingt dich, in den Tod zu gehen? Was sind deine Beweggründe? Erkläre sie mir! Solltest du vorhaben, auf diese Weise die Herrschaft über das Volk von Israel zu erringen, so billige ich das nicht, aber ich werde dich verstehen. Warum aber schlägst du zuerst den Ast ab, auf dem du später sitzen willst? Wie willst du Kaiser werden, wenn du die kaiserliche Macht nicht anerkennst? Du begreifst doch, daß ich es jetzt in der Hand habe, dich am Leben zu lassen oder zur Hinrichtung zu schicken! Warum also schweigst du? Hat es dir vor Angst die Sprache verschlagen?«

»Ja, römischer Statthalter, mir bangt vor der grausamen Tortur. Und Kaiser werden will ich keineswegs.«

»Dann tu Buße auf allen Plätzen der Stadt, bitte um Verzeihung! Bekenne, daß du ein falscher Verkünder bist, ein falscher Prophet, laß ab von der Behauptung, du seist der König der Juden, damit der Pöbel nicht länger hinter dir herläuft, damit du bei niemandem vergebliche und verbrecherische Hoffnungen weckst. Ein Reich der Gerechtigkeit kann es nicht geben. Gerecht ist immer, was ist. Jetzt herrscht auf Erden Kaiser Tiberius, also ist er die unerschütterliche Grundfeste der Weltordnung. Das Reich der Gerechtigkeit aber ist ein Hirngespinst, mit deinem Gerede darüber wiegelst du nur Leichtgläubige auf. Bedenk das! Und mach dir und anderen keinen blauen Dunst vor! Wer bist du überhaupt, daß der römische Imperator vor dir auf der Hut sein müßte? Ein unbekannter Landstreicher, ein fragwürdiger Prophet, ein Marktschreier, wie es in Judäa unzählige gibt. Aber mit deiner Lehre hast du Unruhe gestiftet, was euerm Hohenpriester große Sorgen bereitet, also bekenne deinen Betrug! Und geh nach Syrien oder in ein anderes Land, dann werde ich, der römische Prokurator, dir zu helfen versuchen. Willige ein, ehe es zu spät ist. Warum schweigst du schon wieder?«

»Ich denke, römischer Statthalter, daß wir beide zu verschieden sind, als daß wir einander verstehen könnten. Warum sollte ich heucheln und mich von der Lehre des Herrn lossagen, damit es dir und dem Kaiser nutzt, die Wahrheit aber leidet?«

»Rede keinen Unsinn! Über allem steht, was Rom nutzt.«

»Über allem steht die Wahrheit, und Wahrheit gibt es nur eine.«

»Kommst du wieder mit deinen Spitzfindigkeiten, du Landstreicher?«

»Spitzfindigkeiten waren und sind nicht meine Sache. Meine Antwort aber lautet so: Erstens geht es nicht an, zu widerrufen, was im Namen der Wahrheit gesagt wurde, wie du selbst es gewollt hast. Zweitens geht es nicht an, sich einer Sünde zu bezichtigen, die man nicht begangen hat, und sich an die Brust zu schlagen, um sich von verleumderischem Gerede reinzuwaschen. Wenn das Gerede verlogen ist, stirbt es von allein.«

»Zuvor aber stirbst du, König der Juden. Du gehst also in den Tod, ganz gleich, welcher Weg zu deiner Rettung führen würde?«

»Zur Erlösung bleibt mir nur dieser eine Weg.«

»Zu welcher Erlösung?« Der Prokurator verstand nicht.

»Zur Erlösung der Welt.«

»Spiel nicht länger den Narren!« Pontius Pilatus verlor die Geduld. »Du gehst also freiwillig ins Verderben?«

»Ja, denn ein anderer Weg bleibt mir nicht.«

»O ihr Götter, ihr Götter!« murmelte der Prokurator müde und strich mit der Hand über die tiefen Falten, die seine Stirn furchten. »Diese Hitze! Ob da nicht das Wetter bald umschlägt?«

brummte er vor sich hin. Und endgültig faßte er den Entschluß: Wozu das alles? Warum bemühe ich mich so, einen in Schutz zu nehmen, der darin keinen Nutzen sieht? Ich bin aber auch ein Spaßvogel. Und er sagte:

»Dann wasche ich meine Hände in Unschuld.«

»Wie du willst, Statthalter«, entgegnete Jesus und neigte das Haupt.

Sie verstummten erneut, und wahrscheinlich spürten beide, wie sich jenseits des Palastbereichs, jenseits der üppigen Gärten, dort, wo die städtischen Straßen in den Niederungen oder auf den Anhöhen von Jerusalem vor Gluthitze vergingen, sich gewissermaßen eine dumpfe, unheilverkündende Stille aufstaute, die jeden Augenblick explodieren konnte. Noch drangen von dort nur vage Töne – der Lärm der großen Märkte, wo vom frühen Morgen an ein Gewimmel von Menschen, Waren, Zug- und Lasttieren herrschte. Zwischen diesen beiden Welten aber war das, was sie auseinanderhielt und die obere vor der unteren schützte: Jenseits der Umfriedung patrouillierten Legionäre, und im Hain darunter bildete Kavallerie eine Absperrkette. Man sah, wie die Pferde mit den Schweifen Fliegen wegwedelten.

Nachdem der Prokurator erklärt hatte, daß er sich die Hände in Unschuld wasche, fühlte er sich etwas erleichtert, denn jetzt konnte er sich sagen: Was von mir abhing, habe ich getan. Die Götter sind meine Zeugen, ich habe ihn nicht genötigt, auf seinem Standpunkt zu beharren und seine Lehre dem eigenen Leben vorzuziehen. Da er aber nicht widerruft, mag es geschehen. Für uns ist das sogar besser. Er selbst hat sein Todesurteil unterschrieben. Während Pontius Pilatus diese Überlegungen anstellte, legte er sich zugleich eine Antwort an seine Frau zurecht. Und mit einem Seitenblick auf Jesus von Nazareth, der mit vagem Lächeln schweigend auf sein vorherbestimmtes Los wartete, fragte er sich: Was mag jetzt im Kopf dieses Mannes vorgehen? Vielleicht tut es ihm bitter leid, begreift er nun, wie teuer ihm

seine neunmalkluge Lehre zu stehn kommen wird, von der abzulassen er nicht wagt. Er ist in die eigene Falle geraten. Wie soll er sich da auch herauswinden: ein Gott für alle, für alle Lande, fürs ganze Menschengeschlecht, für alle Zeiten. Ein Glaube, ein Reich der Gerechtigkeit für alle. Worauf will er hinaus? So etwas hätten freilich alle gern, das macht er sich zunutze. Aber das Leben lehrt uns, es bestraft übermäßige Schläue. So endet dann der Griff nach einem Thron, der einem nicht von Geburt an bestimmt ist. Was für eine Idee! Den Pöbel zu verwirren, ihn gegen den Kaiser aufzuwiegeln, und das so, daß diese Seuche von Volkshaufen zu Volkshaufen um die ganze Welt geht! Die althergebrachte Weltordnung wollte er auf den Kopf stellen. Ein Tollkopf! Wahrhaftig! Nein, so einen durfte er auf keinen Fall am Leben lassen. Er sieht aus, als könne er kein Wässerchen trüben, aber was in ihm steckt ... solch einen Plan kann doch nur ein großer Geist aushecken. Und wer hätte den in ihm vermutet?
Bei diesen Gedanken söhnte sich der Prokurator Pontius Pilatus mit sich selbst aus. Ihn beruhigte auch, daß er nun keine unangenehme Unterredung mit dem Hohenpriester Kaiphas würde führen müssen, der unverhohlen im Namen des Hohen Rats gefordert hatte, den Gerichtsbeschluß über Jesus von Nazareth zu bestätigen.
»Zweifle nicht, weiser Hegemon, du wirst dich mit dir selbst aussöhnen und in allem recht haben«, bemerkte Jesus, als hätte er die Gedanken des Prokurators erraten.
Pontius Pilatus fuhr auf.
»Mach dir um mich keine Sorgen«, herrschte er Jesus an. »Für mich geht es vor allem um Rom; du denk lieber an dich, Unglücklicher!«
»Verzeih, hoher Hegemon, ich hätte diese Worte nicht laut sagen sollen.«
»Eben. Und damit du nichts bedauern mußt, wenn es schon zu spät ist, denk noch einmal nach, während ich mich jetzt für eine

Weile entferne: falls du bis zu meiner Rückkehr deinen Entschluß nicht geändert hast, werde ich das letzte Wort sprechen. Bilde dir nur nicht ein, du wärst der König der Juden, auf dir ruhte die Welt und ohne dich könnte die Erde nicht auskommen. Im Gegenteil, sehr schlecht sieht es für dich aus. Deine Zeit ist längst abgelaufen. Nur durch Widerruf könntest du dich noch retten. Hast du verstanden?«

»Ja, Hegemon.«

Pontius Pilatus erhob sich und ging in seine Gemächer, die weite Toga um die Schultern zurechtziehend, knochig, mit mächtigem kahlem Schädel, imposant, überzeugt von seiner Würde und Allmacht. Während er die Terrasse entlangschritt, fiel sein Blick wieder auf den Vogel, der majestätisch am Himmel schwebte. Er konnte nicht erkennen, ob es ein Adler war, aber nicht das beunruhigte ihn, sondern daß der Vogel für ihn unerreichbar, ihm nicht untertan war, daß er ihn nicht aufschrecken, ihn weder herbeirufen noch wegjagen konnte. Jäh hob er die Brauen und schleuderte einen feindseligen Blick nach oben: Da kreist er und kreist, und nichts kümmert ihn. Dennoch, dachte er, gleicht dieser Vogel einem Herrscher am Himmel. Offenbar ist der Adler nicht zufällig ein Symbol für kaiserliche Majestät – hat einen Kopf mit gewaltigem Schnabel, Räuberaugen, eisenharte Schwingen. Eben so muß ein Herrscher sein! Hoch oben, sichtbar und doch unerreichbar. Von solcher Höhe muß er die Welt regieren, niemandem und nichts gleichgestellt, sogar ihre Götter müssen die Herrscher für sich haben, gesondert von allen anderen, Götter, denen die Untertanen gleichgültig sind, die sie verachten. Nur das gibt die nötige Kraft, erzeugt Angst vor der Macht, schafft eine Grundlage für die Ordnung der Dinge auf Erden. Dieser Nazarener aber, der störrisch auf seiner Lehre beharrt und alle gleichmachen will, vom Kaiser bis zum Sklaven, weil es, wie er sagt, nur einen Gott gibt und vor Gott alle Menschen gleich sind, behauptet, es würde für alle ein Reich der Gerechtigkeit kommen. Da hat er die Köpfe verwirrt, hat das niedere Volk aufgeputscht und sich vorgenommen, die Welt in seinem Sinne umzugestalten. Und was ist aus alldem geworden? Dieselbe Menge hat ihn später geschlagen und hat ihm, dem falschen Wahrsager, dem falschen Propheten, dem Betrüger und Schurken, ins Gesicht gespuckt ... Und dennoch – was ist er für ein Mensch? Trotz seiner hoffnungslosen Situation benimmt er sich, als erlitte nicht er eine Niederlage, sondern die, die über ihn Gericht halten.

So überlegte der Prokurator Pontius Pilatus, Statthalter des Römischen Kaisers und, wie man sagen kann, selbst ein halber Kaiser, zumindest für diesen Teil des Mittelmeergebiets, nachdem er sich vom Verhör zurückgezogen hatte, um Jesus Christus für ein paar Minuten sich selbst zu überlassen – mochte der nur spüren, über welch gähnendem Abgrund er hing. Sein Geist mußte gebrochen, er mußte gezwungen werden, demütig im Staub zu kriechen, sich loszusagen von dem einen Gott für alle, von der allgemeinen Gleichheit, damit man ihn dann wie ein Reptil, dem man das Rückgrat gebrochen hat, aus dem Lande Israel hinauswerfen konnte – mochte er umherstreunen, bis er vom Erdboden verschwand, lange würde das sowieso nicht dauern, seine eigenen Jünger würden ihn totschlagen, sobald sie den Glauben an ihn verloren hätten.

So überlegte, gegen die eigenen Zweifel ankämpfend, der vielerfahrene Hegemon Pontius Pilatus, um den sichersten, vorteilhaftesten und anschaulichsten Weg zur Ausmerzung des neuartigen Aufruhrs zu finden. Als er die Terrasse verließ, hatte er erwartet, der Verurteilte würde sich, allein gelassen, bewußt werden, was ihm drohte, und ihm bei seiner Rückkehr zu Füßen fallen. Der Prokurator ahnte nicht, daß der sonderbare Mensch in den wenigen Minuten keineswegs darüber nachdachte, sondern sich Erinnerungen hingab, denn auch Erinnerungen gehören zur Welt der Lebenden und bedeuten eine der letzten Wohltaten vor dem Abschied vom Leben!

Kaum war der Prokurator gegangen, da traten aus den Seitennischen vier Wachsoldaten und stellten sich am Rande der Terrasse auf, als könnte der Verurteilte von hier fliehen. Da erlaubte er sich, den ihm am nächsten Stehenden anzureden:
»Darf ich mich setzen, guter Mann?«
»Setz dich«, entgegnete der und klopfte mit seinem Spieß auf den Steinboden.
Jesus hockte sich auf einen Marmorvorsprung der Wand, gebeugt, mit bleichem, spitz gewordenem Gesicht, das lange, wellig auf die Schultern fallende braune Haare umrahmten. Die Augen mit der Hand bedeckend, überließ er sich seinen Gedanken. Wenn ich doch trinken könnte, dachte er, und wie gern würde ich jetzt in einem Fluß baden! Lebhaft stellte er sich vor, er säße am Ufer eines Gewässers, das Wasser rieselte, liebkoste die Erde und die Gräser, und schon war ihm, als hörte er es plätschern, als hörte er Ruderschläge, und der Stelle, wo er saß, näherte sich ein Boot, in das ihn jemand einladen wollte, um mit ihm davonzufahren. Es war seine Mutter, sie war beunruhigt und angsterfüllt. Mutter, flüsterte er unhörbar. Mutter, wenn du wüßtest, wie schwer mir ums Herz ist! Vergangene Nacht in Gethsemane auf dem Ölberg brach eine Trauer über mich herein, schwarz wie die Nacht, ich habe mich gequält und geängstigt, ich wußte nicht, wohin, und während ich mit den Jüngern wachte, konnte ich mich nicht beruhigen, brach mir von einem schrecklichen Vorgefühl blutiger Schweiß aus. Da wandte ich mich an meinen himmlischen Vater: »Mein Vater, ist's möglich, so gehe dieser Kelch an mir vorüber, doch nicht, wie ich will, sondern wie du willst.« Und da ist er nun, der Kelch, randvoll, und er geht nicht vorüber, ich entrinne ihm nicht, er kommt unabwendbar auf mich zu, und geschehen wird, was du wahrscheinlich vorhersiehst. Wenn dem so ist, hieße das, du hast gewußt, was mir geschehen wird, aber mein Gott, wie hast du dann all die Jahre gelebt, liebe Mutter, die du mir das Leben gegeben hast, mit

welchen Gedanken und welcher Hoffnung hast du mich aufgezogen, mich, den Gott für diesen großen und schrecklichen Tag ausersehn hat, für den unglücklichsten aller Tage, weil es für einen Menschen kein größeres Leid gibt als den eigenen Tod, doch für eine Mutter, vor deren Augen die Frucht ihres Leibes, der letzte ihres Geschlechts, zugrunde geht, ist dies ein doppeltes Leid. Verzeih mir, Mutter, nicht ich habe dein Los bestimmt, sondern Gottvater, also richten wir unsere Blicke, ohne zu murren, auf ihn, und sein Wille geschehe!«

Während er seiner Mutter Maria gedachte, fiel ihm ein Erlebnis aus Kindertagen ein, als er etwa fünf Jahre alt war. Damals weilte die Familie in Ägypten, wohin sie vor König Herodes geflohen war, weil der nach dem Leben des Neugeborenen trachtete, des künftigen Jesus Christus, denn die Weisen hatten gesagt, der König der Juden sei geboren. Zu dieser Zeit war der Knabe schon herangewachsen, und in der Nähe floß ein reißender Fluß, wahrscheinlich der Nil – groß war der Fluß und breit. Maria pflegte mit dem Knaben dorthin zu gehen, um Wäsche zu waschen wie viele Frauen der Gegend. Als sie an jenem Tag am Fluß waren, zog gerade ein alter Mann sein Boot ans Ufer, trat zu ihnen und grüßte Maria und den Kleinen freundlich. »Vater!« rief Maria. »Darf ich mit meinem Söhnchen ein wenig in deinem Boot fahren? Er möchte es so gern, er weint, das kleine Dummchen.« – »Ja, Maria«, entgegnete der alte Mann, »ich habe doch das Boot eigens hergebracht, damit du darin den kleinen Jesus fährst.« Maria wunderte sich nicht, daß er ihre Namen kannte, sie dachte, er stamme aus der Umgebung. Als sie den alten Mann aber bitten wollte, sie zu rudern, war der plötzlich verschwunden, als hätte er sich in Luft aufgelöst. Doch das hielt Maria nicht ab, zu gern wollte der Knabe Boot fahren, zu sehr freute er sich, aufgeregt hüpfte er herum und drängte die Mutter. Da warf sie ihre Wäsche auf die Ufersteine, nahm den Sohn und setzte ihn ins Boot, sie selbst aber machte es los, stieß ab, sprang hinein, nahm den

Knaben auf die Knie, und sie ließen sich von der Strömung treiben. Herrlich war es, in Ufernähe so sacht durch das glitzernde Wasser zu gleiten. Im Flachwasser am Ufer wogte Schilf, leuchteten bunte Blumen, grellfarbene Vögel flatterten in den Sträuchern, sangen und pfiffen, in der feuchtwarmen Luft sirrten, schwirrten und zirpten Insekten. Es war wunderschön! Maria sang leise ein Lied und war glücklich, ihr Sohn aber freute sich, daß er Boot fahren konnte, und das machte Maria um so glücklicher. Sie waren noch nicht weit gefahren und auch nicht weit weg vom Ufer, da wurde ein großer Baumknorren, der im seichten Wasser gelegen hatte, auf einmal lebendig, schlug Wellen und kam drohend auf sie zugeschossen. Es war ein riesiges Krokodil, das seine Glotzaugen gierig auf sie richtete. Der Knabe schrie erschrocken auf. Maria erstarrte und wußte nicht, was tun. Mit einem Schlag seines Schwanzes hätte das Krokodil um ein Haar das Boot umgekippt. Maria ließ die Ruder fallen und drückte das Kind an sich. »O Herr!« flehte sie. »Er ist es! Dein Sohn Jesus! Du hast ihn mir gegeben! Verlaß ihn nicht, o Herr! Rette ihn!« Die Frau war derart erschrocken, daß sie nur die Augen zukneifen und den beschwören konnte, der im Universum allgegenwärtig sowie der Himmlische Vater ihres Kindes war. »Verlaß uns nicht, du wirst ihn noch brauchen!« schrie sie. Das Boot aber schwamm steuerlos weiter, vom Krokodil vorwärts gestoßen. Als Maria endlich wagte, die Augen zu öffnen, entrang sich ihrer Brust ein Freudenschrei: das Boot lag am Ufer, als hätte es jemand dorthin gelenkt, das Krokodil aber war umgekehrt und schwamm von dannen. Wie von Sinnen sprang Maria aus dem Boot und lief, vor Erschütterung weinend und vor Glück lachend, das Ufer entlang. Sie lief, drückte den Kleinen an sich, und während sie ihn küßte und mit ihren Tränen benetzte, wiederholte sie immerzu: »Jesus! Jesus! Mein Herzenssöhnchen! Dein Vater hat dich erkannt! Er hat dich gerettet. Er war's, der dich gerettet hat! Er liebt dich, du bist sein geliebter Sohn, Jesus! Du wirst ein Weiser werden, ein Lehrer, Jesus! Und du wirst den Menschen die Augen öffnen, Jesus! Sie werden dir folgen, Jesus, und du wirst nie von den Menschen lassen, nie, nie, nie!« So frohlockte weinend die »Gebenedeite unter den Weibern«.

So weinte und frohlockte sie, weil der Gottessohn durch ein Wunder gerettet worden war, und ihr kam nicht in den Sinn, daß das ein Zeichen des Herrn war, damit die Menschen erführen, wer er war, der heranwachsende Christus, der Sohn des Zimmermanns Joseph, der, um den Kleinen zu retten, vor Herodes nach Ägypten geflohen war. Denn sowie Maria mit dem Kind aus dem Boot ans Ufer gesprungen war und loslief, verschwand das Boot, schwamm weg, die Frauen aber, die am Fluß Wäsche gewaschen hatten und auf ihren Schrei herbeigeeilt kamen, versicherten später, sie hätten, als sie mit dem Kleinen auf dem Arm gelaufen war, einen goldenen Schein um seinen Kopf gesehen. Das freute alle. Und es rührte sie zu Tränen, als der kleine Jesus sich an die Mutter schmiegte, sie fest umhalste und, den mütterlichen Geruch atmend, sagte: »Mutter, wenn ich groß bin, packe ich das Krokodil am Schwanz, damit es uns nie mehr erschreckt!« Alle lachten über die Worte des Kindes, dann aber überlegten sie, wer wohl der Besitzer des Bootes sein mochte. Niemand in der Umgebung kannte den Mann, und auch später hat ihn niemand je wiedergesehen. Der Zimmermann Joseph versuchte tagelang, den rätselhaften Bootsbesitzer ausfindig zu machen, um sich bei ihm zu entschuldigen und ihm den Verlust zu ersetzen, aber er fand ihn nicht.

Solch eine Begebenheit hatte sich also mit dem kleinen Jesus in Ägypten zugetragen, und jetzt auf der Terrasse, da er die Mutter für den Kummer und das Leid, das er ihr zugefügt hatte, um Verzeihung bat, erinnerte er sich daran. »Ich verabschiede mich nun von dir, Mutter«, sagte er zu ihr, »sei mir nicht gram, wenn ich nicht mehr dazu komme oder es mir nicht mehr gelingt, mich an dich zu wenden, während ich gekreuzigt werde. Ich habe

Angst vor dem Tod, mich friert sogar an den Beinen, obwohl es heute unerträglich heiß ist. Verzeih mir, Mutter, und murre nicht in meiner schweren Stunde wider dein Los. Sei tapfer. Um in den Menschen, die die schwerste Last des Schöpfers sind, der Wahrheit Raum zu geben, bleibt mit kein anderer Weg, als diese Wahrheit durch meinen Tod zu besiegeln. Einen anderen Weg zu den Menschen gibt es nicht. Ich gehe zu ihnen. Verzeih mir und leb wohl, Mutter?! Schade, daß ich das Krokodil nicht am Schwanz gepackt habe. Es heißt, sie leben sehr lange, die Krokodile, zwei, drei Menschenleben lang. Hätte ich es gefangen, dann hätte ich es ja doch wieder freigelassen. Soll es in Frieden ... Und dann habe ich noch gedacht, Mutter, wenn dieser Mann mit dem Boot nun ein verkappter Engel war – vielleicht ist mir beschieden, ihn in jener anderen Welt wiederzusehen? Ob er sich an die Begebenheit erinnert? Ich höre Schritte, es ist mein Henker wider Willen, Pontius Pilatus. Leb wohl, Mutter, jetzt schon – leb wohl.«

Pontius Pilatus kam ebenso festen Schrittes zurück auf die Terrasse, wie er vorhin weggegangen war. Die Wache zog sich sofort zurück, und wieder blieben die beiden allein. Mit einem ausdrucksvollen Blick auf Jesus, der sich bei seinem Erscheinen erhoben hatte, überzeugte sich der Prokurator, daß alles so lief, wie er es wollte: Das Opfer ging von selbst unbeirrt dem Ende entgegen. Dennoch wollte er auch dieses Mal nichts überstürzen, ohnehin lief alles wie gewünscht.

»Nun, ich sehe, das Gespräch ist beendet«, sagte Pontius Pilatus. »Du hast dich nicht anders entschlossen?«

»Nein.«

»Sehr zu Unrecht! Überleg noch!«

»Nein!« Jesus wiegte das Haupt. »Es muß so geschehen.«

»Sehr zu Unrecht!« wiederholte Pontius Pilatus, wenn auch nicht völlig überzeugt. Insgeheim erbebte er, die Entschlossenheit Jesu von Nazareth machte ihn schwankend. Zugleich wollte er nicht, daß dieser widerrief und Rettung suchte, um Gnade bat. Und Jesus verstand alles. »Sei nicht betrübt«, sagte er demütig lächelnd. »Ich glaube, daß deine Worte aufrichtig sind. Und ich verstehe dich. Auch ich möchte sehr gern leben. Erst an der Schwelle des Nichtseins begreift der Mensch, wie teuer ihm das Leben ist. Auch tut mir meine Mutter leid – ich liebe sie so sehr, habe sie immer geliebt, von Kind an, wenn ich es auch nicht ausgesprochen habe. Aber wie dem auch sei, römischer Statthalter, bedenke: Du könntest, sagen wir, eine Seele retten, und dafür gebührte dir großer Dank, ich aber muß viele retten, sogar die, die nach uns auf die Welt kommen.«

»Retten? Wenn du schon nicht mehr auf Erden bist?«

»Ja, wenn ich nicht mehr unter den Menschen weile.«

»Du hast es dir selbst zuzuschreiben, noch einmal kommen wir nicht auf dieses Gespräch zurück«, sagte Pontius Pilatus entschieden, denn er wollte nichts mehr riskieren. »Nur beantworte mir eine letzte Frage.« Er blieb neben seinem Richtstuhl stehen und verstummte nachdenklich, die zottigen Brauen gerunzelt. »Aber bist du jetzt auch in der Lage, ein Gespräch zu führen?« setzte er plötzlich vertraulich hinzu. »Wenn dir nicht danach ist, zwing dich nicht, ich will dich nicht aufhalten. Sie erwarten dich auf dem Berg.«

»Wie dir beliebt, Hegemon, ich stehe zu deiner Verfügung«, antwortete der Gesprächspartner und hob die klarblauen Augen zum Prokurator; verblüfft sah dieser, welche Kraft und Konzentriertheit des Denkens aus ihnen sprach, so als stünde Jesus nicht das Unausweichliche bevor.

»Danke«, sagte Pontius Pilatus plötzlich ebenso überraschend. »Dann beantworte meine letzte Frage, nun schon interessehalber. Wir wollen als freie Menschen reden – ich bin von dir in keiner Weise abhängig, und du stehst jetzt, wie du selbst weißt, an der Schwelle zur völligen Freiheit, also laß uns offen sein.« Er setzte sich. »Sag mir, hast du deinen Schülern, den Jüngern, gesagt – du wirst aber verstehn, daß ich an deine Lehre nicht glaube –, hast du also deinen Jüngern gesagt, hast du sie zu überzeugen versucht, daß du, wenn man dich kreuzigt, am dritten Tag auferstehen und eines schönen Tages wieder auf die Erde kommen und ein Strafgericht halten wirst über jene, die jetzt leben, wie auch über jene, die noch auf die Welt kommen werden, über alle Seelen, alle Generationen seit der Schöpfung? Und daß dies gleichsam deine Wiederkunft auf diese Welt sein wird? Ist dem so?«

Jesus lächelte sonderbar, als sagte er sich, da haben wir's, trat auf dem Marmor von einem bloßen Fuß auf den anderen und schwieg eine Weile, als überlegte er, ob er antworten solle.

»Das hat wohl alles Judas Ischariot dahergeredet?« fragte er spöttisch. »Und dich beunruhigt es sehr, römischer Statthalter?«

»Ich weiß nicht, wer Judas ist, aber berichtet haben es mir ehrenwerte Männer, Älteste. Dann ist es also leeres Gerede?«

»Denk, wie du willst, Hegemon«, erwiderte Jesus kalt. »Niemand zwingt dir auf, was deinem Geist fremd ist.«

»Ich meine es ernst, ich spotte nicht«, beeilte sich der Prokurator zu versichern. »Ich denke einfach, eine andere Möglichkeit, mich mit dir zu unterhalten, wird es nicht mehr geben. Sowie man dich von hier abführt, gibt es für dich kein Zurück mehr. Doch für mich möchte ich klären, wie man nach dem Tod, ohne geboren zu werden, wieder auf die Welt kommen und über alle Seelen Gericht halten kann. Wo wird dieses Gericht stattfinden – im Himmel oder wo sonst? Und wie lange müssen die Menschen, die dir vertrauen, auf diesen Tag warten, um ewige Ruhe zu finden? Erlaube mir, daß ich zunächst meine Meinung sage. Dein Plan ist einfach, du rechnest damit, daß sich jeder für das Jenseits ein bequemes Leben wünscht. Ach, dieser Sterbliche, ewig möchte er etwas haben, ewig giert er nach etwas. Es ist ja so leicht, ihn mit Versprechungen zu ködern – sogar im jenseitigen Leben wird er hinter dir herlaufen wie ein Hund. Aber angenommen, es ist so, wie du lehrst, Prophet, dein Leben geht doch zu Ende, und verlängern kannst du es nur durch unser Gespräch ...«

»Ich muß es nicht verlängern.«

»Aber du wirst doch nicht auf den Berg gehen, ohne meine letzte Frage beantwortet zu haben. Ich finde, solch ein Abgang wäre schlimmer als der Tod.«

»Fahre fort.«

»Nehmen wir also an, deine Lehre ist wahr, dann sage mir: Wann wird der Tag deiner Wiederkunft sein? Und wenn die Menschen lange darauf warten müssen, unvorstellbar lange, was haben sie davon? Was zu ihren Lebzeiten nicht geschieht, nützt ihnen wenig. Außerdem kann ich mir, ehrlich gesagt, nicht vorstellen, daß jemand ein so unwahrscheinliches Ereignis erlebt. Oder muß man in blindem Glauben warten? Was soll das? Welchen Nutzen brächte das?«

»Deine Zweifel sind begreiflich, römischer Hegemon, du denkst grob, irdisch, wie deine Lehrer, die Griechen. Verzeih mir die Bemerkung. Noch stehe ich vor dir als Sterblicher, und du hast das Recht zu streiten. Obendrein sind wir beide so verschieden wie Wasser und Feuer. Auch unsere Ansichten unterscheiden sich, wir gehen von verschiedenen Enden an alles heran. Nun zu dem, was dich bewegt, Hegemon. Daß es bis zu meiner Wiederkunft unendlich lange dauern wird, stimmt. Da hast du recht. Wann der Tag kommt, kann keiner vorhersagen, das steht in der Macht dessen, der die Welt erschaffen hat. Was für uns Jahrhunderte währt, ist für ihn möglicherweise nur ein Augenblick. Aber nicht das ist entscheidend. Der Schöpfer hat uns mit dem höchsten Gut der Welt ausgestattet – mit Verstand. Und er hat uns die Freiheit gegeben, so zu leben, wie wir es verstehen. Daraus, wie wir die Himmelsgabe nutzen, erwächst die Geschichte der Menschheit. Du wirst doch nicht leugnen, römischer Statthalter, daß der Sinn der Existenz des Menschen in der Selbstvervollkommnung seines Geistes besteht – ein höheres Ziel gibt es nicht auf der Welt. Sich Tag für Tag über eine endlose Stufenleiter der strahlenden Vollkommenheit des Geistes zu nähern – das ist es, was die Schönheit vernünftigen Seins ausmacht. Dies ist es aber auch, was dem Menschen am schwersten fällt: Tag für Tag Mensch sein. Daher wird es von den Menschen selbst abhängen, wie lange sie auf den Tag warten müssen, an den du nicht glaubst, Hegemon.«

»So ist das!« Erregt sprang Pontius Pilatus auf und packte die Stuhllehne. »Warte mal, warte, daß so etwas von den Menschen abhängen soll, ist doch unerhört. Ich, der ich an deine Lehre nicht glaube, kann das nicht begreifen. Wenn es den Menschen überlassen ist, ein solches Ereignis hinauszuschieben oder herbeizurufen, sind sie dann nicht Göttern gleich?«

»In gewisser Weise hast du recht, römischer Statthalter, doch zuvor würde ich gern Gerede von Wahrheit trennen. Das Gerede über Wahrheit ist ein großes Übel. Gerede gleicht dem Schlamm im Wasser, der mit der Zeit ein tiefes Gewässer in eine flache Pfütze verwandelt. Immer verzerrt Gerede, das von Mund zu Mund geht, große Gedanken, die zum Wohl der Menschen geboren und durch Einsichten und Leiden gewonnen wurden, und schadet so seinen Urhebern wie der Wahrheit. Weshalb ich das zur Sprache bringe, römischer Statthalter? Weil die Märchen, denen du glaubst, nur Gerede sind, die Wahrheit liegt woanders.«

»Willst du mir diese Wahrheit nicht offenbaren?«

»Ich will es versuchen, werde diesem Gespräch nicht ausweichen. Zumal ich zum letztenmal darüber spreche. So wisse denn, römischer Hegemon, Gottes Vorsehung besteht nicht darin, daß irgendwann wie ein Blitz aus heiterem Himmel der Tag anbricht, da der Menschensohn, auferstanden, vom Himmel herabsteigt, um Gericht zu halten über die Völker; umgekehrt wird es sein, wenn auch das Ziel das gleiche bleibt. Nicht ich, dem nur noch so lange zu leben bleibt, wie der Weg durch die Stadt bis zur Schädelstätte dauert, werde auferstehen und wiederkehren, sondern ihr Menschen werdet auferstehn, um in Christo in höchster Gerechtigkeit zu leben, ihr werdet in unvergleichbaren künftigen Geschlechtern zu mir kommen. Und das wird meine Wiederkunft sein. Anders ausgedrückt, ich kehre durch meine Leiden in den Menschen zu mir selbst und in den Menschen zu den Menschen zurück. Darum geht es. Auch wenn unsere Tage jahrtausendealte Vergangenheit geworden sind, werde ich eure Zukunft sein, so will es die Vorsehung des Allerhöchsten, damit der Mensch solcherart den Thron seiner Berufung besteigt – seiner Berufung zum Guten und Schönen. Das ist der Sinn meiner Predigten, darin liegt die Wahrheit, nicht in gängigem Gerede und auch nicht in allerlei Lügenmärchen, die die hohen Ideen ihres Seins entleeren. Aber der Weg dahin wird für das Menschengeschlecht sehr schwer sein und unendlich lang, das befürchtest du, römischer Statthalter, zu Recht. Dieser Weg beginnt an dem verhängnisvollen Tag, da der Gottessohn gekreuzigt wird, und unzählige Generationen werden in Reue leben und immerfort aufs neue über den Preis erschrecken, den ich heute als Sühne für die Sündhaftigkeit der Menschen zahle, auf daß sie sehend und sich ihres göttlichen Ursprungs bewußt werden. Bin ich doch auf die Welt gekommen, um den Menschen ein nie verblassendes Beispiel zu geben und sie, wenn sie meinem Namen vertrauen, zu mir finden lassen – durch ihre Leiden, durch ihren täglichen Kampf gegen das Böse in sich selbst sowie durch ihre Abkehr von Lastern, Gewalttätigkeit und Blutgier, die so verhängnisvoll die Seelen derer zerstören, die nicht von Liebe zu Gott erfüllt sind, folglich auch nicht von der Liebe zu ihresgleiche, den Menschen!«

»Warte, Jesus von Nazareth, setzt du denn Gott und die Menschen gleich?«

»In gewissem Sinn ja. Mehr noch, alle Menschen zusammengenommen sind das Ebenbild Gottes auf Erden. Und der Name dieser Hypostase Gottes lautet: Gott des Morgen, Gott der Unendlichkeit, die der Welt eigen ist, seit sie geschaffen wurde. Sicherlich hast du, römischer Statthalter, dich mehr als einmal bei dem Gedanken ertappt, daß deine Wünsche immer auf den kommenden Tag gerichtet sind. Heute nimmst du das Leben, wie es ist, doch unbedingt möchtest du, daß es morgen anders wird, und selbst wenn es heute gut ist – morgen soll es noch besser werden. Daher leben Hoffnungen in uns, die unauslöschlich sind wie das göttliche Licht. Der Gott des Morgen ist der eigentliche Geist der Unendlichkeit, und im ganzen verkörpert er den Charakter, die Gesamtheit der menschlichen Taten und Bestrebungen, also hängt es von den Menschen selbst ab, wie der Gott des Morgen beschaffen sein wird – schön oder häßlich, gütig oder strafend. So zu denken ist zulässig und unumgänglich, das erwartet der Gott des Schöpfungsaktes von allen denkenden Wesen, deshalb sollen sich die Menschen auch selbst um das morgige Leben auf Erden sorgen, denn jeder von ihnen ist ein Teilchen vom Gott des Morgen. Der Mensch selbst ist Richter und Schöpfer eines jeden unserer Tage.«

»Warte, wie steht es aber mit dem Jüngsten Gericht, das du uns so drohend verkündest?«

»Das Jüngste Gericht ... ist dir noch nicht in den Sinn gekommen, römischer Hegemon, daß es längst über uns gehalten wird?«

»Willst du damit sagen, daß unser ganzes Leben ein Jüngstes Gericht ist?«

»Du kommst der Wahrheit ziemlich nahe, römischer Hegemon. Den Weg zu gehen, der unter Qualen und Pein begann, als Adam ausgetrieben worden war, und der durch Untaten führte, die Menschen jahrhundertelang anderen Menschen zufügten, wobei ein Übel das andere Übel und eine Unwahrheit die andere nach sich zog, war für jene, die auf Erden gelebt haben und leben, gewiß eine schwere Erfahrung. Was für Abgründe haben sich aufgetan, seit die Stammeltern der Menschen aus dem Garten Eden gewiesen wurden, was mußten die Menschen seither für Kriege, Grausamkeiten, Morde, Vertreibungen, Ungerechtigkeiten und Kränkungen erleben! Sind alle die schrecklichen irdischen Frevel, die seit der Erschaffung der Welt gegen das Gute, gegen die Natur begangen werden, nicht eine schlimmere Strafe als das Jüngste Gericht? Der ursprüngliche Sinn der Geschichte besteht doch darin, die Vernünftigen an die göttlichen Höhen von Liebe und Mitleid näher heranzubringen! Aber wie viele schreckliche Prüfungen gab es in der Geschichte der Menschen, und der Untaten, die brodeln wie die Wellen im Ozean, ist immer noch kein Ende abzusehen! Ist ein Leben in solch einer Hölle nicht schlimmer als das Jüngste Gericht?«

»Und du, Jesus von Nazareth, willst die Geschichte mittendrin anhalten?«

»Die Geschichte? Die hält niemand an: was mich beschäftigt, ist, das Böse in den Taten und Köpfen der Menschen auszurotten.«

»Dann wird es auch keine Geschichte geben.«

»Was für eine Geschichte? Die, deren Interessen du vertrittst, römischer Statthalter? Diese Geschichte läßt sich leider nicht aus dem Bewußtsein tilgen, aber wenn es sie nicht gäbe, wären wir Gott viel näher. Ich verstehe dich, Statthalter. Doch die wahre Geschichte, die Geschichte des Aufblühens der Menschlichkeit, hat auf Erden noch nicht begonnen.«

»Warte, Jesus von Nazareth, lassen wir mich zunächst aus dem Spiel. Wie aber willst du, Jesus, die Menschen und die Völker einem solchen Ziel entgegenführen?«

»Durch die Ausrufung eines Reiches der Gerechtigkeit ohne die Macht von Kaisern!«

»Und das soll genügen?«

»Ja, wenn alle es wollten.«

»Interessant. Nun denn, ich habe dich aufmerksam angehört, Jesus von Nazareth. Du blickst weit voraus, aber entwickelst du nicht zuviel Selbstvertrauen, baust du nicht zu sehr auf den menschlichen Glauben und vergißt dabei die Niederungen der Plätze? Jenseits der Stadtmauer wirst du dich sehr bald davon überzeugen, doch die Geschichte wirst du nicht umkehren, diesem Strom kann niemand eine andere Richtung geben. Mich wundert nur eins: Warum entfachst du einen Brand, in dem zuallererst du selbst verbrennen wirst? Ohne Kaiser kann die Welt nicht existieren, kann es nicht die Macht der einen und die Unterordnung der andern geben; vergebens suchst du andere, von dir erdachte Beziehungen als neue Geschichte durchzusetzen. Die Kaiser haben ihre eigenen Götter – sie ehren nicht deinen abstrakten Gott des Morgen, der in der Unendlichkeit aller ›Morgen‹ keine festen Grenzen hat und allen gleichermaßen gehört wie die Luft, denn das, was alle haben können, ist wertlos, ist minderwertig, nichtig, also steht es den Kaisern zu, aus eigener Machtvollkommenheit über den einzelnen wie über alle zu herrschen. Unter allen Kaisern aber, die in der Welt regieren, haben die Götter den ruhmreichen Tiberius ausgezeichnet – sein Reich, das Römische Imperium, erstreckt sich über die halbe Welt. Deshalb herrsche ich unter Tiberius' Ägide über Judäa, darin sehe ich den Sinn meines Lebens, und mein Gewissen ist ruhig. Es gibt keine höhere Ehre, als dem unbesiegbaren Rom zu dienen!«

»Du bist keine Ausnahme, römischer Statthalter, fast jeder sehnt sich danach, zumindest über einen seinesgleichen zu herrschen. Das ist ja das Elend. Du wirst sagen, so ist nun einmal die Welt eingerichtet. Eine Untugend läßt sich stets leicht rechtfertigen. Aber kaum einer macht sich Gedanken, daß das ein Fluch des Menschengeschlechts ist, daß das Übel der Machtgier, von dem alle angesteckt sind, der Aufseher der Marktfeger wie die grausamen Imperatoren, alles an Übel übertrifft und das Menschengeschlecht eines Tages teuer zu stehen kommen wird. Ganze Völker werden im Kampf um die Vormacht, um Land, zugrunde gehen, werden einander mit Stumpf und Stiel ausrotten.«

Pontius Pilatus riß ungeduldig die Hände hoch und unterbrach seinen Gesprächspartner:

»Halt ein. Ich bin nicht dein Schüler, daß ich dir andächtig lauschen muß! Halt ein! Leicht redet es sich vom Zerschmettern, aber was immer du prophezeist, Jesus von Nazareth, deine Bemühungen sind vergebens. Die Welt gehorcht der Macht, anders kann es auch nicht sein. So war es, und so wird es immer sein. Wer stärker ist, hat die Macht, auch in Zukunft werden die Starken die Welt regieren. Diese Ordnung ist unwandelbar wie die Sterne am Himmel. Die kann keiner verrücken. Vergebens sorgst du dich um das Menschengeschlecht, vergebens bist du bereit, es um den Preis deines Lebens zu retten. Die Menschen lassen sich weder durch Tempelpredigten noch durch himmlische Stimmen belehren! Stets werden sie den Kaisern folgen wie Herden ihren Hirten, sie werden sich vor der Kraft und dem Besitz verneigen, also vor allem denjenigen achten, der der Erbarmungsloseste und Mächtigste ist, und unter den Heerführern werden sie jene rühmen, die in den Schlachten um die Vorherrschaft der einen und die Unterwerfung, die Erniedrigung der anderen das meiste Blut vergossen haben. So wird der Heldengeist aussehen, den sie besingen und von Generation zu Generation vererben, zu dessen Ehren sie Banner hissen und Trompetensignale schmettern werden, von ihm wird das Blut in den Adern aufwallen, und es wird im Schwur gipfeln, keinen Fußbreit Land Fremden zu überlassen. Im Namen des Volkes werden sie Kriegshandlungen für notwendig erklären, werden sie Haß auf die Feinde des Vaterlands predigen. Hauptsache, dem eigenen König geht es gut, den anderen muß man zertreten, auf die Knie zwingen, zusammen mit seinem Volk versklaven, und man muß ihm das Land abnehmen – das macht doch die eigentliche Freude am Leben aus, den Sinn des Daseins seit Urzeiten! Du aber, Nazarener, willst all das verurteilen und verfluchen, du rühmst die Armen und Schwachen, wünschst allen nur Segen und vergißt darüber, daß der Mensch ein reißendes Tier ist, daß er ohne Kriege nicht existieren kann wie unser Körper nicht ohne

Salz. Begreife deine Fehler und Irrtümer wenigstens in dieser letzten Stunde, bevor du unter Bewachung zur Schädelstätte gehst. Ich aber sage dir zum Abschied: Du siehst die Wurzel allen Übels in der großen Machtgier der Menschen, in der gewaltsamen Unterwerfung von Ländern und Völkern, doch damit vergrößerst du nur deine Schuld, denn wer gegen die Macht ist, der ist auch gegen die Mächtigen. Indem du das Reich der Gerechtigkeit ausrufst, zielst du auf unser Römisches Reich, willst du die wachsende Macht Roms behindern, seine Weltherrschaft vereiteln, und allein für diese Absicht verdienst du dreimal den Tod.«

»Warum so freigebig, guter Hegemon, ich meine, ein Tod genügt vollauf. Aber setzen wir dennoch unser Gespräch fort, obwohl ich mir vorstellen kann, wie sich die Henker unter der glühenden Sonne quälen, während sie mich auf der Schädelstätte erwarten, setzen wir unser Gespräch fort, aber nun schon, weil es mein letzter Wille ist. Du bist also überzeugt, römischer Statthalter, daß Macht das ist, was du als Macht verehrst. Doch es gibt eine Macht anderer Art – die Macht des Guten, und sie zu begreifen ist wohl schwieriger und komplizierter, und tugendhaft zu handeln erfordert nicht weniger Mut, als Kriege zu führen. So höre mich denn an, Statthalter, es hat sich ergeben, daß du der letzte Mensch bist, mit dem ich vor dem Gang zur Schädelstätte spreche. Und ich möchte mich dir anvertrauen, aber denke nicht, ich will dich um Gnade bitten ...«

»Das wäre einfach lächerlich.«

»Deshalb erkläre ich es auch im voraus, damit du, römischer Statthalter, in dieser Hinsicht unbesorgt sein kannst. Jetzt wirst du allein davon wissen. Ich habe mich vergangene Nacht gemartert, grundlos, wie ich anfangs dachte. Nicht, weil es schwül gewesen wäre in Gethsemane, auf den Anhöhen vor der Stadt wehte ein leichtes Lüftchen. Ich war nur voller Unruhe; Sehnsucht, Angst und Schwermut ergriffen von mir Besitz, und mir war, als schallten schmerzliche Laute, bange Rufe aus meinem

Herzen gen Himmel. Meine Jünger, meine Schüler, versuchten, mit mir zu wachen, doch Erleichterung brachte mir auch das nicht. Ich wußte, daß die mir bestimmte Stunde anbricht, daß der unausweichliche Tod meiner harrt. Entsetzen packte mich. Denn mit dem Tod endet für jeden Menschen das Leben.«

»Warum denn?« Pontius Pilatus blickte nicht ohne Schadenfreude auf den Verurteilten. »Und wo bleibt die Idee vom Leben nach dem Tode, Nazarener? Du hast doch immer wieder behauptet, das Leben ende nicht mit dem Tod.«

»Schon wieder urteilst du nach Gerede, Hegemon! Durch die Welt jenseits des Grabes schwebt so lautlos, als huschte ein Schatten übers Wasser, der Geist; eine Spiegelung des ungreifbaren Denkens ist es, die durch jenen grenzenlosen Raum gleitet, doch für das Fleisch führt kein Weg dorthin. Denn das ist eine völlig andere Sphäre, einem anderen Sein zugehörig, das der Erkenntnis nicht zugänglich ist. Auch der Zeitlauf ist dort ein anderer, er unterliegt nicht irdischem Maß. Ich aber spreche von einem meßbaren Leben, dem Leben auf Erden. Mich quälte das sonderbare Vorgefühl, in der Welt völlig verlassen zu sein; wie ein Traumbild streifte ich in jener Nacht durch Gethsemane und fand keine Ruhe, als flöge ich, einziges denkendes Wesen im All, über der Erde dahin und entdeckte weder am Tag noch in der Nacht auch nur einen einzigen lebenden Menschen, alles war tot, alles über und über von der schwarzen Asche erloschener Brände bedeckt, nur noch Ruinen gab es auf der Erde, keine Wälder, keine Äcker und auf den Meeren auch keine Schiffe, aus der Ferne indessen drang kaum hörbar ein seltsamer, endloser Laut, wie ein trauriges Stöhnen im Wind, wie das Klagen von Eisen aus den Tiefen der Erde, wie eine Totenglocke; so also flog ich gleich einem einsamen Flöckchen über der Erde dahin, geplagt von Angst und einem bösen Vorgefühl; ich dachte, das sei das Ende der Welt, und unerträgliche Wehmut marterte meine Seele. Wohin waren die Menschen verschwunden, wo konnte ich nun ein Obdach finden?

Insgeheim begann ich zu murren: Das ist es nun, o Herr, das verhängnisvolle Ende, das seit unzähligen Generationen erwartet wurde, das ist die Apokalypse, so vollendet sich die Geschichte der vernunftbegabten Wesen! Wie aber konnte so etwas geschehen, wie konnten sie so zugrunde gehen, so restlos verschwinden, auch die noch ungeborenen Nachkommen mit sich reißend? Entsetzen packte mich bei dem schrecklichen Gedanken: Das ist wohl der Dank dafür, daß du die Menschen liebtest und dich ihnen selbst zum Opfer gebracht hast! Sollte sich die grausame Menschenwelt in ihrer Grausamkeit wirklich selbst vernichtet haben, so wie ein Skorpion sich mit seinem Gift tötet? Sollte die Unvereinbarkeit von Mensch und Mensch zu diesem schrecklichen Ende geführt haben, die Unvereinbarkeit der einen Reichsgrenzen mit den anderen, die Unvereinbarkeit von Stolz und Machtgier, die gegenseitige Unvereinbarkeit der durch unumschränkte Herrschaft übersättigten großen Kaiser sowie der Völker, die ihnen in blindem Gehorsam und mit heuchlerischer Lobpreisung folgen, vor Waffen starrend und voller Dünkel ob der in zahllosen Schlachten gegeneinander errungenen Siege? So als endete das Dasein der Menschen auf Erden, und mit ihnen versank auch die göttliche Gabe der Erkenntnis im Nichts! O Herr, begehre ich auf, warum hast du denen Verstand, Sprache und zum Schaffen berufene Hände geschenkt, die in ihren Herzen sich selbst getötet und die Erde zu einer Grabstätte gemeinsamer Schande gemacht haben? So weinte und stöhnte ich, einsam in der stummen Welt, verfluchte mein Los und sprach zu Gott: Das, wozu du deine Hand nie erhoben hättest, hat der Mensch selbst verbrecherisch getan … So wisse denn, römischer Hegemon, das Weltende kommt nicht von mir und auch nicht von Naturkatastrophen, nein, die gegenseitige Feindschaft der Menschen wird es herbeiführen. Jene Feindschaft und jene Siege übereinander, die du in deinem Machtrausch so sehr rühmst.«

Jesus holte tief Luft und fuhr fort:

»Solch eine Vision hatte ich vergangene Nacht, lange dachte ich darüber nach und fand keinen Schlaf, wachte und betete ... Als ich mich schließlich gefaßt hatte, wollte ich meinen Jüngern erzählen, welch eine Vision mir der Vater gesandt hatte, doch da erschien eine große Menschenmenge in Gethsemane, und unter ihnen war Judas. Judas umarmte mich schnell und küßte mich mit kalten Lippen. ›Gegrüßet seist du, Rabbi‹, sagte er zu mir, aber den Hinzugetretenen hatte er bereits vorher gesagt: »›Welchen ich küssen werde, der ist's, den greifet.‹ Und sie griffen mich. Und nun, wie du siehst, stehe ich vor dir, römischer Statthalter. Ich weiß, ich muß jetzt auf die Schädelstätte gehen. Du aber warst gütig zu mir, Hegemon, und ich bin zufrieden, daß ich vor meinem Tod erzählen konnte, was ich gestern in Gethsemane erlebt habe.«

»Bist du sicher, daß ich dir alles glaube, was ich mir angehört habe?«

»Ob du glaubst oder nicht, ist deine Sache, Statthalter. Wahrscheinlich wirst du mir nicht glauben, denn wir beide verkörpern zwei gegensätzliche Elemente. Dennoch hast du mich angehört. Du kannst dir nicht mehr einreden, du hättest nichts vernommen, kannst dir nicht mehr verbieten, darüber nachzudenken. Ich aber kann mir sagen, daß ich nicht mit ins Grab genommen habe, was mir in Gethsemane offenbar wurde. Mein Gewissen ist jetzt ruhig.«

»Sag, Nazarener, hast du nicht zufällig auf den Märkten gewahrsagt?«

»Nein, Hegemon, warum fragst du?«

»Mir ist nicht klar, ob du mir etwas vorspielst, oder ob du wirklich frei von Angst bist und die qualvolle Kreuzigung nicht fürchtest. Ist dir denn so wichtig, was du noch sagen konntest und was nicht, wer dich angehört hat und wer nicht, wo du doch bald nicht mehr sein wirst? Wer braucht das alles? Ist das nicht eitel Geschwätz, Schall und Rauch?«

»Sag das nicht, Hegemon, das ist kein eitel Geschwätz! Gedanken vor dem Tod dringen geradenwegs zu Gott, für Gott aber ist wichtig, was ein Mensch vor dem Tode denkt, danach urteilt er über die Menschen, die er einst als die vollkommesten Geschöpfe unter allen Lebewesen geschaffen hat, denn die allerletzten Gedanken sind stets rein und aufrichtig, enthalten nur Wahrheit und keine Hinterlist. Nein, Hegemon, verzeih, du denkst zu Unrecht, daß ich dir etwas vorspiele. Als Kind habe ich mit Spielzeug gespielt, später nie wieder. Was aber die Qualen betrifft, da ist nichts zu verhehlen, und ich habe es dir bereits gesagt. Ich fürchte sie, fürchte sie sehr! Und ich flehe meinen Herrn, den gütigen Vater an, daß er mir die Kraft gibt, das mir bestimmte Los würdig zu ertragen, daß er mich nicht so tief sinken läßt, viehisch zu jammern, oder mich auf andere Weise beschämt. Ich bin also bereit, römischer Statthalter, halte mich nicht länger auf, es lohnt nicht. Für mich ist es Zeit ...«

»Ja, du gehst jetzt zur Schädelstätte. Wie alt bist du eigentlich, Jesus von Nazareth?«

»Dreiunddreißig, Hegemon.«

»So jung noch! Zwanzig Jahre jünger als ich«, bemerkte Pontius Pilatus voll Mitgefühl, wiegte das Haupt und sagte nach kurzem Überlegen: »Soweit mir bekannt ist, bist du nicht verheiratet, hast also wohl keine Kinder und hinterläßt keine Waise, das wollen wir festhalten.« Er verstummte, wollte wohl noch etwas hinzusetzen, besann sich aber und schwieg. Nur gut, daß er schwieg. Um ein Haar hätte er sich bloßgestellt. Hast du je eine Frau erkannt? hatte er fragen wollen. Und war darüber selbst bestürzt. Was für eine Weiberneugier, wie konnte ein ehrenwerter Mann so etwas fragen?

Als er in diesem Moment Jesus von Nazareth ansah, merkte er an dessen Augen, daß der erraten hatte, wonach er hatte fragen wollen, und daß er sicherlich auf solch eine Frage nicht geantwortet haben würde. Jesu klarblaue Augen waren dunkel geworden, er hatte sich verschlossen. Er sieht so sanftmütig aus, aber welche Kraft steckt in ihm! dachte Pontius Pilatus verwundert und tastete mit dem Fuß nach einer heruntergerutschten Sandale.

»Nun gut«, gab er der Frage eine andere Wendung, als wolle er das nicht zustande gekommene Gespräch über Frauen kompensieren, »es heißt, du seist als Neugeborenes ausgesetzt worden, stimmt das?«

Jesus lächelte offen und gutmütig und entblößte dabei gleichmäßige weiße Zähne.

»Schon möglich, daß es gewissermaßen so war.«

»Genauer, ja oder nein?«

»Aber ja, ja, guter Hegemon«, bestätigte Jesus. Er spürte, daß Pontius Pilatus ärgerlich wurde, denn auch diese Frage stand dem Prokurator nicht gut zu Gesicht. »Ich wurde von meinem himmlischen Vater unter Mitwirkung des Heiligen Geistes ›ausgesetzt‹.«

»Gut, daß du keinem mehr den Kopf verdrehen wirst«, murmelte der Prokurator müde. »Trotzdem – wer ist deine leibliche Mutter?«

»Sie ist in Galiläa, und sie heißt Maria. Ich fühle, daß sie heute noch rechtzeitig kommen wird. Sie war die ganze Nacht unterwegs. Das weiß ich.«

»Ich glaube nicht, daß sie am Ende ihres Sohnes Freude haben wird«, sprach Pontius Pilatus düster und schickte sich an, das Gespräch mit diesem Narren aus Nazareth, das sich so in die Länge gezogen hätte, nun doch zu beenden.

Der Prokurator in seiner schneeweißen Toga richtete sich im Säulengang der Terrasse zu voller Größe auf, majestätisch, großköpfig, mit derben Zügen und festem Blick.

»Präzisieren wir also der Ordnung halber«, sagte er und zählte auf: »Vater – wie hieß er doch gleich? – Joseph, Mutter – Maria. Geboren in Nazareth. Alter – dreiunddreißig. Ledig. Kinderlos.

Hast das Volk aufgewiegelt. Hast gedroht, den großen Tempel in Jerusalem zu zerstören und in drei Tagen einen neuen zu errichten. Gibst dich als Prophet aus, als König der Juden. Das ist kurz gefaßt deine Geschichte.«

»Reden wir nicht über meine Geschichte, aber dir will ich sagen: Du wirst in die Geschichte eingehen, Pontius Pilatus«, sprach Jesus von Nazareth leise und sah dem Prokurator ernst ins Gesicht. »Für immer.«

»Was denn noch!« Achtlos winkte Pontius Pilatus ab. Ihm schmeichelte das Gesagte, doch unversehens änderte er den Ton und sprach feierlich: »In die Geschichte wird der ruhmreiche Kaiser Tiberius eingehen. Gepriesen sei sein Name. Wir sind nur seine treuen Kampfgefährten, mehr nicht.«

»Dennoch wirst du es sein, der in die Geschichte eingeht, Pontius Pilatus«, wiederholte der Mann, der nun zur Schädelstätte jenseits der Mauern von Jerusalem aufbrach.

Der Vogel aber, ob es nun ein Milan war oder ein Adler, der schon seit dem frühen Morgen über dem Palast des Herodes gekreist hatte, als warte er auf jemanden, schwenkte plötzlich ab und flog langsam in dieselbe Richtung, in die, wie ein gefährlicher Verbrecher gefesselt und von einer vielköpfigen berittenen Wache umgeben, derjenige geführt wurde, mit dem der Prokurator von ganz Judäa, Pontius Pilatus, gesprochen hatte.

Der Prokurator indessen stand noch immer auf der Terrasse und beobachtete voll Verwunderung und Entsetzen den sonderbaren Vogel, der dem nachflog, den sie auf die Schädelstätte führten.

»Was mag das bedeuten?« flüsterte er betroffen und beunruhigt.

*Peter de Rosa*

## Die Quelle der Legenden von Jesu Geburt

Die Legenden wurden hauptsächlich aus Parallelstellen des Alten Testaments zusammengestellt. Matthäus wählt Texte aus, um zu »beweisen«, daß Jesus der neue Mose war, ein noch größerer Führer, der das Gesetz vollenden und sein Volk aus der Knechtschaft der Sünde zur Gnade führen sollte. Auch der neugeborene Jesus mußte der Ermordung durch Herodes entkommen wie der neugeborene Mose vom Pharao.

Die Bausteine für die Erzählung des Lukas kommen ebenfalls aus der jüdischen Bibel, und er arrangiert sie mit erstaunlicher Sorgfalt. Die Verkündigung ist nach dem Vorbild der Begrüßung Daniels durch den Engel Gabriel gestaltet. »Du bist ein Liebling Gottes« (Dan 9,23) wird bei Lukas zu »du Begnadete«. (Das griechische Wort *kexaritomene*, das Hieronymus falsch mit *gratia plena*, »voller Gnade«, übersetzte, hat die Marienvergötzung erheblich beeinflußt.) »Fürchte dich nicht«, spricht Gabriel zuerst zu Daniel, dann zu Maria. Dann wendet sich Lukas Richter 6,12 zu, wo Gideon gesagt wird: »Der Herr ist mit dir.«

Zum größten Teil beruht die Legende des Lukas jedoch auf der Erzählung von der unfruchtbaren Hanna, die Samuel gebiert. Selbst Marias Magnificat in Lukas, Kapitel 1, hat einen stark literarischen Geschmack. Es ist eine Parallele zu Hannas Preislied in Samuel I. Zum Beispiel:

| | |
|---|---|
| Hochpreist meine Seele den Herrn, | Mein Herz frohlockt durch Jahwe, ... |
| und mein Geist frohlockt in Gott, meinem Heilande. | mein Mund ward weit geöffnet wider meine Feinde; denn deiner Hilfe darf ich mich freuen ... |
| Denn er hat niedergeschaut auf die Niedrigkeit seiner Magd ... | wenn du das Elend deiner Magd ansiehst ... |
| Hungrige hat er erfüllt mit Gütern und Reiche leer davongeschickt. | Jahwe macht arm, er macht auch reich, er erniedrigt und erhöht. |

Es ist undenkbar, daß Maria eine so gesuchte Passage wie diese gesprochen hat. So undenkbar wie ein junger Mann, der Originalität beansprucht, wenn er sagt: »Sein oder Nichtsein, das ist hier die Frage« und dergleichen.

Matthäus und Lukas haben wenig gemeinsam, wenn sie von der Herkunft Jesu sprechen. Matthäus erzählt sie durch Josephs Träume, Lukas durch Botschaften des Engels an Maria. Bei Matthäus findet Maria sich unerwartet schwanger; bei Lukas gibt sie ihre Zustimmung. Der einzige Punkt der Übereinstimmung ist, daß Joseph nicht der Vater Jesu war.

Auch in sich sind die Erzählungen voller erstaunlicher Widersprüche. Sie sollten zweierlei erklären: 1. Für Judenchristen ist Jesus der Messias aus dem Hause David, der »Same Davids«. 2. Für Heidenchristen ist er göttlich, der Sohn Gottes. Die Texte machen es unmöglich, daß Jesus beides ist. Indem sie Josephs Vaterschaft leugnen, scheint Jesus *nicht* der Messias zu sein. Wie konnte er der Same Abrahams sein, der Same Davids, wenn bei seiner Empfängnis kein menschlicher Same mitwirkte? Mit einem Wort, Jesus wäre kein Jude gewesen, schon gar nicht der Messias. Dies ist oft Gegenstand antisemitischer Rhetorik gewesen. Doch wenn Jesus nicht der Same Josephs war, warum machen sich die Evangelisten dann die Mühe, seine Genealogie durch Joseph zu zeichnen? Die Genealogien entstanden in jüdischen Kreisen, um zu beweisen, daß Jesus ein edler Jude war. Die Jungfrauengeburt entstand in nichtjüdischen Kreisen, um zu beweisen, daß Jesus der Sohn Gottes war. Die Genealogien und die Jungfrauengeburt sind einfach unvereinbar.

Im übrigen sind die beiden Genealogien völlig verschieden. Matthäus sagt zum Beispiel, Josephs Vater sei Jakob, Lukas nennt ihn Heli. Die Namen der beiden Linien, die auf König David zurückführen, stimmen kaum je überein.

Warum wurden sie zusammengestellt, wenn die Evangelisten eindeutig keine Information über die Vorfahren Jesu hatten? Der Grund ist, daß man von allen großen Menschen einen edlen Stammbaum erwartete. Natürlich mußte auch Jesus, der Messias, einen solchen haben. Wie in den besten Märchen beweist seine Abstammung, daß er königliches Blut in den Adern hatte: das von König David. Die jüdischen Genealogien müssen älter sein als die hellenistische Erzählung von der Jungfrauengeburt, die beweisen soll, daß Jesus nicht nur ein großer Mann war, sondern der Sohn Gottes.

Matthäus ist blind für die Schwierigkeit, wie Jesus Davids Sohn sein kann, wenn er nicht Josephs war, oder wie er seine Ahnen zurückverfolgen kann, wenn er durch einen besonderen, unmittelbaren Schöpfungsakt Gottes Sohn war. Daher nimmt er an, daß Jesus in Nazareth geboren wurde und aufwuchs.

Lukas sieht, daß er *keinen* Grund haben wird, Jesus Davids Sohn zu nennen, wenn er nicht achtgibt und arrangiert, daß Joseph und Maria nach Bethlehem, der Stadt Davids, reisen. Zu diesem

Zweck bringt er eine vom römischen Kaiser Augustus angeordnete und vom syrischen Statthalter Quirinius durchgeführte Volkszählung in seine Erzählung. Das war ein kompliziertes Manöver. Trotzdem schlug es fehl. Die Jungfrauengeburt bedeutet, daß Jesus nicht der Same Davids ist, sondern Gottes. Die Geburt in Bethlehem ist kaum ein befriedigender Ersatz für die nicht wirklich vorhandene Abstammung von David. Immerhin hat Lukas versucht, aus Unsinn Sinn zu machen. Die Jungfrauengeburt war ihm so unwichtig, daß er kurz danach ohne Einschränkung von den »Eltern« des zwölfjährigen Jesus spricht, die zum Paschafest nach Jerusalem hinaufgehen. In dieser Erzählung verwundern sich auch Maria und Joseph über die Hinweise Jesu auf seinen »Vater«, als hätten sie die Umstände seiner Geburt irgendwie vergessen.

Lukas erwähnt die Jungfrauengeburt wohlweislich nicht wieder; schließlich verfolgt er die Vorfahren Jesu nicht nur bis David, sondern bis Adam zurück. Wenn Lukas, wie man sagt, ein Schüler des Paulus war, muß er sich gefragt haben: »Wenn Jesus *nicht* der Same Adams ist, was wird dann aus den paulinischen Parallelen zwischen Adam und Jesus? Wie konnte Jesus die Menschheit erlösen, wenn er nicht wahrhaft ein Teil von ihr war?«

Christen haben sich immer schwergetan, die Menschennatur Jesu ernst zu nehmen. Eine Jungfrauengeburt scheint seine Gottheit auf Kosten seiner Menschheit zu garantieren. Dies ist heute problematischer denn je. Das Altertum mag empfunden haben, daß eine Jungfrauengeburt einen Mann hervorbrachte, der Mensch und mehr als Mensch war. Wir empfinden im Gegenteil, daß ein Mann ohne menschlichen Vater weniger als ein Mensch ist.

Im Altertum nahm man mit typischer Frauenfeindlichkeit an, daß der Mann alles zur Empfängnis beisteuerte. Er gab Leben; der Mutterschoß fungierte schlicht als Nährboden und Treibhaus für den männlichen Samen. In unserer Generation könnten die meisten leichter akzeptieren, daß Jesus unehelich war, als daß er von einer Jungfrau geboren wurde.

## Die Juden und die Kreuzigung

Das traurigste Ergebnis der Kreuzigung durch »die Juden« war, daß die Christen den Juden die Schuld für den Tod des Juden Jesus gaben. Thomas von Aquin faßt die mittelalterliche Auffassung zusammen, wenn er schreibt: »Die Juden [ohne nähere Bestimmung] sündigten nicht nur als Kreuziger des Menschen Christus, sondern als Kreuziger Gottes.«

Die Evangelien, so habe ich oft gesagt, sind von der Kreuzigung an rückwärts geschrieben worden. Ein Element in der Erzählung ist, daß die jüdischen Hohenpriester, Ältesten und Schriftgelehrten Jesus zur Kreuzigung den Römern auslieferten. Diese Einzelheit bestimmt, wie zuerst Markus und dann die anderen Evangelisten die Ereignisse darstellen, die zur Kreuzigung führten. Schließlich hat sie dazu geführt, daß kein einziger Evangelist auch nur bereit ist, zu sagen, daß Pilatus Jesus zum Tod verurteilte. Diese Zurückhaltung spiegelt sich im Glaubensbekenntnis. Jesus hat *gelitten unter Pontius Pilatus* – nicht durch Pilatus. Johannes geht bis zu dem Extrem, zu sagen, Pilatus »lieferte ihn an sie aus, daß er ›von ihnen‹ gekreuzigt würde« (19,16), als hätten die Juden entgegen aller Vernunft tatsächlich in Person ihrer Führer den Sohn Gottes gekreuzigt. Ironischerweise erweist sich beim einzigen Mal, als sie nach dem Verbot des Herodes angeblich jemanden gekreuzigt haben, daß das Opfer ihr eigener Messias ist!

Wie kam es zu dieser grausamen Apologetik?

Die Verantwortlichen für den Tod Jesu waren die sadduzäischen

Priester, mit denen die Pharisäer sich ebenfalls in den Haaren lagen. Die Sadduzäer glaubten nicht an die Auferstehung, weil sie in der Thora, den Büchern Moses, nicht erwähnt war. Die Pharisäer aktualisierten die Thora, so daß sie die Auferstehung der Toten mit umfaßte. Jesus war den Pharisäern so nah in seinen Ansichten, daß es gewichtige Beweise dafür gibt, daß nach seinem Tod Pharisäer wie der gelehrte Gamaliel offen für seine Botschaft waren. Viele von ihnen glaubten an ihn, so auch Paulus, ein Pharisäer und Sohn eines Pharisäers.

Jesus war Jude, und das Christentum war ursprünglich eine jüdische Sekte. In den ersten Jahren nach Golgotha wurde kein Versuch unternommen, den Nichtjuden zu predigen. Die ersten Judenchristen blieben praktizierende Juden. Das Christentum hätte eine jüdische Sekte bleiben können. Doch am Ende akzeptierten zu wenige Juden Jesus als Messias.

In den vierzig Jahren zwischen seinem Tod und der frühen Traditionsbildung ereigneten sich zwei große Veränderungen. Nichtjuden bekehrten sich in großer Zahl zu Christus, und zwischen den Christen und den Pharisäern, die sich in einen geschlossenen Kreis zurückzogen, um zu überleben, kam ein Konflikt auf.

Markus, der wahrscheinlich selbst Erfahrungen mit dem Widerstand der Pharisäer gemacht hatte, stellt die jüdische Opposition so dar, als datiere sie aus der Lebenszeit Jesu. Er läßt Jesus mit großer Bitterkeit sagen, die Stelle der verstockten, unbußfertigen Juden würden im Gottesreich Heiden einnehmen.

Matthäus ist ebenso hart. Er benutzt Jesus als Sprachrohr seiner eigenen Propaganda. Außerdem läßt er Jesus die Zerstörung Jerusalems vorhersagen, als sei sie das Gericht über ein ganzes Volk, weil es ihn abgelehnt hat. Im vierten Evangelium wird der Gipfel der Bitterkeit erreicht.

Während Markus die Feindseligkeit der Juden bis zur Taufe Jesu zurückverlegt und Matthäus bis zu seiner Geburt, läßt Johannes sie auf den Anfang der Zeit zurückgehen. Johannes' Jesus sagt, die Juden seien nicht die Söhne Abrahams, weil sie ihn ablehnten. »Ihr habt den Teufel zum Vater und wollt die Gelüste eures Vaters tun. Jener war ein Menschenmörder von Anfang an und hatte in der Wahrheit keinen Stand, weil Wahrheit in ihm nicht ist« (8,44 f.). Dies ist theologisches Fluchen in schlimmster Form. Der Autor hat anscheinend vergessen, daß Jesus ein stolzer Sohn Abrahams war. Lange nach dem Fall Jerusalems stellt er Jesus als *den* Erzgegner der Juden dar, der sie beschuldigt, unverbesserliche Lügner zu sein, Auslöscher des Lichtes und des Lebens, Söhne des Teufels, die sich von Anbeginn der Welt, als Adam sündigte, als Mörder erwiesen haben.

Das Johannesevangelium hat die christliche Tradition jahrhundertelang beherrscht. In dieser Zeit war es für Christen praktisch unmöglich, Leben und Tod Jesu anders zu verstehen denn als göttliche Polemik gegen das jüdische Volk insgesamt. Anders gesagt, es war antisemitische Literatur, diktiert von Gott selbst. Das Johannesevangelium ist in seiner Verdammung erbarmungslos. Selbst der scharfzüngige heilige Johannes Chrysostomos, der die Synagoge ein Bordell nannte, und Papst Paul IV. mit seiner giftigen Attacke gegen die Juden in der Enzyklika *Cum nimis absurdum* (1555) konnten sich mit ihm nicht messen.

Dieser Aspekt des christlichen Mythos ist so böse, dem Andenken Jesu so untreu, so finster in seinen Konsequenzen, daß er einfach herausgeschnitten werden muß. Wie Klausner schrieb, waren die Juden als *Nation* weit weniger schuldig am Tod Jesu als die Nation der Griechen am Tod des Sokrates; aber wer komme heute darauf, das Blut des Griechen Sokrates an seinen Landsleuten zu rächen, den Griechen der Gegenwart? Und dennoch habe die Welt neunzehnhundert Jahre lang weiter das Blut des Juden Jesu an seinen Landsleuten, den Juden, gerächt, die den Preis schon gezahlt hätten und in Strömen, ja Sturzbächen von Blut weiter zahlten.

Dies schrieb Klausner vor dem Holocaust.

Die lang überfällige Entlastung der Juden muß heute auf moderne Christen ausgedehnt werden, die nichts mit dem zu tun haben, was den Juden in früheren Zeiten angetan wurde. Sie muß auch auf die Landsleute derer ausgedehnt werden, die am Holocaust schuldig waren; die überwältigende Mehrheit von ihnen war noch nicht einmal geboren, als er stattfand. Oder soll die Mythologie der endlosen Bestrafung einer ganzen Rasse für ein vergangenes Verbrechen einfach von einer Religion oder Nation auf eine andere verlagert werden? Die Zeit ist gewiß reif, aufzuhören, Gruppen – Religionen, Rassen, Völkern – die Schuld für lang vergangene Verbrechen zu geben.

Es ist wahr, daß Gott in der hebräischen Bibel »die Schuld der Väter ahndet an den Kindern, Enkeln und Urenkeln« (Ex. 20,5). Die Rabbiner selbst haben gegen die wörtliche Auslegung dieser Passage argumentiert. Sie erkannten, daß manches in »Gottes Wort« untragbar ist. Sie zitierten Gott gegen Gott. Ezechiel berichtet, der Herr habe zu ihm gesprochen: »Was fällt euch ein, daß ihr im Lande Israel das Sprichwort im Munde führt: Unsere Väter haben Herlinge gegessen, und den Söhnen wurden die Zähne stumpf? So wahr ich lebe, spricht Jahwe, der Herr, dieses Sprichwort sollt ihr nicht mehr in Israel gebrauchen. Siehe, alles Leben ist mein, das Leben des Vaters sowohl wie das Leben des Sohnes, sie sind mein; nur wer sündigt, der soll sterben« (18,1–4).

Dieses Sprichwort soll man nirgends mehr gebrauchen. Kein Kind sollte mehr stumpfe Zähne bekommen, weil sein Vater oder Urgroßvater saure Trauben gegessen hat.

# Jesus bei Johannes

Der Täufer unterbrach seine Arbeit. Er war groß, dünn wie Bambus und drahtig. Seine Haut war schwarz wie Ebenholz, sein Haar strohig von der Sonne. Man hätte ihn für sechzig halten können, aber er war nur halb so alt.

Von seinem Platz in der Mitte einer Furt aus konnte er eine Gestalt in der Wüste erkennen. Sie zog durch ihre Einsamkeit seine Aufmerksamkeit auf sich und weigerte sich beharrlich, feste Formen anzunehmen.

Die Gestalt kam näher; sie schien über dem Boden und unter einem weißen Wölkchen zu schweben. Langsam, langsam wurde der Abstand geringer, den langen letzten Abhang zum Wasser hinunter.

Der Täufer war kein Mann, der sich ablenken ließ. Er wollte mit seiner Arbeit fortfahren. Die Menge sang, und viele riefen, daß sie getauft werden wollten. Aber er spähte nur weiter in die Ferne.

Jesus breitete die Arme aus, und was Johannes sah, war eine Taube, die niedrig über die Wüste flog. War das, konnte das Israel sein, Gottes treue Taube? Johannes fühlte, wie die Angespanntheit seiner Seele abnahm und ihn Friede durchströmte.

Er verließ erwartungsvoll das Wasser. Sein Friede verwandelte sich in Sehnsucht, und die Sehnsucht war wie ein Nagel, der ihm ins Herz getrieben wurde.

Von allen Seiten drängten sich Leute um ihn und wollten etwas wissen. Er stieß sie grob weg, und sie ließen ihn vorbei.

Als sie ihn in die Wüste starren sahen, wurden sie ruhig.

Aus der Taube wurde ein Mann, groß und stattlich, der sich mit Würde bewegte.

Der Täufer hörte einen Ruf, der so laut war, daß er sich die Ohren zuhielt. »Das ... das ... das ...«

Er kletterte die Uferböschung hinauf, lief dem Menschen aus der Wüste entgegen und fiel vor ihm auf die Knie. Er schauderte und war von Ehrfurcht erfüllt. Der Mensch half ihm auf und umarmte ihn. Johannes' Tränen fielen auf die Schultern des Mannes.

»Endlich bist du gekommen.«

»Ja, Cousin. Du warst großartig.«

Einige Leute riefen: »Er ist gekommen ... Wer ist gekommen? ... Wer ist das?«

Die weiter hinten standen, waren böse. Da passierte etwas, und sie konnten nichts sehen oder hören.

Jesus legte seinen Umhang beiseite, und die Menschenmenge teilte sich, als er auf das Wasser zuging.

Johannes sprang hinter ihm her und schnitt ihm den Weg ab. »Nein, Herr. Das ist nicht richtig. Jetzt bin ich an der Reihe, getauft zu werden – von dir.«

Jesus schüttelte den Kopf. »Auf diese Weise wird das Wort erfüllt werden.«

»Aber Herr«, sagte Johannes nachgebend, doch er begann zu wimmern.

Jesus brachte ihn sanft zur Ruhe. »Ganz Israel muß geläutert werden. Das ist befohlen.«

Er watete ins Wasser und wußte, daß das der Tod war. Nicht sein eigener Tod, den er auf der Straße nach Jerusalem gekostet hatte, aber der Tod der Tode.

Johannes watete hinter ihm her. Er hatte bisher alles so klar gesehen, jetzt war er vollkommen durcheinander und hatte Angst. Sollte der Retter Israels ebenfalls geläutert werden – und gedemütigt?

Etwas Schreckliches lag in der Luft.

Muß ich? Nur in den Augen des Täufers war diese Frage zu lesen.

Und es waren ebenfalls nur die Augen Jesus', die antworteten: Du mußt.
Jesus lehnte sich zurück, ein Lamm, das zur Schlachtbank geführt wird. Johannes ergriff ihn zitternd und tauchte ihn unter Wasser.
Jesus verweilte ziemlich lange bewegungslos, wie tot, bis seine Lungen zu platzen schienen. Dann erhob er sich schnell mit einem Atemzug, dem ersten Atemzug eines Säuglings ähnlich, schmerzhaft und großartig.
Jesus ging zum Ufer, Wasser lief an ihm herunter, sein Gesicht glänzte in der Sonne. Er hob seinen Umhang auf und suchte sich eine ruhige Ecke.
Der Täufer sah ihm nach. Soviel war geschehen und doch sowenig. War jetzt alles anders oder überhaupt etwas? Was würde Gott jetzt tun? Was mußte er noch für Gott tun?
Viele Leute fragten ihn von allen Seiten: »Was geschieht hier eigentlich? ... Wer ist das? ... Warum bist du vor ihm auf die Knie gefallen?«
Anfänglich hörte sie Johannes nicht. Schließlich versuchte er wieder zu sich zu kommen. Seine Stimme hatte ihren wilden, heiseren Klang verloren. Er sagte leise: »Ich habe etwas Wunderbares gesehen.«
»Wunderbar«, sprachen die um ihn herum aufgeregt nach. »Wunderbar.«
»Ich habe ein Licht gesehen, das auf die Erde herabgekommen ist.«
Und wieder gingen seine Worte wie ein Raunen durch die Menge.
»Der Geist Gottes ist bei diesem Mann. Ich habe die Stimme Gottes gehört aus einer Wolke, und sie sagte: ›Das ist mein geliebter Sohn. Höre auf ihn.‹«

## 35

Jesus baute sich eine Schilfhütte ähnlich den Hütten, die sie für das Laubhüttenfest errichteten.

Wie der Täufer war er sich unsicher, wie es weitergehen würde. Er mußte beten und warten.

Am darauffolgenden Tag war er am Fluß gewesen, hatte gebadet und ruhte sich gerade unter einem Baum aus, als vor ihm zwei Schatten auftauchten. Er sah hoch und erkannte sofort seine beiden Fischerfreunde Johannes und Andreas wieder.

Er lächelte zur Begrüßung und sprang auf, um sie zu umarmen.

Ihr Verhalten hatte sich verändert. Wie eine Eidechse, die nach Kühlung sucht, trat Andreas von einem Fuß auf den anderen, und Johannes fragte sehr förmlich: »Wo wohnst du?«

Er führte sie zu seiner Hütte. Es war später Nachmittag, und die Sonne lockerte den Griff, mit dem sie das Land in ihrer Gewalt hielt. Sie blieben einige Stunden.

Als die beiden sich etwas ungezwungener fühlten, erzählten sie Jesus, daß sie den Täufer gefragt hätten, wer Jesus sei.

»Und was hat er gesagt?«

»Das Lamm Gottes.«

Eine Stunde, nachdem seine Freunde gegangen waren, dachte Jesus immer noch über die rätselhaften Worte des Täufers nach. Da vernahm er ein lautes, nicht zu überhörendes Husten.

»Hallo, Fischer«, sagte Jesus erfreut. »Ich habe dich erwartet.«

Simon lag auf den Knien. Er zitterte und war vollkommen außer sich. Er stammelte nur: »Herr.«

Mit diesem einen Wort hatte er den Bund geschlossen. Er war vielleicht später gelegentlich unsicher, aber niemals würde er der Treue bis zum Tod abschwören.

»Hast du mir einen Fisch mitgebracht?«

Simon senkte den Kopf. »Nur mich selbst«, antwortete er.

Mit dem Zeigefinger hob Jesus Simons Kopf zu sich empor, bis sie sich in die Augen blickten.
»Das ist genug.«
»Ich weiß, daß Gott dich gesandt hat«, sagte Simon eilig. »Ich habe es immer gewußt.«
Er hatte etwas begriffen, was den Täufer immer noch durcheinanderbrachte: warum Jesus sich hatte taufen lassen. Der Grund war, daß Jesus sich für alle und alles verantwortlich fühlte. Für alle Sünder und alle Sünden. Weil er die Schuld aller auf sich laden wollte. Und er konnte das auch, weil er unschuldig war.
»Simon, Sohn des Jona, von jetzt ab werde ich dich Petrus nennen.«
»Petrus«, wiederholte Simon. »Habe ich etwas von einem Felsen?«
»Stur, taub, unnachgiebig, unbeweglich«, antwortete Jesus lachend. »Ja, du bist ein Fels.«
»Ah«, sagte Simon augenzwinkernd. »Aber kann ein Fels auf dem Wasser wandeln?«
Jesus klopfte ihm auf die Schulter. »Das wird der Fels wohl noch lernen müssen.«

Am folgenden Morgen wurde Jesus am Jordan von seinen Freunden umringt. Petrus und Andreas waren da und Jakobus und Johannes. Jesus stellte ihnen Judas Ischariot aus Jerusalem vor. Er war auch bei der Taufe dabeigewesen. Jesus bemerkte, daß die Galiläer in Gegenwart dieses Mannes aus dem Süden etwas steif waren.
Plötzlich fühlte er, wie ihn jemand am Arm zog. Er drehte sich um und sah in das Gesicht des Mannes, der ihn hatte umbringen wollen.
Sie gingen etwas auf die Seite.
Simon, der Zelot, sagte: »Ich hätte die schreckliche Tat fast wirklich begangen.«

Jesus nickte verständnisvoll. »Du warst auf dem falschen Weg, das ist alles.«

»Ich weiß. Ich wollte mich nur bedanken.«

»Er war im Begriff zu gehen, als Jesus seinen Namen rief. Simon drehte sich um und sah Jesus ungläubig an. »Ich kann bleiben?«

Jesus nickte.

Simon trat nahe an Jesus heran und drückte ihm etwas in die Hand. Ohne es anzuschauen, warf Jesus das Messer in die Mitte des Jordan. Auch das Messer eines Meuchelmörders hatte es nötig, getauft zu werden.

Er hatte Simon den anderen vorgestellt, als Judas ein Gefäß mit Öl hochhob.

»Für dich, Herr.«

Die Anrede »Herr« kam Judas am leichtesten über die Lippen.

»Für mich?«

»Es riecht gut«, sagte Judas. »Eine junge Frau hat mich gebeten, es dir zu geben. Dünn, langhaarig, mit einer kleinen Narbe auf der linken Wange und aus dem Norden.«

»Sie ist eine Freundin von mir«, erwiderte Jesus. Er ließ seinen Blick über die Menge schweifen in der Hoffnung, sie möge noch da sein.

»Sie ist schon vor einer Stunde sehr eilig aufgebrochen«, erklärte Judas. »Sie war hochschwanger.«

Jesus' Gesichtszüge drückten sein Mitleid mit der Not von Maria von Magdala aus.

Jesus verbrachte eine unruhige Nacht und war am nächsten Morgen nicht ausgeruht. Es war, als sei in ihm ein gefangener Vogel, der mit den Flügeln schlägt und versucht, sich zu befreien. Aber Jesus wußte, daß seine Lehrzeit noch nicht zu Ende war.

Der Täufer hatte ihn anerkannt, und eine vielversprechende Gefolgschaft begann sich um ihn zu scharen. Aber ein Teil von ihm war noch nicht bereit für diese Auseinandersetzung. Er

mußte sich erst noch besser kennenlernen. Er würde dorthin gehen, wo er am wenigsten hinwollte. Dort wartete etwas auf ihn, und der Geist Gottes zwang ihn förmlich, tapfer darauf zuzugehen.
Er verließ seine Hütte bei Sonnenaufgang und begab sich zum Fluß, wo seine Freunde frühstückten.
»Petrus«, sagte er, so daß auch die anderen es hören konnten, »ich gehe in die Wüste.«
»Wie lange, Herr?«
»Bis ich meine Aufgabe erfüllt habe. Wartet hier auf mich.«
Petrus schob das Kinn vor. »Wir werden warten«, erwiderte er.

## Die zweite Versuchung

Die Stimme sprach ein zweites Mal zu ihm und war weniger durchdringend, wenig selbstsicher. Es war die bekannte unbekannte Stimme, verführerisch und schrecklich, doch nun sanfter, höflicher.
»Du hast recht, Menschensohn, ich hätte es wissen sollen. Brot ist nicht geistig genug, um dich anzusprechen. Ich vermute, daß ich die Menschheit so sehr liebe, daß ich so begierig darauf bin, ihr Elend zu beseitigen, daß ich sie und dich einfach unterschätzt habe. Ja, laß sie verhungern, vorausgesetzt, du machst sie dadurch frommer als vorher.« Satan hielt kurz inne. »Hörst du mir zu, mein Freund?«
»Du bist mein Feind.«
»Nein.« Die Stimme Satans klang beleidigt. »Ich bin nicht dein Gegner, sondern dein Ratgeber. Du mußt meinen Rat nicht annehmen, aber ich beschönige nichts.«
»Ich höre.«

»Komm mit mir.«
Im nächsten Augenblick fand sich Jesus auf einer Zinne des Tempels wieder. Es war der Morgen eines großen Feiertags und die Sonne noch nicht aufgegangen.
Der Anblick war ihm vertraut; der Ölberg und Gethsemane im Osten, der Berg Scopus im Norden und im Süden Gehenna, ein karger, staubiger Landstrich mit verfallenden Terrassen und uralten Gehölzen. Hier hatte man noch vor einigen hundert Jahren Kinder im Feuer geopfert, das im riesigen bronzenen Leib des Gottes Moloch brannte.
»Sieh nach unten, Menschensohn.«
Aus der schwindelerregenden Höhe, aus der die Leviten bald den Tagesanfang und das erste Opfer verkünden würden, starrte Jesus hinab auf das Heiligtum.
Die Gläubigen hatten die Größe von Ameisen. Zu Millionen hasteten sie hin und her, bewegten sich in Kolonnen und berührten sich genauso wie Ameisen.
»Religion«, sagte die Stimme. »Die kleinen schwarzen Ameisen der Religion.«
»Dieser Ort ist heilig«, entgegnete Jesus.
»In der Tat.« Die Stimme war unterwürfig. »Sonst würden wir ihn auch nicht so fürchten. Und doch ist er heilig trotz der Religion.«
Jesus hielt sich die Ohren zu, hörte aber immer noch etwas, denn die Stimme war in seinem Innern. Das wußte er, und das beunruhigte ihn. Der Versucher kennt die Wege meines Herzens.
»Du fürchtest ihn, nicht wahr?«
»Ja.«
»In den langen Nächten, die du auf den Hügeln bei deinem Heimatdorf und auf dem Ölberg verbracht hast, hast du doch eine gewisse ... Furcht vor dem Tempel empfunden?«
»Ja.«

»Du hast gesagt, daß die jüdische Religion zu oft versucht, die Leute in Sicherheit zu wiegen, und in Selbstzufriedenheit endet.«
»Nicht nur die jüdische Religion.«
»Richtig, aber sie ist doch keine Ausnahme?«
»Nein.«
»Und du hast Einwände, weil Gott ein Feuer ist, unberechenbar, wild und großartig?«
»Ja.«
»Siehst du diese Pflastersteine.« Jesus blickte nach unten. »Warum hebst du nicht von der Plattform ab, auf der du gerade stehst, und schwebst dort nach unten? Wie ein Vogel. Wie die Friedenstaube.«
»Ich bin ein Mensch aus Fleisch und Blut. Ich würde sterben.«
Die Stimme konnte ein Kichern kaum unterdrücken. »Nicht wenn du der Messias bist. Steht nicht geschrieben: Er wird den Engeln deinethalben Befehl geben, und sie werden dich auf Händen tragen, damit du deinen Fuß nicht etwa an einem Stein stoßest?«
»Wozu sollte das gut sein?«
»Die Ameisen werden dir zuhören, Menschensohn. Du wirst diesen Ort von all dem befreien, was dich ärgert.«
»Zum Beispiel?«
»Du weißt schon. Scheinheiligkeit, Hartherzigkeit. Der Irrglaube von denen, die so gut wie nichts geben und den Nerv haben, es ›Almosen um der Liebe Gottes willen‹ zu nennen. Die Unsinnigkeit der Gaben, ohne sich selbst zu geben, damit der Spender sich nachher besser fühlen kann, ohne sich länger um den Empfänger kümmern zu müssen. Sieh nur nach unten.«
Jesus schaute, und die winzigen schwarzen Ameisen spähten nach oben. Jede von ihnen hatte das Gesicht Labans, des Pharisäers, den Esra im Heiligtum verhöhnt hatte.
»Schaff dir das alles vom Hals, Menschensohn. Es liegt in deiner Gewalt. Schaff dir diese unendlichen Gebete vom Hals und diese falsche Frömmigkeit, die Menschen mit ruhigem Gewissen beten

läßt, während sie Witwen und Waisen aus ihren Häusern vertreiben und ihre Mitmenschen im Straßengraben zerschunden und mit gebrochenen Gliedern sterben lassen.«

Ein Levit in prächtigem Brokat tauchte neben Jesus auf. Es war der junge Levit, der auf der Straße nach Jerusalem an ihm vorbeigekommen war. In dem Augenblick, in dem er ausrief: »Der Himmel ist erleuchtet bis nach Hebron«, wurde es stockdunkel. Er blies auf einer kleinen silbernen Trompete, und statt des üblichen Signals war das Geräusch einer Viehherde zu hören. Kühe, Ochsen, Schafe, die muhten, brüllten, blökten, während sie einen widerhallenden Innenhof entlangrasten. Unten waren nur die Gesichter der Ameisen erleuchtet. Die Augen geschlossen, bewegten sich die Lippen im Gebet wie Automaten, und die Köpfe wiegten hin und her.

Das Licht kehrte zurück, und der Levit verschwand.

»Du kannst ein Ende damit machen, Menschensohn. Schicke die Priester in ihren purpurroten Gewändern aus feinstem Leinen fort, denn sie sind doch nur religiöse Führer, die den Namen Gottes verraten. Beende diese unendliche Gier nach Tierblut. Hilf der armen gequälten Menschheit, ein Herz aus Fleisch und Blut zu erwerben.«

Das brachte Jesus mehr durcheinander als alles andere zuvor. Der Versucher faßte Ideen in Worte, die auch er schon im Kopf gehabt hatte. Er konnte sich erinnern, wie er auf dem Ölberg gestanden und nicht etwa den Tempel und den Gottesdienst angestaunt hatte, sondern die heilige Hohlheit im Herzen des Heiligtums.

»Mache Gott zum Zentrum aller Zentren«, fuhr die Stimme zuckersüß fort. »Befreie die Religion von Banalität und dem schon lange andauernden geistigen Verfall.«

»Was ist, wenn ich sie läutere«, fragte Jesus, »und sie trotzdem zu den alten Sitten zurückkehren?«

»Dann komm wieder herunter, Menschensohn, mit einem

Schwert aus Feuer. Zum Schluß werden sie dich verstehen. Denk darüber nach.«

»Das tue ich.«

»Was haben die Könige, Stammväter und Propheten gefordert? Wofür ist das wahre Israel geschaffen worden? Für dieses leere Ameisenritual? Für diese Lippenbekenntnisse, für dieses schwachsinnige Kopfnicken? War es nicht eher für standhafte Liebe und Vertrautheit mit Gott?« Die Stimme wurde jetzt erstmals energischer. »Wirf dich in die Tiefe.«

Jesus rührte sich nicht.

»Ich bitte dich«, sagte die Stimme und wurde milder, »aus Liebe zur Menschheit, schwebe hinab und reinige die Religion in Milde. Oder bedeutet dir dieser geschmacklose Ort immer noch so viel?«

»Ich befürchte es fast«, antwortete Jesus mit gebrochener Stimme. »Ja, er bedeutet mir sogar sehr viel.«

»Tut mir leid«, entgegnete der Versucher darauf mit einer gewissen Nachsicht. »Wie ist das nur möglich? Dieses Bauwerk da unten hat es fast fertiggebracht, aus dem erwählten Volk Heiden zu machen. Israel wurde in der Wüste geboren; es wuchs dort in Unschuld auf wie ein junges Mädchen, das in der Liebe Gottes aufwächst. Du bist selbst in die Wüste gegangen, um deine Wurzeln zu erforschen, stimmt das etwa nicht?«

»Ja.«

»In der Blüte deiner Unschuld, weit weg von den Fallstricken der priesterlichen Rituale. Leider hat Israel seine Wurzeln vergessen. Israel hat ein Haus errichtet, und Gott ist nicht länger ein Gott des Herzens gewesen, sondern ein Gott des Hauses.«

Jesus versuchte ihn zu unterbrechen, aber Satan kam ihm zuvor. »Hör mich zu Ende an. Am Anfang hatte der Gott Israel keine Wohnung außer dem Herzen seines Volkes. Er war ein Wanderer wie sein Volk auch. Er wollte keine Wohnung, die von Menschenhand errichtet war.«

»Es ist das Herz, auf das es ankommt«, erwiderte Jesus.
»Das stimmt. Aber Gott wird hier verehrt, als ob er ein Götze wäre, als ob sein Volk eine besondere Reise machen müßte, um ihn zu treffen. Als ob er nicht schon überall wäre, bevor sie noch einen Fuß vor den anderen setzen, ein Wort sagen oder ihr Herz aufwecken. Sieh auf die Ameisen hinunter, Menschensohn. Was bewundern sie? Gott oder das Bauwerk?«
»Beides«, rief Jesus aus.
»Selbst wenn ich das zugeben würde«, entgegnete der Versucher, »worauf vertrauen sie am meisten? Hörst du nicht die Ameisen singen, wie sie schon Jeremia singen hörte?«
Aus dem Heiligtum kam ein unablässiges Geschrei: »Der Tempel, der Tempel, der Tempel.«
»Wirklich, Menschensohn, es ist schwer, Gott an einem so großartigen Ort zu begegnen. Deswegen hat David auch keinen Tempel gebaut. Er wollte es, um seine Schuld zu verringern, aber kein Gebäude wäre dazu in der Lage. Salomo wagte es, einen Tempel zu bauen, aber sein Herz wurde irregeleitet, und auch das seines Volkes. Du mußt zugeben, daß die sogenannte Heiligkeit dieses Ortes die Heiligkeit der restlichen göttlichen Welt zerstört.«
Jesus rang mit der Versuchung. Sie hatte in seinem Herzen Wurzeln geschlagen und begann dort zu sprießen.
»Schau noch einmal genau hin, Menschensohn, und sage mir, was du siehst.«
»Ich sehe Gold, Silber, Kiefern- und Zedernholz, Pomp, Blut, den Qualm von Weihrauch.«
»Du bist ehrlich, Menschensohn.«
»Es gibt keine Bildnisse Gottes.«
»Richtig«, entgegnete die Stimme. »Oder? Sind nicht Gold und Silber die Bildnisse Gottes, die am meisten pervertiert sind? Als ob nur Ehre und Pracht dem Höchsten zukämen. Sage mir, was für eine Vorstellung von Gott wird von einem solchen Ort erzeugt? Denkt man sich nicht einen orientalischen Despoten, so

wie den Heiden, der diesen Tempel für seine Untertanen erbaut hat? Jemanden, den nach Gold, Ruhm und Macht gelüstet? Die Kinder Gottes sollten nach ihm in Demut und Armut des Geistes suchen, nicht in einem Gebäude, das ihnen den Atem nimmt.« Satan machte eine Pause, bevor er fortzufahren wagte: »Wenn ich Gott wäre, Menschensohn, wäre es mir lieber, die Ameisen würden ein Stück Holz nehmen, daraus etwas schnitzen oder es einfach so lassen und sagen: ›So sieht Gott aus‹, statt diese Lästerung zu errichten, die einen überwältigt, ohne einen demütig zu machen.«

»Was soll ich deiner Meinung nach tun?«

»Schwebe auf einem Kissen von Engelsflügeln hinab. Betrete das Allerheiligste vor den Augen der Priester und aller anderen. Führe sie hinweg von diesem trostlosen Ort, diesem letzten Überbleibsel des Heidentums. Sage den Ameisen, daß du gekommen bist, sie zu erretten von dem, was ihren wahren Glauben zerstört und sie Götzenbilder wie dieses errichten läßt. Erlaube ihnen nie wieder, ihre Zuflucht in einer Religion zu suchen, die ihnen den Weg zu Gott versperrt.«

»Und dann?«

»Dann, Menschensohn, dann nimm meine Hand, und komm mit mir in die Welt der Menschen. Da gibt es keinen Platz für Religion, nur für Gottes Wort. Denn Gott ist der Gott der gesamten Welt, er liebt alle. Mache die Welt heilig, jeden Zentimeter von ihr. Beende endlich dieses Blutvergießen und diese ständige Beschäftigung mit der Beschaffenheit und der Erhaltung von Bauwerken. Beende die Scheinheiligkeit seelenloser Rituale. Mache dem kostspieligen Priesterhandwerk und den prunkvollen Zeremonien der Leviten ein Ende.«

Jesus murmelte: »Wenn ich nur könnte.«

»Aber du kannst doch, Menschensohn. Sieh nur nach unten auf die Tische der Geldwechsler, auf die Stände der Leviten. Sie sind der Beweis, daß Religion von Mammon abhängig ist. Sie sind nicht etwa Feinde, sondern Verbündete. Religion kann ohne Mammon nicht existieren; und mit Mammon kommt Habgier, kommen Ausschweifungen, kommt die Unterdrückung der Armen. Wer zahlt am Ende für den Tempel, wenn nicht die Armen? Geld ist der wahre Weihrauch der Religion, es ist überall zu riechen.«

»Das kann nicht sein«, sagte Jesus und schüttelte den Kopf. »Es kann einfach nicht sein.«

»Es kann«, beharrte die Stimme. »Religion ist nicht gut für die Menschen. Besser ein ruhiger Sabbat zu Hause, Meditation, Nachtwache und einsame Gebete, sich selbst Gott hingeben in Stille und Heiligkeit. Du vor allen anderen, Menschensohn, bist nicht für Religion gemacht.«

»Ich bin Jude«, erwiderte Jesus herausfordernd. »Ich bin für die Religion meiner Väter gemacht.«

»Die Religion deiner Väter ist käuflich wie alles andere auch. Der Tempel, was ist das anderes als das größte Geschäft in Israel? Zwanzigtausend Diener werden benötigt, damit alles funktioniert, Würdenträger, Priester und Leviten, Schatzmeister, Pförtner und Musiker. Aber es ist noch schlimmer, schau noch einmal hin, Menschensohn.«

Am Eingang zum Heiligtum war eine große aufgeblasene Ameise, die gerade dem Allerheiligsten ihren jährlichen Besuch abstatten wollte. Sie trug die Gewänder des Hohenpriesters.

»Sieh dir eure Führer an, Menschensohn. Die Priester, sogar der Hohepriester, alles Sadduzäer. Sie glauben nicht an das ewige Leben. Dieser Hohepriester ist angeblich dem gesegneten Gott näher als das ganze Volk Israel, aber er glaubt selbst, daß er nichts weiter ist als ein Klumpen Lehm in priesterlichen Prachtgewändern. Das ist der Beweis, daß das ganze System pervers ist. Je höher auf der Leiter sie sind, je ungläubiger werden sie, bis hin zum Hauptrepräsentanten eines gläubigen Volkes. Er benutzt die Thora, um den Glauben an das ewige

Leben für nichtig zu erklären, die größte Blasphemie von allen.«

»Das ist eine Verirrung«, brachte Jesus mit Mühe hervor.

»Das ist immer so gewesen«, beharrte die Stimme. »Man findet selten einmal einen Priester, der an Gott oder die Menschen glaubt. Sprich mir nicht von Verirrungen. Religion hat immer schon die größten Blasphemien hervorgebracht. Die Kinder, die dem Gott Moloch geopfert wurden, sind nur ein Beispiel. Religion war stets bereit, ihre Kinder den Göttern zu opfern, Gott eingeschlossen. Glaube mir« – die Stimme klang jetzt betroffen und bedrohlich – »der Hohepriester, der jetzt im Allerheiligsten salbadert, würde nicht zögern, dich im Namen der Religion zu opfern.«

Jesus entgegnete: »Ich muß den Weg gehen, der mir von meinem Vater vorgegeben ist.«

»Du überraschst mich, Menschensohn«, sagte der Versucher. »Was hast du vor?«

»Mich loyal zu verhalten.«

»Loyal wem oder was gegenüber? Den Priestern gegenüber, die von der Religion leben, oder den Leuten, die sie ertragen müssen? Sage mir, warum halten die Leute Johannes den Täufer für einen der größten Menschen und warum lehnen die Priester ihn ab? Weil die Priester alles Neue fürchten und nichts so sehr wie die Worte eines Propheten, die Worte Gottes. Weil sie, habgierig und eifersüchtig, wie sie sind, es nicht tolerieren können, daß ein heiliger Mann, ein wirklich heiliger Mann, die Menschen umsonst unterrichtet und läutert. Weil er zeigt, daß es nicht nötig ist, Gott zu einer Einnahmequelle zu machen. Weil er sich Gott ganz gibt, ohne Leute an sich zu binden.«

Jesus reagierte nicht; er stimmte weder zu, noch widersprach er.

»Du bist kein Priester, Menschensohn. Du bist Laie, Lehrer, Prophet. Du bist keiner von denen, die Bestechungen annehmen oder Vorzugsbehandlung. Du unterstützt nicht die herrschenden

Klassen, sondern die Armen, die Sanften, die Niedergedrückten. Du stehst außerhalb. Ich frage dich noch einmal: Loyal wem gegenüber?«

»Gott.«

»Gott will, daß du loyal mit ihm sprichst. Sage ihm, Religion sei ein Paradies für Scheinheilige, ein Eden der Selbsttäuschung. Sage ihm frank und frei, daß Religion schlecht für die Menschheit ist.«

»Nein.«

»Sage ihm, daß manche Männer und Frauen, außergewöhnliche Leute, trotz der Religion tugendhafter werden; aber ist es fair, daß bloß die heldenhaften sie lange überleben können?«

»Nur eine schlechte Religion ist schlecht für die Menschheit.«

»Gab es jemals eine andere?«

Jesus schwieg. Er konnte oder wollte nicht antworten.

»In jeder Religion werden die Priester Männer wie Esra schmähen und versuchen, sie mundtot zu machen. Sie werden Achbors vorziehen, deren Heiligkeit nur eine blutlose Form der Lüsternheit ist.«

»Esra.« Jesus sprach den Namen aus, als würde er ihm Stärke geben und als wäre er eine Antwort auf seinen Versucher. »Oh, Esra.«

»Ich kann mir schon vorstellen, was dir jetzt durch den Kopf geht, Menschensohn. Deine Taufe hat mich überrascht, das muß ich schon zugeben. Ich dachte, du wärst der Meister der Freude.«

»Das bin ich auch.«

»Aber du bist hier, um dich – wie soll ich das ausdrücken – auf die falschen Sachen vorzubereiten. Du willst mit dem waffenlosen Wort Gottes siegen. Du würdest eine Sünde darin sehen, vor den Augen dieser elenden kleinen Ameisen auf die Erde zu schweben. Du ziehst es vor zu leiden.«

»Ich bereite mich nicht vor. Ich bin bereit.«

»Wem willst du damit nützen, Menschensohn? Wenn du darauf bestehst zu leiden, wird es dir ohne Zweifel Freude bereiten.«
»Welche Freude liegt im Leiden?«
»Die tiefste«, entgegnete Satan, »glaube mir, die, die am meisten befriedigt, am meisten verführt. Es gibt sonst nichts, was einem im übrigen vergeudeten Leben eine solche Erfüllung bringt. Aber wenn du leidest und stirbst – ich sage wenn –, dann denke an meine Worte: Dein Tod wird fehlinterpretiert werden, wie nur Religion Dinge fehlinterpretieren kann. Deine Anhänger werden ihn benutzen, um die Tötung von anderen zu rechtfertigen, die dir nicht zustimmen – oder, was wahrscheinlicher ist, ihnen nicht zustimmen. Ja, wenn du stirbst, könnte sogar dein eigenes Volk getötet werden, um für deinen Tod zu sühnen.«
Jesus war sichtlich unangenehm berührt. »Sag mir wie.«
»Hast du die Möglichkeit bedacht, daß das Volk Israel dich zurückweist?«
»Das wird es nicht.«
»Wenn sie es aber doch tun und die Heiden dir zustimmen, wer ist dann schuld, wenn die Heiden Juden in deinem Namen abschlachten?«
Jesus wandte den Kopf zornig und ungläubig ab.
»Glaube mir«, sagte der Versucher, »du wirst nie geliebt werden, wenn du den Weg des Leidens gehst. Irgend jemand wird dafür bezahlen müssen. Deine Anhänger werden es zu ihrer heiligen Pflicht machen, daß jemand dafür bezahlt. Sie werden dir nie vergeben, daß du es dir erlaubt hast zu leiden, aber sie werden bequemerweise ihren Haß auf dich in einen Haß auf andere umwandeln. Sie werden ihre Schuld in Zerstörungswut übergehen lassen. Und dein geliebtes Volk Israel wird sagen, es wäre besser für uns gewesen, wenn dieser Mensch nie geboren worden wäre.«
»Unmöglich.«
»Alles andere als das. Und weil keine Verirrungen so grausam

sind wie die der Religion, werden sie eine Religion aus dir machen.«

»Aber ... aber ich habe doch meine Religion«, sagte Jesus heiser. »Ich bin nicht gekommen, um eine andere zu gründen.«

»Das weiß ich, Menschensohn. Aber wer sonst wird dir glauben? Gib acht, ein neuer Kult wird um einen geopferten Messias entstehen. Du wirst mit goldenen Gewändern und goldenen Gerätschaften angebetet werden, mit dem ganzen Zubehör wie Weihrauch, Verbeugungen und Kniefällen – besondere Kleidung, besondere Leute, besondere Riten und Kultplätze.«

»Aber ...«

Satan ließ nicht locker. »Deine Anhänger werden Schwierigkeiten haben, deinen Namen auszusprechen, ohne einen besonders frommen Tonfall anzunehmen. Eine neue Ameisenrasse wird sagen: ›Jesus, Jesus, Jesus‹, genau wie die alten Ameisen wiederholen: ›Der Tempel, der Tempel, der Tempel‹. Sie werden denken, daß sie der göttlichen Vergeltung entgehen können, wenn sie nur immer deinen Namen wiederholen, ohne ihre Einstellung zu ändern. Das wird wie ein Talisman gegen Krankheit und Tod sein, eine Münze, um sich den Eintritt ins Paradies zu erkaufen. Männer und Frauen werden deinen Namen wiederholen, als ob ihnen das dein Gütesiegel gäbe. Unaussprechlich langweilige und konventionelle Männer und Frauen, ich meine solche, die nie in ihrem ganzen Leben etwas riskiert haben. Und deine prophetischen Worte werden vergessen sein oder, was schlimmer ist, in immer anwachsender Zahl in Regeln und Vorschriften verwandelt.«

»Unmöglich!«

»Unmöglich, sagst du. Überlege doch nur, was mit Moses passiert ist. Die Zehn Gebote haben sich schon vertausendfacht. Kannst du garantieren, daß sich deine Anhänger von denen von Moses unterscheiden werden? Nein, zwei Gesetzestafeln werden bei weitem nicht genug sein. Sie werden Berge abtragen, um deine

Vorschriften niederzuschreiben. Ganze Gesetzbücher. Eine neue Art von Anwälten wird nötig sein, um sie zu schreiben, eine weitere, um sie auszulegen. Sie müßten so lange auf einem Bein stehen, bis nichts mehr davon übrig ist, und trotzdem würden sie immer weitermachen und deine einfachen Worte auslegen. Du bist nämlich nicht so naiv und ungerecht, als daß du annehmen könntest, daß die Exzesse der Pharisäer einzigartig sind. Sie sind geradezu harmlos im Vergleich zu dem, wozu deine Anhänger in der Lage sind.«

»Nein!« rief Jesus verzweifelt. »Das ist nicht möglich.«

»Ich stimme dir zu«, sagte der Versucher, »nicht möglich, sondern sicher. Eine Religion, die auf dich zurückgeht, wird die schlimmste sein, die die Welt je gesehen hat, weil sie eine Perversion des Besten sein wird. Dasselbe, nur ein grausamerer Zwang. Tut dies, werden die Priester sagen ...«

»Priester?«

»O ja. Wo immer es eine Religion gibt, gibt es Priester. Sie tauchen einfach so auf, verstehst du, wie Flöhe im Fell eines Hundes. Du, der du nicht einmal ein Priester bist, wirst von Heerscharen von Priestern vertreten werden. Sie werden möglicherweise sogar die Stirn haben, dich den ›Großen Hohenpriester‹ zu nennen. Sie werden es tatsächlich tun müssen, wenn ihre Frechheit und ihre Bösartigkeit triumphieren sollen. Sie werden auf Leute in deinem Namen Druck ausüben, etwas zu tun, zu einer bestimmten Zeit, an einem bestimmten Ort ...«

»Aber ich übe doch keinen Druck aus.«

»Mach dir keine Sorgen«, sagte der Versucher und erlaubte sich eine ironische Abschweifung, »sie werden es für dich tun. Sie werden in der Lage sein, deine geheimsten Gedanken zu lesen, deine unausgesprochenen Wünsche, unfehlbar. Sie werden deine ›Rezepte‹ verfeinern, bis ihre wahre Absicht in einer grauen Vorzeit verlorengeht, die nie existierte. Denk daran, Religion existiert immer – und deine Religion wird existieren –, um nicht etwa Gott zu dienen, sondern den Menschen. Glaube ist das Vertrauen in die Kraft und die Geborgenheit einer gläubigen Gemeinschaft, die sich hinter einer hohen, nicht überwindbaren Mauer sicher fühlt. Und das wird Glaube auch immer sein.«

»Aber«, widersprach Jesus heftig, »ich bin doch gegen alle diese Dinge.«

»Deswegen habe ich auch Angst um dich, und deswegen wird auch das, was ich fürchte, eintreten. Du bist ein Mann, der darauf besteht, ständig nach dem Warum zu fragen. Denjenigen aber, der stets nach dem Warum fragt, den zerstört die Religion. Die Propheten hatten das verstanden und es akzeptiert. Jeder Angriff auf Religion, wie abscheulich Religion auch immer sein mag, wird von religiösen Leuten als Blasphemie gewertet. Und Blasphemie ist eine ›Beleidigung Gottes‹. Je mehr du Gott gegen Blasphemie verteidigst, Menschensohn, um so blasphemischer wirst du erscheinen und um so sicherer wird es sein, daß du sterben wirst. Natürlich wirst du rehabilitiert werden, und zwar von denselben Leuten, die dich getötet haben und die dich in die neue Religion verwandeln werden. Wenn du tot bist, kannst du nicht länger dagegen sein oder nach dem Warum fragen. Es wird nur so aussehen, als hättest du der Sache deinen Segen gegeben.«

»Niemals!«

»O doch. Als Teil der neuen Jesus-Religion werden von den Pfennigen der Armen gewaltige Bauwerke in deinem Namen errichtet werden. Sie werden diese Bauwerke mit Bildern von dir füllen, mit Büsten, sentimentalen Statuen ...«

»Aber ich bin Jude. Ich bin gegen Bilder.«

»Sie werden die Ironie der Sache nicht begreifen. Sie werden sich dafür entscheiden, dich nicht als einen Bilderstürmer zu sehen. Diese Statuen von dir werden in königliche Gewänder gehüllt werden, als seist du eine fromme Ausführung des Tiberius. Sie werden eine goldene Krone auf dein Haupt setzen ...«

»Aber ich bin ein armer Zimmermann«, schrie Jesus. »Ich habe noch nie eine goldene Krone gesehen.«

»Deine Mutter wird auch nicht entkommen. Vergeistigt, sehr bewegend, sehr verkaufsfördernd. Sie wird dargestellt werden, laß mich nachdenken, als groß und schlank, jung und wunderschön, mit makellosem Teint, in Seidengewändern und natürlich ebenfalls mit einer Krone auf ihrem Haupt.«

Jesus stellte sich seine dickliche, müde und früh gealterte kleine Mutter vor mit ihren rauhen Händen und den von Fältchen umgebenen Augen, die angestrengt zu Gott betete, damit die Zwiebeln besser gediehen. Wer würde es wagen, sie als eine Königstochter darzustellen?

Jesus war erregt. Dieser mangelnde Respekt vor einer Person, die ihm sehr nahestand, war wirklich der Gipfel des Elends. Er hörte eine ganze Weile nicht auf den Versucher und dachte, daß dieser einen schwärzeren Humor habe als jeder Jude, dem er jemals begegnet war.

Satan wartete geduldig, bevor er demütig sagte: »Ich wollte dich wirklich nicht beleidigen. Meine Phantasie ging einfach mit mir durch. Vielleicht wird das ja auch nie so sein. Aber du wirst nicht so leicht davonkommen. Es wird mit Juwelen besetzte Jesus-Ringe für Anhänger von dir geben, die mehr als eine Million Hektar Land besitzen; für reiche Damen, die es sich leisten können, sie an ihren frommen Busen zu heften, spezielle Jesus-Broschen. Es ist wahr, Menschensohn. Jünger von dir werden ohne Gewissensbisse oder den Anflug eines Lächelns Bildnisse von dir tragen, die, würden sie verkauft, ein verhungerndes Kind fünfzig Jahre lang ernähren könnten.«

Jesus schlug sich ungläubig mit der Hand gegen die Stirn.

»Es wird Zeiten geben, Menschensohn, da werden sich deine Hingebungsvollsten zusammenrotten und den meisten Grund eines Landes erwerben. Sie werden den Armen Essen geben, das versteht sich von selbst. Die Armen werden auch nicht

genug haben, um sich zu ernähren. Und jetzt zum Schlimmsten.«
Jesus hob erwartungsvoll den Kopf.
»Die Bühne wird für dich vorbereitet, ob du das willst oder nicht, der größte Tyrann der Geschichte zu werden.«
»Tyrann? Ich?«
»Deine Anhänger werden Methoden gutheißen, die du für ungesetzlich erklärst, sie werden morden, wo du den Tod wählst, sie werden den Körper töten, um die Seele zu retten, und das für einen sehr akzeptablen Tausch halten. Sie werden ganze Völker massakrieren, um das Land wiederzugewinnen, das du mit deinem Blut opferst. Sie werden vergessen, daß du stolz darauf warst, keinen Quadratzentimeter davon besessen zu haben. Sie werden Zeichen für dich und für dein Leiden an die Spitze von Prozessionen stellen, die einzig und allein dazu dienen, diejenigen zu verfolgen, die dir nicht zustimmen, oder genauer, ihnen. Und wenn die Gefolterten ihre Folterer fragen, wer sie sind, werden diese antworten: ›Ich bin Jesus, der gekommen ist, euch zu verfolgen.‹ So werden die Jünger von dir sein, die mit einer geläufigen, unfehlbaren Sicherheit Wahrheiten entscheiden werden, die dich nie interessiert haben, und hätten sie dich interessiert, über die du nur gelacht hättest.«
»Meine Seele verachtet solche Dinge«, sagte Jesus wütend. »Ich würde sie verstoßen.«
»Menschensohn«, flehte der Versucher, »tue der Menschheit einen Gefallen. Komme von diesem Turm herunter, deine Hände und deine Füße ausgestreckt wie ein Vogel, weiche Hände, makellose Füße. Riskiere nicht, daß sie dich zurückweisen, verlange nicht zuviel von jenen geschäftigen, tauben kleinen Ameisen.«
Jesus überdachte lange die Folgen einer Zurückweisung, bis Satan sagte: »Überlege dir auch, Menschensohn, wie jeder Gestörte, jeder Schwachsinnige, der das Dunkel liebt, dich als seinen

Führer begrüßen wird. Die Masochisten, diejenigen, die sich selbst geißeln, werden es einfach großartig finden. ›Jesus hätte das Leiden vermeiden können‹, werden sie sagen und recht haben, ›und er tat es nicht.‹ Du wirst dann dafür herhalten müssen, jeden Mißbrauch und jede Verachtung des Fleisches zu rechtfertigen, die Erhebung des Schmerzes über die Freude, des Todes über das Leben. Jeder Verrückte, der auf einem Baum sitzt oder ein Loch gräbt und darin hockt und darin sein Leben lang sitzt, wird dich dafür ehren, daß du ihm den Weg gewiesen hast. Sie werden die Blüten von den Rosen reißen und mit bloßen Händen in die Dornen fassen: ›Hat das nicht Jesus, mein Herr, auch getan?‹

Männer und Frauen werden auf einen Sockel gestellt werden dafür, daß sie fünfzig Jahre lang keine frische Luft geatmet oder das Licht der Sonne erblickt haben, daß sie im Frühling nie das Aufspringen der Knospen gesehen und ihre Augen nie von ihren ungewaschenen Füßen erhoben haben. Menschen, die dir unähnlicher sind, lassen sich kaum vorstellen, aber diese werden als die ernstzunehmendsten Vertreter deiner Sache geehrt werden, als diejenigen, die den gesündesten Einblick in deine Botschaft haben. Sie sind es, die deine Botschaft unversehrt von Generation zu Generation bewahren.

Und du, der Verfolger der Religion, ja, du wirst zur menschenverachtendsten Religion, die die Welt je gekannt hat. Die Reichen und Mächtigen werden dich vereinnahmen ...«

»Nein«, rief Jesus aus.

»Ich sage ja. Sie werden dich zähmen. Die Mächtigen werden behaupten: ›Jesus liebte die Armen, die Hungrigen und die Besitzlosen. Das ist der Beweis dafür, daß er will, daß sie arm, hungrig und besitzlos sind.‹ Natürlich werden dich die Armen lieben, aber die Reichen werden dich nach besten Kräften benutzen. Du wirst die unsichtbare Macht hinter dem Thron so manch eines Tyrannen werden.

Was aber in vielerlei Hinsicht noch erschütternder ist, Menschensohn, ist die Tatsache, daß du der Retter eine Methode zur Rettung werden wirst, ein System. Es wird unfehlbare Wege gehen, um Jesus' Gunst zu gewinnen. Millionen von Büchern werden über dich geschrieben werden, Betrachtungen und Abhandlungen, obwohl du selbst wahrscheinlich nie ein Wort schreiben wirst. Die Gelehrtesten von allen werden sich auf dich spezialisieren. Versammlungen von alten Männern werden dich erklären und dich dazu benutzen, die Jugend schlecht zu machen und Originalität zu unterdrücken. Alles, aber auch alles, Menschensohn, wird zum Kommentar werden, aber kaum einer wird es bemerken. Du wirst zu einer Handelsware. Sie werden politische Parteien nach dir benennen, Armeen, Milizen und Kriegswaffen. Jede Kleinigkeit, was auch immer du gesagt oder getan haben wirst, wird genau untersucht werden, man wird sich darüber den Kopf zerbrechen und darüber die Köpfe einschlagen. Hundert Gruppen, die sich widersprechen, werden mit absoluter Überzeugung erklären – sie werden das dann ›Glauben‹ nennen –, daß du ihr Jesus bist und nicht der ›authentische‹ Jesus irgendeines anderen, obwohl sie dich erfunden haben. Und sie werden sich sicher sein, ohne die Spur eines heimtückischen Zweifels, daß du alle Exzesse rechtfertigen wirst, die sie in deinem Namen begehen.
Doch zum letzten Mal, Menschensohn, wem wird man die Schuld geben müssen außer dir? Sie werden sich nicht damit abfinden, daß du gelitten hast, weil dir das Böse verhaßt war. Nein, die Liebe zum Leiden um seiner selbst willen wird die neue Orthodoxie. Wer am meisten leidet – wie bizarr, unsinnig und selbstverschuldet dieses Leiden auch sein mag –, ist am meisten wie Jesus. Würdest du das deinem größten Feind wünschen?«
Jesus zwang sich, nicht an die Argumente Satans zu denken, und sah noch einmal aus der schwindelerregenden Höhe in die Tiefe. Er schaute mit liebevollem Blick. Und in dieser Liebe verschwan-

den die Ameisen. An ihrer Stelle sah er Menschen, die er liebte, seine Mutter und Josef mit Esra, seinem Lehrer, und den heiligen Rabbi Samuel, der sogar die Geldwechsler lieben konnte, und Simon Petrus, Jakobus, Johannes und Judas und außerdem eine Menge heiliger Männer und Frauen.

Wie mußte Satan die Menschen verachten, daß er sie als Ameisen auf einem Ameisenhaufen sehen konnte?

Jesus brach schließlich das Schweigen. Es war wie ein Donnerschlag.

»Es steht geschrieben: Du sollst den Herrn, deinen Gott, nicht versuchen.«

Jesus hörte sofort ein Geräusch wie von Schritten, die sich schnell entfernten. Er lauschte. Nichts. Der Versucher, das wußte er jetzt, war gegangen.

Und Jesus fand sich selbst wieder, wie er ausgekühlt und zitternd in die wüste Wildnis starrte.

*Gerald Messadié*

# Jokanaan

Das Brot wurde gebacken und gegessen. Die Schwalben zogen davon und kehrten zurück. Wogen von Salbei- und Lavendelduft legten sich übers Land, verebbten und schwollen von neuem an. Die Mangusten erbeuteten zahlreiche Spitzmäuse, und die Igel trotzten den Kobras. Zwei Jahre vergingen. Das Brot schmeckte oft bitter.

In der Synagoge rezitierte Jesus: »Wenn nur mein Volk auf mich hörte / Wenn nur Israel meinem Weg folgte / Dann zwänge ich bald seine Feinde in die Knie / Und streckte seine Verfolger mit meiner Hand nieder.«

Er war jetzt bald achtzehn Jahre alt. Josefs Kräfte ließen stark nach. Seine Stimme wurde manchmal unhörbar, und die der anderen hörte er nicht mehr.

An einem Winterabend traf Jesus zu Hause einen jungen Mann an, der vor seinem Vater stand und ihm aufmerksam zuhörte. Vielleicht ein neuer Lehrling.

»Sohn«, sagte Josef, »dies ist dein Vetter Jokanaan, der Sohn von Elisabet, der Base deiner Mutter, und dem Priester Zacharias. Er ist so alt wie du, denn er kam nur wenige Monate vor dir zur Welt. Er ist uns besuchen gekommen.«

»Es ist ein weiter Weg von Judäa hierher«, sagte Jesus.

»Ich komme nicht aus Judäa, sondern aus Ptolemais«, erwiderte Jokanaan. »Mein Vater hatte dort Verwandte. Meine Eltern sind gestorben. Und nun besuche ich die noch lebenden Verwandten, bevor ich für lange Zeit fortgehe.«

»Für lange Zeit?« fragte Jesus.
»Für sehr lange Zeit«, sagte Jokanaan. Er war dünn, ein knochiges Nichts, und seine schwarzbraune Hautfarbe erinnerte an eine kaum verglühte Brandfackel.
»Gehst du ins Ausland?« wollte Jesus wissen.
Der junge Mann schien zu zögern. »Nein, ich gehe in die Wüste, dort im Süden, jenseits des Hebron.« Und er lächelte, als wolle er die Rätselhaftigkeit seiner Antwort entschuldigen. Die Zähne blitzten in seinem dunklen Gesicht auf wie funkelnde Dolche. Seine Augen aber lächelten nicht.
»Wie lange willst du bei uns bleiben?« fragte Jesus.
»Eine Nacht. Morgen breche ich wieder auf.«
»Das Abendessen wird fertig sein«, sagte Josef. »Leistet mir Gesellschaft!«
Der Handlanger Samuel kam, um ihnen Bescheid zu sagen, daß die Werkstatt geschlossen war. Josef schickte die beiden Vettern mit den Lehrlingen zum Waschen. Als sie zurückkamen, bat Maria ihren Neffen, ihr von Elisabet zu erzählen; sie weinte.
Josef schlief am Tisch ein. Er wurde ins Bett gebracht.
»Laß uns einen kleinen Spaziergang machen, Jokanaan!« schlug Jesus nach dem Essen vor. Sie hüllten sich in ihre Mäntel und machten sich auf zum See.
»Was tut man denn dort in der Wüste?« fragte Jesus.
»Ich gehe nach Qumran. Das ist ein Kloster nahe am Toten Meer. Ein Essenerkloster. Hast du schon von den Essenern gehört?«
»Ja, einiges.«
Der heftige Wind drückte ihnen die Mäntel eng an den Körper.
»Warum hast du dich für die Essener entschieden?« begann Jesus wieder.
»Sie haben sich noch nicht verderben lassen«, antwortete Jokanaan.

Sie gelangten zu den Vororten, die sich am Seeufer entlang erstreckten. Windböen durchrüttelten, Krämpfen gleich, die Nacht.
»Was hast du bis jetzt gemacht?« fragte Jokanaan.
»Nichts. Ich habe das Handwerk meines Vaters erlernt. Vor einigen Jahren sind wir einmal in Jerusalem gewesen. Ich war im Tempel, ein Freund hatte mich dorthin geführt. Ich wollte Priester werden. Ein Priester kam, dann noch einer und schließlich ein dritter, und es gefiel ihnen nicht, was ich sagte. Als dann mein Vater mich holen kam, wurde mir alles klar.«
»Klar? Was denn?«
»Der Klerus ist korrupt, und mein Vater ist eine Art Geächteter, zu alt, um verfolgt zu werden. Ich wollte Priester werden, aber es war unmöglich, weil mein Vater nun mal ist, wie er ist, und weil ...« Eine Windböe unterbrach ihn.
»Warum wolltest du Priester werden?« fragte Jokanaan.
»Weil ich an dem wenigen, was mein Vater mir aus den Büchern vorgelesen hat, Geschmack gefunden hatte.«
»Und jetzt willst du nicht mehr Priester werden?«
»Ich weiß es nicht. Geht man nach Qumran, um die Bücher zu studieren?«
»Ja, man studiert dort die Bücher, doch man geht anschließend nicht wieder nach Jerusalem, sondern bleibt dort oder schließt sich einer anderen Essenergemeinschaft an.«
»Es ist also ein Exil.«
»Von außen gesehen, ja.«
»Und von innen?«
Eine Windböe drohte sie zu trennen.
»Da bedeutet es, zu den Auserwählten zu gehören. Eine Zeit geht zu Ende, und eine neue bricht an. Verstehst du?«
Aber Jesus' Blick schien eher auszudrücken, daß er seinen Gesprächspartner nicht wirklich verstanden hatte.
»Natürlich ist diese ganze Welt verdorben, wie du gesagt hast«,

fuhr Jokanaan fort. »Der morsche Wald zerfällt am Ende immer zu Staub, die abgestorbenen Bäume stürzen zu Boden, und die Sterbenden vergehen. Das kommende Zeitalter ist bereits angebrochen.«

In der Ferne blinkten die Lichter von Kafarnaum. Auf einer Landzunge, von Wellen umschlungen, blieben sie stehen.

»Und welche Rolle spielen die Essener dabei?« fragte Jesus.

»Sie haben mit den anderen Priestern gebrochen. Sie bereiten sich in der Einsamkeit vor.«

»Worauf?«

»Auf das Ende. Vielleicht auf das Ende der Welt. Auf das Ende *dieser* Welt jedenfalls.«

»Ich glaube nicht, daß uns das von den Römern befreien wird; wenn wir also sterben, dann eben als ihre Knechte«, entgegnete Jesus langsam. »Die Anwesenheit der Römer, das ist unser Problem. Wenn sie weg wären, könnten wir uns um die korrupten Priester kümmern.«

»Aber wir werden die Römer nicht los«, bemerkte Jokanaan.

»Nein, selbst wenn wir alle Zeloten wären, könnten wir sie nicht loswerden. Und dennoch ...«

Sie machten sich auf den Rückweg.

»Aber was nützt es, sich in einem Kloster am Ende der Welt einzusperren?« rief Jesus ungeduldig aus. »Es wird nur den Essenern nützen, wenn das Ende der Welt wirklich kommt.«

»Man darf sie nicht so beurteilen«, meinte Jokanaan, »sie bemühen sich, gerecht zu bleiben.«

»Das ist einfach, wenn man in der Wüste lebt«, gab Jesus zurück.

»Das Leben in Qumran ist nicht einfach.«

Sie gingen am Hafen entlang. Die Fischer, die an diesem Tag einen spärlichen Fang gemacht hatten, fluchten.

»Früher wurden die Essener verfolgt, und sie können jederzeit wieder verfolgt werden«, sprach Jokanaan weiter. »Einer ihrer Meister, der berühmteste, den sie noch heute in Ehren halten –

sie nennen ihn Meister der Gerechtigkeit –, wurde genau am Tag der Versöhnung getötet.«

»Wann? Davon wurde uns nie etwas erzählt.«

»Vor einhundertfünfzig Jahren.«

»Weshalb?«

»Weil er den damals herrschenden König, Alexander Jannai, verurteilt hatte, der gleichzeitig auch der Hohepriester von Jerusalem war; die Essener nannten ihn den Schlechten Priester.«

»Die Lage scheint sich nicht sonderlich geändert zu haben. Oder sind die Priester immer schlecht? Und was soll dieses ewige Trauern um den Meister der Gerechtigkeit?«

»Sie warten auf einen anderen Meister, der die Salbung haben wird. Und dieser Messias wird sowohl der Messias Aarons als auch der Messias Israels sein. Verstehst du? Der Messias Aarons wird für die Wiederherstellung des Gesetzes sorgen, der Israels für die Vertreibung des Bösen.«

»Auch für die Vertreibung der Römer?«

»Die Römer sind Teil des Bösen.«

»Und der Meister der Gerechtigkeit, war er denn nicht selbst ein Erlöser?«

»Nein, er hatte die Salbung nicht. Der Messias wird vom Herrn auserwählt. Die Engel befehlen ihm, sich zu erheben und die sieben Meßgewänder anzulegen – das sind die im Buch ›Exodus‹. aufgeführten Insignien des Hohenpriesters. Dann salben sie ihn«, sagte Jokanaan feierlich, »und sie erheben ihn auf die göttliche Stufe des auserwählten Priesters.«

»Und er wird trotzdem ein Mensch bleiben?« fragte Jesus.

»Ja.«

»Woher weißt du das alles?«

»Es gibt nicht nur in Qumran Essener. Vor vielen Monaten bin ich einem von ihnen am Jordan begegnet, und ich habe mich lange mit ihm unterhalten.«

»Und dann?« fragte Jesus. »Was wird dann aus dem Hohenprie-

ster in Jerusalem und dem ganzen Klerus? Und was wird aus dem Tempel?«
»Die Ankunft des Messias wird die Lügner ans Tageslicht bringen. Was sonst noch geschehen wird, weiß ich nicht.«
Sie gingen schweigend weiter.
Dann fragte Jesus wieder: »Und die Römer?«
»Wer sind denn die Römer schon? Meinst du, sie können sich dem Willen des Herrn widersetzen?« entgegnete Jokanaan stolz. »Hast du deinen Glauben verloren?«
»Nein, aber der Herr verbietet uns nicht, daß wir uns in weltlichen Angelegenheiten unseres Verstandes bedienen, und es handelt sich hier sehr wohl um weltliche Angelegenheiten, nicht wahr? Man muß das Volk von den Römern, die unseren Klerus in ihre Dienste zwingen, befreien.«
»Es gibt keine weltlichen Angelegenheiten«, erwiderte Jokanaan. »Für den Herrn gibt es keinen Bereich, der Ihn ausschließt.«
»Und du willst also bis zur Ankunft des Messias in Qumran bleiben?«
»Ja, ich werde bis zur Ankunft des Messias in Qumran bleiben«; bestätigte ihm Jokanaan, felsenfest überzeugt.
Sie näherten sich dem Haus.
»Du bist Waise«, sagte Jokanaan, »das merke ich an deiner Verwirrung.«
Sie teilten dasselbe Zimmer und entkleideten sich im Dunkeln. Jesus schlief sofort ein, wurde jedoch von einem Alptraum aus dem Schlaf gerissen. Er hatte vom Hohenpriester in roten Meßgewändern geträumt, die in Wirklichkeit nichts als blutbefleckte Fetzen waren. Er hörte die regelmäßigen Atemzüge Jokanaans und beneidete ihn um seine Gewißheit. Für ihn selbst hielt die Welt noch ihre Schlüssel versteckt, Kafernaum war nur eine weit von Jerusalem abgelegene Stadt. Wohin sollte er gehen? Womit beginnen?

Der anbrechende Tag fand ihn schlafend, aber schweißgebadet. Er schlug die Augen auf und sah in Jokanaans Gesicht, das sich über ihn beugte.
»Du hast geträumt«, sagte er. »Du hast im Schlaf gesprochen.«
»Was habe ich gesagt?«
»Du hast mich gerufen.«
Das kalte Wasser vertrieb die Ängste der Nacht.
Als Jokanaan Abschied nahm, begleitete ihn Jesus ein Stück.
»Ein letztes Wort«, sagte er. »Es können doch mehrere Menschen glauben, daß sie der göttliche Wille ausersehen hat.«
»Das ist nicht möglich. Es werden Zeichen geschehen.«
»Welche Zeichen?«
»Zeichen«, wiederholte Jokanaan. »Die Engel ...« Er unterdrückte eine Geste der Ungeduld. »Es wird nur einen einzigen Messias geben«, versicherte er mit Nachdruck.
Jesus nickte. Er wußte zuwenig darüber. Als Jokanaan fort war, blieb er vor dem Meer stehen und blickte lange nachdenklich in das gleißende Glitzern der Wasseroberfläche.

## Statt eines Titelblattes

Hitze, Licht und Staub waren wie so oft gegen Ende des Winters zu einem Magma verschmolzen. Wie ein Fluch legte es sich über Jerusalem. Von Windstößen aufgepeitscht, wirbelte die heiße Asche an den Wegkreuzungen mit wütendem Ungestüm empor, als sei sie von den üblen Launen eines Dämons beseelt. Sie blendete einen, klebte auf der feuchten Haut, verstopfte die Nasenlöcher und knirschte zwischen den Zähnen. Sie trocknete und schwärzte auch die Blut- und Schweißrinnsale auf dem Rücken und den Beinen des nackten Mannes, der, von zwei hustenden Legionären gefolgt, am linken Ufer des Tyropeion flußaufwärts keuchte. Auf seinen Schultern schleppte der Mann einen nahezu vier Ellen* langen, eingekerbten Eichenholzbalken, und um ein gewisses Gleichgewicht zu erlangen, hatte er seinen Nacken in die Einkerbung gepreßt. Ein paar Schaulustige, die bei diesem unerträglichen Wetter nichts Besseres zu tun hatten, standen am Weg.

»Ich kann sein Gesicht nicht sehen«, sagte einer. »Was hat er denn verbrochen?«

»Efraim heißt er. Vorige Woche hat er auf dem Berg des Ärgernisses einen Reisenden fast bewußtlos geschlagen.«

»Woher weiß man, daß er es war?«

»Einerseits, weil der Reisende entkommen konnte und den Dieb beschrieben hat, und außerdem, weil dieser Dummkopf ins Bordell gegangen ist und dort mit einer Silbermünze gezahlt hat.«

»Ich verstehe nicht, was ein anständiger Reisender auf dem Berg des Ärgernisses zu suchen hat.«

»Und ich verstehe nicht, wie man in der Heiligen Stadt ein Bordell dulden kann.«

»Auf alle Fälle sieht man bei diesem verfluchten Staub ohnehin nicht viel. Komm, gehen wir!«

Kinder hüpften auf der Straße herum und grölten in die Staubwolken hinein irgendwelche Unflätigkeiten über die Geschlechtsteile des Verurteilten. Eine alte Frau erwischte eines von ihnen am Kragen und versetzte ihm als abschreckendes Beispiel für die anderen eine Ohrfeige. Daraufhin verfielen die Bengel nur auf eine neue Methode, ihre Belustigung kundzutun; sie erfanden sogleich einen Abzählreim: »Efraim muß durch das Tor des Efraim, das Tor des Efraim ist das letzte Tor für Efraim.«

Tatsächlich bewegte sich der düstere Zug dem Efraim-Tor zu, durch das man auf den Weg nach Emmaus, Lydda und Joppe

* ungefähr zwei Meter

gelangte. Der nackte Mann jedoch würde nicht dorthin gehen, denn das Tor führte zunächst zum Golgota hinauf, der Schädelhöhe, wo man ihn bald kreuzigen würde.

»Haut ab!« schrie der eine Legionär den Kindern hinterher und tat, als wolle er ihnen nachlaufen. Die Kinder nahmen schnell Reißaus. Am Efraim-Tor gerieten die Männer in eine kleine Staubwirbelbö, die sich in einer Gasse verlor. Die Legionäre nickten den Wachposten zu, die über einem Würfelspiel saßen und mit einem zerstreuten Kopfnicken antworteten.

»Der dreiunddreißigste in diesem Jahr«, sagte ein Wachposten.

»Sechzehn davon waren Räuber«, meinte ein anderer.

Sie widmeten sich wieder den Würfeln. Der Räuber und die beiden Legionäre begannen, den Golgota emporzusteigen. Der Weg war nicht steil, aber der Räuber war am Ende seiner Kräfte; er blieb einen Augenblick lang stehen. »Weiter!« drängte einer der Legionäre.

Endlich erreichten sie die Anhöhe. Fünf Kreuze erhoben sich dort, eines davon war höher als die anderen. Auch ein einfacher Pfosten stand da. Zu ihm gehörte der Querbalken, den der Räuber unter lautem Stöhnen am Boden absetzte. Der Nackte sah zu den Kreuzen hinauf und erschauerte. An einem hingen die Überreste eines Leichnams, dessen obere Hälfte von den Milanen, die untere von vierbeinigen Räubern, vermutlich Füchsen und Schakalen, zerfetzt worden war. Die linken Rippen lagen frei. Ein Bein fehlte: die Geier hatten es abgerissen, nachdem die Henker die Schienbeine gebrochen hatten. Vor allem der Hals war von den Raubvögeln so übel zugerichtet worden, daß den augenlosen Schädel nur noch die vertrockneten Gelenkbänder am Rumpf hielten. Vom Wind bewegt, baumelte der Schädel vor der Brust hin und her wie in eigensinniger Verneinung.

Der eine Legionär zog das Urteil hervor, das Efraim zum Tode am Kreuz bestimmte, und reichte es dem wartenden Henker. Dieser war ganz offensichtlich kurzsichtig, denn er mußte das Schriftstück regelrecht an sein rechtes Auge halten, um es entziffern zu können.

»Efraim«, sagte er, »aber so heißt ja auch mein ältester Sohn!«

Er kniff die Augen zusammen, um den Räuber eingehend zu mustern. Dann schnalzte er mit den Fingern, und zwei Helfer packten den Verurteilten bei den Armen und schleiften ihn zu dem Pfosten. Seine Beine gaben unter ihm nach. Man stellte ihn wieder auf die Füße und drückte ihn gegen den Pfahl. Über seine Arme wurden zwei Seilschlingen gezogen, die man unter seinen Achseln festzurrte. Auf einer Leiter sitzend, befestigte inzwischen der Henker den Querbalken mit Hilfe verschränkter Knoten am Pfosten.

Nachdem das Kreuz somit errichtet war, warfen die Helfer die freien Seilenden über den Querbalken und zogen den keuchenden Räuber in die Höhe, dessen Sohlen nun kaum einen Meter über dem Boden schwebten.

»Na, dann man los!« sagte der Henker.

Die beiden Legionäre hielten sich wegen des Fäulnisgestanks der verwesenden Leiche in einiger Entfernung. Der Henker nahm nun seine Leiter, lehnte sie von hinten gegen die linke Hälfte des Querbalkens und zog aus der großen Tasche seiner Lederschürze einen Nagel, lang wie seine Hand, und einen Hammer. Dann griff er sich das linke Handgelenk des Räubers, drückte es gegen das Balkenende und befühlte die Sehnen, um die Stelle auszumachen, wo der Nagel eingeschlagen werden sollte: vor dem Handgelenk, zwischen Speiche und Elle. Mit einem kräftigen Schlag rammte er den Nagel zunächst einen Finger breit hinein. Der Räuber stieß ein lautes Geheul aus, dessen Echo rings um die Schädelhöhe widerhallte und das in den gelben Himmel aufstieg, wo es seinen schrillsten Höhepunkt erreichte, bevor es in heiseren, nahezu animalischen und von Krämpfen geschüttelten Lauten verebbte.

»Gute Lungen, was?« meinte der Henker. »Die werden dich ein bißchen länger am Leben erhalten.« Und er trieb den Nagel mit kräftigen Hammerschlägen in das Holz. Der Räuber weinte. Das Blut floß ihm vom Handgelenk und tropfte auf die ausgedörrte Erde unter dem Kreuz, wo sich dunkle Flecken bildeten. Der Henker stieg von seiner Leiter und stellte sie auf die rechte Seite hinüber. Diesmal versuchte der Räuber, sich zu wehren. Zweimal befreite er seine Hand wieder aus dem Griff des Peinigers, der dabei beinahe das Gleichgewicht verlor. Der Henker fluchte. Es gelang ihm, das rechte Handgelenk auf dem Querbalken festzuhalten, und er jagte, ohne soviel Sorgfalt wie beim erstenmal darauf zu verwenden, daß er auch die richtigen Sehnen fand, den zweiten Nagel mit aller Wucht und gewissermaßen bis zum Anschlag hinein, während der Räuber keuchend aufschrie.

»Ihr könnt jetzt auslassen«, befahl der Henker seinen Helfern. Die Seile gaben nach, und augenblicklich sackte der Körper des Verurteilten ab. Seine Schultern krachten, und das Gesicht wurde aschfahl. Ein Gurgeln drang aus seiner Kehle, das war alles, was sein gemarterter Körper noch zu äußern vermochte. Der ganze Mann hing jetzt an seinen festgenagelten Handgelenken. Mit der Spitze eines Stabes lösten die Helfer die Schlingen und wickelten die Seile auf. Der Henker stieg erneut von seiner Leiter und wischte sich mit dem Handrücken über die Stirn. Er beugte sich über die Füße des Opfers und packte sie, um sie ein wenig anzuheben, so daß sie, einer über dem anderen, auf einem bereits am Kreuz befestigten, schräg abfallenden Block eine Stütze fanden. Mit einem einzigen Nagel befestigte er beide am Block. Dann bestieg er noch einmal seine Leiter, um über dem Kopf des Verurteilten ein kleines Holzbrett anzunageln, auf dem ein einziges Wort stand: RÄUBER.

Die Legionäre schien die Kreuzigung nur wenig zu interessieren; sie besahen sich das höchste Kreuz, an dessen Spitze ein anderes Schild mit der Aufschrift MÖRDER befestigt war. Unter dem

Schild hing ein noch lebender Mann, der ihnen die Zunge herausstreckte. Der Henker wusch sich die Hände in einer großen Schüssel, warf einen Blick auf den Räuber, dem der Speichel aus dem Mund tropfte, und gesellte sich zu den Römern.
»Der da sieht aus, als würde er durchhalten«, sagte der eine Legionär und wies mit dem Kinn auf den Mörder.
»Hm«, antwortete der Henker. »Ist erst seit drei Tagen hier. Ein Zelot. Hat einen Soldaten erstochen. Ihr müßtet eigentlich über die Sache Bescheid wissen.«
»Ach, der ist das!«
Der Mann dort oben, ein kräftig gebauter Bursche, sah auf die Zuschauer herab. Seine geschwollene, purpurrote Zunge hing ihm über die blutleeren Lippen, doch vor allem seinen Schultern, die bis zum Zerreißen gedehnt waren, sah man an, wie sehr er leiden mußte. Der Gekreuzigte reckte ein wenig den Hals und krächzte mit rauher Stimme: »Ihr Schweine!«
Von rasender Wut gepackt, spuckte der Henker zur Antwort aus. »Verdammter Bastard!« murmelte er und lief nach seiner Leiter und einer Art Knüppel. Er kletterte die Leiter hinauf, um an die Beine des Mörders heranzukommen, und brach ihm mit zwei Schlägen die Schienbeine. Der Gekreuzigte schloß die Augen. Sein gespannter und bis dahin durch den Block, auf dem seine Füße angenagelt waren, gestützter Körper fiel schlagartig in sich zusammen. Wenige Augenblicke später durchlief ihn ein Schauer. Oben auf seiner Leiter hockend, tastete der Henker ihm mit dem Zeigefinger das Herz ab, nickte leicht mit dem Kopf und stieg grinsend herab.
»Mit dem Dreckskerl ist es vorbei!« sagte er. »Der hätte gut und gerne eine Woche gebraucht, dieser elende Hund!«
»Eine Woche?« rief ein Legionär.
»Vor zwei Jahren hatte ich einen, der konnte noch sprechen nach einer Woche! Beschimpft hat er mich!« sagte der Henker lachend.

Ein Windstoß wirbelte um sie. Sie husteten. »Meine Arbeit hier ist getan, und ich hätte nichts gegen ein Bier einzuwenden«, meinte der Henker.

»Ich auch nicht«, pflichtete ihm ein Legionär bei.

»Gut, gehen wir! Bei diesem Wetter wird euer Herzchen in ein paar Stunden erstickt sein. Nur wenn es schön ist, oder wenn es regnet, halten sie länger durch«, sagte der Henker. »Dann können sie besser atmen, oder sie haben was zu trinken.«

Der eine Helfer band sich die Leiter auf die Schultern, und die fünf Männer machten sich auf den Rückweg nach Jerusalem.

»Stellt euch vor«, erzählte der Henker, »vor drei Jahren ist einer von diesen gekreuzigten Kerlen gestohlen worden! Ja, gestohlen! Wie ein Stück Wäsche, das an der Leine trocknet. In der Nacht sind Leute gekommen, haben die Nägel rausgezogen und den Mann runtergeholt. Ist nie wiedergefunden worden. Wie man nur auf so eine Idee kommen kann! Einen Halunken zu stehlen!«

»Das war kein Halunke«, warf ein Helfer ein. »Das war ein Zelot.«

»Und was ist ein Zelot? Auch nur eine Abart von einem Halunken.«

Sie stiegen den Hügel hinunter und verschwanden. Auf dem Golgota war es nahezu still. Nur das Stöhnen des Räubers war zu hören. Milane tauchten am gelben Himmel auf. Staub tanzte vor der Sonne, einer Sonne, die von Pulsschlägen belegt zu sein schien, so daß sie einmal wie ein grüner Fleck, dann wieder wie ein purpurroter Abszeß aussah – eine bedrohliche Gottheit, die aber ganz gewiß nicht Gott sein konnte.

*Edgar Hilsenrath*

# Jossel

Mottel und ich banden manchmal den Kettenhund Chotko los und auch Bogdan, das Pferd. Was wir mit den beiden machten? Wollen Sie das wissen? Nun, wir ritten beide, Mottel und ich, hinunter zum Pruth. Der Wachhund lief hinterher. Dort badeten wir zu viert, schwammen bis zur Brücke, dann gegen den Strom und wieder zurück, bis wir erschöpft waren, zum Ufer schwammen und uns dort ausruhten.

Einmal gingen Mottel und ich und auch Bogdan und Chotko, der Hund, quer durch die Maisfelder bis zu der Stelle, wo das Kruzifix stand und die namenlose, schwarze Vogelscheuche. Mottel sagte: »Beim nächsten Mal bringe ich eine Mohrrübe mit. Die stecke ich der Vogelscheuche in den Mund.«
»Die Vögel werden sie aber auffressen«, sagte ich.
»Nein«, sagte Mottel. »Die Vögel haben Angst vor der Vogelscheuche.«
»Woher weißt du das?«
»Weil ich ihr schon mal eine Mohrrübe in den Mund gesteckt habe, im Sommer war das, vorigen Sommer, und Monate später war die Mohrrübe noch da, nicht mal angenagt.«

»Die Vögel haben also Angst?«
»Ja«, sagte Mottel.

Wir spielten eine Zeitlang mit dem Hund, balgten uns im Feld, liefen dem Pferd hinterher, das wir nicht angebunden hatten, fingen es ein und banden es am Kruzifix fest.

»Vielleicht will der Heiland der Gojim mit Bogdan in den Himmel reiten«, sagte Mottel.

»Ist er nicht schon im Himmel?«

»Eigentlich ja«, sagte Mottel.

»Woher weißt du das?«

»Der Pope hat's mal erzählt.«

»Wem denn?«

»Dem Ruthenen Fediuk.«

»Diesem Säufer?«

»Ja, genau dem.«

Auf dem Weg, der zur Landstraße nach Sniatyn führte, kam ein jüdischer Hausierer entlang, einer mit Querstock und Säbel, im Kaftan und schwarzen Hut und groben Bauernstiefeln.

»Das ist Reb Feigenbäum«, sagte Mottel. »Er ist ein Zadik, ein richtiger Thoramensch, der aber mit Lumpen handelt, die er den Bauern verkauft. Und er hat auch Strumpfbänder in seinem Sack und Schnürsenkel und steuerfreien Tabak.«

»Na, ihr Strolche«, sagte Reb Feigenbäum. »Was macht ihr neben der Vogelscheuche und dem Kruzifix?«

»Gar nichts«, sagte Mottel.

»Haben wir uns nicht schon mal im vorigen Sommer getroffen?«

»Ja«, sagte Mottel.

»Damals hast du doch der Vogelscheuche was in den Mund gesteckt?«

»Eine Mohrrübe«, sagte Mottel.

»Und wo ist die Mohrrübe?«

»Ich weiß es nicht«, sagte Mottel.

»Sicher haben die Vögel sie gefressen.«

»Nein«, sagte Mottel. »Die Vögel haben Angst vor der Vogelscheuche.«
»Vielleicht haben die Vögel bloß Angst vor dem Kruzifix?«
»Das ist auch möglich«, sagte Mottel.
»Egal«, sagte Reb Feigenbäum. »Wenn die Vögel die Mohrrübe nicht geklaut haben, dann hat sie ein Goi geklaut.«
»Vielleicht ein Jude«, sagte Mottel.
»Nein«, sagte Reb Feigenbäum. »Es war bestimmt kein Jude.«

»Ein Jude klaut keine Mohrrübe aus dem Mund einer Vogelscheuche«, sagte Reb Feigenbäum.
»Und warum nicht?«
»Weil man nicht weiß, was die Vogelscheuche nicht schon alles im Mund gehabt hat.«
»Was denn?« fragte Mottel.
»Nun, zum Beispiel, den Schwanz eines toten Schweines, den ein ruthenischer Bauer ihr zum Spaß hineingesteckt hat.«
»In den Mund?«
»Natürlich in den Mund.«
»Könnte es auch ein polnischer Bauer gewesen sein?«
»Ja«, sagte Reb Feigenbäum.
»Oder ein rumänischer oder vielleicht einer von den Lippowanern oder Huzulen oder gar ein Zigeuner?«
»Auch möglich«, sagte Reb Feigenbäum.

Reb Feigenbäum deutete mit dem Zeigefinger auf das Kruzifix, an das noch immer Bogdan angebunden war, Bogdan, der friedlich vor dem Gekreuzigten graste neben Chotko, dem Hund, der ans Kreuz gepinkelt hatte und leise winselnd um das Pferd und den Heiligen am Kreuz herumschlich.
»Dieser da heißt Jesus«, sagte Reb Feigenbäum, »aber die jiddischsprechenden Juden nannten ihn später Jossel.«
»Ich heiße Jossel«, sagte ich.

»Dann hieß er eben so wie du«, sagte Reb Feigenbäum.

»War er auch ein Jude?«

»Natürlich war er auch ein Jude«, sagte Reb Feigenbäum.

»Und er ist ein Heiliger?«

»Er ist der Messias der Gojim«, sagte Reb Feigenbäum.

»Haben wir einen anderen Messias?«

»Wir haben einen anderen«, sagte Reb Feigenbäum. »Aber unserer ist noch nicht gekommen, und wenn er kommt, dann wird er den Frieden bringen.«

»Ist Jesus schon gekommen?«

»Natürlich«, sagte Reb Feigenbäum. »Er war längst da, der Messias der Gojim.«

»Und hat er den Frieden gebracht?«

»Nein«, sagte Reb Feigenbäum.

»Auch nicht den Gojim?«

»Die wollen ihn gar nicht«, sagte Reb Feigenbäum. »Die wollen ihn erst im Himmel.«

»Hat dieser Jossel so ausgesehen wie der am Kreuz?« fragte ich Reb Feigenbäum.

»Nein«, sagte Reb Feigenbäum.

»Dann ist es ein falsches Bild?«

»Ein falsches Bildnis«, sagte Reb Feigenbäum. »Es ist eine Verfälschung.«

»Und warum?«

»Die Frage ist«, sagte Reb Feigenbäum, »warum sie überhaupt ein Abbild von ihm machen.«

»Ja, warum eigentlich?« fragte ich.

»Weil der gläubige Goi keine Phantasie hat«, sagte Reb Feigenbäum. »Er braucht etwas, was er sehen und anfassen kann.«

»So wie die Heiden?«

»Genau so«, sagte Reb Feigenbäum.

»Was sind eigentlich Christen?« fragte Mottel.
»Das sind Leute, die von der Nächstenliebe reden, aber gar nicht wissen, was Nächstenliebe ist.«
»Wieso reden?« fragte Mottel.
»Nun«, sagte Reb Feigenbäum. »Ihre Priester predigen die Liebe in den Kirchen, aber sie praktizieren den Haß.«
»Kennen sie den Unterschied nicht?«
»Nein«, sagte Reb Feigenbäum. »Sie kennen den Unterschied nicht.«

Und Reb Feigenbäum sagte: »Ihre Priester haben die Frauen und die Juden verbrannt.«
»Richtig verbrannt?«
»Ja«, sagte Reb Feigenbäum.
Und Reb Feigenbäum sagte: »Ihre Priester hassen die Juden, und sie hassen die Frauen. Sie verbrannten die Juden in Spanien, weil die Juden von ihrem Glauben nicht lassen wollten. Und sie verbrannten die Frauen, weil falsche Zeugen, die von den Priestern gekauft wurden, gesagt haben, sie wären Hexen. Und am liebsten hätten sie alle Juden verbrannt und alle Frauen, aber dazu reichte ihre Macht nicht.«
»Wie ist das mit der Macht?« fragte Mottel.
»Nun, wie soll das schon sein«, sagte Reb Feigenbäum. »Wer geschickt ist und ganz oben sitzt, der hat die Macht, und wer unten sitzt, der muß gehorchen.«
»Und wenn er nicht will?«
»Dann wird er totgeschlagen oder verbrannt«, sagte Reb Feigenbäum. »Denn wer die Macht über die Menschen hat, der hat auch die Macht über den Knüppel oder die Macht über das Feuer.«
»Wie sehen Frauen aus, die brennen?« fragte Mottel.
»Das weiß ich nicht«, sagte Reb Feigenbäum.
»Und Juden?«
»Das weiß ich auch nicht.«

*Robert Gernhardt*

## Lokal-Bericht

Dichter Dorlamm tritt in ein Lokal,
und er sagt sich: Na, dann wolln wir mal!

Na dann wolln wir mal – hier stockt er schon,
denn am Tresen steht der Gottessohn.

Steht am Tresen und bestellt ein Bier,
und der Wirt schiebt ihm eins rüber: Hier.

Hier das Bier. Der Gottessohn ergreift es.
Da ertönt ein Lied. Und Dorlamm pfeift es.

Pfeift das Lied »O Haupt voll Blut und Wunden«.
O, sagt Jesus, danke, sehr verbunden.

Wirklich freundlich, sind Sie etwa Christ?
Nein, sagt Dorlamm da, weil er's nicht ist.

Bin es nicht, sagt er, bin's nie gewesen.
Jesus zieht ihn lächelnd an den Tresen.

Zieht ihn, um zugleich dem Wirt zu winken:
Dieser Herr will sicher auch was trinken!

Ja der Herr? Was darf es denn da sein?
Ich, sagt Dorlamm, möchte einen Wein.

Einen Wein? Der Wirt füllt den Pokal.
Na, sagt Jesus, Prost. Dann wolln wir mal!

## Ich sprach

Ich sprach nachts: Es werde Licht!
Aber heller wurd' es nicht.

Ich sprach: Wasser werde Wein!
Doch das Wasser ließ dies sein.

Ich sprach: Lahmer. Du kannst geh'n!
Doch er blieb auf Krücken stehn.

Da ward auch dem Dümmsten klar,
daß ich nicht der Heiland war.

*Thommie Bayer*

## Der illegale Bust [Matth. 26, 47–56]

Und er deutet in die Richtung, aus der just in dem Moment Judas mit einer ganzen Bande von Bewaffneten herangescheppert kommt. Er hat mit ihnen ausgemacht, daß derjenige, den er küssen werde, Jesus sei, damit sie nicht den Falschen erwischen. Er kommt auf Jesus zu, tut, als sei alles in Butter, sagt: »Hi Rabbi« und küßt ihn auf die Wange.
»Dazu bist du gekommen«, sagt Jesus traurig und läßt sich ohne Gegenwehr ergreifen. Das kann einer der beiden Brüder nicht aushalten, zieht sein Schwert und haut einem Häscher ein Ohr ab. »Gehe wenigstens eines Ohres verlustig, du Hurensohn, wenn du schon den Besten, den man sich denken kann, verhaftest«, sagt er unter Tränen, während der frischgebackene Einohrige sich erstaunt die Hand an den Phantomschmerz legt.
Aber Jesus sagt: »Steck dein Schwert weg, denn wer zum Schwert greift, wird durch das Schwert umkommen. Glaubst du nicht, mein Vater würde mir eine Armee von Engeln schicken, wenn er wollte, daß ich hier rauskomme?« Und zu den Bewaffneten gewandt sagt er: »Ist euch das nicht ein bißchen peinlich, mich hier so abzuholen, mit Knüppel, Schwert und vollem Wichs, wo ich doch jeden Tag im Tempel war und gelehrt habe? Ihr hättet mich verhaften können, ohne dieses ganze Geraffel. Ist doch lächerlich, oder?«
Solche Ironie können nun die Jünger überhaupt nicht aushalten. Sie rennen weg, als flöge ein Hornissenschwarm auf sie zu. Alle.

## Verhör [Matth. 16,57–86]

Aber Petrus dreht nach einigen hundert Metern um und folgt dem Troß in sicherem Abstand zur Stadt. Sie bringen Jesus zum Palast des Hohenpriesters Kaiphas, der die ganze Gefangennahme organisiert hat. Er hat auch die dreißig Silberlinge gestiftet. Petrus schleicht sich sogar in den Palasthof, wo er sich unter die Diener mischt, um zu sehen, was passiert.
Ein Schauprozeß läuft an, der seinesgleichen sucht. Die Hohenpriester fahren alles an falschen Zeugen, was sie finden konnten, auf. Unter anderem zwei Männer, die behaupten, Jesus habe gesagt, er könne den Tempel einreißen und in drei Tagen wieder aufbauen, und das sei doch echt eine Blasphemie.
»Hast du was dazu zu sagen?« fragt der Untersuchungsrichter. Jesus schweigt. »Bist du der Messias, der Sohn Gottes?« fragt er weiter, und da antwortet Jesus: »Du sagst es.«
Jetzt gibt es ein Mordsgeschrei, der Hohepriester zerreißt sein Gewand und tut, als flippe er aus vor soviel Gotteslästerung. Ist natürlich alles nur geheuchelt, denn alle sind sich einig, daß Jesus sterben soll. Das sagen sie auch gleich, als der Untersuchungsrichter sie nach ihrer Meinung fragt. Sie spucken ihm ins Gesicht, ohrfeigen ihn und versuchen höhnische Witze zu reißen. »Wer hat dich eben geschlagen?« schreien sie kichernd, »bist du ein Prophet, mußt es doch wissen, ha ha.«

## Ein Feigheitsanfall [Matth. 26,69–75]

Da kommt eine Magd auf Petrus zu und sagt: »Du bist doch auch einer von denen, dich kenn ich doch!« Alle schauen her und freuen sich schon auf die Aussicht, auch diesem Mann ins Gesicht spucken zu dürfen. Das Anspucken ist in diesen Tagen fast so beliebt wie das Steinigen.

»Ich?« sagt Petrus, »spinnst wohl!« und versucht sich schnell davonzumachen.
Aber am Tor steht schon wieder eine und meint, er sei doch auch einer von diesen Halunken, die ab jetzt zum Anspucken und Ohrfeigen frei sind. »Keine Rede«, sagt er im Vorbeihuschen, »Jesus? Kenn ich nicht. Nie von gehört.«
Und draußen vor dem Tor treten einige auf ihn zu und finden, seine Mundart sei doch aber verdächtig Galiläisch. »Laßt mich doch mit diesem Jesus zufrieden«, sagt er und geht, so schnell er kann, davon. Und in diesem Moment kräht ein Hahn, und Petrus erinnert sich an Jesus' Worte, und ab da kann er kaum den Weg erkennen vor lauter Tränen, die ihm in den Kragen tropfen. So sehr schämt er sich.

## Auslieferung [Matth. 27,1–2]

Der Prozeß war zwar eine Farce, aber formal sah alles ganz amtlich aus. Am Morgen liefern die Ältesten und Hohepriester, nachdem sie einen offiziellen Hinrichtungsbeschluß ausgesprochen haben, Jesus, wie es im Gesetz steht, an den römischen Gouverneur Pilatus aus.

## Und noch einer schämt sich [Matth. 27, 3–10]

Als es die Spatzen von den Dächern pfeifen, kriegt auch Judas zu Ohren, daß Jesus zum Tode verurteilt worden ist. Das hab ich doch nicht gewollt, denkt er, das doch nicht, und schüttelt sich in Krämpfen. Von dem Geld hat er noch nichts verbraucht, und er nimmt den Sack und geht direkt zu Kaiphas' Haus. »Er ist unschuldig«, sagt er, aber die Priester lachen nur hämisch und

finden, das sei sein Bier. Da schmeißt er den Beutel in eine Ecke und geht sich umbringen.
Die Priester wollen das Geld nicht im Tempel lassen, weil Blut daran klebt. Jetzt plötzlich kommt es ihnen auf so was an. Daß ihre Hände, an denen dasselbe Blut klebt, jeden Tag im Tempel herumfuchteln, daran verschwenden sie keinen Gedanken, aber das Geld, das soll hier raus. Sie kaufen einen Acker damit, denn es wegzuwerfen, bringen sie auch nicht übers Herz. Dieser Acker wird fortan als Begräbnisplatz für Ortsfremde benutzt und heißt Blutacker.
So manchen von ihnen schaudert, wenn er zufällig bei Jeremias auf die Zeilen stößt: *Sie nahmen die dreißig Silberstücke – das ist der Preis, den er den Israeliten wert war – und kauften für das Geld den Töpferacker, wie der Herr befohlen hatte.*

## Die offizielle Verhandlung [Matth. 27, 11–26]

Rein gesetzestechnisch sieht es in diesen Tagen so aus, daß eine Verhandlung auf jüdisch gemacht werden muß und dann noch eine auf römisch. Das heißt, Pilatus muß den Fall, und sei es auch nur pro forma, nochmal aufrollen, damit alles seine Ordnung hat.
»Bist du der König der Juden?« fragt er den Angeklagten.
»Du sagst es«, antwortet Jesus gelassen.
Und die Ältesten und Hohepriester rasseln ihren ganzen vorher abgesprochenen Anklagesermon runter, auf den Jesus mit keinem Wimpernzucken reagiert.
»Hörst du nicht, was die alles gegen dich vorbringen?« fragt Pilatus verwundert. Jesus gibt keine Antwort.
Zum Passafest ist es üblich, einen Gefangenen freizulassen. »Wen wollt ihr«, fragt Pilatus, »Barrabas oder Jesus?«
Barrabas ist ein berüchtigter Killer, der schon schlimme Dinge gedreht hat.

Pilatus fragt extra ein bißchen scheinheilig, denn er weiß ganz genau, daß man Jesus nur aus Neid anklagt. Während er noch auf die Antwort wartet, schiebt ihm ein Gerichtsdiener ein Zettelchen auf seine Schreibunterlage. Auf diesem Zettelchen steht ein Gruß von Pilatus' Frau und die Bitte, Jesus freizulassen. Sie habe einen schrecklichen Traum gehabt, und der Mann sei unschuldig.

Inzwischen haben die Hohepriester alle Hände voll zu tun, die anwesenden Leute zu überreden, daß sie die Freilassung von Barrabas verlangen. Das gelingt ihnen auch, die Menge schreit begeistert »Barrabas«, als Pilatus seine Frage wiederholt.

»Was hat Jesus denn verbrochen?« will Pilatus wissen, aber die Menge schreit nur: »Ans Kreuz mit ihm!«

Pilatus merkt, daß er nichts mehr zu melden hat. Als Gouverneur der Römer muß man manchmal einen ganz schönen Eiertanz aufführen, damit es keine Aufstände gibt. Also läßt er den Leuten ihren Willen, aber vorher taucht er noch die Hände in einen Kübel Wasser und sagt: »Ich wasche meine Hände in Unschuld. Ich bin am Blute dieses Menschen nicht schuldig. Das ist eure Sache.«

»Sein Blut komme über uns und unsere Kinder«, schreit die Menge begeistert, denn das Kreuzigen ist in diesen Tagen noch beliebter als das Steinigen, Anspucken und Ohrfeigen.

Also läßt Pilatus Barrabas frei und gibt den Befehl, Jesus zu geißeln und kreuzigen.

*Bertolt Brecht*

## Karfreitag

### Epilog

Abermals gingen einige über sein Feld zur Abendzeit.
Der Himmel war dunkel. Wind ging. Das Korn blühte weit.
Sie gingen gebeugt und schwer im letzten Licht.
Ein fremder Mann ging mit ihnen. Sie kannten ihn nicht.
Sie waren traurig, weil Jesus gestorben war.
Aber einmal sagte einer: Es ist sonderbar.
Er starb für sich. Und starb ohne Sinn und Gewinn.
Daß ich auch nicht leben mag: daß ich einsam bin.
Sagte ein anderer: Er wußte wohl nicht, was uns frommt.
Sagte ein dritter: Ich glaube nicht, daß er wiederkommt.
Sie gingen gebeugt und schwer im letzten Licht.
Ein fremder Mann ging mit ihnen. Sie kannten ihn nicht.
Und einer sah übers Ährenfeld und fühlte seine Augen brennen.
Und sprach: Daß es Menschen gibt, die für Menschen sterben
können!
Und er fühlte Staunen in sich (als er weiterspann):
Und daß es Dinge gibt, für die man sterben kann.
Und jeder hat sie, und er hat sie nicht.
Weil er's nicht weiß. – Das sagte er im allerletzten Licht.
Es war ein junger Mensch. Es ging um die Abendzeit.
Der Himmel war dunkel. Wind ging. Das Korn blühte weit.
Sie gingen gebeugt und schwer im letzten Licht.
Ein fremder Mann ging mit ihnen. Sie kannten ihn nicht.

# Anhang

## *Copyright-Verzeichnis*

*Ilse Aichinger* (* 1921). Durch und durch
in: Ilse Aichinger. Verschenkter Rat. Gedichte
© 1978 by S. Fischer Verlag GmbH, Frankfurt am Main

*Tschingis Aitmatow* (* 1928). [Jesus vor Pilatus]
Tschingis Aitmatow. Die Richtstatt
aus dem Russischen von Charlotte Kossuth
© 1987 by Verlag Volk und Welt,
Berlin (deutsche Übersetzung)/Unionsverlag, Zürich

*Franz Alt*. Hat Jesus Wunder gewirkt?
in: Franz Alt. Jesus der erste neue Mann
© 1992 by R. Piper GmbH & Co. KG, München

*Robert Aron*. Jesus vor den Schriftgelehrten
in: Robert Aron. Die verborgenen Jahre Jesu
aus dem Französischen von Karlheinz Mahr
1973, Deutscher Taschenbuch Verlag, München
© Editions Grasset u. Fasquelle

*Rudolf Augstein* (* 1923). Erhöht von der Erde
Rudolf Augstein. Jesus Menschensohn
© 1972 by Verlagsgruppe Bertelsmann GmbH/
C. Bertelsmann Verlag GmbH, München

*Charles Baudelaire* (1821–67). Die Verleugnung des Heiligen Petrus
aus dem Französischen von Carl Fischer
in: Charles Baudelaire. Die Blumen des Bösen
© 1966 by Hermann Luchterhand Verlag, Neuwied
Mit freundlicher Genehmigung des
Luchterhand Literaturverlags, Hamburg

*Thommie Bayer*. Der illegale Bust
in: Thommie Bayer. Die frohe Botschaft abgestaubt
© 1989 by Haffmanns Verlag AG, Zürich

*Schalom Ben-Chorin* (* 1913). Lehre uns beten
in: Schalom-Ben-Chorin. Bruder Jesus.
Der Nazarener in jüdischer Sicht
München, Deutscher Taschenbuch Verlag (dtv 1253)
© 1967 by Paul List Verlag KG, München

*Wolf Biermann* (* 1936). Rotgefärbter Tatsachenbericht
vom wahren Leben und Tod des Jesus Christus
in: Wolf Biermann. Preußischer Ikarus. Lieder,
Balladen, Gedichte, Prosa
© 1978 by Verlag Kiepenheuer & Witsch, Köln

*Tania Blixen* (1885–1962). Der Wein des Vierfürsten
aus dem Englischen und Dänischen von Martin Lang
in: Tania Blixen. Sieben phantastische Geschichten
© 1979 by Deutsche Verlags-Anstalt GmbH, Stuttgart

*Wolfgang Borchert* (1921–47). Die drei dunklen Könige
in: Wolfgang Borchert. Das Gesamtwerk
© 1949 by Rowohlt Verlag, Hamburg

*Bertolt Brecht* (1898–1956). Karfreitag. Epilog
in: Bertolt Brecht. Gesammelte Werke Band 8
© 1967 by Suhrkamp Verlag, Frankfurt am Main

*Der Brief* des Abgar an Jesus und Jesu Antwort
in: Die andere Bibel mit Altem und Neuem Testament, ediert
und bearbeitet von Alfred Pfabigan
© 1991 by Vito von Eichborn GmbH & Co. Verlag KG,
Frankfurt am Main

*Der Brief* des Jakobus an den Sohn Kerinthos
in: s. o.

*Anthony Burgess* (* 1917. [Die ersten Jünger]
in: Anthony Burgess. Man of Nazareth
aus dem Englischen von Holger Wolandt
© 1979 by Anthony Burgess
(McGraw-Hill Book Company, New York)

*Alicia Craig Faxon.* Die Prophetin Hanna
in: Alicia Craig Faxon. Frauen im Neuen Testament.
Vom Umgang Jesu mit Frauen
aus dem Amerikanischen von Ann Heuwing-Arnold
© 1979 by Verlag J. Pfeiffer, München

*Karlheinz Deschner* (* 1924). Das Abendmahl
in: Karlheinz Deschner. Der gefälschte Glaube. Eine kritische Betrachtung kirchlicher Lehren und ihrer historischen Hintergründe
© 1988 by Verlag Knesebeck , München

*Fjodor Dostojewskij* (1821–81). Der Großinquisitor
aus dem Russischen von Hermann Röhl
© 1949 by Philipp Reclam jun. GmbH & Co., Stuttgart

*Eugen Drewermann* (* 1940). Mk 5, 35–43: Die Tochter des Jairus
in: Eugen Drewermann. Das Markusevangelium.
Erster Teil: Mk 1,1 bis 9,13
© 1987 by Walter Verlag, Solothurn

*Mircea Eliade und Ioan P. Couliano.* Jesus Christus
in: Handbuch der Religionen
aus dem Französischen von Liselotte Ronte
© 1991 by Artemis Verlag, Zürich und München

*Mircea Eliade.* (* 1907). [Jesus am Ölberg]
in: Mircea Eliade. Geschichte der religiösen Ideen. Band II.
Von Gautama Buddha bis zu den Anfängen des Christentums
© 1979 by Verlag Herder, Freiburg im Breisgau

*David Flusser* (* 1917). [Jesus und das Gesetz)
in: David Flusser. Jesus mit Selbstzeugnissen und Bilddokumenten
© 1968 by Rowohlt Taschenbuch Verlag GmbH, Reinbek

*Anatole France* (1844–1924). Der Statthalter von Judäa
aus dem Französischen von Irmgard Nickel
in: Anatole France. Erzählungen
© deutsche Übersetzung 1975, 1992 by Sammlung Dieterich. Verlagsgesellschaft Leipzig

*Robert Gernhardt* (* 1937). Lokal-Bericht
in: Robert Gernhardt. Reim und Zeit. Gedichte.
1992, Philipp Reclam jun. GmbH & Co., Stuttgart
© Robert Gernhardt, Frankfurt am Main

*Robert Gernhardt*. Ich sprach
in: Robert Gernhardt. Reim und Zeit. Gedichte.
1992, Philipp Reclam jun. GmbH & Co., Stuttgart
© Robert Gernhardt, Frankfurt am Main

*Khalil Gibran* (* 1883). Jakobus, der Sohn des Zebedäus
in: Khalil Gibran. Jesus Menschensohn.
Seine Worte und Taten, berichtet von Menschen, die ihn kannten
aus dem Englischen von Ursula Assaf-Nowak
© 1988 by Walter-Verlag AG, Solothurn

*Peter Härtling* (* 1933). An die Söldner unter dem Kreuz
in: Paul Niemann (Hrsg.). Liebe Maria, lieber Petrus! Briefe
© 1987 by Gütersloher Verlagshaus Gerd Mohn, Gütersloh

*Heinrich Heine* (1797–1856). [Sie haben dir übel mitgespielt]
aus: Deutschland. Ein Wintermärchen
herausgegeben von Werner Bellmann
Stuttgart, Philipp Reclam jun. GmbH & Co., 1991
(Universal-Bibliothek 2253)

*Edgar Hilsenrath* (* 1926). [Jossel]
in: Edgar Hilsenrath. Jossel Wassermanns Heimkehr
© 1993 by R. Piper GmbH & Co. KG, München
*Peter Huchel* (1903–81). Dezember 1942
in: Peter Huchel. Chausseen ... Chauseen. Gedichte
© 1963 by S. Fischer Verlag, Frankfurt am Main
*Langston Hughes* (1902–67). Unterwegs
in: Christ erscheint am Kongo. Afrikanische Erzählungen und Gedichte, herausgegeben von Peter Sulzer
© 1958 by Eugen Salzer-Verlag, Heilbronn

*Ernst Jandl* (* 1925). ernst jandls weihnachtslied
in: Ernst Jandl. Gesammelte Werke in drei Bänden. Hrsg. von Klaus Siblewski
© 1985 by Hermann Luchterhand Verlag, Darmstadt, Neuwied. Mit freundlicher Genehmigung des Luchterhand Literaturverlags, Hamburg
*Jesaja*, 11. Kapitel
in: Die Bibel nach der Übersetzung Martin Luthers mit Apokryphen und Wortkonkordanz (revidierte Fassung von 1984)
© 1990 by Deutsche Bibelgesellschaft, Stuttgart

*Erich Kästner* (1899–1962). Dem Revolutionär Jesus zum Geburtstag
in: Erich Kästner. Gesammelte Schriften für Erwachsene. München, Atrium Verlag, 1969
© by Erich Kästner Erben, München
*Werner Koch* (* 1926). Die Geißelung und das Urteil/ Die Schuldfrage
in: Werner Koch. Der Prozeß Jesu. Versuch eines Tatsachenberichts
© 1987 by Suhrkamp Verlag, Frankfurt am Main

*Der Koran*, dritte Sure, 33–59
aus dem Arabischen von Max Henning
© 1960, 1991 by Philipp Reclam jun. Gmbh & Co., Stuttgart
*Karl Krolow* (* 1915). Das kam in die Jahre
Gütersloher Verlagshaus Gerd Mohn, 1974
© 1974 by Karl Krolow, Darmstadt

*Johannes Lehmann* (* 1929). Von der Macht zur Ideologie
in: Johannes Lehmann. Das Geheimnis des Rabbi J. –
Was die Urchristen versteckten,
verfälschten und vertuschten
© 1985 by Rasch und Röhring Verlag, Hamburg
zitiert nach: Knaur Taschenbuch 3879

*Kurt Marti* (* 1921). kreuzigung
in: Kurt Marti. Gedichte am Rand
© 1963 by verlag arthur niggli ltd., teufen ar, switzerland
*Gerald Messadié* (* 1931). [Jokanaan]
in: Gerald Messadié. Ein Mensch namens Jesus
aus dem Französischen von Kirsten Ruhland
© 1989 by Droemersche Verlagsanstalt
Th. Knaur Nachfolger, München
*Gerald Messadié*. [Kreuzigung]
in: Gerald Messadié. Ein Mensch namens Jesus
aus dem Französischen von Kirsten Ruhland
© 1989 by Droemersche Verlagsanstalt
Th. Knaur Nachfolger, München
*Christian Morgenstern* (1871–1914). Die Probe
in: Christian Morgenstern. Alle Galgenlieder
zitiert nach Insel Taschenbuch 6

*Uta Ranke-Heinemann* (* 1927). Ostern und Himmelfahrt
in: Uta Ranke-Heinemann. Nein und Amen.
Anleitung zum Glaubenszweifel
© 1992 by Hoffmann und Campe Verlag, Hamburg
*Ernest Renan* (1823–92). Jesus im Grabe/Das Los der Feinde Jesu
in: Ernest Renan. Das Leben Jesu
nach der Ausgabe Leipzig 1863
*Luise Rinser* (* 1911). [Jochanaan und Jeschua]
in: Luise Rinser. Mirjam
© 1983 by S. Fischer Verlag GmbH, Frankfurt am Main
*Peter de Rosa.* (* 1932). Die Quellen der Legenden
von Jesu Geburt
in: Peter de Rosa. Der Jesus-Mythos. Über die Krise des christlichen Glaubens
aus dem Englischen von Mara Huber
© 1991 by Droemersche Verlagsanstalt
Th. Knaur Nachfolger, München
*Peter de Rosa.* Die Juden und die Kreuzigung
in: Peter de Rosa. Der Jesus-Mythos.
Über die Krise des christlichen Glaubens
aus dem Englischen von Mara Huber
© 1991 by Droemersche Verlagsanstalt
Th. Knaur Nachfolger, München
*Peter de Rosa.* [Jesus bei Johannes]
in: Meine Stunde ist noch nicht gekommen.
Die frühen Jahre Jesu
aus dem Englischen von Holger Wolandt
© 1993 by Droemersche Verlagsanstalt
Th. Knaur Nachfolger, München

*Peter de Rosa.* Die zweite Versuchung
in: Meine Stunde ist noch nicht gekommen.
Die frühen Jahre Jesu.
aus dem Englischen von Holger Wolandt
© 1993 by Droemersche Verlagsanstalt
Th. Knaur Nachfolger, München

*Arno Schmidt* (1914–78). Atheist?: Allerdings!
© Arno-Schmidt-Stiftung, Bargfeld
*Albert Schweitzer* (1875–1965). Das erste romanhafte Leben-Jesu
in: Albert Schweitzer. Geschichte der Leben-Jesu-Forschung
© 1906 by J. C. B. Mohr (Paul Siebeck) Tübingen
*Dorothee Sölle* (* 1929). Ich kann dich nicht mitteilen
in: Dorothee Sölle. Die revolutionäre Geduld. Gedichte.
© 1974 by Wolfgang Fietkau Verlag, Berlin
*David Friedrich Strauß* (1808–74). Letzte Mahlzeit, Gefangennehmung und Hinrichtung Jesu
in: David Friedrich Strauß.
Das Leben Jesu im geschichtlichen Umriß
zitiert nach: Wer war Jesus von Nazareth.
Die Erforschung einer historischen Gestalt,
herausgegeben von Gerhard Strube
München, Kindler Verlag, 1972